法天使
fatianshi.cn

中国合同库

商业地产

优质文本 · 条文批注 · 风险提示

王冠舜　主编
李　超　黄　沙　黄　巍　副主编

电子版合同入口
随书赠送88元充值卡

法律出版社
LAW PRESS · CHINA

王冠舜

北京市京师律师事务所创始合伙人律师、监事会主任、房地产与建设工程法律事务部主任。王律师毕业于南开大学，曾任大学法学讲师，现兼任海南仲裁委员会仲裁员、中国人民大学虚假诉讼治理研究中心研究员等诸多社会职务。

王律师有十六年房地产和建设工程法律工作经验，服务商业地产的公司包括天津万达商场管理有限公司、新华联商业管理有限公司、乐购特易购商业（中国）有限公司等诸多客户。

李 超

北京市京师律师事务所执业律师，河北张家口人。河北经贸大学英语专业、西北政法大学法律硕士毕业，通过国家 TEM 8。

李超律师现工作于北京市京师律师事务所房地产法律事务部、疑难案件中心，起草、修改了大量的商业地产经营合同及函件。

黄 沙

现任上市公司新华联文化旅游发展股份有限公司加拿大信安橡树湾项目负责人，曾任新华联文化旅游发展股份有限公司法务总监，路劲地产集团有限公司法务经理等职，有十年律师工作经验，房地产法律工作经验丰富。

黄 巍

现任华润万家生活超市有限公司大北区法务总监，曾任乐购特易购商业(中国)有限公司法务经理，多年负责超市运营法务工作，代理了上千件供应商与超市运营商之间买卖合同纠纷案件，商业超市法律经验丰富。

法治社会离不开合同。

英国历史学家梅因的《古代法》中有一句法律人耳熟能详的名言：我们可以说，所有进步社会的运动，到此处为止，是一个“从身份到契约”的运动。确实，在现代社会中，方方面面都离不开契约与契约精神。除市场交易外，大到国家治理、国际条约，小到婚姻家庭、交通出行各个领域，无所不在契约或契约精神的笼罩之下。可以说，一个现代人，无时无刻能与合同脱离干系。

在具体生活层面，我们也不难发现合同与社会经济之间的密切关系。从普通人很少见到正式合同，到越来越多地签订书面合同，到合同越来越厚、条款越来越多，与之相应地，是经济交易越来越活跃、交易金额越来越大，经济越来越发达。如果作这么一个判断：“合同的质量与数量，与一个社会的经济水平成正比”，这应该是基本成立的。

希望中国合同库成为标准。

合同需要标准。国际贸易术语（Trade Terms of International Trade），就可以理解为是一套合同条款的标准术语。有了这套术语，交易各方在谈判以及拟定条款时，就可以大大节省时间，减少争议。

经济生活中的大量交易，完全可以使用比较标准的、完备的合同范本。这些合同范本符合一般交易惯例，条款相对完善、规范，能减少不必要的合同纠纷。

当然，交易往往都有自己的特殊性。即便如此，以标准合同为基础，合同各方在彼此关心的重点条款上谈判、修订，而对一般性问题采纳标准合同的条款，这也能大大节省合同各方的精力。

在运输领域，集装箱标准的推出，大大提升了运输效率、降低了物流成本，整个社会都为之受益。而如果在社会各行各业的交易、合作中，都能大力推行标准合同，无疑也将大大降低交易成本，促进交易的进行，减少争议。这其中的社会意义是巨大的。这也是工商等政府部门不断推出政府示范文本的目的。而现在，“中国合同库”这一项目，更是利用互联网技术，将合同示范文本这一工作往前推进了一大步。

标准之所以能成为标准，既需要社会各界的推动与接受，也需要标准本身能不断完善、符合需求。我在此希望中国合同库的主办方能持之以恒地推动合同库的建设、完善与推广，使之成为名副其实的“中国合同库”。

此为序。

中国社会科学院教授，博士生导师

在互联网、大数据时代，应思考法律服务如何与技术结合，推动法律智慧的融合与共享。在倡导律师专业化建设、倡导律师“工匠精神”的同时，应注重用技术手段，帮助律师提升法律服务的效率。

《中国合同库》系列图书，可以看作这方面的有益尝试。不同于一般的合同范本书，它充分利用了互联网开放、迭代、互动的特色：每个合同范本，对应一个二维码，读者扫描识别二维码，就可以获得合同范本的电子版；而合同范本的作者，可以实时更新电子版，以确保内容的与时俱进。如此一来，这套书不再是一般意义的纸质读物，而是与电子数据协同互动的新型出版形态。

一直以来，高品质的合同范本和法律文书，是一种有价值但流通不畅的资源。律师与律师之间，团队与团队之间，律所与律所之间，缺乏知识资源的互通和共享。另外，高质量的文件模板几乎可以说是律师的核心竞争力之一，甚至是行业壁垒之一，每一份好的文件模板都倾注了律师的智慧和心血。《中国合同库》聚合各领域专业法律人，把这些优质的模板进行逐字逐句地修改、整合，进而分享，真正体现了互联网时代的共享精神。

不久前，中华全国律师协会刚刚与法律出版社签署战略合作协议，现在欣喜地看到法律出版社偕同法天使推出这项具有创新精神的出版计划，在此表示由衷祝贺！

是为序。

中华全国律师协会会长

金杜律师事务所管委会主席

2003年作为天津万达商场管理有限公司的法律顾问，我就接触到了当时较为先进的商业地产模式，处理了众多的商铺业主及租户的法律纠纷。2009年至今为乐购特易购商业有限公司、新华联文化旅游发展股份有限公司商业地产部门（后该公司商业地产部门成立了新华联商业管理有限公司）提供法律顾问服务。在多年的商业地产法律服务中，有幸接触沃尔玛、大润发、橙天嘉禾影城、阿玛尼、杰尼亚、呷哺呷哺、海底捞等各类著名品牌入驻商业地产的租赁合同并参与了大量的谈判工作。

商业地产的业主及商户情况各异，合同审核量极大，总结时发现自己拟定、修改、起草的各类商业地产合同已经等身。作为商业地产法律服务的一名“庖丁”，从最初的“所见无非牛者”到今天的游刃有余，不知不觉已经十几个年头。这期间，逐渐积累了一些关于商业地产合同的实践经验，也形成了对商业地产法律事务的独特认识，本书试图将这些经验和认识糅合到一起，为商业地产公司法律服务、签订各类合同提供指导。

本书总结了近十年来为各大商业地产公司服务的各类经营合同和函件，个人对每个合同都进行了大量的修改和整理，每一个合同都凝聚着个人的心血，点滴记录着个人为商业地产提供法律服务的各个环节。

固有的印象中，商业地产经营以租赁为主。本书试图在租赁的基础上形成更大的突破，使各类合同都能够得到有效的体现，涉及了招投标、租赁、联营、广告宣传、商铺装修、购销、服务等八类合同，能够涵盖商业地产经营的方方面面，力图一目了然，参照使用更加方便。

作为合同整理稿，本书不可能适用于商业地产经营的所有情况。原因在于商业地产中各方谈判地位差异极大，知名品牌相对于商业地产管理公司谈判优势较大，非知名品牌则谈判优势较小，各地的商业情况，各个项目的情况大不相同，所以，很难形成统一的格式和模板。笔者尽量满足商户和地产管理公司两方面的需求，但也深知不可得兼，希望读者选择适用，有所改动，不宜照本宣科。

本书成书过程中，新华联文化旅游发展股份有限公司法律总监黄沙先生、华润万家有限公司大北区法务经理黄巍先生提供了大量素材，提出实务性指导意见。李超律师、温雅超律师承担了大量的成书编辑工作。何力律师、常金光律师是本书的出版合作者。在此，个人一并表示感谢。

笔者更希望您在使用的过程中，提出宝贵的意见，鼓励我百尺竿头，更进一步，为完善商业地产法律服务尽绵薄之力。

王冠舜

2019 年 11 月 27 日

目　录

CONTENTS

第一类　场地租赁类合同

一、租赁意向协议

【使用场景】

本范本性质为商铺租赁意向。租赁意向协议，为出租方与承租方就租赁场地承租事项达成初步协议时，予以书面确定的协议文本。租赁意向协议与正式的租赁合同有所不同，租赁意向协议通常签于出租方与承租方商业谈判期间。双方就租赁事项的主要内容达成一致并签订租赁意向协议后，双方会就租赁事项中面临的各类具体问题再行签订正式的租赁合同。故本合同适用于出租方与承租方就租赁事项达成初步意见的阶段。

【法律要点】

1. 租赁意向协议与租赁合同有何联系与区别？

租赁意向通常签订于正式的租赁合同之前，用于书面确定双方就承租事项的决议。租赁意向协议中包含租赁场地的范围、面积、租金及支付方式等重要条款，通常会与后续正式的租赁合同相一致，是正式租赁合同签订的依据。

但租赁意向协议与租赁合同又存在差别。首先，租赁意向协议仅是租赁双方意见的主要表述，涉及租赁内容的详细适用条款并没有在其中列出，只有在正式的租赁合同中才会具体表示写明。因此，租赁意向协议的内容及篇幅通常会远少于租赁合同。其次，租赁意向协议仅为合作前期的意思表示，双方租赁事宜的具体履约条款最终依据仍为正式的租赁合同。故，租赁双方在签订租赁意向协议后，仍有变动部分合作细节的可能性。

2. 租赁意向协议通常包含什么内容？

鉴于租赁意向协议的性质及签约目的，租赁意向的内容主要涉及租赁事项的重要条款，针对具体履约细节及次重要签约内容通常不在租赁意向协议中表述，而是在正式租赁合同文本中予以明示。

在实践中，租赁意向协议通常包含的内容有：（1）租赁场地基本信息。（2）租赁期限。（3）租金及其他费用的基本价格及收取方式。（4）租赁手续的办理程序。（5）租赁意向金的价格及收取。

值得提到的是，租赁意向金是对于出租方与承租方双方利益的保护。出租方通过收取租赁意向金，保障承租方可以如约承租，以免其随意解除租赁意向

16214

导致出租方出租机遇及时间的损耗。而承租方通过租赁意向金的返还（可能为加倍返还条款等），保障其能如期承租，以免出租方因价格或其他因素考虑将目标场地另租他人。读者在实践中也可考虑使用租赁意向金保障自身利益。

【文本正文】

租赁意向协议

立协议人：

甲方：

（名称、统一社会信用代码、住所、法定代表人、职务、委托代理人、身份证号码、通讯地址、邮政编码、联系人、电话、传真、账号、电子信箱）

乙方：

（名称、统一社会信用代码、住所、法定代表人、职务、委托代理人、身份证号码、通讯地址、邮政编码、联系人、电话、传真、账号、电子信箱）

甲乙双方经过友好协商，本着互惠互利的原则，在平等一致的基础上达成如下协议：______________

1. 乙方经过实地考察后，以______公司 / 个人的______品牌进驻甲方经营管理的坐落于______的商铺，商铺实用面积预计约为______平方米。

2. 租赁方案：

☐ a. 纯租金：____；

☐ b. 扣点：____；

> 扣点租赁方案指依据承租方的营业利润情况提取百分比作为租金，但扣点收取方式也可设定保底租金，将两者结合，以便在承租方经营出现严重问题时出租方仍可收取部分租金。

☐ c. 双向取高：____。

> 在纯租金与扣点租金中择一高者选取，可保证出租方的租金收入达到最大值。但无论是采取扣点或双向取高，都需将承租方的收银系统接入商场整体管理，并设置利润收入的报告和虚报惩戒机制，否则出租方无法知晓承租方切实的利润数额，也不能取得应有的租金收入。

租赁期限：______年；

物管费：人民币______平方米 / 月；

支付方式：押______付______；

装修期：______个月；经营免租期：______个月。

> 本意向协议为合作前期确定合作原则的合同文本，故在此处只确定双方商议的主体内容，在签订意向协议之后，合同双方通常会针对具体的合作内容及履行方式签订正式租赁合同。

3. 双方对以上条款确认无误，现一次性缴纳租赁意向金人民币______元，该意向金不论如何处置均不计算利息：

> 若签订意向协议后不收取部分意向金，则难以保障后续合同的签署，一旦双方无法合作，出租方将承受部分间接损失。

付款方式：☐ a. 现金支付；

☐ b. 银行转账：账户：______；银行账号：______；开户行：______。

4. 在乙方缴纳租赁意向金后，甲方将对乙方的相关资格进行审查，乙方应积极配合甲方的审查并如实提供必要的资质证明。

5. 甲方将于______年______月前完成对乙方上述内容的审核，并书面告知乙方审核结果。如果乙方未能通过甲方的审核，则乙方须服从甲方的审核不通过决定，对审核结果没有任何异议权利。

> 因审核问题涉及承租方的各项资质，故出租方应享有完全的否定权。

6. 乙方通过甲方的审核后，甲方将于通过审核之日起______个工作日内通知乙方办理签订租赁合同的相关手续。待租赁合同签署完毕及支付相应租金及物管费后该租赁意向金直接作为押金的一部分或全部。若乙方通过甲方的上述审核后，未在甲方规定时间内签订该商铺租赁合同的，乙方同意将该租赁意向金作为违约金赔偿给甲方，并且甲方有权解除本协议将该商铺另租他人。

7. 如果乙方未能通过甲方的审核，乙方所缴纳的意向金将于未通过审核之日起______个工作日内全额退还，除此之外，甲方不承担任何的利息

16214

费用以及乙方因配合甲方对其进行审核所支付的任何费用。

8. 甲乙双方签订正式的租赁合同，实际的商铺区域、位置、面积及租赁单价以正式合同为准。

9. 未尽事宜，由甲乙双方协商解决。

10. 本协议一式______份，甲乙双方各执______份。

甲方：（盖章）	乙方：（盖章）
法定代表人或授权代表：（签字）	法定代表人或授权代表：（签字）
日期：	日期：

二、商业地产普通租赁标准合同

【使用场景】

本范本为商业地产普通租赁标准合同。商业地产类的租赁合同与其他类别的租赁合同（如普通居民住宅类租赁合同）有所不同。商业租赁合同涉及内容较多且具有商用性质及特点，如涉及租赁免租期、开业率、装修补贴、清场规则等，各项内容较为复杂。就本范本而言，大部分商业性质的场地租赁事宜均可参照适用，但读者在使用时，仍需根据租赁目的及承租方的租赁用途等内容作出相应调整。

【法律要点】

1. 如何确定租赁场所面积？约定面积与实测面积、重测面积、计租面积分别是什么？

在商业地产类的租赁合同中，通常对于租赁的面积会涉及多个名词。约定面积即为出租方与承租方在签订的《租赁合同》中写明的面积量。但双方通常会在合同签订后，就场地的实际面积再次委托（通常为共同委托）房产测绘机构进行测量，此处的测量面积是实测面积。需注意的是，实际测量后，可能会与合同中约定的面积具有一定偏差，针对该项偏差（或误差比），合同双方通常会提前约定解决方式，并于实测后签订书面确认书予以肯定。

但在某些情况下，实际测绘后双方可能存有一定争议。双方或一方会提出重新测量，此次测量的面积即为重测面积。而计租面积，是指出租方及物业公司收取各项费用，如租金、物业管理费、空调费等项目所用的面积依据，通常情况下，双方会在合同中就计租面积进行指定。

2. 履约保证金是什么？如何收取与返还？

履约保证金，是指为保障合同承租方如约履行合同而交纳的金钱保证，并在双方合同到期或依法解除后再予退还。履约保证金不属于法定的担保形式，但在实践中有较为广泛的应用。

履约保证金既可以是固定的数额，也可依照合同总价款确定收取百分比。

16215

同时，其支付方式也可为现金转账或支票等。通常出租方会在承租方不能及时履行支付义务或因违约而产生违约金、赔偿金等费用时，主张在履约保证金内划扣，并要求承租方在划扣后补齐。履约保证金退还时也以划扣相关费用为前行措施。且通常情况下，双方会将履约保证金的返还约定为无息返还，但该方式并非固定，仍需依照商业谈判条件决定是否适用或变更。

3. 不可抗力是什么？不可抗力条款如何约定？

不可抗力是指合同订立时不能预见、不能避免且不能克服的客观情况。包括自然灾害、如台风、地震、洪水、冰雹；政府行为，如征收、征用；社会异常事件，如罢工、骚乱等内容。

不可抗力作为免责条款具有强制性，合同双方不得约定将不可抗力排除在免责事由之外，且合同中是否约定不可抗力条款，不影响直接援用法律相关规定。但合同双方通常均会就发生不可抗力时的通知、举证义务以及不可抗力结束后的合同履行解决方式作出提前约定，包括协商解决后续履行事宜或直接约定合同自动终止等。通常情况下，针对合同解除后面临成本等损失较小且对合同履行时间有较高要求的合同（如活动策划等），则可以约定合同自动终止，以便合同一方可及时解约并寻找新的合作方。但针对履约时效无较高要求或解约成本较大的合同（如场地租赁等），通常约定为协商解决，仅在特殊情况下约定为自动终止。读者在适用时可参考以上内容进行调整。

【文本正文】

普通租赁标准合同

立协议人：

甲方：

（名称、统一社会信用代码、住所、法定代表人、职务、委托代理人、身份证号码、通讯地址、邮政编码、联系人、电话、传真、账号、电子信箱）

乙方：

（名称、统一社会信用代码、住所、法定代表人、职务、委托代理人、身份证号码、通讯地址、邮政编码、联系人、电话、传真、账号、电子信箱）

序　言

本租赁合同（下称“合同”）经下述双方协商一致，于______年______月______日在中华人民共和国______市签订，以资共同遵守：

> 签订地的信息有时会用于双方发生诉讼争议时管辖法院的确定。虽本协议已就管辖法律作出约定，但仍需就“签订地”内容多加注意。

1. 甲方是位于______的______购物中心（下称“商业广场”）的建设单位。

2. 甲方同意在商业广场建设完成后将其中位于______区域______层的部分区域（见附件一平面图所示，下称“租赁场所”）出租给乙方使用。乙方作为______业态的专业经营商，同意承租租赁场所。

> 租赁场所的信息需要完整表述，且通常会以附件图的形式进行明示。

3. 甲、乙双方确认，本合同相关词语应按如下定义解释和执行：

> 合同的定义部分也属于需要详细修改的内容。若在正式条文应用时出现争议时，也可从定义部分寻找依据适用。

（1）租约年：计租日至次年当月当日的前一日为第______个租约年，其他租约年均依此类推。

（2）物业服务公司：接受甲方委托、对包括租赁场所在内的商业广场提供统一物业管理服务和实施商业运营管理的企业。就本合同而言，指______________________________。

> 物业服务公司通常可由出租方进行指定，由此既可以保障统一管理，也可加强出租方对于承租方履约行为的规制。

（3）进场日：《进场确认书》确定的甲方移交、乙方进入租赁场所之日。为免疑问，《进场确认书》的签署日期晚于实际进场日的，以实际进场日为准。

（4）免租装修期：自进场日起合同约定的一定期间。如开业日在此期间内，则免租装修期则在开业日前______日结束。

（5）开业日：商业广场整体开业之日。

（6）开业面积比例：租赁场所对外经营区域的建筑面积所占图测建筑面积的比例。

16215

（7）计租日：免租装修期届满次日。商业广场整体开业日最终以甲方书面通知日期为准，与届时商业广场内实际开业的商户数量、面积无关。

（8）计租面积：甲方及物业服务公司计收、乙方交纳租赁场所租金、物业服务费、空调费、采暖费（如有）等本合同约定以租赁场所面积计费的面积依据。为免疑问，计租面积应为建筑面积。

（9）履约保证金：作为乙方妥善履行本合同约定义务和责任的担保，乙方向甲方交纳的约定金额的款项。本合同有效期内，该款项由甲方保管，按合同约定使用，不计利息。为免疑问，甲方对该款项不承担任何信托或其他投资增值的责任。

（10）转租：乙方作为出租方，将租赁场所部分或全部出租给一个或多个第三方的行为。为免疑问，转租包括但不限于出租柜台、店铺等导致租赁场所部分或全部以乙方之外主体对外经营的情况，但不包括乙方与第三方联营，但对外统一品牌并由乙方统一收银和经营的情况。

（11）紧急状态事件：具有如下性质、造成或可能造成重大人身损害或财产损失的突发事件及意外事件：关系到商业广场公共安全或者危害社会公共利益，或者构成或可能引发重大安全事故，或者事件影响范围超过______家相邻商家或建筑面积超过______平方米。包括但不限于：重大刑事案件、社会治安案件或火警、漏电险情等。

> 紧急状态事件首先可能会涉及不可抗力（法定的免责条款），即两项概念可能会有重合。若紧急状态事件属于不可抗力范围，则双方互不承担违约责任。其次，合同中通常会就部分紧急状态事件设定应急处置权，即合同一方（常为承租方）在不能及时处理紧急情况时，相对方（常为出租方）有权进行应急处置并要求其事后支付全部所耗费用。

（12）不可抗力：合同双方均不能预见、不能避免并不能克服的客观情况。为免疑问，不包括法律变更和政府行为。

第一条　租赁场所面积

1. 根据附件租赁场所平面图，甲、乙双方测得租赁场所的建筑面积为______平方米（图测面积）。双方确认，除非双方按照本合同第 1~2 条约定就计租面积另行达成一致，否则，该图测面积即为本合同项下的计租面积，不再调整。

2. 如一方对图测面积有异议，则双方同意在商业广场开业之日起______个月内，以届时建设行政主管部门审定的商业广场施工图为依据，对租赁场所建筑面积重新进行测量（重测面积）。如双方就重测面积达成一致（以双方书面确认为准）的，则以重测面积作为本合同项下的计租面积，对乙方已交纳的租金、物业服务费等款项，双方按重测面积进行结算，多退少补；如双方未能在前述期限内进行重测或未就重测面积达成一致的（不论其原因），则以本合同第 1 条第 1 款所述的图测面积作为本合同项下的计租面积，不再调整。乙方不得以重测面积未能确定为由拒绝或拖延支付租金、物业服务费等。

> 重测面积确定后，合同双方均需以书面确认书形式加以明确。同时，承租方的支付义务通常设定为“无论在任何情况下，均不能延迟支付或拒付……”故无论重测面积是否存有异议，承租方应按照约定提前交付租赁费用。且租赁费用中除租金及物业管理费受租赁面积影响外，仍有其他项目费用应当支付，故因测量面积异议而拒付租赁费用不合理。

第二条　租赁用途

租赁场所的租赁用途为经营____。

乙方应在租赁场所统一以______作为品牌对外持续营业。租赁期限内，未经甲方书面同意，乙方不得变更租赁用途或品牌。

第三条　租赁期限

1. 租赁期限为______个租约年，自计租日起算。

2. 甲方若欲在租赁期满后继续将租赁场所出租，在同等条件下，乙方享有优先的承租权。

乙方应在租赁期限届满的______个月前向甲方发出书面通知，并且与甲方协商租赁期限的续展及租赁条件。乙方未按约定发出续租通知，或双方未能在租赁期限届满______个月前签署新的租赁合同的，视为乙方放弃续租和优先承租权。

3. 租赁期限届满前______个月内，甲方经提前书面通知乙方后，在不影响乙方正常经营的前提下，可以和租赁场所潜在的承租方或使用人察看、了解租赁场所及其设施、设备，乙方应当予以配合。

第四条　进场装修

1. 双方确认，______年______月______日为进场日，甲方有权根据商业广场工程进展情况，在前述约定进场日______日前书面通知乙方调整进场日的具体日期，且甲方无须因前述调整向乙方作出赔偿或补偿。乙方如延迟进场仍以甲方通知进场的时间为准计算起租日期，所产生的各项费用自通知的进场之日起由乙方承担。

2. 甲方保证在进场日前完成乙方进场装修所需的基本条件（下称“进场条件”），即租赁场所主体结构已完成，施工电源与水源已引入。

16215

3. 甲方在进场日前至少______日通知乙方进行租赁场所预验收，乙方应在接到甲方通知后______日内开始进行预验收。如果租赁场所符合进场条件的，乙方应在进场日或之前予以确认，并签署《进场确认书》后进场装修。

4. 乙方在前述期限内既不签署《进场确认书》，也不以书面形式提出充分合理改正意见的，则视为乙方对进场条件给予无异议的确认，甲方有权与物业服务公司一起进行现场勘验，并共同在《进场确认书》上对勘验结果予以记录。该《进场确认书》对乙方有约束力。如乙方未在进场日后______日内进场装修，甲方有权解除本合同。

5. 如果甲方在约定进场日之前完成进场条件，经双方书面确认后，乙方可以提前进场。双方应签署《进场确认书》，进场日以乙方实际进场之日为准。

6. 除合同另有约定外，《进场确认书》需经双方代表签字确认并加盖双方公章后生效，物业服务公司予以见证加签。

7. 乙方租赁场所开业前，乙方应按照《房屋交接技术条件》完成应由乙方完成的二次装修工程（下称“二次装修工程”）。如因乙方未能完成二次装修工程，或乙方二次装修工程影响商业广场主体消防验收，致使租赁场所或商业广场未能按本合同约定时间开业的，由此所引起的责任和所有受影响方遭受的损失均由乙方承担和赔偿，且乙方免租装修期不予顺延。

第五条　租赁场所的设计变更及乙方装修方案

1. 乙方应按工程进度要求及双方约定，按时、按量向甲方提供机电及装修相关图纸。乙方逾期提供导致甲方无法按期完工或完成主体工程消防验收和竣工验收的，不影响计租日的起算，且乙方应赔偿甲方因此遭受的损失。甲、乙双方对机电及装修施工图纸进行确认后，原则上不再变更。

> 承租方提供设计等图纸均需经过出租方书面认可，并需保障在法律允许范围及合同约定范围内进行设计装修。同时需注意：承租方进行装修的范围及活动不能损害原有建筑主体结构。

2. 为满足乙方商业经营的需要，如在已确认的相关设计蓝图、施工图纸和《房屋交接技术条件》内容之外，乙方提出租赁场所设计变更方案，在符合国家及地方有关设计规范且不影响商业广场整体规划布局的前提下，经双方确认，甲方同意按照该变更方案对租赁场所设施及布局进行修改和建设，并作为已确认的相关施工图纸和《房屋交接技术条件》

之补充。因该等修改和变更所增加的全部费用（包括工程变更和办理政府审批手续所需费用等），全部由乙方承担。

如果因乙方变更方案导致甲方无法按照本合同第 4 条约定期限完成进场条件或交付租赁场所的，免租装修期从进场日起算，不予顺延，不影响计租日的起算，且甲方不因此承担延期进场或交付等任何责任。

3. 自进场日起，乙方可在租赁期内对租赁场所进行装修，并自行承担全部的责任和费用（包括但不限于施工过程中产生的责任和费用）。

4. 乙方装修方案不得涉及可能破坏租赁场所房屋结构或危及房屋结构安全的行为。乙方施工不得因任何理由损坏甲方已施工完毕的公共设施、设备及租赁场所结构、外墙部分，不得影响或妨碍公共设施的正常使用、维护、维修、保养，不得影响商业广场内甲方或其他承租方的正常经营活动。违反前述约定的，乙方应赔偿甲方和 / 或第三人相应损失。

5. 租赁场所的装修方案凡涉及消防、建筑安全等需报政府主管部门批准的，或涉及甲方提供的设备设施的，须报政府主管部门及甲方审批同意后方可实施。甲方审批不减免乙方责任，甲方也不因此承担任何责任。

6. 乙方负责完租赁场地的二次消防设计、施工及报验。包含二次消防设备设施新增和改造、泄水、报验、材料检测、消防图纸设计及资质盖章（含装饰设计资质盖章、装饰施工资质盖章），甲方提供必要配合。

7. 乙方装修物料及人员进出装修甲方有随时检查权利，如物料及其堆放、人员进出可能影响大厦安全或正常运行或其他商户，甲方有权要求乙方按甲方要求的方式进行整改，乙方应遵照执行，否则由此产生的损失，乙方应赔偿甲方和 / 或第三人相应损失。

第六条　免租装修期与开业

1. 免租装修期为自进场日起算______个月。如开业日在此期间内，则免租装修期则在开业日前______日结束。

免租装修期内，乙方无须支付租金，但应支付进场日起租赁场所发生的水、电等公用事业费、垃圾清运费、物业服务费、空调费（如有）等各项费用。

如租赁场所在免租装修期内发生房产税，乙方予以承担。

双方明确，如果本合同由于乙方违约提前终止，则视为乙方不享有前述免租装修期。乙方需在合同终止前______日内向甲方补交免租装修期租金（按本合同项下第一个租约年的租金标准和免租装修期时间的乘积，并扣除乙方承担

16215

的房产税后确定），且甲方在本合同项下的其他权利不受任何影响。

关注法天使

若因承租方违约导致合同解除，则承租方应当补交免租装修其内免除交纳的全部费用。且该项权利不影响后续各类违约金及赔偿金的交纳。若承租方不能及时交纳以上费用，则出租方有权依据合同约定在承租方缴纳的履约保证金内进行划扣。

2. 租赁场所应在商业广场整体开业日（暂定______年______月______日）对外整体营业。

3. 如乙方未能按约定实现租赁场所与商业广场同日开业，视为乙方违约，甲方有权解除本合同，履约保证金不予退还。若因乙方未能同期开业给甲方造成社会影响和经济损失的，乙方除了承担违约责任外，还应承担因此造成的损失和赔偿责任。

4. 如租赁场所在商业广场整体开业日的开业面积比例不足______%（含）的，视为乙方违约。乙方应在租赁场所开业面积比例达到______%之前按第一个租约年租金标准的______ %支付违约金；如开业日后______日届满，租赁场所开业面积比例仍未达到______%，则甲方有权解除合同。

第七条　租金及支付方式

1. 乙方应自计租日起向甲方交纳租赁场所租金。

2. 租赁场所的月租金 = 月租金标准 × 计租面积。

起始月租金标准为______元 / 月 · 建筑面积平方米；

从第______个租约年（含）起，每个租约年的租金标准在上一个租约年租金标准的基础上递增______%。实际应支付租金如下表所示：

租赁年	租金单价	月租金	年租金
第 1 年			
第 2 年			
第 3 年			
第 4 年			
第 5 年			

3. 租金交纳方式

（1）乙方应按月支付租金

首付租金应于免租装修期届满______日前支付给甲方。如果计租日是该月第一日，则首付租金应付至计租日开始第一个月的月底。如果计租日不是该月第一日，则计租日当月的租金按实际天数计算，首付租金应付至计租日开始第二个月的月底。

除首付租金外，乙方应在每月______日前向甲方交纳下月租金。

> 租金及部分能源费（如电费）等通常均采用预缴制，至于预缴的期间则属于商业条款，需由合同双方进行商议，但需将承租方可能具有的违约情形（延迟交纳的期间）及出租方预估的接受情形考虑在内。

（2）乙方应将本合同项下租金，以人民币形式支付到甲方指定的银行账户上。甲方确认款项到账，视为乙方完成付款。甲方账户信息：

开户名：____；

开户行：____；

账号：____。

（3）甲方须在收到乙方付款后______日内向乙方出具相应金额的合法发票。

第八条　履约保证金

1. 乙方应在本合同签署后的______日内，向甲方交纳______万元人民币的履约保证金，甲方在收到履约保证金______日内向乙方开具收据。如乙方未在规定日期足额支付履约保证金，甲方有权解除合同。

2. 履约保证金的使用

（1）如乙方未能按照本合同约定支付租金、物业服务费、违约金或其他应付款项，或者乙方违约造成甲方损失的，甲方可以从履约保证金中扣除与欠款或损失等额的金额。如履约保证金额度不足扣除的，乙方仍应补足。

（2）甲方按本合同规定从履约保证金中扣除相应金额后，乙方须在接到甲方书面通知后______日内将履约保证金额补足。未及时补足的，按本合同约定承担延迟付款责任。

> 提示：延迟付款责任通常会包含合同解除项目，而履约保证金通常额度较小，故此处存在因延迟支付或补足较小额度履约保证金而导致合同解除后果的可能性。

3. 履约保证金的返还

本合同终止时，履约保证金除用以冲抵合同约定由乙方承担的费用外，剩余部分（如有）于乙方按本合同约定交还租赁场所并履行完毕其他合同义

16215

务后______日内无息归还乙方，本合同另有约定的，从其约定。乙方应在甲方退款同时返还甲方的履约保证金收据。

第九条　其他费用的承担及交纳

1. 公用事业费

自进场日起，乙方应自行承担和支付租赁场所发生的公用事业费，包括但不限于水、电、燃气、热力、通信、有线电视等费用。

公用事业费标准按商业广场所在地区公用事业统一收费标准确定和调整。

2. 乙方应按照租赁场所各项能源的实际使用量占整个商业广场相应能源使用总量的比例承担能耗损失。

3. 前述公用事业费及能源损耗费的支付时间、方式均按物业服务公司规定执行。物业服务公司收到乙方交费后开具收据。

4. 双方因签订和履行本合同而应缴纳的税费，根据中国和租赁场所所在地的相关规定各自缴纳和承担。双方另有约定的除外。

第十条　延迟付款责任

1. 租赁期限内，除双方明确约定情况外，乙方不得以任何理由拖欠、拒付或抵扣租金和物业服务费。对租金和物业服务费支付，乙方无任何对抗权。此种情形包括甲方及其指定的物业公司服务不到位的任何情况。如果乙方认为自己利益甲方及物业公司服务不到位或受到其他侵害，乙方有权在交纳上述费用后与甲方或物业公司协商，协商不成可以通过司法途径解决纠纷。

2. 如果乙方未按约定向甲方或物业服务公司支付或补交租金、物业服务费、履约保证金、水、电等公用事业费或其他应付款项，则每延迟一日，乙方应支付应付而未付金额万分之______的款项作为逾期付款违约金。延迟达______日仍不予支付或补交前述款项的，甲方有权解除本合同。

乙方未经甲方同意延迟交租超过______日的情况累计逾______次，甲方同样有权解除本合同。

第十一条　物业服务及费用

1. 物业服务的内容及相关权利义务关系由乙方与物业服务公司签署《物业服务合同》加以约定。物业服务公司有权援引本合同项下有关物业服务约定及附件直接向乙方主张权利。

2. 物业服务费（不含水、电等公用事业费）标准为：免租装修期内______元 / 月 · 平方米建筑面积；第一个租约年______元/月·平方米建筑面积自第______个租约年（含）起，每个租约年的物业服务费标准在上一个租约年物业服务费的基础上递增______。

3. 物业服务费自进场日起按月支付。首付物业服务费应于乙方进场日前______日支付给物业服务公司。如果进场日是该月第______日，则首付物业服务费应付至进场日开始第一个月的月底，如果进场日不是该月第一日，则进场日当月的物业服务费按实际天数计算，首付物业服务费应付至进场日开始第二个月的月底。

除首付物业服务费外，乙方应在每月______日前向物业服务公司交纳下月的物业服务费。

4. 物业服务公司在收到物业服务费后向乙方开具相应金额的合法发票。

5. 甲方提供空调服务，服务时间同商业广场统一营业时间，空调费标准______元/月·平方米建筑面积。

如国家或商业广场所在区域能源费价格发生调整，则物业服务公司有权相应调整空调费标准，乙方应按调整后的空调费标准付费。

> 例如，水电费、空调费等能源费用，价格大多受到政府及相关部门的影响。故在确定该类型费用时通常需示明若国家政府部门调整费用时，需以该调整价为准，承租方不得提出异议。

6. 乙方应全年按月支付空调费，并在支付物业服务费同时支付给物业服务公司。

7. 如乙方要求提供超时空调服务，应按物业服务公司要求另行支付超时费用。超时空调服务费标准为______元/小时·平方米建筑面积，由乙方在支付下一期空调服务费时一并支付。

8. 物业服务公司收到空调费后向乙方开具相应金额的税务部门认可的票据。

第十二条　招牌及其他场所的提供

1. 招牌

乙方按照如下约定设置招牌（包括商标、商号、标志、店招、霓虹、灯箱等）：

（1）乙方可在租赁场所内（指乙方专用区域，不包括乙方与甲方或商业广场其他承租方共用区域）设置招牌，在不违反法律、法规和相关规定的前提下，甲方不予干涉。

（2）租赁场所外墙面、楼顶的使用、收益权由甲方享有。

本合同有效期内，甲方同意在租赁场所外墙面免费为乙方提供一块店招

16215

位，具体位置、规格应符合甲方统一规划要求，及国家相关规范要求，并需经政府有关部门批准。乙方在设置招牌前须将施工图纸报甲方审核。甲方的审核不减免乙方依法应承担的责任，也不导致甲方对此承担任何责任。

> 此类免费提供场地的性质实际仍为租赁，只是采取免租行为而已。故该场所除免除租金外，其他方面仍应按照合同履行，出租方仍享有各类管理权力。

（3）乙方设置店招的报批（含招牌报批和内容报批）、安装、使用、更换、清理、维护、保养和安全（包括因天气、地震等原因导致的安全问题等）均由乙方自行负责（招牌的施工须与外装施工同步完成），乙方自行承担由此产生的全部费用和责任。如造成甲方或第三人损失的，乙方还应予以赔偿。

（4）乙方应自用甲方提供的免费店招位，不得用于发布广告。

如乙方取得租赁场所外墙面广告位使用权的，乙方可自行决定广告位的使用方式，但不得发布与乙方经营范围不符的广告，也不得发布与商业广场其他业态存在竞争的企业广告或产品广告。

（5）乙方在使用店招位时，应做好防水防漏及安全防护工作。由于乙方施工、设置、安装店招等因素造成的建筑物漏水或对建筑物结构、外墙部分造成其他损害或发生其他安全事故，乙方应承担全部责任及费用，并在甲方或物业服务公司要求的时间内完成维修。否则，甲方或物业服务公司可自行维修，费用由乙方承担。

2. 租赁场所外的促销

如乙方利用商业广场其他公共区域举办商品促销、展示等活动，应与物业服务公司协商后有偿使用。该等活动如需向政府有关部门申请，由乙方自行办理，并承担因举办上述活动而产生的责任及费用。

> 提示：针对该项临时促销事宜的确定，应当由出租方享有完全的管理权力，包含但不限于批准具体活动位置、活动位置的调换等事项。

第十三条　甲方的责任与义务

1. 租赁期限内，甲方应保证乙方有权按本合同约定使用租赁场所，不存在妨碍乙方承租权的所有权、出租权争议。

2. 甲方应向当地有关部门办理租赁场所的租赁登记备案手续，双方应当按照国家或当地政府的规定承担相关费用。如无规定，则双方各承担______%，______%。

3. 租赁期限内，凡属房屋结构的损坏，甲方须及时修理，所需费用及相关责任由甲方承担。但前述损坏如是因乙方（含乙方雇员、合作伙伴以及顾客等）原因造成的，则由乙方自行及时修复并承担费用。如因第三方原因造成损坏由乙方向第三方追偿，如需甲方协助，甲方应当予以协助解决。

4. 发生紧急状态事件时，甲方或物业服务公司有权在不通知乙方的情况下，自行决定中断对租赁场所的水、电、燃气等能源供应或停止空调、电梯等设施设备的运行，而不需承担任何责任。但事后甲方应尽快通知乙方，并作出说明，同时应随时关注事态发展，向乙方传递相关信息。

5. 甲方承诺保守乙方商业信息并保护乙方的知识产权；未经乙方书面许可，甲方不得使用乙方的商号、商标或标识，也不得将乙方的任何信息披露予第三方或用于租赁合同以外的用途，甲方用于全体商场整体促销活动除外，用于商场整体活动的费用涉及乙方宣传应当承担的费用乙方应当承担。

第十四条　乙方的责任和义务

1. 乙方应全力协助甲方办理租赁登记备案手续，并按规定按时缴纳相关费用。

2. 乙方负责办理租赁场所经营所需的或可能发生的所有申请报批手续，并应在取得所有必要的政府有关部门规定的验收合格证书（包括但不限于二次装修消防验收合格证书）后方可正式投入商业使用。因前述行为而发生的一切费用及责任均由乙方承担，且不得影响本合同的履行。

3. 乙方自行负责租赁场所的经营，并承担相应风险及相关责任；乙方不得以甲方或物业服务公司名义从事经营活动。

4. 乙方有义务每日向物业服务公司提供租赁场所的实际营业额等数据，并按物业服务公司通知及时派员参加商业广场营运等会议。

5. 乙方在租赁场所从事经营活动时，应遵守中国有关环境保护、卫生、防疫、文化、治安管理在内的法律、法规，尊重社会公德，负责治安综合治理、消防、安全和保卫工作，如乙方违反前述规定，应自行承担由此产生的全部责任。

6. 乙方保证按照约定的租赁用途，在其合法经营范围内，按照使用规范，正常合理地使用租赁场所及其设施、设备，并按照约定完成应由其负责的物业服务事项，不置放任何超过或可能超过建筑物设计荷载范围的物品，不得影响、

16215

妨碍公共设施、设备的正常使用和正常维护、维修、保养，不得损坏租赁场所结构及附属设备设施。

7. 乙方应积极参加物业服务公司组织的商业广场营销活动，并给予支持。乙方保证每年至少在商业广场举行不少于______次的大型促销活动。乙方举行活动应遵照甲方的规定，按照与甲方协商方案进行，乙方举行的活动接受甲方监督。

> 该项约定可视为互利行为，通过促销活动，增加承租方知名度以及或有商业利润，而出租方也可因此增加或有租金收入（扣点收租方式），并增加活动规模，扩大整个商场影响力。

8. 乙方保证不从事任何可能阻碍、影响商业广场内甲方或其他承租方合法权利的行为，不进行可能干涉、扰乱或影响甲方或其他承租方正常经营的行为。

9. 乙方应采取严格的安全防范措施，避免发生因乙方原因引致水、烟或其他物体外泄以或者其他形式导致的甲方或第三人人身、财产的损害。

10. 乙方单独使用的设备设施的日常维修保养和管理及更新、更换由乙方负责，并承担费用。

11. 乙方对租赁场所内的财产、物品负有保管责任。

12. 在甲方推荐的银行服务系统能够满足乙方对银行的业务要求、服务水平及满足乙方要求的前提下，乙方优先在该银行开立账户。

> 银行服务系统及统一的收银系统等均有利于出租方对于承租方的营业情况进行监督，同时也是出租方商业管理的良好举措。

13. 乙方应按照本合同规定按期足额支付租金、物业服务费及其他应付款项。

14. 在不损害乙方利益的情况下，乙方同意甲方或物业服务公司有权在有关商业广场介绍、宣传中使用乙方的品牌（名称、标识等），而无需另行征得乙方同意。

15. 乙方应及时与物业服务公司按照本合同所附文本签署《物业服务合同》。

16. 因违反本条前述约定导致甲方或第三人的全部损失，均由乙方负责赔偿。

17. 如乙方租赁场所在本合同约定的开业日之前对外接待顾客，乙方应保证该阶段仅进行正式开业前筹备工作或仅作为试营业。乙方租赁场所正式开业及乙方对外宣传的租赁场所正式开业之日均应以本合同约定的开业日为准。

18. 乙方租赁场所在租期内整体对外经营面积比例须持续保持在______%以上。如整体对外经营面积低于______%，则按该租约年租金标准的200%支付租金；如整体对外经营面积低于______%，超过______日，则甲方有权解除合同。

19. 为确保租赁场所所在商业广场统一经营管理效果，乙方同意在租赁期限内仅通过租用甲方指定的POS专用收银系统开展经营。乙方应在甲方要求时间内按本合同与物业服务公司签署《POS专用收银系统租用协议书》，并保证按照该协议书约定履行相应义务，承担相应责任。

第十五条　新增资产的所有权

租赁期限内，甲方投资形成的新增资产所有权属于甲方；乙方投资于租赁场所或为使租赁场所具备、维持正常使用功能及满足商业经营特殊需要而投入的装修、设备及其他附属物、附着物之所有权属于乙方。本合同另有约定的，从其约定。

第十六条　投保责任

1. 甲方负责为下列事项投保财产一切险或机器损坏险，并承担费用：

（1）租赁场所（建筑物结构）；

（2）甲方提供的设备设施，包括甲方提供给乙方单独使用的设备设施及甲方提供的与商业广场其他方共用的设备设施。

2. 乙方负责投标租赁场所内乙方商品、乙方自行购置的设施、设备的财产一切险或机器损坏险，及租赁场所经营涉及的公众责任险，并自行承担费用。乙方应在开业前投保完毕。

3. 双方应向信誉卓著的保险公司购买各种保险，并向对方提供保险单复印件证明。

提示：各类保险的购买责任应当在合同中明确划分，并需要在办理完毕后相互备案。

4. 双方应在租赁期限内保持前述保险持续有效。

第十七条　租赁场所的转租

1. 未经甲方书面同意，乙方不得以任何形式转租租赁场所，否则乙方由此取得的收益全部归甲方所有，且甲方有权解除本合同。

2. 在满足如下前提的条件下，甲方同意，乙方可以对租赁场所进行转租：

（1）转租区域应符合本合同约定的租赁用途，并应与租赁场所其他区域整

16215

体以“______”作为品牌对外营业，不得以其他品牌对外经营。

> 大型专营店通常会有较多种品牌同时经营，但其他类型的承租方经营品牌通常是固定的。经营品牌的不同通常会影响到租赁费用及其他合同其他条款的订立，故租赁品牌非经双方一致同意一般不可由承租方自行变更。

（2）转租区域的经营业态不得与商业广场的其他业态（以物业服务公司认定为准）发生冲突。

（3）转租区域面积不得超过租赁场所计租面积的________________________________。

> 无论何种类型的租赁合同，通常都会对承租方的转租权利作出限制，未经出租方同意承租方不能擅自转租，主要因素有：（1）承租方无权对租赁场地进行处分，不符合《中华人民共和国物权法》及《中华人民共和国合同法》的相关规定。（2）承租方私自转租的行为具有收取租金差价的可能性，会对出租方造成利益损失。（3）承租方私自转租使第三方入驻租赁场地，使得出租方不宜进行统一管理。

（4）转租合同应明确，无论本合同因何种原因终止，转租合同应同时终止，转租承租人不得以任何理由向房屋所有权人主张权利。

（5）转租不减免乙方在本合同项下任何义务和责任。

（6）因转租产生的任何纠纷、责任由乙方自行处理，并承担损失，与甲方无关。

（7）本合同终止后，乙方自行负责收回转租区域，并按本合同约定将租赁场所整体交还给甲方。

第十八条　租赁场所产权转让、租赁合同的转让及他项权利的设定

1. 租赁期限内，在确保本合同及其相关附件正常履行的前提下，如甲方将本合同项下租赁场所转让给甲方的战略投资合作伙伴或关联方（非乙方同业竞争企业），乙方均同意放弃承租人在同等条件的优先购买权，而无需甲方再就此征求乙方意见。

2. 租赁期限内，如乙方被第三方收购，且因该收购造成本合同主体变更或品牌、公司名称变更的，须事先征得甲方的书面同意，并保证本合同的履行不受影响。否则视为乙方违约，甲方有权解除本合同。

3. 在签订本合同时，甲方对租赁场所土地及在建工程已设定了抵押。租赁期限内，甲方有权再对租赁场所设定新的抵押等担保，抵押将不得损害乙方在本合同项下的权益。

第十九条　违约责任

1. 若任何一方违反本合同项下的任何责任义务，均应赔偿另一方因此而遭受到的相应损失，本合同另有约定的按约定处理。

2. 在下列情况下，一方有权经书面通知另一方，立即解除合同：

> 提示：此处仅为合同方共有的解除合同情形，与解约过错方承担相应的违约或赔偿责任并不冲突。

（1）另一方的资产被扣押、执行，且导致本合同无法继续履行的。

（2）另一方进入破产清算程序（除非该等清算是合并或重组的目的），导致合同目的无法实现的。

（3）另一方停止或将要停止其业务，导致合同目的无法实现的。

按照前述约定导致本合同解除的，分别按照本合同第 19 条第 4 款和第 19 条第 6 款处理。

3. 在下列情况下，甲方有权经书面通知乙方，立即解除合同：

（1）按照本合同其他条款约定，甲方选择解除本合同的。

（2）乙方未经甲方同意，对租赁场所进行建筑物结构、设施、设备的变更、改造、破坏，且在甲方书面通知后______日内未能恢复原状的。

（3）乙方擅自变更租赁用途或约定品牌对外经营，经甲方书面通知后未在______日内改正的。

（4）乙方违反本合同有关转租约定的。

4. 按第 19 条第 3 款及本合同其他条款约定，甲方行使合同解除权的效力：

（1）甲方依照约定解除合同（不可抗力除外）或乙方单方面擅自解除合同的，甲方有权没收履约保证金，且乙方应按本合同约定承担违约责任。乙方应在接到甲方书面通知之日起______日内将租赁场所交还甲方，并与甲方和物业服务公司结清所有款项。

（2）如果本合同解除时，乙方实际租赁期限不满______个租约年（包括计租日前解除的情况）的，乙方除承担本合同第 19 条第 4 款第（1）项责任外，还应向甲方赔偿相当于 24 个月租金的违约金。

（3）如果本合同解除时，乙方实际租赁期限个租约年的，乙方除承担本合同第 19 条第 4 款第（1）项责任外，还应向甲方赔偿相当于______个月租金的违约金。

16215

前述计算违约金标准的“月租金”是指合同解除当月的月租金，如果合同解除当月尚未开始计租的，则以第一个租约年的月租金为准。

5. 在下列情况下，乙方有权经书面通知甲方，立即解除合同：

因甲方原因导致乙方无法合法地独占使用租赁场所，在接到乙方书面通知后 30 日内未能恢复乙方合法独占使用权的。

6. 按第 19 条第 5 款及本合同其他条款约定，乙方行使合同解除权的效力：

（1）乙方依照约定解除合同（不可抗力除外）或甲方单方面擅自解除合同的，甲方应在合同解除后______日内退还履约保证金，且甲方和物业服务公司应向乙方退还多收款项（如有）。乙方应在合同解除后______日内将租赁场所交还甲方。

（2）如果本合同解除时，乙方租赁期限满______个租约年（包括计租日前解除的情况）的，甲方除承担本合同第 19 条第 6 款第（1）项新规定的责任外，还应当赔偿乙方相当于______个月租金的违约金。

（3）如果本合同解除时，乙方租赁期限不满______个租约年的，甲方除承担本合同第 19 条第 6 款第（1）项责任外，还应赔偿乙方相当于______个月租金的违约金。

前述计算违约金标准的“月租金”是指合同解除当月的月租金，如果合同解除当月尚未开始计租的，则以第一个租约年的月租金为准。

7. 不可抗力或国家政策变更导致乙方无法继续经营的，双方互不承担违约责任，且共同协商解决方式。

8. 租赁期限内，如政府或公用事业部门行为造成商业广场周边道路开挖、建设或公用事业供应受到影响，不属于甲方违约，甲方无需承担责任。

第二十条　租赁场所的交还

1. 交还期限及状态

（1）无论因何种原因导致合同终止，乙方均应在合同终止之日起______日内（下称“交还期”）将甲方交给乙方保存的租赁场所的物业服务资料和工程资料交还甲方，并自行承担费用拆除、搬离由乙方所有的设施、设备（包括所有招牌、广告牌、租赁场所内乙方安装的设施、设备等，但不可搬离或搬离、拆除可能会损坏房屋的物品除外，且该等物品视为自合同终止后归甲方所有），并将租赁场所恢复到符合乙方最后一次通过消防等政府审批的装修施工图纸所述状态（正常使用及时间因素造成的合理损耗除外），以及保持租赁场所干净、整洁交还甲方。

（2）交还时双方对租赁场所及甲方交付乙方使用的所有的设施、设备进行验收，如有任何损坏，乙方负责修复并承担相应费用；如有任何遗失或者造成的损坏无法修复时，乙方应赔偿甲方相应损失。

（3）如果甲方将公用事业用户缴费单位登记或变更为乙方，则乙方应在交还期限内将公用事业用户手续变更为甲方或甲方指定的第三方，并由乙方承担相应费用。

（4）如在交还期届满后，乙方未将乙方所有物品搬离的，视为乙方放弃对该租赁场所内乙方物品的所有权，甲方有权依法处理，包括作为垃圾丢弃。甲方对乙方不承担任何责任，处理费用由乙方承担，甲方有权在其履约保证金中扣除。

> 场地交还部分中，承租方逾期交还时的剩余物品处置权是非常重要的内容。若出租方不享有相应处置权，则将会使交还事项无法如期进行，严重影响场地的回收及再次出租。

2. 延期交还

如果乙方未能在交还期内交还租赁场所的，甲方或物业服务公司有权停止各种专项服务，如断水、断电等，直至依法采取强制措施将乙方清场，因此发生的费用以及造成的一切责任和损失由乙方承担。

3. 交还期占用费

（1）因租赁期限届满、甲方违约或不可抗力引起的合同提前终止，甲方在交还期限内不收取占用费；因乙方违约导致合同提前终止，在交还期内，乙方应按合同终止时的日租金标准及实际占用天数向甲方支付占用费。该占用费不包括按本合同约定乙方应当承担的违约金及滞纳金等其他费用，延期违约金每日按上一年度年租金的______%计算。

（2）无论因何种原因引起的合同终止，如在交还期届满后乙方仍未交还租赁场所的，乙方应按照合同终止时租金的两倍标准及实际天数向甲方支付占用费，从交还期限届满次日起付至实际交还之日止。

（3）任何情况下，乙方在交还期限内均不得在租赁场所内从事任何经营活动，否则乙方应立即按照相当于合同终止时两倍月租金的标准，从开始经营活动当日起，每天向甲方支付占用费。

4. 结清欠款

乙方应在交还期内付清应付租金、物业服务费或其他应付款项。

5. 乙方应自行将转租承租人（如有）予以清场，并承担所有责任。

如乙方违反本条款，甲方实施强制清场的责任与损失，均由乙方与转租承

16215

租人自行承担。乙方未到场的或乙方到场后不予确认的，场内物品情况以甲方登记为准，视为乙方无异议；转租承租人如有异议，由乙方解决并承担全部责任和损失。

第二十一条　不可抗力

1. 如因不可抗力造成一方或双方无法履行本合同，根据不可抗力影响的程度，可以部分或全部免除责任。但一方延迟履行后发生不可抗力的，不能免除责任。

2. 受不可抗力事件影响的一方（受影响方）同意在其知悉不可抗力事件时，立即书面通知对方。该等通知应当包含引起不可抗力事件的情况细节描述，并应包含不可抗力发生地区的政府的有效书面证明，以证实本合同不能履行或部分不能履行或合同的履行需要延迟的原因。否则，不能因不可抗力而免除受影响方有关责任。

> 不可抗力为我国《民法总则》中法定的免责事项，但合同双方仍需履行通知义务并提供不可抗力事件发生的证明文件。

3. 如受影响方在持续的______日内因不可抗力不能履行本合同项下的绝大部分义务，并且该不能履行状态一直持续到______日后，另一方可以在上述______日之后的任何时间书面通知受影响方，解除本合同。如不可抗力发生在延迟履行期，违约方不得以不可抗力为由免除责任。

第二十二条　合同纠纷的解决

1. 合同履行期间如发生纠纷，双方应当友好协商解决。

2. 协商不成，可向租赁场所所在地有管辖权的人民法院提起诉讼。

第二十三条　合同的签署及生效

1. 本合同由甲、乙双方签字并加盖公司公章后生效。

2. 本合同未尽事宜，经双方协商后签订补充协议。补充协议、合同附件与本合同具有同等法律效力。

第二十四条　其他

1. 本合同对甲、乙双方法定受让人具有同等约束力。

2. 甲方可将本合同中的部分或全部权利义务委托给物业服务公司代为行使和履行，无需再通知乙方，乙方应予以接受，不得异议。本合同中关于物业服务公司的权利，直接由物业服务公司行使，无需甲方再出具任何授权。

3. 乙方应优先考虑并尽量录用租赁场所所在区的劳动力。

4. 通知

任何与本合同有关的通知均应当以书面形式并以传真或快递服务的方式送达至如下联系方式（甲、乙双方确认该等联系方式均为正确并可以有效送达）。传真以发出之日视为收悉日，快递以送达之日视为收悉日，以多种形式发送的，以较快送达者为收悉日。

甲方通讯地址：____________________；

邮编：____________________；

传真：____________________；

乙方通讯地址：____________________；

邮编：____________________；

传真：____________________。

倘若任何一方变更联系方式时，应及时以书面形式通知对方，并在对方签收确认后方为有效。如前述联系方式不准确或无法有效送达或一方联系方式发生变更未按前述约定有效通知对方的，则由此而引发全部责任和损失均由该方自行全部承担，且对方的所有通知均视为已合法送达。

乙方确认，租赁期限内，租赁场所也是乙方有效通知地址。甲方有权选择将本合同项下的通知张贴于租赁场所的门窗或墙面上；该等通知一经张贴即视为已经向乙方送达了通知，并视为乙方已经知悉。

5. 不得视为放弃

合同一方未能或延迟行使或部分行使本合同项下的权利不得被视为其对于本合同项下的其他权利的放弃。任何一方未要求另一方履行义务，或延迟要求另一方履行义务，或要求另一方履行部分义务不得被视为对对方履行其他义务的放弃。

6. 本合同一式______份，甲、乙双方各执______份，另______份用于租赁登记或备案，具有同等法律效力。

甲方：（盖章）

法定代表人或授权代表：（签字）

日期：

乙方：（盖章）

法定代表人或授权代表：（签字）

日期：

16215

三、大型购物中心租赁标准合同

【使用场景】

本范本为大型购物中心租赁标准合同。商业用途的场地租赁合同因承租主体、规模、租赁用途等差别，所适用的租赁合同会具有相应特点。本范本主要适用于规模较大、经营范围较广的大型商场、综合卖场及购物中心等情形。

【法律要点】

1. 商铺开业率是什么？为什么要约定商铺开业率？

商铺开业率通常是大型商场类租赁合同中，承租方对出租方提出的具有商业性质要求，即承租方所在建筑内开业商铺的面积之和与整体建筑面积的比值达到一定百分比。商开业率越高，则意味着整个建筑区域内的商业经营环境越优良，客流量越大，为承租方带来的商业间接利益越大。

但对于出租方来讲，在租赁合同中的商铺开业率比例需保持在合理范围内，因为整体建筑内的商铺能否顺利开业并不完全受出租方约束，整体影响因素颇多，且过高的商铺开业率通常难以达到。故该项商铺开业率比例约定建议不宜过高，以免因此造成违约。

2. 对于承租人的转租权限应当如何约定？

对于承租人而言，其仅通过租赁合同的约定而享有对于租赁标的适用权利，而不享有出租的权利。根据《中华人民共和国合同法》第224条的规定："承租人经出租人同意，可以将租赁物转租给第三人。承租人转租的，承租人与出租人之间的租赁合同继续有效，第三人对租赁物造成损失的，承租人应当赔偿损失。"

针对出租人的转租权，《租赁合同》中通常约定为在经过出租方书面同意的情况下允许转租，若承租方有擅自转租行为，需支付较高的违约金同时出租方对此享有单方解约权。就此为出租方带来的损失，承租方应当进行相应赔偿。

3. 什么是清场？对于清场事宜通常如何约定？

清场，是指在合同解除或终止后，承租方在一定期限内就租赁场地进行整理撤场并交还出租方的行为。租赁合同中的清场条款主要需约定清场期限、在清场期间不得进行商业经营行为，以及延期占用场地和清场期间进行商业行为面临的违约金等内容。

与此相关的一个概念为强制清场，强制清场是指在承租方无法在指定期间内进行清场行为时，出租方有权自行进行清场，就强制清场事宜主要需约定的内容通常有强制清场的条件、强制清场后承租方剩余物品的处理方式、处理费用的负担等内容。

【文本正文】

大型购物中心租赁标准合同

立协议人：

甲方：

（名称、统一社会信用代码、住所、法定代表人、职务、委托代理人、身份证号码、通讯地址、邮政编码、联系人、电话、传真、账号、电子信箱）

乙方：

（名称、统一社会信用代码、住所、法定代表人、职务、委托代理人、身份证号码、通讯地址、邮政编码、联系人、电话、传真、账号、电子信箱）

鉴于甲方需将其拥有的位于______地块上的商用建筑物对外招租，乙方愿承租用于______，甲乙双方协商一致，兹签订本合同。

第一条　一般规定

（一）定义

本合同中，下列用词及词句具有本款所赋予的含义：

1.“甲方”是指营业执照注册号为______号的法人。

2.“乙方”是指营业执照注册号为______号的法人。

3.“合同”是指本合同及附件、文件。

4.“超市生活馆”指乙方开设或被委托管理的大型的综合性卖场和部分生活配套（如餐饮、零售等）。

5.“建筑物”指坐落于______地块上的建筑物（甲方自命名：______，建设项目名称：______其相应的《房地产权证》证号为：______，建筑工程规划许可证号为：______。）位置详见附件《总平面图》。

6.“租赁物”指乙方承租的上述“建筑物”______部分的面积、停车场、

16216

广告和招牌位置、乙方专用公共区域、甲供设施设备及合同（包括附件和补充协议）有约定的部分。位置详见附件《租赁物范围图》。

7.“乙方专用公共区域”指合同期内甲方同意乙方管理并使用的公共场地（详见附件《租赁物范围图》）。其用途包括促销、周年店庆、展示、演出、临时销售、手推车停放、风水池、顾客等候区等。

8.“租赁面积”指附件三《租赁面积图》中阴影区域垂直投影面积，最终面积以双方同意的测绘机构根据本合同附件《______项目甲方交付标准》中的“租赁面积确定的标准”（不计算租赁面积的区域在双方书面共同明确后扣除）进行测量后所确认的面积为准。

9.“租赁物交接”是指甲方将符合附件《______项目甲方交付标准》中交接要求的租赁物交给乙方，双方签署《租赁物交接确认书》之行为。

10.“甲供设施设备”指甲方提供的附件《设备设施清单》内列明的物品。

11.“关联企业”指与一方有以下关系之一的公司、企业和其他经济组织：在资金、经营、购销等方面，存在直接或者间接的拥有或者控制关系；或直接或者间接地同为第三者所拥有或者控制；或被授权使用与一方相同的商标、商号、标识或标志的；或其他在利益上相关联的关系。

12.“应付款项”指一方对另一方因本合同条款产生的所有的付款义务。

13.“计租面积”是指甲方及物业服务公司计收、乙方交纳租赁场所租金、物业服务费、空调费、采暖费（如有）等本合同约定以租赁场所面积计费的面积依据。为免疑问，计租面积应为建筑面积。

14. 履约保证金：作为乙方妥善履行本合同约定义务和责任的担保，乙方向甲方交纳的约定金额的款项。本合同有效期内，该款项由甲方保管，按合同约定使用，不计利息。为免疑问，甲方对该款项不承担任何信托或其他投资增值的责任。

15. 转租：乙方作为出租方，将租赁场所部分或全部出租给一个或多个第三方的行为。为免疑问，转租包括但不限于出租柜台、店铺等导致租赁场所部分或全部以乙方之外主体对外经营的情况，但不包括乙方与第三方联营，但对外统一品牌并由乙方统一收银和经营的情况。

16. 紧急状态事件：具有如下性质、造成或可能造成重大人身损害或财产损失的突发事件及意外事件，即关系到商业广场公共安全或者危害社会公共利益，或者构成或可能引发重大安全事故，或者事件影响范围超过三家相邻商家或建筑面积超过 500 平方米。包括但不限于：重大刑事案件、社会治安案件或火警、漏电险情等。

17. 不可抗力：合同双方均不能预见、不能避免并不能克服的客观情况。为免疑问，不包括法律变更和政府行为。

（二）合同的组成及解释效力

1. 主合同

2. 相关附件和文件

（1）本合同签订时需提供以下附件（除注明需由甲方提供的文件外，其余文件均由双方共同确认并作为本合同之附件，甲方提供的复印件需加盖甲方公章，并提供原件供乙方核对，注明原件的，须提供原件）：

附件一：《总平面图》。

附件二：《租赁物范围图》。

附件三：《租赁面积图》。

附件四：《停车场示意图》。

附件五：《广告及招牌位置示意图》。

附件六：《租赁物承载示意图》及《卖场平面布局图》（在不改动主出入口以及功能区划的前提下，乙方有权根据自身经营需要调整《卖场平面布局图》，该改动不得侵犯甲方或第三方权益，影响建筑物主体或功能的改动必需经过甲方书面同意，需经政府有关部门批准的乙方还应自行申请有关部门批准）。

附件七：《______项目甲方交付标准》。

附件八：甲方提供的《建筑物所有权人声明书》或同等法律效力文件(出租人不是所有权人的需提供)。

附件九：甲方提供的《连带责任保证书》与保证人营业执照（加盖担保人公章）。

> 提示：《连带责任保证书》及保证人营业执照并非出租人在场地租赁类合同中必需提交的附件项目，若承租人主张提供，则需事先说明需要提供此附件的理由。同时，出租人在提供连带责任保证书时需注意其中的保证范围是否明确无误。

附件十：乙方提供的《银行保函》副本样式。

附件十一：《租赁物交接确认书》；租赁物交接时由甲乙双方共同确认签署提供。

16216

附件十二：双方的营业执照复印件；本合同签订时由甲乙双方互相提供原件审核。

附件十三：含土地权利人信息的《房地产权证》及其附图附件，包括《国有土地使用权证》及其附图附件、缴清地价、相关税费证明，以及房屋土地权属调查报告书等复印件；本合同签订时，由甲方提供原件供审核。

附件十四：投资项目备案证及政府有关批复；本合同签订时，由甲方提供。

附件十五：《建设用地规划许可证》及其附图附件；本合同签订时，由甲方提供。

附件十六：《建设用地批准书》及其附图附件；本合同签订时，由甲方提供。

附件十七：建设项目环境影响报告书批复；本合同签订时，由甲方提供。

附件十八：《建设工程规划许可证》及其附图附件；本合同签订时，由甲方提供。

附件十九：《建筑工程施工许可证》及其附图附件；本合同签订时，由甲方提供。

附件二十：《月计租营业额及租金通知单》样式。

附件二十一：《年度计租营业额及租金通知单》样式。

（2）在本合同签约后的______日内甲方还须向乙方提供：

附件二十二：政府有关部门同意在该项目开办______的立项批复。

（3）在“租赁物约定交接日”______前，甲方须向乙方提供以下文件：

附件二十三：《建筑消防设计审核意见书》及其附图附件。

（4）在“租赁物约定交接日”前，甲方须向乙方提供以下文件：

附件二十四：甲供设施设备清单。

附件二十五：租赁物结构验收合格报告。

附件二十六：规划验收合格文件。

附件二十七：工程质量验收监督文件。

附件二十八：《建筑消防验收审核意见书》及其附图附件。

（5）甲方在“租赁物约定交接日”后______日内还须提交：

附件二十九：政府相关部门盖章确认的租赁合同登记备案证明文件或合同（原件）。

附件三十：政府部门出具的《建设工程竣工验收备案登记证》。

附件三十一：政府部门颁发的建筑物（包括租赁物）的房屋产权证书。

附件三十二：《乙方按期开业承诺书》。

附件三十三：《乙方持续经营承诺书》。

除上述列明的文件外，甲方还须按政府规定及附件《______项目甲方交付标准》约定的时间提交全部相关文件以符合乙方超市生活馆在免租期内开业要求，并保持相关文件、证照的有效以符合乙方经营需要。本条约定与附件《______项目甲方交付标准》不符的，以《______项目甲方交付标准》为准。

在合同履行过程中双方加盖公章的其他证件、政府文件、签订的补充协议及双方确认的工程技术资料、图纸等。

3. 以上所述附件及文件均为本合同不可分割之一部分，与本合同具有同等法律效力。但在以上附件及文件与本合同之间有冲突、矛盾时，除合同另有约定的外，按以下顺序解释：《租赁合同》、双方的图纸及设计方案、《______购物中心项目甲方交付标准》。但双方在本合同签订后达成的补充协议的解释优先。

4. 双方驻场人员或其工作人员（包括公司高管个人）的签字、往来文件、确认等不视为对本合同的延伸、改变，除非已得到双方公司的盖章确认或公司书面文件的明确授权。

5. 自本合同生效之日起，双方之前达成与本合同不一致的合同、协议和书面文件往来除成为本合同附件的文件外全部失效，对双方不再具有法律约束力。

6. 合同任何条款的无效或被撤销不影响合同其他部分的效力，双方应继续履行合同其他条款的内容。

（三）通知、文件传达形式与收件地址

本合同中双方任何的要求、同意、通知、确认、协商等除不可抗力、政府原因等事项都应通过书面文件进行。文件传达应通过专人递交或挂号信或邮政特快专递或经确认的传真向另一方发出。文件的送达日期应按以下方式确定：

1. 专人递交以另一方法定代表人或授权代表签收日期为送达日；

2. 以挂号信或邮政特快专递发出的，自挂号信或邮政特快专递投邮之日（以邮戳为准，不计当日）起3天后视为有效送达，但如被邮局相关文件证明对方收到日期与前述日期不同的，以邮局确认的对方收到日期为送达日；

3. 以传真形式发出的文件，应在经确认的传真发出后第1个工作日视为送达日；该传真未经对方确认的，视为未送达；

4. 任一方变更联系地址未及时通知对方、提供地址错误、无法联系或拒收通知或文件的，对方按以下地址以挂号信或邮政特快专递发出的通知与文件自投邮之日（以邮戳为准，不计当日）起3天后视为有效送达，不论该文件是否被邮政部门以“查无此人”“无此地址”“拒收”“电话无人接听”“无

16216

法联系”“无人领取邮件”等任何原因退回。

双方确认以下地址为收件地址：

甲方：____;

地址：____;

传真号码：____;

收件人：____;

乙方：____;

地址：____;

传真号码：____;

收件人：____。

地址及电话、邮编、授权人员有改变的，改变一方应及时书面通知另外一方。因一方未及时通知另一方造成送达延误的，从而引起相关损失的，由怠于通知的一方承担相应的责任。

第二条　租赁条款

（一）租赁物的用途

甲方同意将租赁物在合同约定的期限内租赁给乙方用于______。用途：1. 乙方的营业执照列举的各种项目；2. 符合国家规定乙方自行办理准用手续的自用的办公区、仓库、餐饮等项目；3. 乙方转租区内经营形式不限的商户由乙方自行承担责任和办理各种手续，乙方转租区商户的经营乙方承诺承担连带责任。

> 关于租赁物的用途的签署，需注意以下方面：（1）对于租赁用途的表述建议采取明确列举的方式，并可在合同其他章节就承租人擅自进行租赁用途以外的经营活动的行为约定违约惩罚措施。（2）需注意承租人所运营的项目是否属于特殊经营许可行业，若属于，则需由其及时办理相关证件并交由出租人备案。（3）为保护出租人权益，建议提出由承租人对其转租的商户同时承担连带责任。

（二）租赁物的使用

1. 乙方及乙方顾客有权使用建筑物所在土地红线范围内的公用通道、公共设施，甲方有义务保证租赁物与建筑物外围通道及道路 24 小时不间断保持畅通。甲方有义务配合乙方租赁物的防盗安全。乙方承诺安全、合理、合法使用建筑物所在土地红线范围内的公用通道、公共设施，对使用公共设施的损坏承担赔偿责任，由于乙方顾客使用造成的责任乙方承诺予以承担或解决。乙方的使用不得侵犯甲方或第三人利益，不得私自占用通道，对使用公用通道、公共设施造成甲方或第三人的损失承担赔偿责任。乙方无优先使用权。

合同中建议明示涉及租赁区域内的第三人纠纷，由承租方自身承担，与出租方无涉。（法律规定由出租方承担部分责任的情形除外）

2. 在事前书面通知对方并征得对方同意后，一方有权在对方有关人员陪同下进入对方管理区域内检查及对租赁物（或建筑物）进行必要的维修。一方在进行上述检查和维修时，不得干扰对方的业务，或使对方由于此种检查或维修而遭受损害或损失。甲乙双方原则上不进入对方区域对对方物业进行维修和保养，各自对自己的物业设施负责维修和保养。

（三）租赁范围与租赁面积

1. 租赁物包括建筑物的______部分、乙方专用公共区域及甲方提供给乙方的设施设备。详见附件《租赁物范围图》和相关附件。停车场、广告和招牌位置经甲乙双方协商，按甲方指示最终确定，停车场为公共区域，甲方提供______个车位供乙方免费使用。广告和招牌位置除经甲方同意外，乙方还应申请政府有关部门批准，未批准导致广告位不能设置甲方不承担责任。

2. 租赁面积

双方暂定租赁面积为______平方米，实际租赁面积以双方提请共同认可的测绘机构按上述“定义”中所述第 8 项的方法进行测量或由双方协商确认。甲方有义务提供已有的测量文件经双方确认，如乙方有异议则按“定义”中第 7 项所述的方法进行测量。测量面积误差在______范围内的，测量费用由乙方承担；测量面积误差超过______的，测量费用由甲方承担。甲乙双方交接后一年内未共同委托测绘机构进行测绘也未签署关于租赁面积调整的补充协议的，则以甲方提供的文件为准确定租赁面积，双方均不得再提出异议。

提示：于测量的误差性和测量费用，通常需要在合同中先行约定，以免后续产生纠纷。

甲方交付的租赁物的“租赁面积误差比”绝对值不得大于______。

$$\text{租赁面积误差比} = \frac{\text{双方确认的实际租赁面积} - \text{合同中暂定租赁面积} \times 100\%}{\text{合同中暂定租赁面积}}$$

如甲方交付的租赁物的“租赁面积误差比”绝对值小于______的，乙方根据合同第 2 条第 8 款相关约定向甲方支付租金。

如甲方交付的租赁物的“租赁面积误差比”绝对值大于______的，在不

16216

影响乙方经营的前提下，甲方可以补足或缩小乙方的经营面积，乙方不解除合同；如补足或缩小影响乙方整体经营的，乙方有权选择解除本合同，如乙方选择解除合同，则甲方应承担______违约责任。

由于乙方一旦行使解除权将会导致甲方承担违约责任或进行赔偿等，故此处也可以约定为“在不影响乙方经营的前提下，甲方可以补足或缩小乙方的经营面积，在此情况下乙方不解除合同”，如此便可将乙方解除合同的权利范围相应缩小。

如乙方选择不解除合同，则：

（1）租赁面积增加的：乙方根据合同第 2 条第 8 款相关约定向甲方支付租金，甲方有权将经营面积缩小至双方约定经营面积，缩小范围由双方协商确定。

（2）租赁面积减少的：在不影响乙方经营的前提下，甲方可以补足乙方的经营面积；如补足不能形成整体导致影响乙方经营的，甲方应向乙方支付______违约金，乙方根据合同第 2 条第 8 款相关约定向甲方支付租金。

乙方不得使用租赁面积范围外的租赁物。甲方应按本合同第 2 条第 8 款第 4 项约定提前开出合法发票，自甲方开具发票之日起______个工作日内，乙方需将租金或其他费用打入双方约定账户，超过则乙方构成违约。

建议对于乙方的支付义务，应当明确支付的时间、项目及违约责任。

3. 乙方不得超范围或 / 和超面积经营，超范围或超面积经营的，乙方按______元 / 平方米向甲方支付占用费用。经甲方通知，乙方必需于______小时内恢复经营范围，否则，甲方有权强制清场，超范围占用场地物品按垃圾处理，乙方还应向甲方承担清场费用。

4. 乙方不得以其转租商户的个人行为对甲方进行免责，乙方对其自身及其转租商户的所有民事行为承担连带责任。

通常情况下，为保护出租人的利益会设定承租人未经同意不得私自转租，并要求承租人对其转租商户承担连带责任。

（四）租赁期限

租赁期限为免租期届满之次日起______年。依法定或约定事由发生租赁中止、中断的，待中止、中断原因消除后，租赁期限顺延计算。“免租期届满之次日”简称为“起租日”。

（五）续租

如乙方需续租的，乙方应在租赁期满前提前______个月，向甲方提出书面续租要求，甲方收到该书面请求后应在______个月内向乙方提出续租条件，在同等条件下，乙方有优先续租权。

为保证承租人能够于合同届满后及时再行出租，通常要求承租人于合同届满前6个月确定继续承租意向，同时出租人需消耗一定时间就各承租意向人进行对比，从而确定是否继续租赁事宜。

（六）免租期

自乙方签署《租赁物交接确认书》中确认的“租赁物实际交接日”之次日起（参见附件《租赁物交接确认书》样式），甲方给予乙方______个月的免租期，此期间乙方应当支付租金及物业管理费，甲方从免租期届满之次日起计收租金（即使乙方在免租期内开业）。乙方承担免租期内经营及为经营准备的所有人员、广告、水、电、燃气、公共区域物业等等各项费用及政府规费。

由于合同内涉及费用种类繁多，故此处需明确出租人于免租期内免除收取的项目仅限于场地租金，其他项目于合同中明示由承租人继续缴纳。

甲方应按时完成全部甲方应完成的工作并提供相应的文件，如甲方未能按期完成或提供的，将导致乙方在免租期内开业不具备开业条件、无法开业的，免租期应顺延至乙方开业为止。

乙方必需保证在本合同签订之日起______日开业，如不能在约定期限前开业，则免租期自动终止，自乙方装修之日起，开始计算房屋使用费，房屋使用费为每天______万元。自本合同签订之日起乙方超过______日未开业的，甲方有权选择终止合同，乙方承担违约金______元。乙方还应承担已装修部分的拆除费用，乙方已经交纳的费用不予退回。

承租人能否及时开业会影响出租人租金的收取及整个商业管理公司的营业环境，故出租人通常会对承租人的开业情况作出相应要求，包含开业时间、营业具体情况等要求。

16216

关注法天使

（七）开业日期通知与商铺开业率

> 商铺开业率为承租人对出租人所提出的要求，因为商铺的开业率直接影响到商场的客流量及承租人的营业环境，故承租人通常会对出租人商场内的商铺开业率提出一定要求。合同双方在进行商铺开业率条款约定时，作为出租人一方需注意以下内容：（1）由于商铺开业率的设定不宜过高；（2）商铺开业率计算方式需明确，通常建议将承租人的租赁面积包括在已开业经营的商铺面积总和之内；（3）需设定相应条款，确保承租人对于商铺开业率的异议不影响各项费用的收取。

1. 乙方开业条件完全具备后，乙方应提前______天通知甲方其开业的日期。

2. 甲方须保证建筑物内的商铺开业率：

商铺开业率开铺比例按实际计算，由甲方提供数据乙方确认，乙方不确认以甲方提供数据为准，发生争议可以通过法律途径解决。

在乙方免租期满后，如发生建筑物内商铺开业率未达到______%的情况（含乙方已承租面积按乙方已承租计算），则乙方有权停止支付租金（停止原因终止后，乙方仍应按经营额度交纳相应的租金费用；如亏损则无需交纳再补交租金），直至建筑物内商铺开业率达到前述比率为止。

免租期满后超过______天建筑物内商铺开业率仍未达到前述标准的，乙方有权解除合同，甲方赔偿乙方的实际损失后，乙方选择撤场。

除上述约定外，若乙方开业后建筑物内商铺开业率未达到______%的，且该情况持续超过______天的，甲方同意免除乙方租金直至开业率达到前述约定比率。该情况持续已超过______天的，乙方有权解除合同，甲方应按照第 4 条第 13 款第 1 项承担违约责任，但甲方不在持续经营建筑物的或甲方已经进入企业破产程序的，甲方及担保人不再承担该违约责任。

本合同“建筑物内商铺开业率”是指建筑物内已在建筑物内取得营业执照开业经营的商铺面积所占“约定的建筑物整个招商区面积”的比例。

$$\text{建筑物内商铺开业率}=\frac{\text{已开业经营的商铺面积}\ \times 100\%}{\text{约定的建筑物整个招商区面积}}$$

其中计算“已开业经营的商铺面积”和“约定的建筑物整个招商区面积”时，均包括乙方租赁面积在内。

双方约定建筑物整个招商区面积为______平方米。乙方免租期满及超市开业后有权要求甲方提供已开业经营的商铺情况及“建筑物内商铺开业率”计算情况，甲方应在______日内按实提供。

本合同第2条第7款第2项中约定的“建筑物内已开业经营的商铺面积”均采用统一标准，按照“各商铺独用区域的垂直投影面积”计算，不含共有共用面积分摊，也不应包括商铺共用的通道。

如双方对“建筑物内商铺开业率”有争议的，甲方负有证明义务。如甲方建筑物内商铺开业率未达到约定比率而停止支付租金的，不视为乙方延迟支付租金。“建筑物内商铺开业率”以甲方提供的数据为准，乙方可以提出异议，异议期间不停止租金及各项费用的交纳，异议经第三方确定开业比率不足时，甲方应当返还乙方开业率不足期间的租金。如乙方延迟支付租金期间，“建筑物内商铺开业率”符合合同约定，乙方除补足延迟给付的租金外，还应按照每天______元承担延迟支付租金期间的违约责任。

为了保证双方的承租利益，乙方承诺于免租期开始______内开业，否则，自乙方承诺开业未开业时间开始，乙方租金按双倍计算直至开业为止，该情况持续超过______天的，甲方有权解除合同，乙方应按照第4条第13款第2项内容承担违约责任。

> 与各商户的租赁协议中签订该项条款，也是承租人商铺开业率的保障之一。

在上述甲方达到持续经营的条件下，乙方承诺在承租区域内持续经营，如经营面积实际缩小，或经营业绩下滑双方约定的______（两者任何一项，包括乙方转租区域），且该情况持续超过______天的，乙方同意按约定保底租金的两倍向甲方交纳租金；该情况持续超过______天的，甲方有权解除合同，乙方应按照第4条第13款第2项内容承担违约责任。

在任何情况下乙方在合同期内停止经营的，乙方应按照第4条第13款第2项内容承担违约责任。

（八）租金

1. 本款中的“租金”，不包含物业管理费。

> 物业管理费为租赁事项相关的其他费用，通常涉及总价较高，因此需明确物业管理费不包含在租金中。同时，物业管理费计算和物业管理范围必需明确，且物业管理公司与承租人需单独签署物业管理合同及各项物业费相关附件。

（1）租金为浮动金额，具体收取方式：甲方自计租日起，先根据乙方月计租营业额按相应比例进行抽成，并在每个租赁年度结束后，再根据乙方年计租

16216

营业额按相应比例计算，进行多退少补。该“计租营业额”是指______。本合同中所指的“计租营业额”均与本条约定的概念一致。

关注法天使

> 可选择以固定租金形式或抽成形式确定承租人的租金。但若以抽成方式确定承租人租金时，建议设定保底租金，否则可能因承租方经营状况恶化等不良情形而导致出租方收取租金困难。同时，以抽成方式收取租金的情形，也可设定在不同的周期内抽成比例逐步增加。但抽成收租情况下的各项计算方法及数额需仔细考虑是否科学及符合商业要求，必要时需会计部门或精算师进行计算。

（2）乙方月租金 = 乙方月计租营业额 × 相应抽成比例。具体如下：

A. 当乙方月计租营业额小于等于人民币______时，乙方月租金 = 该月计租营业额全额 ×______%。

B. 当乙方月计租营业额大于等于人民币（______）时，乙方月租金 = 该月计租营业额全额 ×______%。

本款中的“月”“年”均指“计租月”与“计租年”。

第一个计租月是指自免租期届满之次日起计至下公历月对应日之前一日，以后每个计租月均按此计算。第一个计租年为自免租期届满之次日起计至下一个公历年对应日之前一日，以后每个计租年均按此计算。

（3）乙方每月按附件《月计租营业额及租金通知单》样式，盖章后提供月计租营业额数据给甲方作为计算月租金的依据，乙方承诺提供的数据真实准确，并在每个租赁年度结束后的______个工作日内按附件《年度计租营业额及租金通知单》样式，盖章后提供年计租营业额数据给甲方，以确定乙方实际应付的年租金，并结合当个租赁年度内乙方已实际支付的月租金总额列明差额。双方再按以下方式进行多退少补。

A. 当乙方年计租营业额小于等于人民币______元时，乙方实际应付年租金 = 该年计租营业额全额 ×______%。

B. 当乙方年计租营业额大于等于人民币______元时，乙方实际应付年租金 = 该年计租营业额全额 ×______%。

当乙方实际应付的年租金大于当个租赁年度内乙方已实际支付的月租金总额，则甲方需在次年首个计租月内开出差额部分的发票给乙方，乙方在取得该差额部分发票的______个工作日内补足租金。如乙方实际应付的年租金小于当个租赁年度内乙方已实际支付的月租金总额，则在次年首个计租月开始进行抵扣，直至差额为零。

（4）为避免乙方怠于投资或经营，维护商圈整体利益，乙方承诺交纳保底租金，当营业额小于______元时，乙方仍应向甲方交纳租金，租金按______/日/平方米计算，保底租金超过______个月未交纳的，甲方有权解除合同，乙方应按照第4条第13款第2项内容承担违约责任。保底租金按月计算交纳，不在不同月份及其他时间互相进行折抵。

2. 如甲方对乙方提供的“年度计租营业额”数据提出异议的，则可以在每单个租赁年结束后的______个工作日内向乙方书面提出，经由双方共同认可并委托的具有合法资质的第三方审计公司进行审计，审计公司仅可对单个租赁年度的数据进行审计。如乙方提供的“年度计租营业额”总额与第三方审计结果总额存在误差，审计费用由乙方支付，且差额部分按______倍计算实际年度计租营业额，不存在误差审计费用由甲方支付。在此情况下，乙方同意按照乙方提供的“实际年度计租营业额”与差额部分的______倍之和来进行抽成，抽成比例按合同第2条第8款第1项第3目内容进行约定。如该差额的值超过乙方提供的“实际年度计租营业额”的______%，则甲方有权提出单方面解约，乙方应按本合同第4条第13款第2项内容承担违约责任。如单个租赁年结束后的______个工作日内，甲方均未书面向乙方提出第三方审计要求的，视为甲方已认可乙方曾提供的单个租赁年度的计租营业额数据。

> 合同中涉及的审计、鉴定、测量等事项以双方共同委托为佳，否则易因单方委托而导致日后续纠纷。同时，上述委托事项的费用负担问题也需提前约定明确。
>
> 除此处提到的依审计结果确定费用负担方外，也可直接约定为异议提出方负担或平均负担。
>
> 解除权的设定：通常对于承租人较严重的违约情况，均会为出租方设定相应的单方解除权。由此可保证在后续履约过程中，享有更多的主动权。

3. 乙方支付的上述租金也已经包括了招牌及广告位置费用、乙方专用公共区域、因甲方出租租赁物产生税费等费用。除租金外和本合同约定的费用外乙方无须就租赁物再向甲方缴纳任何费用。

乙方需另行交纳物业管理费、公共设备设施及更新维修费、停车场地及维修费、绿化场地及维修费、房屋修缮维护费、因甲方管理建筑物产生的各项费用。

乙方因经营产生的各种费用包括但不限于水、电、煤气等各项费用当然由乙方承担，与甲方无关。

16216

4. 租金支付

乙方每月支付一次租金。方应在次个计租月开始后的第______日（节假日顺延）前向甲方提供前个计租月内乙方计租营业额数据（《月计租营业额及租金通知单》），甲方应在次个计租月开始后第______日（节假日顺延）内向乙方提供合法发票，乙方在收到甲方合法发票后______个工作日内向甲方付清前个计租月租金。双方在未计算出相关营业额前或计算营业额发生争议，乙方应先向甲方交纳保底租金，待营业额核实后______个工作日内补足剩余部分。鉴于双方约定为按年度进行营业额设计连续超过两个月双方不能达成一致或年度连续______个月双方就营业额不能达成一致，视为乙方违约，乙方应当自该情况发生起______日内交够年保底租金的______倍，年度审计后按多退少补原则计算并交纳租金。

> 租金的支付有多种方式，可选择月付、季付、半年付、年付等。通常情况下，对于出租方来说：周期较短的支付方式可避免乙方严重拖欠款项的行为，也可在乙方逾期支付时获取更多的违约金、赔偿金。但是，该种方式也会使出租方面临较为繁琐的财务工作。
>
> 提示：支付问题和票务问题不可分割，每项支付条款均需明确相应的票务问题。
>
> 支付金额的争议在合同履行过程中较为常见，对于出租方来说，较为有利的方式是约定金额异议不影响支付流程，待明确争议项目后，多退少补。在本合同中，双方约定发生金额争议时，承租人需先行交纳保底租金。在实践情况中，可依据合同双方的商业谈判地位而决定是否能够先行支付全部或部分金额项目。

如甲方要求乙方将租金支付到第三方账户的，需经乙方书面同意。

5. 如甲方租金被行政、司法机关冻结或划拨，或乙方以甲方租金抵偿损失等，均不免除甲方如期足额开具租赁发票的义务。

乙方所有经营活动是否违法或侵犯第三者利益均与甲方无关，乙方经营不善或第三方原因均不构成拒绝履行交纳租金的理由。

6. 因土地、房屋及取得租金而发生的税赋，应由甲方自行负担。乙方经营行为产生的税赋和各项费用依法由乙方负担。合同有效期内，如因税收政策、法律、法规或当地税局规定对税费有废除、增加、更改、调整的，甲乙双方同意按新的法律法规规定缴纳税费。甲方不得以此为由提高租金或收取任何费用，乙方不得以此减少租金或少交任何费用。

> 税费、政府规费的约定需同时考虑政策因素。因此需先行将政策变动、法律法规调整等情况考虑在内，明确解决方式。

7. 因甲方欠开、迟开、错开、拒开发票等原因造成乙方无法如期取得发票的，给乙方造成的税务损失，乙方有权从应付租金中先行抵扣，直至收到合法有效的发票，且乙方税务损失可挽回的情况下，乙方退还抵扣款项。如在______个月内甲方仍无法提供合法有效的发票，乙方可暂停支付租金，直至甲方提供合法发票后，乙方再支付该月租金（且不承担利息或违约责任）。止付期间，甲方不得停水、停电或制造经营障碍等，影响乙方经营，否则视为甲方严重违约，乙方可向甲方索赔损失，并解除合同，甲方应按本合同第 4 条第 13 款第 1 项内容承担违约责任。

8. 因乙方原因迟延支付租金和其他费用的，且甲方催款通知书送达乙方______个工作日内还未支付的，自应付而未付之日的次日起每逾期 1 天须向甲方支付欠缴租金总额的作为滞纳金，此滞纳金计算至乙方向甲方支付完应缴租金之日止。自甲方催款通知书送达后______天内乙方仍未支付租金的，视为乙方严重违约，甲方有权解除合同，乙方应按本合同第 4 条第 13 款第 2 项内容承担违约责任，同时，租金按保底租金的______倍计算。但双方约定延付租金事由的除外。

> 滞纳金可以欠缴费用作为计算基数，也可以应缴总费用作为计算基数。但滞纳金的收取百分比需明确高于银行同期贷款利率，否则将无法起到有效的规制作用，也无法在承租人违约时为出租方获取合理的补偿。

9. 甲方银行账户

甲方确认其银行账户如下：

> 提示：收款账户需明确化，否则易发生是否足额缴纳的争议。

开户行：____；

户名：____；

账号：____。

若甲方因提供错误账户信息或账户被注销未及时通知乙方等原因，致使乙方按上述账户进行的支付后，甲方没有收到对应款项的，所造成的延误后果由甲方自行承担。

（九）双方提供的履约保证

1. 甲方提供的履约保证

甲方为保证其履行本合同项下的义务，在本合同签订时向乙方提供资信

16216

良好、有担保能力的第三方出具的“连带责任担保书”，担保人保证对甲方在履行本合同过程中出现任何违约行为时所应承担的责任以及在本合同项下所承担的义务均承担连带责任保证。

2. 乙方提供银行保函及预付租金的给付

（1）乙方在本合同项下向甲方支付预付租金的义务由______市境内有担保资格的银行提供担保，担保金额为人民币______万元，保函的有效期为______年。银行保函样式见附件《乙方提供的〈银行保函〉样式》，如银行要求修改该样式的，则应符合银行要求。

（2）银行保函应在本合同签订之日起______天内提交给甲方。甲方收到乙方提供的银行保函后，如有异议，应自银行保函送达之日起______天内以书面形式向乙方提出，未按时提出的，视为甲方接受乙方提供的银行保函。乙方在______天内未提供银行保函的或第二次提供保函仍不合格的，合同第 2 条第 9 款第 1 项内容约定的甲方担保人义务自动终止。

（3）银行保函的有效期届满后，乙方有义务向甲方出具新的银行保函，乙方构成违约，乙方不出具新的保函，合同第 2 条第 9 款第 1 项约定的甲方保证人义务自动终止。如在银行保函有效期内，除因乙方原因导致合同无效或终止的，甲方需在______个工作日内将银行保函原件退还给乙方。

（4）在银行保函有效期内，当银行保函上的担保支付条件成就时，甲方有权向银行要求支付担保金额。银行按保函支付担保金额不足以支付租金的，乙方仍应补足租金和其他应交纳给甲方的费用。

> 无论何种履约保证形式，均需明确约定保证金额不足的解决方式及违约条款。

（5）自双方签署《租赁物交接确认书》确认的租赁物实际交接日之次日起的______个工作日内，乙方应以转账方式向甲方支付人民币______万元，作为本合同项下乙方的预付租金，甲方应在收到款项后______个工作日内提供合法收据并同时将银行保函原件退还乙方。

> 在合同履行初期，尤其是承租方资金能力与商业信誉不明确的情况下，出租方收取预付租金是其重要的保障。但是否能就本条款及预付额度问题达成一致意见，则与合同双方的商业谈判地位有较大关联。

（6）乙方提交的上述预付租金可以在首个计租月开始抵扣租金。

（7）乙方应向本合同签订______个工作日内甲方交纳履约保证金，保证金金额为

______万元，乙方在任何情况下不得主张以履约保证金充抵租金或其他费用。履约保证金在乙方违约的情况下甲方有权扣做租金或其他费用，在甲方扣除后______个工作日内乙方应当补足保证金，否则，按日______交纳违约金，超过______日未交纳或补足履约保证金的，甲方有权解除合同，乙方应按照合同第 4 条第 13 款第 2 项承担违约责任。

> 履约保证金在不同的合同中的设定方式也不尽相同，可考虑设定为合同总金额的 5% ~15%（可根据自身情况作出调整）。本合同中，履约保证金主要用于保障出租方的收租利益，故此处考虑设定比例达到换算后两个自然月份租金额度。
>
> 履约保证金可用于出租方划扣承租方的租金等应缴费用、违约金、赔偿金等。且在出租方划扣款项后，承租方负有补足的义务。
>
> 履约保证金补足不能时，通常也会设定相应的违约条款。此处设定解约权可使出租人在合同履约过程中享有更多的主动权。（而对于承租方来讲，其将面临因逾期支付少额履约保证金而被解除合同的巨大风险）

本合同履行终止，双方无任何争议的情况下，甲方将履约保证金退还给乙方（不计利息）。

> 提示："双方无任何争议" 这一表述间接的将承租方完全支付所有款项及合理清场等多项问题作为出租方返还履约保证金的前提条件，读者可参考使用。

（十）广告及招牌

> 广告及招牌问题主要考虑以下因素：（1）政府及有关部门的审批、临时检查等事项；（2）结构及摆放位置等安全问题；（3）可能涉及的第三方纠纷问题。

1. 合同期内，乙方使用和经营在本合同附件《广告及招牌位置示意图》中约定的位置，用于展示乙方的招牌、指示牌、标识牌、标志物和广告（合称为 "广告及招牌"）。乙方亦有权在建筑物内公用区域设立促销用的临时广告及招牌、在外墙悬挂用于临时促销的商业性宣传物但应征得甲方书面同意并向甲方支付费用。乙方招牌的摆放不得破坏租赁物业及建筑物的结构安全，不得影响甲方及第三方的经营，造成损失的必需承担赔偿责任。

2. 甲方必需取得规划部门广告、招牌位置及与位置有关的报建验收等政府审批手续并承担费用，乙方使用约定免费范围外的广告、招牌位置须向甲方支付费用，相关批准事项由乙方自行办理，甲方须按附件《广告及招牌位置示意图》

16216

提供广告及招牌位置及其必要的配套电路等供乙方使用。其他包括硬件设备维护、安装广告及招牌支架、广告及招牌内容设计制作、灯片彩绘制作、广告位用电电费、和广告及招牌发布内容审批及费用等事宜由乙方负责承担。

3. 合同期内，约定给予乙方使用的广告及招牌位置由乙方使用或经营，乙方有权自己或选择有广告发布权的广告公司发布广告。若由于甲方原因，导致乙方无法正常使用广告、招牌位置或无法发布广告的，则甲方必需在______天内提供可替换的位置供乙方使用，该位置需得到乙方同意并确认，否则应赔偿乙方的损失。

乙方使用约定的广告及招牌位置应当遵守法律法规、服从甲方统一管理，如因违反法律法规受到处罚与甲方无关。违反法律法规或 / 和甲方管理规定的，经甲方通知，乙方必需在______小时之内拆除，拆除费用由乙方承担。乙方不在约定时间内拆除的，甲方有权进行拆除，拆除物品作为垃圾处理，拆除费用由乙方承担。乙方使用广告位造成甲方或第三方损失的，由乙方承担赔偿责任。

（十一）乙方公共区域权

1. 乙方有权于合同期内管理并使用部分公共区域作为其举办各项活动区域（见附件《租赁物范围图》），其用途包括但不限于促销、周年店庆、展示、演出、临时销售等，乙方使用甲方公共区域应征得甲方书面同意并支付占用费用，甲方保证乙方公共区域除因甲方或其他租户促销及其他公共活动原因不会出租、出售给任何第三方，该区域占地面积及位置由甲方指定。

本部分内容相当于实际意义上的承租，故承租方需缴纳场地占用费。

2. 乙方就上述事项向有关市政单位予以协调并征得其同意，甲方进行必要的协助，相应费用由乙方承担。同时，甲方或将来设立的物业管理公司都不得对乙方的此项正常活动予以干涉。

凡由承租方主张的事项引起的政府审批、登记、备案等事项，出租方仅负有配合义务，相关费用及责任均由承租方负担。

（十二）建筑物场地及公共设施

1. 甲方须保证租赁物室外区域及周围的干净，及时清理垃圾，保持建筑物商业的良好运作。甲乙双方都不应破坏建筑物之外墙及其他区域的美观。乙方承租房屋外墙保洁由其自行保洁，如由甲方保洁，保洁费用计算入物业管理费用。

乙方承租区域内的保洁由其自行负责，乙方区域垃圾清运、堆放等各项措施必需遵守甲方或甲方指定的物业管理公司的规定，乙方的垃圾清理、堆放、运输等措施不得侵害甲方或任何第三方利益，造成损失的由乙方承担责任。

2. 乙方承租区域必要的建筑物之公共设施应配合乙方营运之需要，与乙方营业时间保持一致。水、电、燃气、照明、空调、消防、通风系统应保持开启。公共设施由甲方维修、保养、更新，费用由乙方承担。

（十三）停车场位置、管理及费用

1. 在租赁期内，建筑物的停车场由甲方负责管理及维护。甲方提供的停车场不少于个公用汽车停车位以及地面不少于______个的非机动车停车区域供乙方及乙方顾客免费使用。甲方管理人员有权核实当日购物发票，没有当日购物发票的，甲方按停车场正常收费方式收取费用。无论如何，停车时间不允许超过______小时，超过______小时，超过部分按正常收费处理。详见附件《停车场示意图》。租赁期内，甲方提供乙方在项目停车场共______张免费停车证，供乙方管理层日常使用。乙方必需保证其顾客和工作人员正常使用停车场，服从甲方统一管理，遵守甲方制定的停车场管理制度，对违反停车场管理制度造成的损失承担责任。

2. 甲方提供的全部上述停车位为乙方超市不可分割的一部分，停车位数量达不到合同约定的标准将会对乙方经营造成巨大影响。在合同期内，甲方不得向第三人出售、租赁前款约定的停车位，甲方保证在乙方的营业时间能有上述约定的停车位数量。若停车位数量减少，甲方应及时采取有效的弥补、替代措施，若停车位数量减少，甲方同意减免部分租金，具体金额届时双方友好协商，但如停车位减少数量超过______且对乙方经营造成实质影响的，乙方可选择单方面解除合同，甲方须按合同第 4 条第 13 款第 1 项承担违约责任。

> 通常情况下，停车问题对于承租人的影响不会过大。因此要为承租人的解约权作出限定，即“对经营产生实质性影响”。

3. 建筑物停车场的照明、清洁管理、保安、消防、通风系统及其他设备设施维修、维护、更新等费用由甲方负责，乙方另行交纳停车费用。

16216

关注法天使

（十四）租赁物的转租

> 转租问题是所有租赁合同的重要项目，通常情况下，出租方会严格限定承租方的转租权，且要求承租方就转租第三方承担全面的连带责任。同时，针对承租方的私自转租行为，出租方可要求行使单方解约权。

1. 乙方在租赁期内因经营需要，经甲方同意乙方可对租赁物部分区域进行转租，转租面积不得超过乙方承租面积的______%，必需征得甲方书面同意并安排允许区域，否则，甲方对转租行为产生的任何行为均不承担责任。未经甲方同意乙方转租、转租面积超过乙方承租面积______%或转租区域与甲方允许转租的区域不同的，甲方有权要求其调整。经甲方书面通知，若逾期超过______天未按甲方意见调整，甲方有权解除合同，同时乙方须按合同第 4 条第 13 款第 2 项承担违约责任。

乙方转租商铺租户办理营业执照所有费用及手续均由乙方自行负责，甲方在手续和文件上给予必要的配合。乙方同意转租后的承租方不得将转租区域进行再次转租，乙方承担因此而产生的相关责任。

> 提示：在可以转租的情况下，二次转租也是为多数出租方严格禁止的。

2. 乙方转租租户的经营内容、模式必需经过甲方同意，避免与甲方签订的其他合同产生不必要的竞争，乙方承诺对其转租租户的经营内容、模式符合甲方的要求。

3. 乙方租户除受乙方管理外，必需服从甲方的统一管理，进场的各个商户须与甲方签订进场协议，与甲方指定的物业公司签订物业管理合同。乙方有责任对其租户的日常经营行为予以督导、管理，对其转租租户的行为承担连带责任。

4. 乙方对其转租租户交纳租金、物业费、水、电、燃气等各项费用的交纳承担连带责任。乙方对甲方有先于交纳的义务，甲方对乙方的租户不直接催款，但乙方未履行交纳租金、物业费、水、电、燃气等各项费用时，甲方有权对乙方及其转租租户采取停水、停电等各项措施，本合同甲方对乙方的权利当然及于乙方租户，乙方对此予以确认。据此，乙方有权利代表其租户向甲方要求权利。

> 停水、停电等必要措施可对承租方或转租第三方形成有利的制约，通常为出租方重要争取的利益条款，该条款在合同其他内容中也可参考约定。

（十五）排他性经营

提示：并非所有的租赁合同均需设定排他性经营条款。本合同中，承租方经营项目为大型生活超市，因此为其设定排他性经营合理可行。但若承租方为普通经营商户如餐饮、零售，则不宜为其设定排他性经营条款。否则将为出租方造成严重的损失。同时，排他经营的内容范围需明确化，对于相邻部分的范围、行业、面积等均需作出明确的约定。

合同期内，甲方保证不得在建筑物及其相邻部分投资经营与乙方有竞争关系从事相同或相类似的企业或将建筑物出租、出售给予乙方有竞争关系或从事相同或相类似的企业。本条款所称的相邻部分是指租赁标的物周边和邻近区域（距离乙方商场______公里的范围）甲方所属建筑物内。有竞争关系或从事相同或相类似经营的第三方是指经营面积大于或等于______平方米的______。

（十六）保险

1. 建筑物及甲方投资、提供的设施设备由甲方负责及时足额投保财产一切险并投保与其经营相关的公众责任险。

2. 租赁期内，乙方应为该租赁物内属于乙方的财产及时足额投保财产一切险并投保与其经营相关公众责任险。

3. 双方在乙方开业后______个月内互相将上述各自办理的保险单原件向对方出示，同时互相提供加盖公章的保险单复印件（双方未履行本义务的，互不构成根本违约）。

（十七）经营责任条款

1. 独立经营条款：乙方承诺单独进行经营，不与任何第三方联营，任何与第三方签订的联营或类似联营的协议均对甲方无效。乙方与第三方联营未经甲方同意的，甲方有权解除合同，同时乙方须按合同第 4 条第 13 款第 2 项承担违约责任。

私自进行联营属于严重的违约事项，故出租方需设定较高的违约金及单方解除权。

2. 责任自负条款：甲方仅将租赁场所出租给乙方使用，乙方自主经营，自负盈亏，甲方不承担乙方的任何经营风险，乙方不能以经营亏损等理由拒付租金。乙方应按本合同约定支付租金，每逾期一日须每日向甲方支付人民币______元作为违约金，若逾期超过______天，甲方有权解除合同，同时乙方须按合同第 4 条第 13 款第 2 项承担违约责任。

16216

乙方在经营过程中造成甲方和 / 第三方财产和 / 人身损失的，应自行承担赔偿责任。因乙方原因导致甲方承担赔偿责任的，乙方应在______日之内补足甲方损失。每逾期一日，须每日向甲方支付人民币______元作为违约金，若逾期超过______天，甲方有权解除合同，乙方仍应承担损害赔偿责任，同时乙方须按合同第 4 条第 13 款第 2 项承担违约责任。

> 提示：承租方除需对其与第三人产生的纠纷承担责任外，若就此造成出租方损失的，还应向出租方赔偿相应损失。

3. 持续经营条款：乙方承诺在合同期内持续经营本合同约定的经营内容，不做改变，改变租赁区域的用途必需经过甲方同意。未经甲方同意擅自改变租赁物用途的，甲方有权解除合同，同时乙方须按合同第 4 条第 13 款第 2 项承担违约责任。

> 擅自改变租赁用途是严重违约行为，合同中通常会就此设定较高的违约金并赋予出租方单方解除权。（而作为承租方，在合同签订时则可将租赁用途表述全面，在营业执照及法律允许范围内尽量扩大租赁用途的范围是较好选择，以便经营后期随时调整。）

乙方保证在合同期内持续经营，非因不可抗力等原因中断的，乙方必需于______个工作日内恢复经营，每逾期一日须每日向甲方支付人民币______元作为违约金，若逾期超过天，甲方有权解除合同，同时乙方须按合同第 4 条第 13 款第 2 项承担违约责任。

第三条　租赁物交接及验收条款

（一）交接条件及完工日期、验收

1. 甲方承诺其建筑物及租赁物（包括所有的配套设施）达到附件《______项目甲方交付标准》中租赁物交接时应满足的要求，且能提供本合同约定的文件。租赁物满足上述条件后并能在租赁物约定交接日交接的，甲方应提前______天书面通知乙方办理租赁物的正式交接手续并签署交接文件，合同约定的交接日为______（以下简称“租赁物约定交接日”）。

若甲方在租赁物约定交接日之前向乙方提前进行租赁物场地交接，则应当提前______天以书面形式向乙方发出场地交接通知。提前后的“租赁物约定交接日”，由双方另行书面确定。如双方无法达成一致，则仍按原合同约定执行。

若甲方在租赁物约定交接日之前向乙方明示将延迟进行租赁物场地交接的，则需提前______天以书面形式向乙方发出通知。甲方提前通知乙方，不免除甲方应按照合同第 3 条第 1 款第 6 项内容承担违约责任。

在甲方通知的合理期限内乙方必需完成交接，如因乙方原因不能进行交接，视为甲方交接已经完全符合条件，乙方每逾期一天，须每日向甲方支付人民币______元作为违约金，逾期超过______日免租期自动终止，从免租期第一天开始乙方须按______元 / 天 / 平方米交纳租金，若逾期超过______天，甲方有权解除合同，乙方须按合同第 4 条第 13 款第 2 项承担违约责任。

2. 双方签署《租赁物交接确认书》之前，应派代表联合到现场检查租赁物移交情况，予以确认，确认甲方交接的租赁物及提供的文件符合本合同附件《______项目甲方交付标准》的内容，甲方并应按照本合同的约定按时提供文件、证照资料、工程施工记录等，双方在确认符合附件《______项目甲方交付标准》的交接条件和本合同约定的情况下签署交接文件。

3. 若办理租赁物交接时租赁物全部或部分未能符合交接标准，则由甲方依附件《______ 项目甲方交付标准》完善租赁物后，再书面通知乙方办理交接手续。但乙方根据实际情况也可以选择以下解决方式：

双方因交接条件发生争议，乙方也应接收租赁物，双方书面列明争议事项，甲方应当予以配合。乙方可就争议事项向甲方主张权利，协商不能解决，可以通过司法途径请求赔偿损失。

> 该项为交接部分的必要条款，且需明确交接条件的纠纷不能影响合同的进一步履行，承租方无权拒绝交接。同时，可在合同中就该项纠纷设定解决方式。

4.“租赁物实际交接日”为甲方依附件《______项目甲方交付标准》全部完善交接条件后，将租赁物交接给乙方，双方签署的《租赁物交接确认书》中确定的交接日。甲乙双方因交接条件发生争议的，以乙方实际接收租赁物的时间为“租赁物实际交接日”。

5. 甲方应按附件《______项目甲方交付标准》按时交接租赁物。如甲方未按附件《______项目甲方交付标准》确定的时间满足租赁物交接标准，乙方保留追究甲方违约责任权利。

6. 甲方如未在“租赁物约定交接日”按合同约定将租赁物交接给乙方，甲方每逾期一天，须每日向乙方支付人民币______元作为违约金。若逾期超过______天，乙方有权解除合同，甲方须按合同第 4 条第 13 款第 1 项承担违约

16216

责任。

7. 如甲方未按附件《______项目甲方交付标准》要求的时间提供相关文件的，将影响到乙方设计及施工安排，甲方应赔偿乙方损失。

8. 若因国家或当地相关规范发生调整，引起必需根据国家或当地最新相关规范要求调整或增减消防疏散楼梯等涉及租赁物业建筑主体结构改造的，由甲方负责完成改造并通过消防主管部门的验收，费用由甲方承担。若甲方不在乙方书面通知后______天内整改，则乙方有权自行或雇用他人以合理的方式对未整改的部分进行整改，相关费用由甲方承担，甲方应在乙方书面通知后______个工作日内支付给乙方，否则，乙方有权在应付租赁费用中直接足额扣除上述费用。在租赁物交接前，若因本条所述情形导致甲方无法按约定交接日向乙方交付租赁物的，则交接日作相应顺延。若在交付完成后发生本条所述情形的，免租期按改造工期增加相应天数。

（二）工程进度表和施工人员联系单

在双方签订合同后______天内，乙方有权向甲方了解工程进度表，甲方应提供工程进度表给乙方确认，以便乙方及时修订调整自己的进场计划。甲方提供的工程进度表应符合合同的整体要求及时间安排（如实际工程进度调整，甲方应及时以书面形式向乙方说明）。甲方应做到工程进度表与实际施工情况相符。在双方签订合同后______天内，一方应为另一方提供施工人员联系单，以便双方及时联系。

（三）卸货区

乙方专用卸货区应满足乙方卸货要求，乙方的卸货区道路应与外面街道连通，连通道路应适合______车辆进出，并确保卸货区全天（24 小时）能够使用和车辆进出。如果在甲方用地红线范围内出现未尽事宜，由甲方负责向当地相关部门协调并保证乙方的卸货区工作能正常运行不受阻碍；其他区域即甲方用地红线范围之外则由甲方积极主动向相关政府部门单位协调。

乙方应当合理使用卸货区，卸货区货物必需在______小时之内全部清理完毕，卸货区只能临时放置货物，不得作为存货区域，乙方违反此项管理规定，错过______小时的按卸货区面积加倍计算交纳租金费用。乙方使用卸货区同样遵守甲方及法律法规的统一规定，违反规定造成甲方或任何第三方损失的，乙方承担赔偿责任。

乙方不准在卸货区外的任何区域卸货，在卸货区外卸货的，经甲方通知必需在______小时以内清理完毕，过时不清理的，甲方有权自行清理，所有物品包括货物作为垃圾处理，乙方还应承担清理费用，造成甲方或第三方损失的，乙方承担赔偿责任。

（四）水、电、燃气、电话、空调外机（包括挂壁式室外机）位置、通信及网络等

1. 乙方应承担其使用的水、电、燃气及电话等的使用费用。乙方水、电、燃气的收费应按照单独的计量表记录读数，该计量表包括乙方承租范围及乙方使用的公共区域、卸货区等乙方使用的区域范围，乙方专属公共区域费用自行承担，其他公共区域的水、电、燃气及电话费用按面积分摊。

2.（1）交接前的______天内，甲方须将乙方消费的水费、电费、燃气费和电话费等用户名变更为乙方，以便乙方直接向当地有关市政部门结算，需甲方代收的费用由乙方交给甲方办理，办理有关手续若发生费用由乙方承担。租期届满后的该用户名应当变更为甲方，变更费用由甲方承担。

提示：缴纳方式由承租方直接缴纳和甲方代为办理缴纳等。

（2）如该用户名不能变更为乙方的，基础设备投入开户由甲方负责，乙方单独使用的设备和缴费开户由乙方负责（是指以乙方名下独用的水电气计量表为依据直接付费的账号)，乙方直接向当地有关单位结算。若有关市政部门仍不同意办理乙方名下的独用计量表，有关乙方使用水、电、燃气的费用，则由甲方代收代缴，乙方根据独用安装的水、电、燃气计量表记录乙方的用量并向甲方支付费用，公共区域的费用由乙方按面积分摊，甲方不得另行增加费用。

（3）在未更名之前或不能更名之情况下，上述各项费用由甲方垫付，乙方应在接到甲方通知付款之日起______个工作日内付款。甲方应在乙方支付上述费用后______个工作日内向乙方开具相应的增值税专用发票。乙方迟延支付费用罚则与租金罚则相同。乙方不得以任何理由拒绝交纳能源费用，迟延交纳超过______日的甲方有权采取停水、电、燃气等各项措施。

（4）若甲方未能根据本条要求提供增值税专用发票的，则甲方同意，乙方可以扣除“甲方未能提供的水、电和燃气费增值税专用发票不含税金额 × 水、电和燃气费增值税税率”后，将应付的水费、电费和燃气费余额支付给甲方，甲方应提供发票。如甲方无法准时提供发票而导致乙方遭受的损失由甲方承担。由于乙方不能单独设置独用计量表甲方无法向乙方开具单独发票的，乙方同意按面积分摊相关费用，不再向甲方另行主张权利。

16216

若上述各项费用由相关物业公司代收代缴的，甲方应保证该物业公司按

上述方式履行。

（5）上述水、电、燃气等接口基础设备由甲方负责并承担费用，除接口外的所有设备及其他设施均由乙方自行负责并承担费用。甲方负责基础设备的维修与维护，费用由甲方负责（实际在乙方和其他租户的物业管理费中交纳）。

> 提示：此处通常由专业人员确定明确范围。

3. 除因市政等不可抗力因素外，甲方保证水、电、燃气等接入端口的安全运营，甲方应确保接入乙方租赁物端口的水、电、气具备持续的、不间断的满足超市正常营运要求。如上述供应因甲方原因而中断，则甲方应在接到乙方通知后______小时内迅速将其恢复，否则乙方有权暂停支付租金，直到上述供应恢复正常为止，如果暂停的情况连续达到了______内出现______次中断、每次连续达到______天的情形影响乙方超市的运行，则乙方有权解除合同，甲方须按合同第 4 条第 13 款第 1 项内容承担违约责任。若乙方选择不解除合同，除免付受影响期间的租金外，甲方另须赔偿乙方实际可计算损失（免租期内发生的，免租期顺延）。

> 由于水、电问题属于特殊情况，受政府和有关部门管制影响较大。为避免因该种情况造成出租方违约，故此处建议将市政因素设定为免责情形。

除接入端口由甲方负责外，乙方租赁区域内或为乙方租赁使用的水、电、燃气等设施，由乙方自行建设维护，费用由乙方自行承担。乙方使用水、电、燃气必需遵守国家法律法规和甲方的管理规定，必需安全使用，如因乙方使用或维护原因发生事故或其他情况造成甲方或第三方损失乙方承担赔偿责任。乙方违反法律法规或甲方管理规定、未安全使用的，甲方有权进行制止，乙方拒绝执行的，甲方有权在______小时内停止相应能源的使用权，乙方仍需正常交纳租金等各项费用。

4. 空调外机（包括挂壁式室外机）位置：甲方应在免租期满前为乙方及乙方租户提供合理的空调外机位置，该位置的使用已经考虑在租金中，乙方无需为使用空调外机位置支付费用，空调外机位置未经双方同意，在租赁期内不得变动。具体位置和面积以附件《租赁物范围图》标识为准，其他未尽事宜，双方友好协商。

5. 通信、网络设施，甲方负责将设施端口接驳至乙方租赁物，租赁物内部的端口、线路由乙方自行安装。乙方超市将根据需要，自行请服务供应商拉铜缆或光纤进入超市内部指定区域，总数不超过______根，但届时如须利用甲方设立的位于乙方租赁范围外的管道及桥架设施，甲方承诺允许乙方使用，且不再因乙方利用了该等管道及设施向乙方收取其他费用。乙方对其租赁物范围内其他用户对通信、网络设施承担连带责任。

（五）消防设备设施

1. 甲方提供的租赁物应满足附件《______项目甲方交付标准》的消防条款要求，并负责通过消防管理部门的审批验收，将验收合格证明复印件盖章交乙方备案。乙方对租赁物的装修施工应按国家相关消防规范进行，甲方应对装修施工所需的消防验收予以协助配合，向乙方提供所需资料。

> 提示：各类合同签订过程中，针对营业执照、资质类文件等资料，合同主体通常会要求相对方提供副本用于备案。

2. 双方应保持建筑物内各自施工的消防设备及防火设施处于良好和适用的状态，并符合国家不时制定或修改的当时有效的消防安全相关的法律法规及规则。一方有权要求另一方及时排除上述设备和设施的危险和隐患。

3. 乙方装修及使用消防设备的过程中必需遵守国家法律法规和甲方的规定，接受有关部门及甲方定期或不定期的消防检查，遇到问题必需于______小时内进行整改，过期不整改的，甲方有权出资整改，费用由乙方负责。乙方按每日______元标准承担违约费用直至整改完毕。乙方连续两次拒绝整改的，甲方有权解除合同，乙方须按合同第 4 条第 13 款第 2 项 承担违约责任。

（六）租赁物交接后的装修及改造

1. 甲乙双方确认，进场装修期限在免租期之内，该期限自乙方实际进场日起算，至长不能超过______个月。此期间乙方无须支付租金，但需支付进场日起租赁场所发生的水、电等公用事业费、垃圾清运费、物业服务费、空调费（如有）等各项费用。

2. 乙方在签订本合同______日内，需向甲方支付______元装修保证金。装修保证金用于乙方没有按照甲方同意的装修方案进行施工给甲方或者第三方造成的损失的赔偿。在乙方完成全部装修工程后，扣除相关赔偿损失（如有）后，节余装修保证金抵扣下月租金。

3. 乙方装修等方案均需经甲方或物业管理公司的书面同意，否则，甲方

16216

有权拆除费用由乙方承担。乙方施工不得因任何理由损坏甲方已施工完毕的公共设施、设备及租赁场所结构、外墙部分，不得影响或妨碍公共设施的正常使用、维护、维修、保养，不得影响商业广场内甲方或其他承租方的正常经营活动。违反前述约定的，乙方应赔偿甲方和 / 或第三人相应损失。因乙方未征得甲方书面同意或导致房屋主体结构受到破坏的，甲方有权解除合同，装修保证金不予退还，并有权要求乙方按照合同第 4 条第 13 款第 2 项承担违约责任。乙方装修必需遵守甲方的进场装修规则，所有垃圾运输、堆放必需符合甲方要求。甲方认为违反其管理规定的有权进行要求乙方停止，经甲方书面通知，乙方仍不停止的，乙方免租期终止，租金开始起算。经通知______之内乙方仍不予配合更改的，甲方有权解除合同，装修保证金不予退还，并有权要求乙方按照合同第 4 条第 13 款第 2 项承担违约责任。

> 提示：承租方的装修行为不得损害出租方的房屋主体结构，且各项装修活动均需遵守甲方的管理规则。

4. 乙方必需至迟在实际进场之日起______个月内完成装修。乙方每逾期一天，须每日向甲方支付人民币______元作为违约金，直至装修完毕。甲方有权从装修保证金中抵扣。若逾期超过______天，甲方有权解除合同，装修保证金不予退还，同时乙方须按合同第 4 条第 13 款第 2 项承担违约责任。

5. 乙方开业后在不影响建筑物结构和公共设施安全以及符合消防规定的前提下，乙方根据经营需要可自行对租赁物进行改造装修，制定装修方案。乙方对建筑物的改造装修方案必需符合政府的有关规定，并须事先取得甲方书面同意。乙方开业后改造装修所需费用及有关工程审批及验收手续由乙方负责，甲方在能力范围内应予以协助（包括但不限于规划许可证、施工许可证、消防验收合格证等）。未经甲方许可的改造，甲方书面限期在______天进行整改，逾期______天不予更改的，甲方有权解除合同，乙方按甲方须按合同第 4 条第 13 款第 2 项承担违约责任。

> 对于承租方的改造权利，需在出租方的许可后进行，且应同时约定出出私自改造的违约责任。

6. 除乙方同意外，租赁期限内，甲方不得且应制止他人对租赁物进行更改。停车场和公共区域进行再次改动不能影响乙方的实际经营，造成乙方损失的甲方承担赔偿责任。

7. 租赁物以外区域的装修及改造不得致使合同约定的条款无法实际履行，不得影响乙方根据合同所能享有的所有权益，不得影响整体的消防、建筑物的安全结构。未经双方协商同意，任何一方不得任意改变或关闭乙方租赁物及其使用的公共区域入口、出口、人流走向通道。

为免争议，通道的类别需约定清晰，不可随意关闭通道的范围仅限于“乙方（承租方）租赁物及其使用的公共区域”。

8. 甲方或甲方的代表人、授权人、租户需对租赁物、停车场和公共区域以外区域进行改造、扩建和改建的，甲方须提前______天书面通知乙方，其改造行为不得影响乙方的正常营业，其改造的区域不得导致通往超市的道路出现明显不利于超市人流导向、进口、出口不畅等影响乙方经营的事由出现。若乙方有合理理由，认为该改动将影响乙方的正常经营，则乙方可以书面形式要求甲方或甲方的代表人、授权人、租户不得进行此类改动。

9. 如原有出入口、通道、卸货区、市政道路等被政府或其他第三方关闭、改道、改位的，甲方则应负责协调并为乙方另行开辟经营功能和效果相当之出入口、通道、卸货区等，费用由甲方承担。若该关闭、改道、改位等严重影响乙方经营的，根据影响程度可协商相应地减或免除该期间的租金。但造成乙方难以继续经营连续长达______天或一年内累计______天的，乙方可解除合同，甲方应承担违约责任。

10. 乙方所有改造须提前______天通知甲方并经甲方书面同意，即使经过甲方书面同意，造成甲方或第三方损失的，乙方仍应承担赔偿责任，赔偿包括但不限于营业收入、人身损害、人员工资等各项损失。

第四条　其他条款

（一）甲方的物业管理公司

甲方如聘请物业管理公司，物业管理公司只能对租赁物室外的区域行使物业管理权，且不能损害乙方经营的合法权利。物业管理公司行使权利的时候如侵害到乙方在本合同权项下的权利，则甲方应承担连带责任，乙方有权要求甲方协调解决 。

乙方必需向物业公司支付物业管理费、交纳物业费押金承担其他因租赁产生的其他费用。租金罚则同样适用于上述费用的交纳。

乙方租赁区域内的物业管理由其自行负责，乙方垃圾运送、倾倒等各类事项必需遵守法律法规和甲方及其聘请的物业管理公司的统一规定。如乙方因物

16216

业管理事项造成甲方或第三方损失，乙方应当承担赔偿责任。

（二）建筑物管理及租赁物管理

1. 乙方在接收租赁物后，对租赁物享有自主经营管理权，乙方工作人员有权进入停车场收集手推车送回乙方。乙方对乙方专用的公共区域行使管理权，乙方行使的该管理权不得影响到甲方及其他承租方的合法利益，必需服从甲方的统一管理，乙方管理此区域不免除此区域交纳物业管理费的义务。乙方专用公共区域不具有排他性使用权，在不干扰乙方经营的情况下，甲方或经甲方允许的第三方可以使用该区域并无需承担任何费用，乙方在该区域内没有交纳租金的义务当然不享有全部的权利。

2. 对第 4 条第 2 款第 1 项之外区域的管理，甲方可自行决定管理方式，但甲方不得以乙方或乙方顾客正常使用了该区域为由而向乙方收取任何费用。建筑物的修缮与更新由甲方负责。乙方及乙方顾客使用第 4 条第 2 款第 1 项之外区域的管理之外的区域必需遵守法律法规和甲方的管理规定，服从甲方或其指定的物业公司的管理，否则，经甲方警示，两次违反甲方管理规定的，甲方有权停止乙方对这些区域的使用权，乙方必需服从。

（三）确保合同履行及开业经营文件之提供

1. 甲方应按合同规定和法律、法规规定向乙方提供确保合同履行及开业所需之政府文件（包括房屋产权人应提供的文件）。如甲方不能提供政府所需且应由甲方提供之文件导致乙方无法正常履行合同或在免租期内开业的，免租期、租期顺延，如延期提供已经超过了______天，乙方有权提前解除合同，甲方须按合同第 4 条第 13 款第 1 项承担违约责任。

乙方保证在______之前开业，如不能按期开业，免租期自动终止，乙方租期开始计算，如延期开业超过______天的，甲方有权提前解除合同，乙方须按合同第 4 条第 13 款第 2 项承担违约责任。

承租人的开业问题影响到商场整体的开业率、客流量及出租方的租金收取，故需对承租方的开业义务有明确的规定。在承租方不能于指定期间开业时，出租方应有权及时解除合同并寻找其他承租意向人，否则将陷入被动局面。

2. 如甲方无法提供上述文件，导致乙方经营成本和风险加大或致使政府处罚的，甲方应负赔偿责任。

（四）保密要求

为保护双方商业秘密，甲、乙双方承诺，任一方对因本合同谈判、签订获知的对方的商业秘密及本合同本身内容承担保密义务；泄密方将对因泄密行为给对方造成的损失承担全部赔偿责任。合同无效、终止或期满、没有实际履行，都不影响本条的效力。

> 保密条款需注意：（1）合同终止、无效等均不影响该条款的效力，也可明确约定保密条款效力期限；（2）除赔偿责任外，同时可为保密义务约定具体数额的违约金，以加强该条款的规制作用。

（五）品牌使用

甲方出于营利的目的以任何方式使用______品牌的，都应征求乙方书面同意，另行签订相关许可协议。乙方以营利为目的以任何方式使用______品牌的，都应征求甲方书面同意，另行签订相关许可协议。

> 此处涉及合同双方的宣传推广问题，在经营过程中使用合同相对方品牌较为常见。但为避免因合同相对方商业信誉等问题造成出租方损失，故提前作出此项约定。

（六）税收及费用分担

本合同在有效期内，有关税、费按政府有关规定各自交纳。一方不得将政府规定的缴纳义务转移给另一方承担。

（七）拆迁

由于市政建设需要征用土地，按照政策规定，政府部门（或拆迁单位）给予承租人的搬迁补偿费（员工解散费、设备搬移费、误工费、装潢费、回迁费等费用）归乙方所有。土地和建筑物及甲方投资的配套设施补偿费归甲方所有，甲方的所有权权益与乙方无关；由乙方投资的部分配套设施的补偿费归乙方所有，乙方应获得作为承租人的所有补偿和权益。双方确认乙方的补偿比例缩减原则，上述权益乙方持续经营达______年且______年内被拆迁的乙方享有上述权利，从第______年开始按______%逐年递减，直至第______年乙方不予补偿为止。

> 拆迁问题涉及补偿额度可能较高，故需对或有补偿额的条件、比例、年限、缩减情况作出明确约定。

因拆迁而导致乙方不能继续经营，则甲、乙任何一方均可提前终止本合同，双方互不承担任何违约责任。如乙方认为可以继续经营的，双方应对租金重

16216

新协商并签订补充协议或新协议。

（八）租赁物及附属设施、设备的维护、更新

> 提示：本条约定的重点在于合同双方分别维护的范围，此项内容需要明确约定，必要时可以附件图示确认。

1. 租赁期内甲方将负责租赁物主体及附属设施、设备端口的修缮和更新（乙方投资部分除外），甲方将在接到乙方的报修通知后______个工作日内完成上述设施的修缮（严重损坏的修缮时间视实际情况确定），修缮费用甲方承担。如甲方在接到通知后三个工作日内不进行维修，或紧急情况下乙方应立即采取措施防止损失扩大的，则乙方有权自行决定维修，费用由甲方负责，甲方有权进行核实，在核实后______个工作日内付款，对额外支出的费用有权拒绝，数额发生争议乙方可以通过司法途径解决。

租赁期内乙方租赁区域除主体外设施由乙方负责维护，甲方有权监督其使用情况，乙方行为危及主体建筑、甲方及第三方权益的，甲方有权予以制止，乙方必需在______小时内停止，在______个工作内不停止的，甲方有权提前解除合同，乙方须按第 4 条第 13 款第 2 项承担违约责任。

乙方使用租赁物或维护造成建筑物损坏、甲方或第三方损失的，乙方还应承担赔偿责任。

2. 甲方应积极采取合理的措施避免该租赁物的修缮工作影响到乙方的日常营业及办公，保证乙方工作人员及其顾客的安全。在租赁物修缮完毕之前乙方不能正常使用的，甲方应免除乙方在此期间的租金。如租赁物经修缮后仍无法达到正常使用要求的，乙方有权解除合同，甲方须按第 4 条第 13 款第 1 项承担违约责任。（正常使用标准参照交接标准本合同附件七，租赁物老化的情况不在此列）

乙方必需安全使用租赁物，乙方添加的设备设施，乙方负责维护和保养。甲方在乙方租赁区域的基础设备、设施出现问题乙方有提前______小时通知甲方的义务并立即采取紧急措施防止随时的扩大。因乙方怠于履行自己的通知义务和采取紧急措施的义务导致出现损失或损失扩大，乙方自行承担损失，因此造成甲方或第三方损失乙方必需履行赔偿义务，赔偿范围包括但不限于但不限于营业收入、人身损害、人员工资等各项损失。

3. 甲供设施设备自交接之日起完全由乙方使用管理（甲方交付时，应将配套的保修凭证、使用说明等一并交付，甲方应提供新的合格设施设备），出于方便使用维护的目的，

由乙方负责使用、养护（保修期除外），费用由乙方承担。见附件《甲供设施设备清单》。

4. 乙方保证在租赁期按照合理的方式使用并妥善保养甲供设施设备，租赁结束后，乙方不必为甲供设施设备因使用而导致的损耗支付任何补偿费用。乙方必需正确使用甲方提供的设备设施，因使用错误或第 4 条第 8 款第 2 项情形导致设备设施损坏乙方承担修复费用，造成甲方或任何第三方损失乙方承担赔偿责任。

5. 本租赁合同期间，如果甲供基础设施设备端口和甲方提供的其他公用配套设备达到使用年限并须更换时（包括因正常损耗无法继续使用的），甲方应及时更换和承担相关的费用。如甲方未能在乙方书面通知送达后______个工作日内开始履行本条款，则乙方可代之履行本条款甲方有权进行核实，在核实后______个工作日内付款，对额外支出的费用有权拒绝，数额发生争议乙方可以通过司法途径解决。如果在此设备更换期间而导致乙方不能正常营业时，甲方应免除乙方在此期间的租金。如设施设备经更换后仍无法达到正常使用要求的，乙方有权解除合同，甲方须按第 4 条第 13 款第 1 项承担违约责任。（正常使用标准参照交接标准本合同附件七，租赁物老化的情况不在此列）

（九）停业及经营中断

租赁物交接后，除市政等不可抗力外因甲方原因出现阻碍事由（该阻碍事由包括但不限于由甲方原因引起的断电、断水、断燃气，及因甲方工程款及劳务纠纷导致的聚众滋事等），致使乙方不能按照合同的约定目的正常使用租赁物的，且阻碍的事由发生超过了小时以上，则此后甲方须每日按人民币______元标准向乙方支付违约金，并免收乙方租金。原双方约定的免租期，租期得以扣除阻碍事由存续时间相应顺延。如导致乙方完全停业，甲方还需赔偿乙方实际损失。本条实际损失限于可计算的直接损失。乙方停业及经营中断适用经营责任条款。

遇上述情况，自乙方书面通知甲方之日起满______日，甲方仍未解决的，乙方有权解除合同，甲方须按第 4 条第 13 款第 1 项承担违约责任。

（十）抵押与处置租赁物

1. 甲方将建筑物或建筑物的任何部分抵押或处置时，无需征得乙方的同意。甲方保证本合同签订时，如租赁物、公共区域或停车场以及相关在建工程上设立抵押权或者任何其他可能影响乙方权利的他项权利并造成本合同无法继续履行或乙方无法正常使用租赁物或严重影响乙方正常使用租赁物且影响时间超过______天未能解决的，则甲方同意免除乙方租金，并赔偿乙方包括但不限于营业收入损失（计算方式同第 3 条第 4 款第 3 项）以及被第三方追诉的损失。如导致乙方完全

16216

停业超过______天，乙方有权选择解除合同，甲方须按第 4 条第 13 款第 1 项承担违约责任。

如租赁物、公共区域或停车场及相关在建工程在本合同办理租赁登记备案前或未办理租赁登记备案就已被抵押的，造成第三方主张权利致使本合同无法继续履行的，乙方有权解除合同，甲方须按第 4 条第 13 款第 1 项承担违约责任。

> 由于抵押并不一定影响承租人的租赁目的实现，故仅在抵押产生的问题致使合同目的无法实现时才赋予承租人解约权。

2. 本合同履行期间，如甲方转让租赁物（专指乙方租赁区域），在同等条件下，乙方有优先购买权，如乙方放弃优先购买权，则甲方须将该租赁物整体转让于一家受让人；且该受让人不能是乙方的竞争对手，且不得损害乙方的利益；甲方将租赁物整体转让给第三人时，应履行事先书面通知乙方的义务，并且确保该受让方出具书面承诺或自愿与乙方签订书面协议，概括性接受本合同项下的权利与义务；否则，即使物业转让给第三人后，甲方仍应对本合同项下的义务承担连带责任。

（十一）租赁期届满或终止的财产之处置

1. 无论因何种原因导致合同终止，乙方均应在合同终止之日起______日内（下称“交还期”）将甲方交给乙方保存的租赁场所的物业服务资料和工程资料交还甲方，并自行承担费用拆除、搬离由乙方所有的设施、设备（包括所有招牌、广告牌、租赁场所内乙方安装的设施、设备等，但不可搬离或搬离、拆除可能会损坏房屋的物品除外，且该等物品视为自合同终止后归甲方所有），并将租赁场所恢复到符合乙方最后一次通过消防等政府审批的装修施工图纸所述状态（正常使用及时间因素造成的合理损耗除外），以及保持租赁场所干净、整洁交还甲方。

> 租赁场所的恢复标准通常设定为“承租人最后一次通过消防等政府审批的装修施工图纸所述状态”，读者进行参考。

2. 交还时双方对租赁场所及甲方交付乙方使用的所有的设施、设备进行验收，如有任何损坏，乙方负责修复并承担相应费用；如有任何遗失或者造成的损坏无法修复时，乙方应赔偿甲方相应损失。

3. 如果甲方将公用事业用户缴费单位登记或变更为乙方，则乙方应在交还期限内将公用事业用户手续变更为甲方或甲方指定的第三方，并由乙方承担相应费用。

4. 如在交还期届满后，乙方未将乙方所有物品搬离的，视为乙方放弃对该租赁场所内乙方物品的所有权，甲方有权依法处理，包括作为垃圾丢弃。

提示：承租人遗留产品、物品的情况较为常见，因此在清场事宜中需增加所有权相关问题，以免日后产生纠纷或为出租人增加不必要的负担。

（十二）延期交还、交换期占用费、其他手续

1. 如果乙方未能在交还期内交还租赁场所的，甲方或物业服务公司有权停止各种专项服务，如断水、断电等，直至依法采取强制措施将乙方清场，因此发生的费用以及造成的一切责任和损失由乙方承担。

2. 交还期占用费

（1）因租赁期限届满、甲方违约或不可抗力引起的合同提前终止，甲方在交还期限内不收取占用费；因乙方违约导致合同提前终止，在交还期内，乙方应按合同终止时的日租金标准______倍及实际占用天数向甲方支付占用费。

合同解除或终止后，双方已无继续租赁意向，作为出租人一方，需另行寻找其他租赁意向人。此时对于未能及时交还租赁场所的承租人以多倍租赁的方式收取占用费可使其早日撤场，方便出租人进行招租。

（2）无论因何种原因引起的合同终止，如在交还期届满后乙方仍未交还租赁场所的，乙方应按照合同终止时租金的两倍标准及实际天数向甲方支付占用费，从交还期限届满次日起付至实际交还之日止。

（3）任何情况下，乙方在交还期限内均不得在租赁场所内从事任何经营活动，否则乙方应立即按照相当于合同终止时______倍月租金的标准，从开始经营活动当日起，每天向甲方支付占用费。

3. 结清欠款

乙方应在交还期内付清应付租金、物业服务费或其他应付款项。

4. 乙方应自行将转租承租人（如有）予以清场，并承担所有责任。

如乙方违反本条款，甲方实施强制清场的责任与损失，均由乙方与转租承租人自行承担。乙方未到场的或乙方到场后不予确认的，场内物品情况以

16216

甲方登记为准，视为乙方无异议；转租承租人如有异议，由乙方解决并承担全部责任和损失。

（十三）合同违约及补救

1. 因甲方违约而导致合同解除或无法履行的，甲方必需在______天内向乙方支付人民币______元的违约金，作为对乙方的全部赔偿。甲方同时应将已经收取的预付租金（如有）（无息）退还乙方。

2. 租赁物交付乙方后，因乙方违约而导致合同解除或无法履行的，乙方应当必需在______天内向甲方支付人民币______元的违约金，作为对甲方的全部赔偿。乙方投资的可拆除部分由乙方自行处理，不可拆除部分可以折价冲抵违约金。乙方可以已支付的预付租金（如有）冲抵违约金。

3. 一方未能按合同约定方式向另一方支付规定的款项，且自债权方送达催款通知书天内还未支付的，自应付而未付之日的次日起每逾期一天，欠款方应向债权方支付逾期款的______违约金。

4. 除合同另有约定的外，任何一方违反合同任何条款，在另一方发出违约通知后，违约方应在______天内采取补救措施。如违约一方已明确拒绝履行或已履行不能，双方经友好协商仍不能解决，造成无法实现合同目的的，守约方有权解除合同，违约方按第 4 条第 13 款第 1 项（甲方违约适用）或第 4 条第 13 款第 2 项（乙方违约适用）承担违约责任。

违约情况发生后，如违约方怠于采取补救措施，为减少损失，守约方可自行采取补救措施，因此所产生的费用由违约方承担或直接从守约方的应付款项当中抵扣。

5. 甲方若将租赁物部分或全部出租给第三方或因甲方将租赁物出售给第三方导致本合同无法履行的，是根本违约行为，乙方有权解除合同并要求甲方按本合同第 4 条第 13 款第 1 项承担违约责任。

（十四）合同终止

1. 双方经友好协商一致，可以终止合同。除本合同约定的有权解除合同的情况外，任何一方在合同期内不得单方解除本合同。

2. 合同签订后，出现下列情形之一的，乙方可以提前终止合同：

（1）自第______个租赁年度的第一天起至租赁届满之日止，乙方有权以任何理由提前个月向甲方发出终止合同的书面通知后，提前终止本合同且须按“第 4 条第 12 款”执行，通知期满本合同即终止；乙方投资中的不可拆除部分则归甲方所有，乙方应按第 4 条第 13 款第 2 项承担解除合同责任。

（2）在租赁物交接前，如因乙方原因，乙方需提前终止本合同的，乙方应按第 4 条第 13 款第 2 项承担解除合同责任，乙方支付前述赔偿及违约金后，本合同终止。

（十五）合同的转让

任何一方将来有权以其指定的企业（包括但不限于关联企业）取代其在本合同中的法律地位、将其在本合同项下的全部权利和义务转让给其指定的企业（以下简称“合同主体变更”），另一方同意该转让行为有效，届时另一方必需配合对方签署所有相关之合同、协议及任何法律文件。

提示：具体的转让行为还需另行签订书面协议。

上述合同权利义务转让的前提是不得因此改变本合同双方相互间的权利和义务关系，并不得损害对方的利益；并且受让方与出让方应对本合同项下的全部义务承担连带责任。该转让双方应履行事先书面通知义务。因转让行为给对方造成损害或损失的，由出让方、受让方对受损方承担连带赔偿责任。

上述权利或 / 和义务的受让方应当为一个主体而非一个以上，双方另行约定的除外。

（十六）合同备案

甲方根据当地政府规定，为本合同办理有效租赁备案手续及必要的租赁许可证明，并保证租赁期限内该备案的持续有效。甲方应按本合同第 1 条第 2 款第 3 项第 1 目规定的时间办理完成有关租赁合同登记手续。需乙方提供文件的，乙方予以配合。因合同登记而产生的费用由甲方承担。

若甲方未按照上述规定履行合同登记备案义务，或租赁登记备案手续失效后未能办理新的租赁登记备案手续的，乙方并有权要求甲方承担因此而发生的相关法律后果和费用。

如确因甲方或房产本身原因导致合同无法登记或在双方约定的时间内，若甲方仍无法办理合同登记备案，因此而发生的法律后果和额外费用均由甲方承担。若在乙方免租期内并仅此项原因导致乙方无法开业的，则免租期、租期、开业日相应顺延；若在乙方计租期内，则甲方意免除乙方月租金______%的租金。如为办理租赁登记备案，甲乙双方就租赁物签订统一印制的格式合同用于登记备案的，甲乙双方确认，该格式合同仅用于租赁登记备案，如该格式合同与本合同的内容有任何不一致的，应以本合同约定为准。

如确因乙方原因导致合同无法登记或在双方约定的时间内，若甲方仍无法

16216

办理合同登记备案，因此而发生的法律后果和额外费用均由乙方承担。若在乙方免租期内并仅此项原因导致乙方无法开业的，则免租期免除；若在乙方计租期内，则乙方同意增加月租金______%的租金。

> 办理合同备案流程主要由甲方负责，但同时要考虑因乙方原因造成的备案不能情况。并根据该情况可能具有的后果确定违约内容。

（十七）争议的解决

因本合同引起或与本合同有关的任何争议双方应友好协商解决。协商不成时，任何一方均可向租赁物所在地人民法院提起诉讼。在解决争议的过程中，双方应继续履行争议以外的合同条款。

甲乙双方同意本合同违约责任条款独立存在，不因合同无效、被撤销或终止而无效。

（十八）不可抗力

1. 不可抗力是指不可预见，不能避免，并且不能克服的客观情况，如地震、战争，对不可抗力的解释应符合法律法规法理的通常解释。

2. 因不可抗力导致租赁物、财产毁损或灭失的，双方互不承担责任。但在可能的情况下，一方为防止另一方财产损失的扩大应及时采取合理的措施加以避免，否则，该方应就损失扩大的部分负责。另一方应对该方的抢救行为作出补偿。

3. 一方因不可抗力的原因而不能适当履行其在合同项下的义务，该方应在不可抗力发生后及时通知对方，并在______天内取得政府相关部门或公证机关的证明文件。双方应尽可能利用合理方法在可能的范围内减轻各自的损失。任何一方无需对因不可抗力引起的停止或延迟履行义务致使另一方任何损害、费用增加或损失承担责任。受不可抗力影响的一方应采取适当方法减少或消除不可抗力带来的后果，并应努力在短的时间内继续履行该项义务。

> 提示：遭受不可抗力一方通常负有通知和证明义务，此处具体参考设定为十五日。

（十九）反商业贿赂

1. 甲乙双方都清楚并愿意一致严格遵守中华人民共和国反商业贿赂的法律规定，双方都清楚任何形式的贿赂行为都将触犯法律，任何一方违反规定都将可能受到法律的惩处。

2. 双方经办人或其他相关人员索要或接受合同约定外任何形式的不当利益，都是违反各自公司制度和国家法律的行为。一经发现，即会受到惩处。

3. 在本合同谈判过程中发生的，任何经司法机关认定的商业贿赂的犯罪行为都将可能导致本合同生效后的解除。双方同意，商业贿赂犯罪行为一旦发生，无过错方即享有无条件解除合同的权力。过错方按第 4 条第 13 款第 1 项（甲方违约适用）或第 4 条第 13 款第 2 项（乙方违约适用）承担违约责任。

第五条　双方承诺

（一）甲方承诺

1. 甲方拥有签署本合同的合法主体资格，签署本合同构成对甲方合法有效的义务。甲方应保证其提供文件的真实性，并确认其各项陈述和条件皆为真实有效。否则，因此导致本合同不成立或不生效时，甲方应承担缔约过失责任。

2. 甲方应保证租赁物及建筑物所占用土地的商业用地性质并且该土地符合乙方开设的市政建设规划要求及商业网点规划，甲方应保证租赁物在约定时间内获得政府相关部门同意开办______的立项批复、符合城市发展及城市商业发展要求的说明及相关文件，保证租赁物依法可用于商业零售用途并能够实现本合同目的。甲方保证其所提供的附件的真实性及有效性，保证乙方承租面积均位于政府审批通过的建筑物中商业用途区域，符合乙方及乙方租户申办营业执照时政府对承租场地的要求。

3. 甲方拥有租赁物的全部合法权利，该租赁物不存在任何权属纠纷。因建设建筑物可能产生的任何债权债务纠纷，由甲方负责在发生债权债务纠纷的法律文书中明确由甲方解决。

4. 甲方将采取一切必要的行动，包括签署任何单方或者多方的法律文件，为乙方按照本租赁合同的约定正常使用租赁物提供协助。

5. 甲方将协助解决乙方经营活动中出现的地方性事务及当地交通、治安、卫生、消防、税务、工商等事务。

6. 甲方保证租赁物及租赁物所在土地在本合同签订时不会受到司法机关或行政机关依法裁定、决定查封或以任何其他性质的限制。

7. 甲方保证在签订本合同前没有收到过、也不知悉政府、上级行政机关或其他相关部门发出的收回租赁物、改变租赁物用途、禁止进入、租赁物或土地征用等的通知，甲方并已向有关部门了解并确认租赁物在未来______年内没有被拆迁或征用的危险。

16216

（二）乙方承诺

1. 乙方拥有签署本合同的合法主体资格，签署本合同构成对乙方合法有效的义务。乙方保证其提供文件的真实性，并确认其各项陈述和条件皆为真实有效。否则，因此导致本合同不成立或不生效时，乙方应承担缔约过失责任。

2. 乙方按合同内容要求按时接收甲方提供的有关证件、文件。

3. 乙方不当使用租赁物及设备设施致使其受到损坏，乙方应当负责修复并承担相关责任。

第六条　附则

1. 本合同经双方法定代表人或委托代理人签字并加盖单位公章之日起成立生效。本合同产生的任何附件需加盖单位印章后生效。

2. 本合同未尽事宜，双方可另行签订补充协议，但内容不得违反国家、省市有关法律法规。其补充协议经双方签字盖章后作为本合同的附件，与本合同具有同等的法律效力。

3. 在合同期内，变更或解除本合同及附件，甲方必需在______日内到经营地的租赁管理机构办理变更或注销登记手续。

4. 本合同正本一式______份，甲乙双方各执______份。其余______份用于有关政府机构的登记备案。

甲方：（盖章）
法定代表人或授权代表：（签字）
日期：

乙方：（盖章）
法定代表人或授权代表：（签字）
日期：

四、大型专营店租赁标准合同

【使用场景】

本范本为大型专营店租赁标准合同。专营店与日常专卖店所不同，专营店主要依据经营产品的类别进行划分，通常指专门经营某一类大型商品为主的零售店铺，其可以同时经营多个品牌，且该类品牌可为自有，也可以由品牌商授权或品牌授权商授权。故本范本主要适用于以上规模较大的专营店铺的场地租赁情形。

【法律要点】

1. 采用扣点方式收取租金需要注意哪些问题？

商场类型的租金收取方式较为复杂，通常有固定租金、扣点租金及保底租金等类别。具体采用何种租金收取方式，会受到市场供求关系、区域特点等因素影响。

扣点租金，即扣点分成租金，主要是指在购物中心租用商铺的商户约定分成点数和租赁面积，而后在约定时期按销售收入乘以分成点数计收租金的方式。扣点可按照不同期限进行租金收取，而分成点数则采取百分比进行计算。

在约定扣点租金收取方式时，通常需注意：（1）设定出租方对于承租方销售收入的知情权及监督检查权利，如设定商场内统一的收银管理系统等。（2）针对承租方销售额度虚假问题设定严格的违约责任。（3）可考虑固定租金方式和扣点方式结合，即保底分成方式，出租方与承租方同时约定出保底的固定租金及分成租金，约定两项取其高者。

2. 什么是承租人的优先购买权？法律是如何规定的？

优先权主要是指特定对象可先于他人主张自己财产权利。承租人的优先购买权是指承租人基于租赁合同，在出租人出卖租赁物时，在同等条件下可优先于他人进行购买的权利。

承租人的优先购买权主要规定于《合同法》第230条：出租人出卖租赁房屋的，应当在出卖之前的合理期限内通知承租人，承租人享有以同等条件优先购买的权利。其中需特别注意为：（1）优先购买权存在于租赁合同存续期间。（2）承租人需在一定期限内行使，若承租人未在出租人指定期限内发出购买的意思表示，则丧失该项优先购买权。（3）优先权的享有需建立在承租人与第三方承租条件同等的

16217

情况下，否则承租人将无法享有此项优先权利，此项限定也是出于出租人利益的考虑。

关注法天使

3. 什么是直接损失与间接损失？

财产的损失可分为直接损失与间接损失。其中，直接损失通常是指由于侵权行为直接作用于被侵权人的财产所造成的损失；而间接损失通常是指由于被侵权人因侵害行为而遭受的可得利益损失。

在合同约定中，通常将直接损失明示列入赔偿范围。而间接损失项目的列入需要经过严格谨慎的考虑，大部分的预期利益以及难以进行推算损失额度的项目，如商业声誉的损失等，不宜明示列入赔偿范围。

【文本正文】

大型专营店场地租赁合同

立协议人：

甲方：

（名称、统一社会信用代码、住所、法定代表人、职务、委托代理人、身份证号码、通讯地址、邮政编码、联系人、电话、传真、账号、电子信箱）

乙方：

（名称、统一社会信用代码、住所、法定代表人、职务、委托代理人、身份证号码、通讯地址、邮政编码、联系人、电话、传真、账号、电子信箱）

甲乙双方为促进共同发展，根据《中华人民共和国合同法》《商品房屋租赁管理办法》等有关法律法规，本着明确权责、互惠互利的原则，经友好协商，就甲方向乙方出租租赁物等事项，达成如下协议：

第一条　一般规定

定义

本合同中，下列用词及词句具有本款所赋予的含义：

1. 租赁费用：本合同所涉及的租赁费用由房屋租金和物业管理费共同构成。其中，房屋租金包含但不限于本合同约定供乙方使用的房屋和房屋内部消防、电梯、空调等附属设施设备的使用费（包含甲方购置、租赁、使用、改造、大中修缮、政府部门规定的维修基金等所有费用），以及附属场地使用费、附属外立面使用费。

2. 店招位：指乙方可以用作店面招牌，且符合______市相关行政许可规定的平面或空间；广告位：指乙方可以用作发布乙方或乙方指定产品或服务，且符合______市相关行政许可规定的平面或空间。

3. 电量：指甲方向乙方提供的，供乙方商场经营照明、展示等的______市供电部门的正式用电负荷，不含中央空调主机及末端设备用电（如有）、电梯（如有）等的用电量。

4. 中央空调使用费：中央空调使用费包括但不限于中央空调主机及末端设备的水耗、电耗、燃料、水处理费、送新风费及维修保养费、运行所需要投入的人工费等乙方使用中央空调所涉及的所有费用。

5. 维保责任：包括但不限于设施设备维修保养所产生的材料费、人工费、设施设备检测检验费（如年检、空调系统卫生检测等）及设施设备运行、看护所需要投入的人工等所有费用。大修：单次维修费用超过______元。

6. 设施设备折旧年限：指乙方投入的设施设备的折旧年限，分体空调为______年、中央空调为______年，电梯为______年，消防设施设备为______年。装修投入：指乙方在租赁物上投入的全部装修，包括固定在租赁物上装修，展柜展台的装修等，具体数额以乙方财务报表上所反映的装修支出数额，以及单项装修的财务记载为准，按租期进行折旧。

7. 筹建费用：包括但不限于乙方商场在筹建过程中支出的广告投入费用、人员工资及差旅费、办公用品购置费用、配套设施设备的购置费用等所有筹建费用。

8. 预计开业日期：指乙方承租租赁房屋开设的商场开业日期，该日期以乙方在媒体发布的日期或乙方内部筹建的日期为准。在甲方提前______日通知的前提下，乙方须配合甲方调整预计开业日期，此情况不属于甲方违约，但调整日最晚不得晚于______年______月______日。

9. 延迟开业损失：因甲方原因导致乙方延迟开业的，甲方每延迟交一日，按每日租赁费用的______倍支付违约金（日租赁费用＝年度租赁费用 /360 天），延迟开业达______日的，乙方有权选择解除合同，甲方除应承担截至租赁合同解除之前的迟延开业的违约金外，还应向乙方支付相当于______个月租赁费用的赔偿金。

因乙方原因导致甲方延迟整体开业的，乙方每延迟交一日，按每日租赁费用的______倍支付违约金（日租赁费用＝年度租赁费用 /360 天）。延迟开业达______日的，甲方有权选择解除合同，乙方除应承担截至租赁合同解除之前的迟延开业的违约金外，还应当再向甲方另行支付相当于______个月租赁费

16217

用的赔偿金。

10. 人员安置费用：指因解除本合同，而导致的乙方需进行的员工安置的费用，应当按每名员工______万元计算。

11. 样机折价损失：指因解除本合同，而导致乙方样机需折价处理而产生的损失，按样机市场价______%计算。

12. 整体营业：指甲方向乙方出租的建筑物中营业的商家（包括乙方部分）经营面积与建筑物总商业面积之比值在______%以上的情况。

合同相关附件组成

双方共同确认以下内容为本合同之附件：

附件一：租赁物土地使用权证；房屋所有权证 / 建设用地规划许可证、建设工程规划许可证、商品房预售许可证（如有）、规划验收合格证（如有）、竣工验收合格证（如有）；产权及租赁费用分割表。

附件二：租赁房屋平面分界图、附属场地分界图。

附件三：附属外立面（店招位、广告位）图。

附件四：建设工程消防设计审核意见书、消防验收意见书或建设工程消防设计备案凭证、竣工验收消防备案凭证、消防备案结果书面通知书以及当年度合格的消防设施检测报告。

附件五：甲乙双方的营业执照复印件、税务登记证复印件、法人身份证明书、授权签约委托书。

附件六：消防工程竣工图、电路工程图、给排水系统图、租赁房屋建筑设计图纸、房屋内设施设备使用说明书、安装维修图纸。

附件七：租赁物交付确认书。

附件八：租赁物交付标准。

附件九：保险单。

第二条　商务条款

1. 标的物：本合同租赁物为：______，位于______，国有土地使用权证号：______，建设用地规划许可证号：______，建设工程规划许可证号：______，租赁物有关权属证件详见附件一。

2. 租赁面积：租赁物的建筑面积共计______平方米，计租面积为：______平方米。租赁房屋的具体区位见附件《租赁房屋平面分界图》。本合同约定的租赁物面积如与实际面积有误差，误差在______%之内的本合同约定的租赁费用及其他费用均不予以调整，误差超过______%的，对超过部分按本合同约定的租赁费用及其他费用予以调整。

> 合同约定面积与实测面积通常都会有一定的误差，因此需提前约定误差解决方式。建议出租方提前预估测量误差区间。同时，此处的误差比例建议约定在5%左右，不宜过低。待双方确认最终使用面积后，双方需再行签订书面确认文件。

3. 租赁物附属设施设备：本合同租赁物的附属设施设备包括：合格并能正常使用的消防设施、电梯、中央空调系统、供暖系统、供气系统（前述设施设备是否合格，以主管部门出具的鉴定报告为准），能正常使用的供水供电系统、有线电视线路和电话线路、网线等。除本合同另有约定外，房屋附属设施设备应在本合同约定的房屋交付时间内随房屋一并交付乙方使用，并达到正常使用条件，具体见附件《租赁物交付标准》。交付标准所列的附属设施设备为乙方承租的前提条件，系甲方自行增加其租赁物的价值，不论本合同有无关于附属设施设备使用费等其他约定，均与乙方的承租没有任何关联（但双方另有约定的除外）。乙方应当遵守甲方关于附属设备设施的使用规定，违反相关规定使用导致损坏、造成甲方或第三方损失的，乙方应当承担赔偿责任。

乙方退租应保证附属设备的正常使用状态并完成相应交接，如因乙方使用原因造成损坏应当有义务恢复原状、赔偿损失等责任，设备在乙方使用期间应当由乙方负责维护，如需甲方负责维护和保养的一方应交纳相关费用。除上述基础设施外，乙方租赁面积内的附属设施设备包括：合格并能正常使用的消防设施、电梯、中央空调系统、供暖系统、供气系统等各项设施由乙方自行负责审批、安装并承担相应费用，甲方在租赁合同约定义务内予以配合。乙方退租应保证附属设备处于使用后的合理状态，并完成相应交接。

4. 租赁物其他附属物：本合同租赁物还包括乙方可使用的附属外立面，上述附属物应在本合同约定的租赁物交付时间内随房屋一并交付乙方使用，并达到正常使用条件，具体见附件《附属场地分界图》、附件《附属外立面图》，此为乙方承租的前提条件，事关乙方合同目的的实现。如上述租赁物的附属物为产权人共有，则甲方负有义务协调其他产权人，确保乙方在承租期间的独占使用权。

5. 交付时间和标准：甲乙双方约定，甲方应于______年______月______日前将房屋及本合同所约定的房屋附属物全部交付给乙方（双方另有约定的除外），其中顶：______；地：______；墙：______；其他：______。租赁物及相关附属物的具体交付标准详见附件九。

16217

6. 租期及保底租金计算方式：本租赁合同租赁期限为______年，自______起至______止。计租日为______（实际整体开业日），保底租金按自然年度计算，租赁月度、租赁季度、租赁年度均按自然月、自然季、自然年计算。如甲方未能在______交付或甲方商场未能在______整体开业，则计租日顺延至甲方商场实际的整体开业当日，但若租赁物实际交付日与商场整体开业日之间的期限小于______个月的，则计租日按租赁物实际交付日往后顺延______个月的日期计算，本合同租赁届满日期按计租日顺延的时间相应顺延。

7. 房屋用途：非经甲方书面同意，乙方不得改变租赁房屋之用途，但乙方按照本合同约定或者经甲方同意转租的区域除外。乙方不应使用租赁房屋用作任何非法的用途。在租赁期限内，为实现上述租赁房屋用途，乙方需向政府有关部门申请必要的执照、批准证书或变更手续的，所需费用应由乙方承担。

8. 租赁费用：本合同租金费用采用保底租金与税前营业额分成二者取高的方式计算，营业额分成租金为乙方税前营业额的______%；各期保底租金如下表所示：

租赁起止日	月数	月租金（元）	租赁费用合计　（元）
合计			

租赁费用的支付方式：保底租金采取先付后租的方式按自然季度（自然季度是指每年的1月1日至3月31日，4月1日至6月30日，7月1日至9月30日，10月1日至12月31日）支付，除首期租金外，其余各期具体支付时间为乙方在前一自然季度届满前第______日以电汇方式支付向甲方支付下一期保底租金。租赁期内保底租金支付日（首期租金）为______；______；______；______。如前述任一保底租金支付日为法定节假日或双休日，则应顺延至假日后的第一个工作日。如因首期租金不是自然季起始日或交付日、开业日延迟导致计费周期发生顺延，支付方式依然为按自然季度支付，租金支付日保持不变。

首个租赁期为实际计租日至下一自然季度起始日的前一日，首期租金按首年月租金 ÷30（天）× 首个租赁期的天数（含首个租赁期起止日当日）。

在租赁合同中，每年以360天计，每月以30日计为通用惯例。

每个租赁季度结束后的______个工作日内乙方须向甲方提供该租赁季度全年的税前营业额，如该租赁季度的全年税前营业额 ×______%后少于该租赁季度的总保底租金，则乙方租金标准按保底租金计收；该租赁季度的全年税前营业额 ×______%后多于该租赁季度的总保底租金，则乙方须在该租赁季度结束后______个工作日内向甲方支付二者差额部分的款项，甲方应在上述日期内提供相应金额的租金发票。

乙方将根据实际收银系统要求使用 POS 收银系统自行收银：每月______日之前乙方向甲方提供上月营业总额及每日营业额数据清单，该等数据以每月乙方财务部门提供的月度数据为准。甲方以此数据作为乙方向甲方支付营业额分成租金的核算依据，并了解租赁场所每月营业额状况。如甲方对乙方提供的销售数据真实性由疑议，甲方有权进行核查，但该核查不应对乙方正常的营业活动产生影响。如核查发现乙方提供的数据真实，核查费用由甲方承担，如核查后发现确实存在乙方提供数据不真实的情况，此时，如：(1) 核查数据大于乙方提供的数据并与乙方提供的数据的差额小于______%（含）的，乙方需补足租金差额部分并承担检查费用；(2) 核查数据大于乙方提供的数据并与乙方提供的数据差额大于______%的，乙方除应承担核查费用外还应按照核查数据与乙方提供的数据之间差额的______倍向甲方支付违约金，且甲方保留单方解除租赁合同的权利，由此产生的一切后果由乙方承担。

> 在涉及收成租金的租赁合同中，通常都会为出租方设置对承租方的营业情况的监督检查权并约定出相应的违约责任条款，由此可避免承租方虚报营业额度或缴纳租金不实的情形。为商场设置统一的 POS 收银系统也是出于此类目的考虑。

乙方同意甲方在不影响乙方正常营业活动的前提下，对乙方每月的营业数据等资料作不定时的审查。

履约保证金：乙方在本合同签订后______个工作日内向甲方支付履约保证金______万元，同时甲方向乙方开具履约保证金收据，如乙方已全部履行合同项下义务且对甲方无任何财产损害或欠款，甲方应将保证自本合同终止之日起______个工作日内甲方无息返还。否则，甲方有权在保证金中扣除由乙方承担的费用、租金、违约金、赔偿费用后将剩余金额（如有）返还乙方。如履约保证金不足以弥补甲方损失，甲方可向乙方另行行使追偿的权利。

在租赁期内，如乙方未能按照本合同约定按时向甲方或甲方指定的物业

16217

管理公司支付租金、物业管理费或其他乙方应承担的违约金、赔偿费用等应支付给甲方而未付的款项，甲方有权在书面通知乙方后，相应的款项在履约保证金中扣除。履约保证金不足的，乙方应在接到甲方通知后______日内及时补足。

> 除本合同约定的履约违约金外，在物业公司与承租方签订的《物业服务合同》中，也会做出相应的规定，要求承租方缴纳一定的预付费用。上述两项均是对于商业管理公司及时收取费用的保障。

甲方收取乙方租赁费用和其他所有费用的银行账号如下：

户名____;

账号____;

开户行____。

第三条　有关附属设施设备条款

1. 消防设施：甲方应在交付租赁物时确保租赁物符合国家和______现行的消防法规的要求，取得并向乙方提供合格有效的建设工程消防设计审核意见书、消防验收意见书（若按规定仅需备案，则为建设工程消防设计备案凭证、竣工验收消防备案凭证、消防备案结果通知书及相关报备材料）以及当年度合格的消防设施检测报告。甲方应向乙方提供符合大型综合商场消防要求的消防设施器材，包括但不限于防火分隔系统（防火卷帘门、防火门等）、疏散系统（疏散通道及疏散楼梯设置必需保证乙方区域满足现行国家和当地消防法规的要求）、自动喷水灭火系统、火灾自动报警及联动控制系统、消火栓灭火系统、机械排烟及正压送风系统，以及应急照明及疏散指示系统、灭火器、灭火箱等，费用由甲方自行承担。

> 指租赁区域所在省级人民政府及有关部分发布的消防类法规、规章。除遵守本条款提及的消防类法律法规外，承租方还需再行签订《消防责任安全书》。

2. 消防二次报验：乙方承租期间，如对租赁物进行装修改造而需申报装修消防设计审核、验收（若仅需备案，则为消防设计备案、竣工验收消防备案）和公众聚集场所投入使用、营业前消防安全检查（以下简称“消防二次报验”）的，由乙方承担。若由于建筑物主体、消防设计或消防主系统、甲方提供的消防设施器材等原因导致乙方消防二次报验无法通过的，由甲方负责在乙方要求的时间内整改，费用由甲方承担。若甲方未按时整改到位，或整改后仍不符合要求，致使乙方消防二次报验仍无法通过的，乙方有权解除合同，甲方应承担乙方所有的损失（包括但不限于装修损失、备货损失、人员招募损失等）。如乙方未提出解除合同，甲方应在乙方指定的宽限期内继续整改直到乙方通过消防二次报验，相关行政处罚损失均由甲方承担；导致开业延迟的，甲方免收乙方迟延期间的租金，若甲方在宽限期仍未能整改符合要求的，乙方仍有权解除合同，甲方应承担乙方所有损失。如甲方消防验收已经获得相关部门通过，而乙方消防二次报验导致甲方改动消防设计、系统等各项设施的，乙方负责全部相关费用，导致甲方开业延迟或其他损失的，乙方应当承担相应的赔偿责任。乙方二次报验不得改变甲方建筑结构主体。

3. 消防设施及系统保障：乙方在装修、消防报审或日常经营期间，如果甲方提供的消防设施器材不符合标准和要求，并与乙方承租区域内消防设施相连的主系统不相容（无论甲方是否曾经提供消防验收手续或合格证明），甲方均须按标准和要求在乙方要求的时间内进行修复或补充；否则，乙方可在书面通知甲方后垫资进行修复或补充，造成乙方损失的由甲方承担，乙方垫付的费用及损失可在租赁费用中直接扣除，乙方需提供费用清单和票据。如甲方提供的消防设施器材已经消防验收手续或合格证明，而乙方在装修、消防报审或日常经营导致甲方改动消防设计、系统等各项设施的，乙方负责承担全部相关费用，导致甲方开业延迟或其他损失的，乙方应当承担相应的赔偿责任。乙方装修、消防报审或日常经营不得改变甲方建筑结构主体。

> 提示：在为合同作出风险防控时，应当从风险引发主体出发，分别考虑出租人或承租人引起风险的不同情形，然后再制定相应的违约条款。

4. 消防报验协助：甲方应协助乙方进行消防二次报验工作，提供所需的全部手续材料。甲方消防验收和年检需要乙方配合的，乙方应予配合。乙方应在二次报验工作完成后日内返还甲方全部手续材料。

5. 消防设施整改：租赁期内，消防部门如对租赁物内甲方提供的消防设施器材进行检查并提出整改要求，甲方需按消防部门的要求进行整改；如因乙方自行增加的消防设施被消防部门要求整改的，由乙方进行整改。任何一方不进行整改的，另一方均有权垫资进行整改，费用由责任方承担。

16217

6. 消防设施维保：租赁期内，消防系统及甲方提供的消防设施器材（含乙方依据上述约定垫资购买的消防设施器材）的维保责任由此产生的相关费用由甲方承担，因乙方原因导致的消防设施维保费用由乙方自行承担，乙方装修添置的消防器材的维保责任以及由此产生的相关费用由乙方承担。

7. 水电供应：甲方确保租赁物有符合城市管网规范的正式的不间断的供水供电服务，确保租赁物总进水口直径不少于______CM 且水压正常，并且确保租赁物获得供电部门提供的不得少于______KW 的可供乙方单独使用的电量，确保水电能完全满足乙方商场的需要。租赁物各楼层配电柜之前供电设施和水表之前的供水设施以及租赁物外围的供水供电系统的维保责任甲方承担。在乙方进场之前的水电费由甲方承担，乙方进场之后的水电费由乙方承担。

8. 供电设施：甲方负责在乙方进场装修前按乙方要求将电源接至租赁物各楼层提供给乙方独立使用的配电柜（须含主控开需提供正常使用的消防联动脱扣功能、计量电表、防雷模块）内，进行配电柜的电量配置（需根据照明、插座用电标准：______W/m^2× 租赁面积、空调系统、消防系统、电梯系统等）。甲方确保乙方可以独立控制租赁物的总电源和各楼层的电源，确保租赁物的应急照明、灯具、开关、插座、消防（应急、卷帘提供双电源，强排烟风机提供末端双电源等）、空调（商用天花分体空调系统电缆电柜在楼层预留，中央空调及多联机系统需提供电缆电柜至设备处预留）、扶梯的配电柜以及主电缆、楼层电缆等符合国家电气使用标准及合同约定的电量提供要求，并处于正常完好的使用状态。

> 提示：针对供水供电等问题，出租方保证的范围应当限于正常使用的状态。由于合同期内存在因有关部门的临时限制措施及其他第三人原因造成水、电等能源无法正常使用的可能性，故出租方的承诺范围应当有所限制，针对实际完全无障碍的使用不宜提前做出保证。

9. 水电计费：甲方负责在交房前为乙方租赁部分单独安装水电表（其中实行峰谷平分时电价地区为峰谷平电表）。乙方按该水电表的计量数字向甲方支付水电费。采取先用后付的方式，按月结算，于每月______日前支付上月水电费。在乙方支付上述水电费前，甲方须提前三日向乙方提供发票。

10. 单价：单价以同期供水供电部门公布的用水用电单价为准，甲方不加收其他费用，否则乙方有权拒付甲方加收的费用部分，由此导致供水供电部门、第三方或甲方采取停水停电而造成乙方损失由甲方负责赔偿。

11. 供排水保障：甲方负责在乙方进场装修前将供水管道接到各供水终端，确保现有的水龙头、储水箱等处于完好状态，确保上下水管道的畅通，污水处理等设备的设置符合环保部门的相关要求。

12. 中央空调：甲方确保租赁物有可正常使用的中央空调系统，其中制冷量不低于 W/m^2（制冷量 = 供乙方使用的空调机组额定制冷量 / 空调机组覆盖的建筑面积），同时中央空调出风口按照不少于______m^2/ 的标准配置，中央空调新风等系统的设置以及中央空调通风卫生状况、空调运行噪音等符合相关法律法规等的规定，否则甲方承担相应的整改责任以及由此产生的费用。中央空调每年首次启用和停用的时间、每天的开机和关机时间由乙方根据经营需要制定并提前一周书面通知甲方，中央空调开启后商场室内环境温度（非出风口温度）制冷期间应当在______摄氏度，取暖期间不低于______摄氏度。

中央空调使用费：______元 / 平方米 / 月，结算面积为______平方米。按月结算，于每个月______日前支付上一月的中央空调使用费。在乙方付费前，甲方须提前______日向乙方提供中央空调使用费发票。

13. 附属设施设备的维保：租赁期间，除本合同另有约定的，甲方提供的所有附属设施设备的维修保养（包括大修和日常维修养护）、年度检测检验等由甲方负责并承担费用，并向乙方提供维保记录、检测报告、检验合格证明。设施设备如发生故障，甲方或甲方委托的物业公司应于______小时内（水电、消防、电梯等设施引发的紧急情况应于______小时内）进行修理并采取应急措施保证乙方店面正常经营。如未能在乙方要求的合理期限内修复完毕，乙方有权垫资进行修理，相关费用乙方可从应付甲方的租赁费用中直接扣除，但需提供费用清单和票据。

14. 附属设施维保责任：如因甲方负责维修保养的附属设施设备发生故障，影响乙方的正常经营，甲方应免除乙方受影响期间的租赁费用，并赔偿乙方的停业等全部损失；造成第三人人身及财产损失的，由甲方承担全部责任。

甲方负责维修保养的附属设施设备，如因乙方非正常使用原因造成损坏的，乙方承担全部修复费用；造成第三人人身及财产损失的，由乙方承担全部责任。

15. 物业服务：甲方或者甲方指定的物业公司应另与乙方签订物业服务合同，物业服务费：______元 / 平方米 / 月，结算面积为______平方米，对租赁物的物业服务事项进行约定。

第四条　有关双方的权利义务

1. 租赁物权利承诺：甲方确保租赁物系合法建筑物，没有被查封、冻结，

16217

产权清晰没有争议。共有权人及相关权利人同意出租（如有），租赁物及其附属场地、附属设施设备能实现租赁目的。甲方确保本合同期限内始终享有对租赁物及其附属场地、附属设施设备全部的、合法的、没有任何异议的出租权利。如出现行政机关或司法机关作出涉及租赁物产权或甲方出租权的裁决，或出现第三方对租赁物产权或甲方出租权提出权利主张，以及出现其他涉及租赁物产权或甲方出租权或乙方使用权等问题，乙方有权在书面通知甲方后，暂停支付租赁费用及本合同所约定的其他费用。前述出现的问题如影响乙方对租赁物正常使用或导致乙方对租赁物不再享有使用权的，乙方有权解除合同，甲方应赔偿乙方的全部损失。

2. 租赁物安全保障：甲方确保租赁房屋的主体结构、楼梯、楼板和墙体的承重，供排水管道的完好畅通，楼板屋面和墙体的防水性，线路的安全性等符合国家相关标准，不存在任何现实危险。如存在上述危险甲方应在乙方要求的期限内整改完毕并承担费用，否则乙方有权垫资整改，费用可在租赁费用中直接扣除；如无法垫资整改的，乙方有权解除合同。如给乙方造成损失的，甲方应在第一时间与乙方确认，甲方如不认可乙方提供的损失数据，甲方应提供证据证明，否则视为甲方认可乙方的损失数据。如因甲方提供的消防、电梯等附属设施设备的原因造成乙方或第三人的人身、财产受损害的，由甲方承担所有赔偿责任，与乙方无涉，即使法院或仲裁委员会裁决由乙方承担，乙方亦有权向甲方追偿。如甲方怠于履行赔偿责任，乙方有权先行垫付，甲方同意乙方直接在应付甲方的租赁费用或其他相关费用中予以扣除。

乙方应当确保对租赁物及甲方提供的附属设施的安全使用，如因乙方非正常使用原因造成损坏导致甲方或任何第三方损失的乙方应当承担赔偿责任，如因乙方非正常使用租赁场地或消防、电梯等附属设施设备的原因造成甲方或第三人的人身、财产受损害的，由乙方承担所有赔偿责任，与甲方无涉，即使法院或仲裁委员会裁决由甲方承担，甲方亦有权向乙方追偿。如乙方怠于履行赔偿责任，甲方有权先行垫付，乙方同意该赔偿不影响相关租赁费用和其他任何费用的支付。

3. 租赁费用协执：甲乙双方承诺不因自身原因影响本合同的履行。甲方承诺不因自身原因而使租赁物被政府或司法机关查封、冻结或者被裁决向第三方支付租赁费用。因甲方自身原因产生本条事项，乙方被司法机关要求协助向法院或第三方支付租赁费用的，视同乙方已向甲方履行了给付义务，甲方仍需按合同约定提供相关符合税法要求的发票，否则，乙方有权相应顺延支付租赁费用或在扣除税金后支付租赁费用。

乙方承诺不因自身原因而使租赁物被政府或司法机关查封、冻结或者被裁决向第三方支付租赁费用，因乙方自身原因产生本条事项，甲方被司法机关要求协助向法院或第三方支付租赁费用或其他任何费用的，乙方除赔偿上述损失外并不免除交纳租金或其他费用的义务。

4. 涉他纠纷责任：甲方承诺不因与原承租人的纠纷、与雇员的劳资纠纷、与其他第三方的纠纷等情形导致乙方无法正常使用租赁物及其附属物，或者导致乙方无法正常开展经营活动，否则乙方有权暂停支付租赁费用，并有权解除合同；如给乙方造成损失的，甲方应予赔偿。乙方承诺不因自身过错引起的与任何第三方的纠纷而引起的租赁物使用障碍，而停付或少付租赁费用。

由于出租方就整个出租商厦负有管理责任，故在合同违约责任划分部分，出租方通常明示承租方与第三方的纠纷与其无涉。同时，就租赁合同而言，出租方面临最大的风险在于租金及其他费用能否按约收取，而承租方最大的风险则在于租赁标的各项设施的能否正常使用以及日常经营是否受到影响，故双方在本条款中提前约定无论在何种情况下互不影响以上权利。

5. 竞业限制：甲方对与租赁物相邻房屋（含同幢其他楼层或非同幢但直线距离______米范围内的房屋）拥有产权、使用权或管理权的，甲方不得将其出售、出借、出租给第三方经营（含与第三方以承包、联营或以其他方式合作经营）或自营与乙方的经营范围相同或相似的项目（甲方如将租赁物以外部分出售、出借或出租给第三方，甲方也应确保第三方遵守本条款的约定）。甲方对租赁物所在大厦乙方有权使用的外立面、广告位外的区域拥有所有权、使用权或管理权，甲方不得将其出售、出借或出租给第三方（含与第三方以承包、联营或以其他方式的合作）用于宣传与乙方的经营范围相同或相似的企业或产品。否则，甲方同意自违约事由发生之日起对租赁费用标准作不低于______%的降低，作为给予乙方的赔偿，同时，乙方有权解除合同。

6. 物业服务保障：甲方保证租赁期间乙方租赁物不会出现停水、停电、停止供暖、停中央空调等情况（供能部门、不可抗力造成停止的除外），租赁物出现停水、停电、停止供暖、停中央空调等情况，甲方应在______小时内负责修复（水电、消防、电梯等设施引发的紧急情况应于______小时内）进行修理并采取应急措施保证乙方店面正常经营，甲方应当免除修复当日的租金，如迟延导致乙方损失，甲方应据实赔付。因甲方原因一年内累计停水、停电、停止供暖、停中央空调等情况累计达______小时或者累计达______次的，甲方应赔偿乙方不少于相当于事发租赁年度______个月

16217

租赁费用的违约金，且乙方有权解除合同。

建议维修时间控制在 24 小时，年内累计时间达 72 小时或 5 次以上即可。读者可以参照此标准进行调整，但时间及次数限制不宜过低。

租赁期间因乙方使用不当原因租赁物导致出现停水、停电、停止供暖、停中央空调等情况（供能部门、不可抗力造成停止的除外），乙方应及时通知甲方予以修复，如迟延通知导致甲方或其他使用者损失，乙方应据实赔付。因乙方原因一年内累计停水、停电、停止供暖、停中央空调等情况累计达______小时或者累计达______次的，乙方应赔偿甲方不少于相当于事发租赁年度______个月租赁费用的违约金，且甲方有权解除合同。

7. 公共设施保障：在租赁期内，乙方确保不堵塞租赁物内部公用通道及非正常使用损坏公用设施设备；甲方确保租赁物的所有入口、公共通道，以及租赁物所有的公共设施始终处于便捷、通畅、完好、安全的使用状态。若影响乙方使用或经营的，甲方应免收影响乙方使用或经营期间的租赁费用。

乙方对租赁物不正当使用导致公用通道及公用设施设备损坏影响甲方或第三方使用或经营并导致实际损失的，乙方应当赔偿甲方及其他使用者的实际损失并应按照甲方指令方式和期限进行整改，并按照双倍租金赔偿甲方的损失。乙方不按甲方指令进行更改的，甲方有权要求解除合同，履约保证金不予退回。

8. 转租：乙方有权将租赁物部分（不超过计租面积的______％）转租给第三方，有权采取柜台出租、联营等方式与第三方进行合作经营，但需经甲方书面同意。乙方有权在租赁物内设置互联网购物终端、提货点等用于支持互联网、邮件或目录销售，有权在租赁物内设置物流配送点并进行物流配送等服务，由于物流配送等可能影响甲方和其他商户的经营，物流配送点的设置必需经甲方书面同意。乙方未经甲方同意单方设立物流配送点应当承担违约责任，每年交纳至少当年度______个月租金的违约金。

在通常情况下，各类租赁合同均会对未经出租方书面同意的转租行为进行禁止并制定严格的违约及赔偿责任。本条款亦是如此，且未转租区域设定了相应比例，建议该比例不宜超过 30%，否则将为出租方的费用收取以及整体管理带来诸多不便。

乙方的转租仅限于租赁物及该区域内的附属设施设备，不得将本合同约定的其他租赁物转租，如乙方专用停车场、附属场地等。乙方承诺不因转租行为而免除作为承租人的合同义务。如转租的次承租人要求提供产权人同意转租证明或场地使用证明的，甲方应在个工作日内提供，否则甲方应赔偿由此给乙方造成的损失（含乙方对次承租人违约应承担的违约责任）。

9. 优先购买权：租赁期内，甲方如果出售部分或全部租赁物，甲方应当提前______天书面通知乙方，书面通知中应包括购买人的姓名、住址、出售具体价格、付款条件等内容。乙方在同等条件下有优先购买权。若乙方不行使该项权利，甲方应告知购买人该租赁物已出租给乙方的事实，并协调新的产权人履行租赁合同项下出租方的权利义务。甲方如将部分或全部租赁物抵押，有义务在办理抵押时给予乙方书面通知，并如实告知抵押权人乙方承租权的存在。

10. 承租条件：甲方已知悉，租赁物及本合同约定的所有附属设施设备均系甲方订立本合同的条件之一，系乙方愿意承租的前提条件。因此，无论在本合同签订前已有或本合同签订后甲方投入的，任何情况下，甲方承诺不要求乙方承担此笔费用。

乙方已知悉，租赁物及本合同约定的所有附属设施设备均系乙方订立本合同的条件之一，系甲方出租的前提条件，乙方不得在签订租赁合同后对合同约定的条件做任何更改，如乙方提出更改，甲方有权解除合同并不退换履约保证金及已经交纳的租金。乙方如单方更改，乙方还应承担损失赔偿责任。

11. 合同权利义务的转让：乙方如在租赁物所在地成立子公司或关联企业的，在取得甲方书面同意后，乙方有权将本合同所有权利和义务转让至乙方成立的子公司或关联企业，甲方应协助办理相应的手续。乙方在取得甲方书面同意的情况下，可将本合同的权利义务转让给乙方的关联公司。

> 无论在何种情况下的合同权利义务转让，都需三方签署书面的《合同权利义务转让协议》，或终止本合同再第三方重新签订。同时，此处可约定承租方对转让行为应负协调义务，保障第三方接纳本合同中全部条款为佳。

12. 征收、拆迁条款：本合同履行期间，如发生政府征收、拆迁租赁物情形，甲方应在第一时间内及时通知乙方，甲方可以在同一市区内负责乙方搬迁费用，搬迁费用政府补偿的相应搬迁费用计算。

13. 租赁物使用限制

（1）乙方不得在租赁房屋内安装任何重量超过租赁房屋原本地板任何一

16217

部分所能承受的任何物件或器具，甲方应向乙方提供有关租赁房屋建筑设计图纸、房屋内设施设备（含房屋原木地板）的使用说明书，以便乙方知晓相关注意事项。

（2）乙方不得在租赁房屋内存放或储存或允许或容忍他人存放或储存任何武器、弹药、火药或非法物品。

（3）乙方保证租赁物的合法使用。

（4）乙方不违反甲乙双方约定的使用用途，如改用其他用途，经甲方通知后的合理期限内乙方仍不予整改的，甲方有权解除合同，乙方交纳所有费用不予退回并承担总租金______%的违约金。

14. 投保条款

甲方应向保险公司为本合同项下的房屋及建筑物及其他可能发生的各种风险自费购买保险，包括财产一切险、公众责任险，受益人为甲方。如因乙方原因，发生保险事故导致甲方损失的，乙方从保险公司所获赔偿金应首先全额用于赔偿甲方损失；如乙方从保险公司所获赔偿金不足以赔偿甲方损失的，则该等差额部分应由乙方负责赔偿给甲方。

第五条　有关装修条款

1. 装修：乙方可以对租赁物内外部进行装修与改造，甲方需予以配合，如装修改造涉及房屋主体结构及整体效果的，乙方承担所有费用，必需征得甲方事前书面同意，甲方可无条件拒绝。乙方对租赁物所作装修改造在退还时恢复至正常使用后的合理状态，乙方装修如可能对租赁物以外部分（如有）造成影响，应与相邻方进行协商装修改造方案；甲方如对租赁物整体外立面或其他区域（如有）进行装修改造，应与乙方协商装修改造方案，确保不影响乙方的正常经营活动；否则，甲方应赔偿乙方正常经营受影响期间的一切损失。

2. 乙方在租赁房屋开始装修、办公前须按照相关规定依法向政府主管部门申办所需的批准文件，且向甲方留存批准文件复印件。乙方专修不得影响甲方或任何第三方的经营，如影响甲方或第三方经营乙方承担相应的赔偿责任，甲方有权阻止其进行装修，所产生的损失由乙方自行负责，乙方还应按合同履行交纳租金和其他管理费用。

3. 乙方应聘请具有相应资质的设计单位、施工单位为其进行图纸设计、施工，其设计及施工图纸以及设计变更文件等应报甲方审批。报甲方审批并不减轻或免除乙方对第三方应承担的任何责任。同时，乙方的设计、施工需政府部门审核的，还应取得政府有关部门的同意或批准，因向政府部门的报批而引起的所有费用均由乙方承担。

> 提示：此处建议使用审批，而非备案。若承租方随意对租赁场所进行二次装修导致主体结构变动或其他严重问题，出租方将遭受重大的经济损失且后期处理难度较大。故此处的装修权限及具体情况应由出租方进行严格掌控。

4. 乙方如对该房屋内影响或可能影响主机电系统的工程（包括消防系统、供强电弱电系统、空调及通风系统、通信系统等）进行修改 / 重做，须承担该等工程的全部改造费用。除本款前述工程外，经甲方事先审批，乙方可自行聘用有资质的装修公司负责进行其他装修、改建工程。因乙方或其聘请的装修公司违反前述装修规定和标准或国家法规规定而导致的一切责任，均由乙方负责承担，包括但不限于赔偿甲方由此而遭受的损失等。

5. 在乙方对租赁房屋进行装修期间，甲方有权对乙方及其聘请的装修公司的装修行为进行监督，并有权以书面形式通知乙方，要求乙方对违反经审核的装修设计文件的行为或施工行为进行纠正或整改，由此而发生任何费用或时间延误损失均由乙方自行承担。

6. 双方特别约定，乙方应当负责并保证乙方提供的装修设计文件能够通过消防审核，按照乙方设计文件施工的装修工程能够通过消防验收，否则由此而发生任何费用或时间延误损失均由乙方自行承担，产生的一切责任亦应由乙方承担，乙方已经事先了解建筑物主体、消防设计或消防主系统、甲方提供的消防设施器材并保证装修符合甲方已有设施的具体条件。

7. 因乙方实际的设计施工文件与报备甲方的不一致，造成建筑物整体结构损害或者影响商场的整体效果的，甲方有权要求乙方将其恢复至可正常使用状态，恢复所需全部费用及可能造成的时间延误责任和损失均由乙方承担。

8. 设施添置：租赁期间，在租赁区域内，乙方在保证租赁物安全的条件下可自行添置设施设备，费用和维保责任由乙方承担，产权归乙方所有，租赁结束后，乙方可以自行拆除。如因乙方添置设施设备造成甲方或第三方障碍，甲方有权书面通知其予以拆除，如不予拆除，甲方有权拆除，所产生的费用由乙方承担，造成甲方或第三方损失的乙方承担赔偿责任。

9. 店招和广告位：甲方承诺协调其他业主（如有）确保乙方在双方约定的或合理的租赁物外立面位置设置店招和广告。租赁期内乙方在本合同约定的外立面范围内，根据经营需要进行外立面装修改造，进行店招和广告的制作安装和发布，自行承担所有费用，合同终止后乙方需对增添物进行拆除。乙方应确保外立面

16217

装修符合相关广告安全消防规范，依法定程序进行，自行承担所有责任。甲方保证乙方对其租赁物外立面的使用，乙方设置店招和广告，由乙方自行审批，甲方履行配合义务。甲方需确保店招位能进行店招的设置，否则甲方同意乙方减半支付无店招期间的租赁费用。若甲方无法按照合同约定提供广告位，甲方同意对不能提供期间的租赁费用作不低于______%的降低。

广告位设置等情形属乙方经营需求，通常会在合同中明示。但需注意的是：若广告位设置在户外，则需考虑行政检查等的问题，必要时应设置承租方的配合义务。

10. 店招和广告位保障：租赁期内，若出现第三方主张乙方使用及可使用的外立面所有权、使用权或第三方的行为影响乙方使用外立面的，甲方应负责解决。如甲方未及时解决导致乙方需与第三方签订该外立面（部分或全部）使用协议的，由此产生的费用甲方承担；若乙方最终无法部分或全部使用该外立面的，则乙方有权在租赁物其他处选择外立面使用，甲方须负责协调共有权人，由此产生的费用由甲方承担。如乙方无法在外立面设置店招及发布广告，乙方有权解除本合同，由此产生的责任由甲方承担。

第六条　有关租赁物交接

1. 交付：甲方应在本合同约定交房日前______个工作日书面通知乙方接收租赁物，租赁物在交付日必需达到本合同约定的交付标准，否则乙方有权拒收（双方有约定的除外）。甲乙双方在交接时需签订租赁物交付确认书，并经双方签字盖章。租赁物交付确认书为甲乙双方交付租赁物的凭据，交付确认书中双方签字盖章确认的日期为租赁物的交付日期。未有交付确认书或交付确认书中乙方授权代表未签字或签署保留意见的，均视为甲方未交付租赁物。如因甲方原因导致交付确认书中确认的交付日期迟于本合同约定的交付日期的，则租赁期限、租赁费用及物业服务费等费用的付款日期等均相应顺延，或者双方签订补充协议另行约定，相应调减乙方的租赁费用，但该等调减并不影响甲方构成延迟交付的客观事实。如因乙方自身原因导致交付确认书中确认的交付日期迟于本合同约定的交付日期的，租期不变，所发生的损失由乙方承担。甲乙双方交付以双方签订交付确认书为准，乙方未经甲方同意实际进入场地的以实际进入场地的时间为准。

涉及验收及交付等问题，需注意约定合同相对方故意延期不予交付 / 验收的解决方式，如默认通过 / 不通过。同时，交付问题应当与交还问题并行，交还问题也应当约定完备的清场措施等。

2. 交还：租赁期限届满、本合同被解除或本合同被依法终止履行后______个工作日内，乙方按使用后的合理状态向甲方退还租赁物，该期间，甲方不得收取租赁费用。逾期乙方如未交付租赁物甲方未提出异议的，乙方应按照本合同租金标准的______倍向甲方支付租赁物使用费，若因甲方不接收租赁物或迟延接收租赁物，乙方不予承担该期间的任何费用（含但不限于租赁费用、物管费用、环保费、水电气等费用）。逾期若甲方书面通知要求返还的，乙方未返还，乙方应按照本合同约定的租赁费标准的______倍向甲方支付逾期费用。甲方有强制清场权且不承担任何责任。乙方应在交还期届满日前完成租赁房屋的交还工作，同时还应当完成以下工作：

清场问题主要涉及：（1）清场期限。（2）合同的解除流程。（3）逾期不清场时的收费标准。（4）逾期不清场时出租方的处置权与承租方剩余物品的处置问题。（5）出租方不对清场结果承担责任。（6）强制清场流程的费用负担。

（1）向甲方归还所有甲方向乙方提供的物业资料和工程资料的原件和复印件。

（2）将添附的设施设备及招牌等拆除至正常使用后的合理状态，并将属于乙方所有的物品搬离租赁房屋并自行承担费用，保持租赁房屋干净、整洁。但是，乙方的拆除工作不应当恶意对租赁房屋主体结构、地面、墙面、屋顶、甲方所完成的装修工程及有关甲方机电设施设备造成人为损坏；否则，乙方应当负责给予修复，并承担费用。造成的损坏无法修复时，乙方应赔偿甲方相应损失。

（3）自费负责拆除完毕后租赁房屋内的垃圾清运及相关保洁工作。

（4）将租赁房屋各部分的钥匙（如有）交还甲方。

3. 遗留物品处置：在乙方向甲方交还租赁房屋的同时，双方应当签署租赁房屋交还确认书。在双方签署了该确认书之后，或交还期届满双方虽未签署该确认书但乙方已经实际搬离租赁房屋之后，经甲方提前通知乙方仍未将乙方所有物品搬离的，均视为乙方放弃对租赁房屋内遗留的装饰装修、设施设备、物品等的所有权，甲方有权自行予以处置，由此产生的处置费用（包括搬运费、保管费及仓储费等），均由乙方承担。

第七条　有关租赁费用及其他费用的支付

1. 税费负担：双方因签订和履行本合同而应当缴纳的税费，根据租赁房屋所在地相关规定各自承担及缴纳。租赁期间，因租赁房屋的所有权及土地使用权而产生的相关税费由甲方承担。乙方应自行承担并缴纳其在租赁房屋内进行营业活动所引起的所有税费。

16217

2. 租赁费用延付责任：乙方应该严格按本合同的约定支付租赁费用，在甲方无任何违约的情况下，如乙方无故延期______个工作日以上，每再延期支付一天，甲方按所欠费用的______加收逾期付款违约金；乙方无故逾期超过______个月，经甲方书面通知后的合理期限内仍未交纳的，甲方有权解除本合同。甲方虽因乙方欠租享有解除权，但其后又接收乙方支付租赁费用的，则视为甲方放弃了行使合同解除权和追究乙方责任的权利。

3. 租赁期内，乙方有义务按照合同约定向甲方交纳相关费用。若甲方拒绝或迟延接收付款票据或因甲方账户问题导致乙方付款不成功，乙方将不承担迟延付款责任。甲方账号如有变更，须在下一付款日提前______日书面通知乙方，甲方迟延通知的，乙方有权相应迟延支付；若因甲方未及时通知导致乙方向原账号付款或付款不成功的，由甲方承担全部责任。

4. 租赁费用及其他费用发票：租赁期内，甲方有义务按照合同约定向乙方提供发票，且甲方提交合法有效的发票为乙方付款的前提条件。甲方收取租赁费用及其他费用前，则应当于提前______个工作日向乙方提供相应金额的符合税法规定的房屋租赁专用发票、中央空调使用费发票及约定的其他费用发票，并及时送达乙方的办公场所，地址为：______，乙方接收人：______。乙方收到甲方开具的发票之后______个工作日内向甲方支付相应的租赁费用及其他费用。甲方如延迟提供，乙方有权相应延迟支付租赁费用及其他费用，直至甲方提供符合税法要求及合同约定的发票为止，并不视为乙方逾期支付，同时乙方也有权按扣除不低于当期租赁费用及其他费用的______%后支付。后期若甲方提供合同约定的发票后，乙方在______个工作日内予以补付相应的延迟支付或扣除的租赁费用及其他费用；如造成乙方被要求补缴税款、罚款或其他损失，甲方应赔偿全部损失，且乙方有权直接从应付租赁费用及其他费用中扣除。甲方送交发票的方式不符合约定的，导致付款迟延的，乙方不承担责任。

甲方必需保证其提供的所有发票均为税务机关认可的真实、合法、有效的发票，因发票瑕疵产生的损失全部由甲方承担。发票瑕疵责任包括乙方所有损失（含潜在损失），含但不限于税务机关针对甲方提供的发票不规范对乙方所作出的罚款、滞纳金及调整增加的所得税等。同时甲方需在______个月内重新提供合法发票。

提示：针对发票问题，建议最后约定发票瑕疵不予影响款项的支付。

在甲方提供票据______个工作日内，乙方必需按照发票上提供的数额按时足额支付租金和其他与发票相对应的费用，在甲方无任何违约的情况下，乙方不得以任何理由拒绝交纳相应费用，如乙方无故延期______个工作日以上，每再延期支付一天，甲方按所欠费用的______比例加收逾期付款违约金。如乙方认为支付存在争议，可与甲方协商或通过司法途径解决。

5. 费用调整：除本合同明示的项目和标准外，甲方及甲方指定的物业公司不得以任何理由提高本合同约定的租赁费用及其他各项费用或另立项目向乙方收取其他任何费。否则，甲方同意按所要求增加的费用金额向乙方承担违约金，且乙方有权在应付甲方的租赁费用及其他费用中直接扣除。

本合同明示约定的项目和标准，乙方不得以任何理由降低租赁费用和其他各项费用。否则，乙方同意按______方式向甲方支付违约金，且可按相关项目停止乙方的使用权。

6. 物业整体使用：甲方承诺乙方商场营业时间，乙方商场所在广场能够同时整体营业且保证与甲方公司同期开业；否则，该期间，甲方减半收取乙方的租赁费用。鉴于乙方商场所在广场的整体招商及经营情况对乙方有极大影响，如乙方承租楼层所在整幢大楼商业用房的整体营业使用率（按面积标准）连续______个月或累计______个月低于______%的，双方须协商重新确定租赁费用水平，达不成一致意见的，乙方有权解除合同，甲方应赔偿乙方全部损失。甲方如不认可乙方提出的空置数据，甲方应提供证据，否则视为认可乙方提出的空置事实。

该条的约定与开业率的约定类同。是承租方为保证经营环境提出的商务要求。但由于开业情况由多种因素导致，故建议此处的比例保证不宜过高，否则容易造成违约。

7. 提前解约及补偿：乙方有权提前解除本合同，但须提前______日书面通知甲方，以乙方解除合同书面通知送达甲方之日起满______日之次日作为本合同解除的日期。此种情况下，乙方同意向甲方支付当年度（合同解除之日所属租赁年度）______个月的租金作为补偿金。前述补偿金在甲方向乙方书面确认乙方已返还租赁物且甲方向乙方提供了相应金额全额的房屋租赁专用发票后由乙方向甲方支付（不能提供发票的，乙方可扣除______%的所得税）。

8. 乙方有下列行为时，一经发现，甲方有权书面通知乙方要求改正，乙方接到甲方通知后拒不改正的，甲方有权单方解除本合同，乙方承担年度租金

16217

的______%的违约金：

（1）未经甲方书面同意，乙方将该承租商铺的全部直接或间接转租、抵押、舍弃交予他人，擅自改变本合同规定的经营范围，擅自拆改变动或损坏房屋主体结构。

（2）乙方的经营活动违反法律及公共利益的。

（3）乙方不履行其在本合同所应遵守的条款时，在甲方书面通知乙方进行整改的期限内乙方仍未改正，致使合同目的不能实现的。

9. 减租条款：因甲方、第三人进行装修、改造等致使乙方停业的，甲方应当免收乙方停业期间的租赁费用。

第八条　经营责任条款

1. 乙方承诺承租租赁场所经营范围以乙方企业法人营业执照登记的经营范围为准，品牌______，并遵守国家和当地的有关法律法规及房屋使用和物业管理的规定。如乙方违反此条款，经甲方书面催告后，乙方仍未整改的，甲方有权立即禁止乙方超出该范围的活动，并有权单方提前解除本合同，且要求乙方按照违约行为发生时当年度月租金的______倍支付违约金。

2. 乙方自行对其经营负责，乙方不得以任何经营上的理由要求增减租金等相关事项，甲方作为出租方提供房屋场地和相关物业服务为基本义务，对乙方经营盈利或亏损不承担任何权利义务。

第九条　有关违约条款

1. 违约自力救济：双方均认可下列方式的违约自力救济是有效的：一方如违约，守约方为了保证本合同的履行，有权在书面通知违约方后，代理违约方先行对第三方承担责任、垫付费用，或代理违约方按本合同约定采取补救措施。守约方垫付或产生的合理费用可以直接在应付对方的任何费用中进行冲减或在无需支付对方的情况下可以要求增加费用。

2. 违约责任与应收款的抵销：一方如违约，守约方可在书面通知违约方并在提供证据材料后，就违约方依据本合同应承担的所有违约责任在应付违约方的租赁费用和其他费用中直接冲减或在无需支付对方的情况下可以要求增加费用。

3. 延迟交付租赁物违约责任：甲方未按合同约定交付租赁物（含附属设施设备、场地、外立面）及相关证件，超过______日的，甲方每延迟交付一日，按每日租赁费用的______倍支付违约金（日租赁费用＝年度租赁费用 /360 天）；延迟交付租赁物达______日的，乙方有权选择解除合同，甲方除应承担截至租赁合同解除之前的迟延交房违约金外，还应当向乙方支付相当于______个月租赁费用的赔偿金。

乙方未按合同约定时间和条件进场（租赁物及其附属设备设施、相关证件未达交付条件的除外），超过______日的，乙方每延迟一日进场或迟延交纳相关费用，按每日租赁费用或其他费用的______倍支付违约金（日租赁费用＝年度租赁费用 /360 天）。乙方无故延迟进场经甲方书通知后的合理期限内仍拒绝进场的，超过______日的，甲方有权选择解除合同，乙方除应承担截至租赁合同解除之前的迟延交房违约金外，还应向乙方支付相当于______个月租赁费用的赔偿金。

4. 违约导致停业责任：甲方违约造成乙方商场停业或正常营业受到影响的，甲方应免收该期间的租赁费用，造成乙方损失的，还应赔偿乙方停业或受影响期间的全部损失；如因甲方违约，造成乙方商场连续或累计停业或受影响达______天的，除甲方免收该期间的租赁费用并赔偿乙方全部损失外，乙方还有权解除本合同。

> 提示：此处的免收期间指的是承租方正常经营活动被影响期间。该期间的免租行为与其或有的欠租行为应当分别处理。

5. 延期开业的违约责任：甲方违约导致乙方不能在预计开业日期开业的，应免收租赁费用并承担乙方延迟开业损失。非因甲方原因乙方未能在预计开业日期开业的，乙方仍应按照本合同约定向甲方正常支付租赁费用。

6. 违约赔偿：任何一方违约而导致对方解除本合同的，违约方应向守约方支付解约违约金，解约违约金相当于合同解除当年度______个月的租赁费用，并应赔偿守约方的全部损失，本合同另有约定的除外。甲方的全部损失包括但不限于租赁费用、物业费用、场地清理费用、水电气供应费用。乙方的全部损失包括但不限于筹建费用、装修投入、固定资产投入、备货投入、人员安置费用、搬运费用、样机折价损失和停业损失。如果守约方依法可解除本合同而未解除的，守约方可以延迟履行本合同的所有合同义务，直至对方的违约事实消除。

7. 不可抗力免责：因不可抗力原因，导致合同无法履行的，任何一方均可以在书面通知对方并提供相关机关确认不可抗力证明材料后依法解除本合同，而无需承担任何责任。不可抗力指不能预见、不能避免并不能克服的所有自然灾害和意外事件，包括但不限于地震、洪灾、火灾、罢工、重大疫情、城市公共设施停止运转、战争等。

16217

第十条　其他条款

1. 保密：未经一方书面同意，另一方对在洽谈、签订、履行本合同过程中知悉的对方商业秘密、对方提供的资料、本合同主要内容均负有保密责任，不得提供给予履行本合同无关的任何其他人。即使向履行本合同有关的人员提供，仅限于履行合同所需的范围。对于乙方承租的事实，未经乙方的书面同意，在乙方未开业之前，甲方负有保密责任。若发生上述违约行为，违约方须向对方支付违约金万元，且还需赔偿对方的全部损失。

2. 通知：本合同的通知可以通过直接递交、邮寄、快递方式，送达对方时通知生效。如因一方地址变更未及时通知另一方或任何一方拒收或任何一方预留的通讯地址因无法投递，而导致通知被退回，退回之日视为通知送达之日。双方确认以下地址为收件地址：

甲方：____________________；

地址：____________________；

传真号码：____________________；

收件人：____________________；

乙方：____________________；

地址：____________________；

传真号码：____________________；

收件人：____________________。

任何一方未按上述联系地址发送书面通知，该书面通知不具有双方认可的“通知”的效力。

3. 解决权利冲突机制：本合同取代之前双方签订的所有意向书（如有）、备忘录（如有）等内容，本合同与之前双方签订的法律文件如有冲突，均以本合同为准；但一方对另一方作出的特别承诺除外。一方未行使或延迟行使全部或部分合同权利、未要求或延迟要求对方履行全部或部分合同义务，不应被视为此权利的放弃，本合同另有约定的除外。

4. 合同的变更：本合同的修改和补充均需以书面形式签署并加盖双方公章。如甲方以即将建设或正在建设的工程与乙方签订本合同，则在甲方的工程符合法律法规规定的出租条件之前，本合同视为预租合同，当甲方的工程符合法律法规规定的出租条件时，本合同自动转为正式租赁合同，双方不另签租赁合同，除非本合同另有约定，所有条款均具法律约束力。

5. 争议解决：本合同引起的争议，双方应协商解决，协商不能达成一致的，均由租赁场地所在地人民法院管辖。

6. 条款及标题的声明：本合同的全部条款甲乙双方均已确认已仔细阅读并完全理解所有条款的含义，双方均确认。对方已经对本合同条款作了详尽解释，尤其是对本方有利的条款进行了必要的提示。本合同不存在违背任何一方真实意思、不存在显失公平、不存在任何一方对本合同内容有重大误解的情形。本合同各条款的标题仅为阅读的方便，不具有对该条款含义进行解释的意义。

7. 文本及效力：本合同供一式______份，双方各持______份。附件共一式______份，甲方______份，乙方______份。本合同由双方法定代表人或授权代表人签字并加盖公司公章后即生效。本合同如需备案，相关费用按政府规定缴纳，政府无规定的______分担。

甲方：（盖章）

法定代表人或授权代表：（签字）

日期：

乙方：（盖章）

法定代表人或授权代表：（签字）

日期：

16217

五、多种经营场地租赁合同

【使用场景】

本范本为多种经营场地租赁合同，与大型专营店租赁相区别。大型专营店经营品牌通常为相同行业或类别，但多种经营场地无此限制。多种经营场地租赁中承租方经营的品牌是不确定的，可以为多种类型，且其经营品牌既可为自有，也可为品牌授权或品牌商授权。

本范本主要适用于上述经营范围较广、经营规模较大的专营店铺。

【法律要点】

多种经营场地的经营范围及品牌较多，出租方如何最大可能保障权益?

多种经营场地承租方通常营业范围较广，经营品牌较多，而出租方对于整体商场又负有管理责任，在此情况下，出租方需针对具体经营条款作出更为详尽的约定，通常可参考以下内容进行适用：

（1）由承租方负责办理营业执照及各类经营品牌授权事宜，并由其向出租方进行备案，出租方亦有权对承租方经营项目及品牌进行检查。同时可约定，若承租方在一定条件下或一定期限内仍不能取得相关证照及许可，出租方便可解除合同或指定停止部分项目的经营。

（2）合同双方可在合同中约定由承租方就质量保障缴纳保证金，以便承租方在经营产品质量及品牌方面出现纠纷时，出租方均可以划扣相应款项或违约金。

（3）就可能发生的第三方因产品质量等问题产生的纠纷进行提前约定，明示第三方与承租方之间的产品质量问题与出租方无关，若因承租方与第三方之间纠纷导致出租方遭受索赔，出租方有权向承租方进行追偿。

（4）若承租方经营的品牌或质量出现问题时，可能严重影响出租方的商业声誉，故出租方可提前与其约定若涉及出租方商业信誉受损，则承租方应支付相应赔偿金及高数额的违约金。

【文本正文】

多种经营场地租赁合同

立协议人：

甲方：

（名称、统一社会信用代码、住所、法定代表人、职务、委托代理人、身份证号码、通讯地址、邮政编码、联系人、电话、传真、账号、电子信箱）

乙方：

（名称、统一社会信用代码、住所、法定代表人、职务、委托代理人、身份证号码、通讯地址、邮政编码、联系人、电话、传真、账号、电子信箱）

根据《中华人民共和国合同法》等相关法律法规的规定，甲乙双方在平等、自愿、公平和诚实信用的基础上，经协商一致，就乙方承租甲方有权出租的商场部分面积事宜，订立本《多种经营场地租赁合同》：

第一条　租赁标的及用途

1. 甲方同意将位于______甲方指定的场地______面积为______的场地（下称“场地”或“租赁场地”，详见附件平面图）出租给乙方使用。

2. 场地规格：______m（长）×______m（宽）；乙方货架不得高于______m。

3. 乙方保证其租用该场地仅用于作为经营______之用，品牌为______，不得利用该场地进行超出本合同约定范围的经营活动或从事违反中国法律法规、地方性法规、规章以及其他相关规定的行为。乙方违反前述约定的，甲方有权要求乙方予以改正。若乙方在甲方要求的期限内仍未改正的，甲方有权立即单方解除本协议，乙方已交纳租金不予退回，保证金予以扣留，未交纳租金应当交纳，造成甲方损失的乙方还应承担损失赔偿责任。

> 提示：承租方公司名称与经营品牌通常不一致，在商务往来函件中易将二者混同，请注意区分。

4. 乙方应服从甲方的统一管理。乙方在租赁期内享有租赁场地的依法经营权。乙方须自行办理租赁场地内合法的营业执照，按有关规定办妥工商、税务、公安、消防、卫生等相关手续（所有相关证件复印件须报甲方备案），合法经营，独立承担法律责任。乙方办理手续需要甲方出具相关手续的，甲方予以配合。

第二条　租赁期限、转让、终止

1. 本协议项下的租赁期限为______个月；自______（起租日）起至______（租期届满日）止，前述起租日即为计租日。

16218

2. 租赁期限内，甲方有权将场地产权转让给任何第三方，而无需乙方的批准或同意。乙方承诺放弃其在租赁期间对承租场地所享有的优先购买权。乙方的该项承诺自本协议签署之日生效，并不得撤销。

> 根据《中华人民共和国合同法》第229条的规定："租赁物在租赁期间发生所有权变动的，不影响租赁合同的效力"，俗称"买卖不破租赁原则"。故无论场地产权如何转让，乙方仅涉及是否行使同等条件下的优先购买权，而不能对甲方作出买卖限制。

3. 在租赁期限内，甲方可提前______日书面通知乙方终止本合同而无需承担任何违约责任，但需向乙方返还已支付而未使用的租金等费用。并且，甲方有权因经营管理的需要，对乙方承租场地的位置和/或经营面积进行变更或调整，由此给乙方产生的一切费用或损失均由乙方自行承担。

4. 本合同期满时，在同等条件下乙方有优先续约权，但应于期满前______个月提出书面申请。乙方未在合同约定期限内提出书面申请的，视为放弃优先续约权。

第三条　租金及支付方式

1. 租金：本协议每月的租金共计人民币______元，协议总金额为______元。

2. 支付方式：以______月/______季度为一个支付周期，乙方应当于每个支付周期结束前的　　日（遇法定节假日延迟至节假日后第一个工作日）向甲方预付下一个支付周期的租金。首个支付周期的租金乙方在本协议签订后______日内支付。乙方应按时支付租金，每逾期一日，乙方应向甲方支付应付未付租金金额的______‰的违约金。

第四条　履约保证金

1. 乙方须向甲方交纳履约保证金，用于乙方对履行本协议各条款之保证。

2. 乙方应于本协议签订当日，将履约保证金共计人民币______支付给甲方。若乙方未在规定日期内足额支付履约保证金，甲方有权解除本协议。履约保证金按照以下条款使用：

（1）租赁期满或双方达成一致提前终止时，乙方结清所有应付费用（包括但不限于租金、违约金、滞纳金、能源费等乙方应承担的费用）及完成租赁场地的营业地址、注册地址的工商注销或变更手续（如涉及）后，甲方在______天内将履约保证金（如有）无息一次性退还给乙方。

（2）如乙方逾期支付租金、违约金或其他任何应付款项，甲方有权扣留履约保证金，但乙方不得将履约保证金抵作租金、违约金或其他任何应付款项，其他款项仍应支付。

（3）乙方与任何第三方发生的债务关系或其他违法经营所造成的法律后果不得影响甲方，如因此导致甲方损失，甲方有权从履约保证金中予以扣除，不足部分甲方有权向乙方追偿。扣除后，乙方须在______日内补足履约保证金，履约保证金用途不变。

3. 当履约保证金不足全额的______%时，乙方须在甲方发出补款通知后在甲方规定期限内补足到全额。逾期未补足，每逾期一日，乙方应向甲方另行支付应补交金额的______‰的违约金，直至补齐为止。

第五条 质量保证金

1. 乙方应在本协议签订当日向甲方支付质量保证金共计人民币______元作为其销售商品或提供服务的质量保证。乙方任何顾客对乙方所供应的商品或服务的投诉、索赔，要求退还有关商品及收回购买该商品所支付的金额或任何形式的权利主张，只要顾客提供了消费者协会或具有法定资质的检测机构出具的上述商品或服务存在质量问题的书面文件，甲方即有权决定是否接受顾客的要求及支付有关索赔，乙方不得提出异议。若乙方违规经营遭到政府部门处罚，可能对租赁场地所在物业经营造成不利影响时，甲方也可从质量保证金代付罚款（金额以政府处罚通知为准），不足部分甲方有权向乙方追偿。

乙方结清所有应付费用（包括但不限于租金、违约金、滞纳金、能源费等乙方应承担的费用）及完成租赁场地的营业地址、注册地址的工商注销或变更手续（如涉及）后，甲方在______天内将质量保证金（如有）无息一次性退还给乙方。

2. 当质量保证金不足全额的______%时，乙方须在甲方发出补款通知后在甲方规定期限内补足到全额。逾期未补足，每逾期一日，乙方应向甲方另行支付应补交金额的______‰的违约金，直至补齐为止。

3. 如乙方在经营过程中为顾客办理储值卡、充值消费卡、代金券、折扣券等相关卡券产品，须提前将发放总额、使用规则如实向甲方申报，经甲方书面同意方可发放，发放后须按月向甲方提供卡券的消费情况，如果乙方未如实申报，甲方有权单方终止本合同，乙方所交纳的履约保证金、预付租金不予退还。

第六条 其他费用

1. 乙方经营必需自行安装独立电表，电费按实际电量计算。电费属于代收代缴，甲方只提供普通收据，收费标准按______市商业经营标准执行，同时乙方应按照应付电费的______%分摊损耗费用。

2. 乙方经营所需的水、电、通信、中央空调能源损耗等一切费用由乙方自行承担，乙方按甲方或相关公用事业部门要求及时缴纳相关费用，否则乙

16218

方自行承担延误缴费所造成的一切后果。甲方代为垫付的，乙方应在收到甲方催缴单后______日内一次性支付给甲方相关费用。

第七条　场地交付

1. 甲方于起租日向乙方交付租赁场地，乙方应于起租日前来同甲方办理场地交付手续，届时，双方共同对场地以及附属设备进行现场检查和清点，并签署书面交接清单，签署书面交接单后，甲乙双方确认交纳场地合格。

2. 若乙方未在起租日前来办理场地交付手续，仍应承担相应的租金。如果逾期超过______日仍未能接受场地的，则甲方有权即时收回该场地，终止本协议及将该场地租予第三方并不予退还乙方已付费用。

3. 若甲方原因导致未能在起租日将场地交付乙方的，乙方无需承担相应的租金，租赁期限相应顺延。如逾期超过______日仍未能交付场地的，则乙方有权解除本协议。

第八条　场地的使用

1. 未经甲方书面同意，乙方不得对场地进行装饰或装修，不得在该场地现状基础上进行改建、改造。如果乙方未经甲方批准或未按经甲方批准的方案进行装饰或装修的视为乙方违约，甲方有权立即制止、扣除乙方所交纳的履约保证金，并有权利要求乙方在______日内予以恢复。

2. 乙方的货架应根据甲方的要求进行设计，并提供图纸，包括效果图、平面图等，图纸应经过甲方审查，审查合格后方可施工。甲方的审查同意并不减轻或免除乙方应承担的责任，也不导致甲方对乙方的设计、装修等承担任何责任。

3. 乙方不得将该场地的全部或部分转租或分租给其他第三方，不得将超重、易燃、易爆、易腐蚀或任何危险物品带进或存放于该场地内，或在该场地内作出任何违反法律、法规或本协议约定的行为。

4. 因乙方（包括其雇员、访客等）原因导致场地的内部结构、设施设备等发生损坏的，应由乙方负责承担修复责任并承担相应的费用。

5. 乙方负责该场地内的防火、防盗工作，自行投保该场地的财产保险。乙方存放于该场地之货物、商品及其他物品，均由乙方自行负责看管，甲方不负有看管和 / 或保管义务。

6. 乙方应按时向甲方缴纳租金和其他费用，服从甲方的统一管理。

7. 乙方不得经营三无产品及假冒伪劣产品，乙方经营不得侵犯他人合法权益，如因乙方产品（食品）质量和侵权等问题产生的一切纠纷及责任，均由乙方负责处理及承担，如造成甲方损失的乙方应予赔偿。

8. 乙方经营不得违反国家及地方政府的各项政策法规，否则由此导致的处罚及其他责任均由乙方自行承担，如造成甲方损失的乙方应予赔偿。

9. 营业期间，如因突发事件、消防安全隐患以及因甲方整体规划调整或因国家有关文件（如消防）规定等原因，甲方有权要求乙方暂停营业或调整其经营位置，必要时可要求乙方撤离出场地，并终止本合同，租金据实结算，且甲方不因此承担任何违约责任。

10. 甲、乙双方约定的管理费价格属商业机密，乙方应予保密，如发现乙方有泄露现象，甲方则有权收回其场地经营权，保证金、管理费不予退还。给甲方造成其他损失的，乙方应于赔偿。

第九条　场地的归还

部分商户在其经营不善后可能具有私自暂停营业并拒缴欠付租金的情形。针对此类商户应当在《租赁合同》中提前约定严格的合同解除条件，并多加重视清场等条款的制定，以便在承租人出现上述情况时，出租方能够及时解约并将租赁场地再次出租。

1. 自本协议终止之日或本协议因任何原因提前终止之日，乙方应将该场地及其内部的设备设施恢复至甲方交付使用时的原状（由于正常使用及因自然属性、正常磨损导致的损耗除外）返还给甲方，甲方同意保留的除外。甲方同意保留该场地内的装饰或附属物的，无须为此向乙方进行任何补偿或赔偿。如乙方未按照约定时间交还场地，甲方有权采取必要措施予以收回，由此造成的损失将由乙方承担。该场地内遗留的乙方的物品，甲方有权自行处置，且无需向乙方进行任何补偿或赔偿。

2. 若在上述期间内，乙方对该场地未进行或未完全进行恢复并撤离场地的，每逾期一日，乙方应向甲方支付相当于日租金______倍的场地占用费。

3. 无论任何原因导致本协议终止的，乙方应按照本协议约定将租赁场地返还给甲方，双方按照本协议的约定结清各项相关费用，乙方不得因本协议履行出现争议（如有）而拒绝向甲方返还场地。

第十条　违约责任

1. 若乙方未按照本协议的约定向甲方支付租金或其他费用的，每逾期 1 日，应向甲方支付相当于应付未付款项的______%的违约金，逾期超过______日的，甲方有权解除本协议，履约保证金甲方不予退还，乙方还应补足欠交甲方的租金。

16218

2. 若乙方违反本协议的约定使用场地的，甲方有权利要求乙方予以改正。若乙方在______日内仍未予以改正的，甲方有权解除本协议，履约保证金甲方不予退还，乙方还应向甲方支付相当于______个月的租金作为违约金。

3. 乙方违反本协议约定，导致协议无法实际继续履行，或由于乙方违约行为导致甲方单方解除本协议，履约保证金甲方不予退还，乙方还应向甲方支付相当于______个月的租金作为违约金。

4. 乙方无法定或约定理由单方面提出解除本合同，须提前______天书面通知甲方，并向甲方再支付相当于______个月租金的款项作为违约金，履约保证金不予返还。

5. 乙方怠于履行或违反本协议约定的其他义务，甲方有权代为履行并有权向乙方进行追偿，乙方还应向甲方支付相当于______个月的租金作为违约金。

6. 因甲方原因导致乙方无法正常使用场地的，甲方应及时予以修复、整改或采取其他补救措施。

第十一条　争议的解决

1. 本协议的签订、成立、生效、履行、解除等均适用中华人民共和国大陆地区的法律、法规及相关规定。

2. 本协议项下发生的争议，由双方当事人协商解决；协商不成的，双方有权依法向租赁场地所在地有管辖权的法院提起诉讼。

第十二条　其他

1. 本协议未尽事宜，经甲、乙双方协商一致，可订立补充条款。补充条款及附件均为本协议组成部分，与本协议具有同等法律效力。

2. 本协议自甲乙双方签章之日起生效。

3. 本协议一式四份，由甲乙双方各执两份，具有同等法律效力。

甲方：（盖章）
法定代表人或授权代表：（签字）
日期：

乙方：（盖章）
法定代表人或授权代表：（签字）
日期：

六、多种经营点位租赁合同

【使用场景】

本范本为多种经营点位租赁合同。多种经营点位通常指在商场内租赁区域以外的公共区域进行承租的租户，通常规模较小，租期较短，对商场的经营起到互补、辅助、宣传等作用。常见的经营点位如：ATM 设置、售货亭、展示台等。其中，ATM 及仓库等可选择签订专项租赁合同，宣传类可选择签订广告区租赁合同，而类似固定或临时点位可适用于本合同范本。

【法律要点】

1. 多种经营点位通常包含哪几类?

多种经营点位的类别主要涉及长期固定型点位、ATM 点位、宣传点位、内外场的临时促销点位、仓库、其他区域配套经营点位等。其中，长期固定点位主要指柜台、内外场的零售货亭，宣传点位通常设置广告处、道旗、LED 等其他区域配套点位主要如地下停车场等配套设施。针对以上各类型的设施特点的不同，通常设置数量及设置位置也均有差别。

2. 各类多种经营点位租赁合同的签约特点是什么?

一般来讲，多种经营点位的租赁合同租赁期限均较短。具体而言，长期固定租赁点位等合同期限会在一年之内，其他临时促销点位的租期较其更短，可能保持在半年以下。其次，多种经营点位合同中通常不会设置免租期，因其租赁区域较小且租期较短，更换承租人的频率较高，故会取消免租期。但就租金而言，原则上可就该点位所在区域保持一致。

除以上内容外，因多种经营点位的租期较短，故建议在合同中提前约定解约后续事宜。例如，承租方在经营过程中为顾客办理储值卡、充值消费卡、代金券、折扣券等相关产品，在合同终止或解除后便涉及后续事宜如何处理的问题。针对该项情形建议出租方提前要求承租方将具体活、事项容进行备案，并约定由承租方提前缴纳一定款项，若出租方负责办理退款等事宜，则可在上述款项中进

16219

行划扣。

3. 什么是撤销经营点位权利?

在多种经营点位合同中通常会提前约定出租方在某种情况下享有撤销经营点位的权利。除涉及不可抗力、政府管理、市政检查等情形外，出租方因商场规划安排或整体调整等因素也可导致经营点位的撤销。

撤销经营点位的实质是合同解除。由于经营点位通常不处于正式的租赁场地之内，而是处于租赁区域之外的公共区域，该公共区域因商场规划的调整而产生变动的可能性相对较大，故出租方通常会设置该项撤销点位权权利，且要求乙方须无条件配合，出租方亦不承担任何赔偿责任。

【文本正文】

多种经营点位租赁合同

立协议人：

甲方：

（名称、统一社会信用代码、住所、法定代表人、职务、委托代理人、身份证号码、通讯地址、邮政编码、联系人、电话、传真、账号、电子信箱）

乙方：

（名称、统一社会信用代码、住所、法定代表人、职务、委托代理人、身份证号码、通讯地址、邮政编码、联系人、电话、传真、账号、电子信箱）

甲乙双方经友好协商，就甲方出租、乙方承租______商业广场多种经营点位等相关事宜达成了一致意见，特订立本合同，以共同遵守。

1. 甲方将位于______多种经营点位（以下简称“该点位”）租赁给乙方经营使用。

2. 租赁用途：乙方租赁该店仅用于经营，经营品牌为______，如经营品牌与经营用途不符，甲方有权单方终止本合同，乙方所缴纳的租赁保证金及预交租金不予退还。

3. 租赁期限为______个月，自______起至______。如乙方有意续约，须在合同届满前个月以书面形式与甲方沟通。

4. 该点位租金为______元/月（大写：______），支付方式为：合同签约时支付______个月租金，即______元，（大写：______）该租金包含物业管理费、中央空调使用费。乙方在上一季度末的______日内向甲方支付下一季度租金，逾期支付 1 日，乙方应向甲方支付本合同租金总额的______作为违约金，逾期超过 15 日，甲方有权解除本合同，甲方向乙方收取的租赁保证金不予退还。

因点位商户通常经营规模较小，且数量较多，故本合同采取预收租金制度，以免产生欠付金额无法收回，具体可以季度 / 半年 / 年度的方式要求预交。

5. 租赁户在签订合同时必需缴纳租赁交保证金______元，本合同租期届满后如无违规违约甲方将无息全额退还。

6. 乙方经营的能源损耗费按以下第______种方式收取。

（1）本合同第 3 条所示租金已包含所有能耗费用，甲方不再额外收取。

（2）乙方须安装甲方认可的能源计量表，由甲方按当地商业能耗计价标准计收能源费用。

7. 乙方经营所需办理的卫生防疫、工商、税务等相关证照由乙方自行办理，所有相关费用由乙方自行承担，甲方提供必要协助，乙方将上述证照复印件交由甲方备案。

8. 乙方对该点位的设计、装修、装饰、布置方案须经甲方书面同意方可实施。如乙方营业后该点位的装修、装饰及布置与乙方提供给甲方的方案不符的，或乙方在经营过程中擅自改变该点位现有结构的，甲方有权收回该点位，乙方所缴纳的租赁保证金及预交租金不予退还，由此产生一切经济损失由乙方另行承担。

9. 乙方不得在租赁期间擅自将该点位部分或全部分租、转租他人，否则甲方有权收回该点位，乙方所缴纳的租赁保证金及预交租金不予退还，由此产生的一切经济损失由乙方另行承担。

10. 租赁期间甲方若无正当理由单方面解除合同，应双倍返还乙方所缴纳的租赁保证金并退还乙方预缴租金。乙方单方面解除合同，甲方已经收取的租金和租赁保证金不予退还。

11. 双方需另行签订“物业管理协议”“治安消防责任书”作为本合同有效附件，双方必需严格遵守。

12. 经营时间内由于乙方的原因造成安全事故，应由乙方承担相应的责任，其他任何时间内非乙方的原因造成的安全事故，应由责任方承担相应的责任。

13. 经营户最大用电负荷不得超过______，否则将支付违约金______元并

16219

立即改正，引起严重后果或安全事故的，经营户须对产生的损失予以赔偿甲方有权从租赁保证金中予以扣除，涉及刑事犯罪的，移交有关部门处理。

14. 经营时间内该点位门前的清洁卫生、治安秩序由乙方责任。

15. 因第三方原因导致乙方的货物或其他财产发生损害或导致乙方蒙受损失的，由乙方自行向第三方索赔，甲方、管理公司不承担任何赔偿或补偿责任。

16. 非营业时间内乙方不得在该点位存放现金及贵重物品，甲方对于乙方私自存放现金和贵重物品等造成的损失不承担任何责任。

17. 若乙方任何顾客对乙方所供应的商品或服务的提出投诉、索赔，并要求退还有关商品及收回购买该商品所支付的金额或其他任何形式的权利主张，只要顾客提供了消费者协会或具有法定资质的检测机构出具的上述商品或服务存在质量问题的书面文件，甲方即有权决定是否接受顾客的要求并使用乙方所缴纳的租赁保证金支付有关索赔，乙方不得提出异议。若乙方违规经营遭到政府部门处罚，可能对商场整体造成不利影响时，甲方可从租赁保证金代付罚款（金额以政府处罚通知为准）。因顾客索赔和政府处罚造成租赁保证金不足部分，乙方须在接到甲方书面通知后______天内补足差额。

18. 租赁户所使用电线、电表由乙方向甲方申报后由甲方进行安装，安装所需费用由乙方承担。

19. 合同期内由于政府或商场整体规划或自然等不可抗拒因素导致该点位需要改造或撤除的，乙方必需无条件配合，甲方不承担任何责任。

> 此处的撤销点位实质属于出租方的单方解除权，但出租方的单方解约权通常都需限制在一定范围内，无正当理由不能单独解除。但此处采取撤销点位方式，并要求承租方无条件配合，实质是将出租方的解约权进行了扩大。

20. 如乙方在经营过程中为顾客办理储值卡、充值消费卡、代金券、折扣券等相关卡券产品，须提前将发放总额、使用规则如实向甲方申报，经甲方书面同意方可发放；发放后须按月向甲方提供卡券的消费情况，如果乙方未如实申报，甲方有权单方终止本合同，乙方所缴纳的租赁保证金及预交租金不予退还。协议解除后，乙方必需将场地恢复原状，租赁区域内的物品及装修需在协议日期内清除完毕，逾期不清理或留有物品视为自动放弃所有权利，甲方有权以任何方式处理租赁区域内的物品而不负任何责任。

21. 因本合同或与本合同有关的一切事项发生争议，由双方友好协商解决；协商不成的，任何一方均可向租赁场地所在地的人民法院提起诉讼。

22. 本合同一式______份，甲乙双方各持______份，双方签字盖章之日起生效。

甲方：（盖章）

法定代表人或授权代表：（签字）

日期：

乙方：（盖章）

法定代表人或授权代表：（签字）

日期：

16219

七、仓库租赁合同

【使用场景】

本范本为仓库租赁合同。仓库类型的租赁与前述多种经营点位合同具有共同特点。广泛而言，仓库属于多种经营点位其中的一类，但由于仓库的租赁用途通常涉及储物等事项，具有鲜明的自身特点，故为仓库租赁合同设置规范文本进行适用。

【法律要点】

仓库租赁合同的签约要点有哪些?

仓库租赁合同作为一个单独的合同适用范本，其本身具有鲜明的特点及对应的签约要点，通常包含以下内容：

首先，关于仓库的租赁用途（储存物品），需提前书面确定于合同中。各项储存物品及类别均也需提前备案，尤其是鲜活易腐等物品。同时，出租方需设定条款要求承租方不得任意更改储存物品类别，若有变更需提前书面告知出租方。

其次，还需注意储存用途不得由承租人擅自改为商用或其他用途。由于仓库的租金水平与商用租赁区域租金水平通常有一定差距，承租人将仓库擅自改为商用经营无疑是对出租人利益的严重损害。同时，考虑到仓库的所在位置，若由承租人擅自改为商用，不仅不利于承租方的管理及清洁安保，也将对整体商场的环境造成影响。故，承租人擅自变更储存用途的行为应当严格禁止，具体而言可设置违约金或单方解约权、解约违约金等加以规制。

此外，鉴于仓库通常存有较多的物质物品，但管理人员却相对有限，故需特别明确防火、防水等事项的责任。该内容不仅在仓库租赁合同中需加以明确，同时建议签订责任安全书作为合同附件，以免双方产生纠纷且损失较大。同时，就可能存有的火灾、漏水等险情，建议出租方于合同中提前约定紧急处置权，并明示因出租方紧急处置相关情况而产生的全部费用均由承租方承担。

【文本正文】

仓库租赁合同

立协议人：

甲方：

（名称、统一社会信用代码、住所、法定代表人、职务、委托代理人、身份证号码、通讯地址、邮政编码、联系人、电话、传真、账号、电子信箱）

乙方：

（名称、统一社会信用代码、住所、法定代表人、职务、委托代理人、身份证号码、通讯地址、邮政编码、联系人、电话、传真、账号、电子信箱）

经双方协商一致，同意乙方自甲方承租______购物中心的仓库作为租赁物业的配套仓储设施，特此签署本仓库租赁合同（以下简称“本合同”），以兹共同遵守。

第一条　租赁标的及用途

1. 乙方承租的仓库为位于______的仓库。（以下简称“租赁仓库”，其具体位置见本合同附件《租赁仓库位置平面图》所示的特定部分，该位置图仅作识别之用。）

2. 租赁仓库的租赁面积为______平方米。租赁面积包括租赁仓库的套内建筑面积（包括租赁物业的内墙、立柱的面积）和租赁仓库的外墙面积（租赁仓库与公用建筑空间之间的分隔墙、外墙全部计入租赁仓库的外墙面积，与其他租户之间的分隔墙的一半计入租赁仓库的外墙面积）。

> 将外墙面积计入租用面积可以增加出租人的租金收入（不建议以内墙面积进行计算）。同时提示：将公摊面积计入租用面积属惯例。

3. 租赁仓库仅供乙方作存储______类物品之用。

> 此处对于租赁场地的用途加以限制，仅限于储存类别。以免防止用于商用或其他用途，合同其他条款中可约定具体的违约条款。

第二条　交付日及租赁期限

1. 实际交付日为双方签订或视为签订《租赁仓库交接确认书》之日。

16220

2. 租赁期限为______个月，即从______开始至______止，自实际交付日起算（“租赁期限”）。

3. 如乙方有意在租赁期限届满后续租的，则乙方应当最迟在租赁期限届满前______日向甲方发出书面的续租申请。若甲方同意的，双方按照届时甲方适用的租赁政策及租金标准签署新的租赁合同或续租协议。

4. 双方同意，无论《租赁合同》因任何原因终止的，则本合同应于《租赁合同》终止日同时自动终止；若《租赁合同》因甲方原因终止从而导致本合同同时自动终止的，乙方同意不就本合同的终止向甲方主张任何违约或赔偿责任。

第三条　交付

在乙方依照本合同的约定向甲方支付完毕其应支付的全部费用的前提下，甲方应于约定交付日或之前向乙方交付满足《交付标准》的租赁仓库。乙方应于收到甲方关于租赁仓库的交付通知后按照该通知载明的交付日与甲方办理租赁仓库的交接手续，并签署《租赁仓库交接确认书》。若非因甲方原因导致乙方未按照约定与甲方办理租赁仓库的交接手续并签署《租赁仓库交接确认书》的，则《租赁仓库交接确认书》应视为已于甲方交付通知中载明的交付日由双方签署。

第四条　费用及其支付

1. 租金

租赁仓库的租金为人民币______元 / 平方米 / 月（大写：______元 / 平方米 / 月），即人民币______元 / 月（大写：______元 / 月）（不包含租赁仓库因照明所产生的电费），自实际交付日起算。

乙方应在本合同签署后______个工作日内，向甲方______年______月______日至______年______月______日支付仓库租赁租金。

2. 能源费

因乙方使用租赁仓库所产生的电费、水费等能源费用，由乙方自行承担。能源费单价为￥______元 / 计量单位，并依据国家能源单价调整而调整。乙方应于本合同签署当日预交能源费______元，并按月于收到甲方提供的账单后______日内向甲方缴纳能源费用。此后乙方应保证预交能源费高于上一个月实际发生的能源费用。

> 提示：此处的能源费与其他《租赁合同》缴纳能源费情形相同，故也可采取阶段性收费方式。

3. 保证金

租赁仓库的保证金为______个月的租金，即人民币______元（“保证金”）。乙方应于本合同签署当日一次性向甲方支付保证金。

租赁期限届满或本合同非因乙方原因提前终止的情况下，在乙方将租赁仓库依照本合同约定的状态和日期返还给甲方，结清本合同项下的所有款项并向甲方返还保证金收据后的______日内，甲方将保证金无息返还给乙方。

第五条　甲方的权利和义务

1. 甲方负责对租赁仓库的结构及租赁仓库内甲方提供设施设备的维修维护，但前述结构及设施设备的损害系由乙方的过失或疏忽造成的除外。

2. 在不妨碍乙方正常使用的情况下，甲方有权对乙方使用租赁仓库进行安全检查。

3. 若租赁仓库发生火灾、漏水或任何其他紧急情况的，甲方有权强制进入租赁仓库对紧急情况进行处理，而无须对乙方因紧急情况遭受的任何损失承担责任。

> 出租方作为管理方，对于承租方仓库负有紧急情况处理的权限。但在此权限中需要明确的是：（1）出租方不对紧急处置承担任何责任。（2）针对出租方紧急处置而产生的全部费用应当由承租方进行支付（因是出于对承租方利益保护的行为所致）。

第六条　乙方的权利和义务

1. 乙方应于本合同签署后甲方向乙方实际交付租赁仓库前，将拟存储物品种类书面告知甲方。

2. 乙方应依照本合同约定的用途使用租赁仓库。未经甲方事先书面同意，乙方不得将租赁仓库用作任何其他用途。

3. 未经甲方事先书面同意，乙方不得改变租赁仓库的结构或对租赁仓库进行任何装修作业。

4. 乙方应当遵守所有适用的有关消防安全的法律法规以及甲方制定的有关使用租赁仓库的相关规章。乙方不得在租赁仓库内储藏任何易燃易爆等危险物品及违禁物品，储藏物品的重量不得超过租赁仓库所在楼层限重、限高、其他规格等各方面要求。乙方不得容许任何人员在租赁仓库内居住或过夜。

5. 租赁期限内，乙方在运输租赁、仓库内的存储物品时不得因气味、空间等方面影响到周边其他租户或使用仓库时导致公共设施（如地面、墙面等）遭

16220

受损坏。

6. 乙方应当按照甲方指定的时间和通道使用货梯运输物品，并遵守《租户手册》的相关约定。

7. 乙方应当对租赁仓库内的物品安全自行承担责任，甲方对租赁仓库内乙方的物品无安保义务。同时，乙方对仓库有看管和管护义务，若在租赁期限内，租赁仓库内甲方的财产（如有）出现损坏或遗失的，乙方应当承担赔偿责任。

8. 租赁期限内，乙方应确保租赁仓库处于良好的可使用状态，并需对非因甲方原因导致的租赁仓库的任何损害向甲方承担赔偿责任。

9. 乙方应自行负责取得所有与使用租赁仓库有关的批准（如需），包括但不限于消防、公安等部门的批准；若租赁期限内，相关政府部门要求就租赁仓库租赁事宜进行任何报备的，乙方应自行负责并承担相关费用。如因政府及（或）相关部门原因造成乙方不能使用仓库，甲方不承担责任，乙方负责按甲方限期清理仓库，甲方将乙方已经交纳的保证金退回。

> 因市政原因导致承租方不能使用仓库，可将此类情况列入本合同不可抗力条款或约定为合同自动终止情形。如此，则可避免出租方就此承担违约责任或赔偿。

10. 乙方在购买的保险应当涵盖租赁仓库及其内的物品，并确保该等保险在租赁期限内持续有效。

11. 未经甲方事先书面同意，乙方不得转租、分租、出借、调换使用、与他人分享租赁仓库或将租赁仓库任何部分、任何权益予任何其他第三人。(不论是否盈利)

第七条　租赁仓库的返还

1. 除本合同另有约定外，乙方应当于租赁期限届满日或本合同提前终止日（“返还日”），将租赁仓库恢复至甲方向其交付时的状态（合理的自然损耗除外）或甲方书面同意的其他状态（“返还状态”）并返还至甲方。若甲方同意以其他状态返还的，则乙方同意甲方无需就租赁仓库内的任何装修（如有）向乙方做出任何补偿。同时，乙方应向甲方返还租赁仓库的门卡、钥匙或其他出入租赁仓库所需的物品。

2. 将租赁仓库恢复至返还状态，由此产生的全部费用由乙方承担。返还日之后，若租赁仓库内有乙方遗留的任何物品的，视为乙方放弃该遗留物品的所有权。甲方有权自行处置该物品，因此产生的任何费用由乙方承担。此外，乙方还应当赔偿甲方因乙方未依照返还状态返还租赁仓库而遭受的损失。同时，乙方交纳的保证金不予退回。

3. 若乙方逾期向甲方返还租赁仓库的，则每逾期一日，应向甲方支付金额相当于本合同约定的日租金______倍的占用费。该占用费不构成租赁期限的延续。此外，乙方还应当就其逾期交还租赁仓库向甲方承担赔偿责任，包括但不限于甲方因延迟向租赁仓库的新租户交付租赁仓库而需承担的违约金、律师费等全部费用。此外，甲方有权在返还日后的任何时候自行采取措施进入租赁仓库。若因此造成乙方任何损失的，甲方不承担任何赔偿责任。

第八条　违约责任

1. 在不影响甲方根据法律、法规及本合同的规定所享有的权利的前提下，若发生下列任一情形的，甲方有权在任何时候经书面通知乙方提前终止本合同，本合同于甲方书面通知乙方之日或甲方书面通知中另行列明的日期终止：

（1）乙方逾期接收租赁仓库超过______日的；

（2）乙方未按照本合同的约定支付任何费用逾期超过______日的；

（3）乙方擅自改变租赁仓库的用途的；

（4）乙方违反本合同第 6 条第 4 款的约定的；

（5）未经甲方事先书面同意，乙方转租、分租、出借、调换使用、与他人分享租赁仓库或将租赁仓库任何部分、任何权益予任何其他第三人；（不论是否盈利）

（6）乙方违反本合同的任何约定，经甲方书面通知后______日内仍未改正的。

2. 在不影响本合同其他约定的前提下，若乙方逾期向甲方支付任何费用的，每逾期一日，应向甲方支付应付未付金额的______作为违约金。

3. 租赁期限内，若乙方在本合同项下发生任何违约行为的，甲方有权自保证金中扣除甲方因乙方的违约行为遭受的损失，乙方应当于收到甲方的书面通知后______日内补足本合同项下的保证金。此外，甲方有权经事先通知乙方停止供应租赁仓库的能源费服务（包括但不限于水、电、空调等）等，直至乙方纠正其违约行为。

4. 租赁期限内，若乙方逾期支付能源费的，甲方有权自保证金中扣除乙方应当支付的能源费。乙方应当于收到甲方的书面通知后______日内补足该保证金。

5. 若本合同因乙方的违约行为提前终止的，则甲方有权没收乙方在本合同项下支付的保证金及预付租金。若保证金及预付租金不足以弥补甲方因乙方的违约行为遭受的损失的（包括但不限于甲方因乙方的违约行为遭受的任何政府部门的处罚及其名誉损失等），甲方有权继续追偿。

16220

6. 若乙方违反本合同第 6 条第 4 款的约定的，在不影响第 8 条第 5 款的约定的前提下，乙方应于收到甲方的书面通知之日起______日内向甲方支付______元人民币的违约金。

7. 无论本合同因任何原因提前终止后，甲方有权经事先通知乙方停止供应租赁仓库的能源费服务（包括但不限于水、电、空调等），而无需向乙方承担任何责任。

> 提示：该条款的约定内容有助于清场情况的完成。

第九条　其他

1. 因签署本合同产生的税费由双方根据有关部门的规定各自承担。

2. 双方有权依法向租赁场地所在地有管辖权的法院提起诉讼。

3. 本合同为双方签订的租赁合同的一部分，不单独适用。租金及物业管理费、能源费条款均适用租赁合同的相关约定，如双方发生争议，双方同意作为同一法律关系解决纠纷。

4. 本合同一式______份，甲方执______份，乙方执______份，具有同等法律效力，经双方盖章生效。

甲方：（盖章）	乙方：（盖章）
法定代表人或授权代表：（签字）	法定代表人或授权代表：（签字）
日期：	日期：

八、停车位租赁合同

【使用场景】

本范本为停车位租赁合同。鉴于本书仅针对商业地产适用情形，故本范本适用于商业广场内的停车位租用事宜。居民生活用途的停车位租赁事项不适用本范本。

【法律要点】

1. 商业广场中的停车位通常如何设置？

商业广场中通常会设置大量的停车位，但以上停车位并非全部用于出租，主要可用于以下几种情形：（1）在向部分大型商户，如影院、超市等进行招租时，出租方可能会向其提供固定数量的免费停车位，该商户的客户持定额购物票或其他凭证可在一定时间内进行免费停车。（2）在某些情况下，可与汽车或能源等相关运营公司签订停车位出租合同，将一定数量的停车位进行出租并收取租金，而承租公司在租赁区域放置自有车辆或其他产品等供他人使用并起到宣传效果等。（3）出租方对租赁车位进行管理，对商业广场内的散客提供停车服务，收取服务费。

以上情形为通常现有的商业广场停车位设置安排，随着商业市场的不断变化，具体适用情形也在随之更改。

2. 保障正常使用与保障达到使用条件的区别是什么？

在各类型的租赁合同中，通常由出租人负责提供水、电、气等能源供应，故场地及设施设备能否处于使用状态便与出租方有着密切的联系。但需注意的是，因设施设备能否进行正常使用实际上是由多种因素共同影响的，与其自身情况、使用方式、政府管制或其他第三人因素也具有重要联系。故，针对此类情况，出租方能够进行承诺的仅是保障各项情况达到正常使用的条件，即各项供应内容处于正常水平，而非保证正常使用。若出租方作出超出能力范围的保证事项，则将会面临违约及赔偿的风险。

3. 停车位租赁合同中需特别设定的承租人义务是什么？

停车位租赁合同属于场地租赁合同中的一项，其签约基本原则等与其他场地租赁合同有高度相似性。但在停车位租赁合同中需特别注意明的是：承

16221

租人虽对租赁车位具有使用权，但对其使用行为仍然应当加以限制，即除正常停车使用外，不得进行其他杂物堆置等妨碍行为。否则，将有损整体停车场的清洁维护及形象美观。出租方可提前设定条款，约定在承租方严重违反相关约定时有权要求其更正行为或将停车位予以收回。

【文本正文】

停车位租赁合同

立协议人：

甲方：（承租方）

（名称、统一社会信用代码、住所、法定代表人、职务、委托代理人、身份证号码、通讯地址、邮政编码、联系人、电话、传真、账号、电子信箱）

乙方：（出租方）

（名称、统一社会信用代码、住所、法定代表人、职务、委托代理人、身份证号码、通讯地址、邮政编码、联系人、电话、传真、账号、电子信箱）

根据《中华人民共和国合同法》及相关法律规定，双方本着平等自愿的原则，经充分友好协商，就乙方提供本合同项下停车位事宜达成本合同以兹共同遵守。

第一条　租赁停车位位置及价格

乙方将位于______停车场内的共计______个电动汽车专用固定地下车位（以下简称“停车位”）出租给甲方使用，租赁价格为每个车位￥______元/月（含税，大写人民币：______元整），即每月______个车位的租赁价格为______元（含税，大写人民币：______元整）。

第二条　租赁期限

1. 租赁期限自______起至______止，共计______年。乙方应于______日以空置状态将停车位交付给甲方做先期的施工建设。

2. 甲乙双方可在本合同到期______日前就续约事宜进行协商确定，甲方享有在同等条件下的优先续约权。乙方在收到甲方书面续约邀请后______个工作日内书面答复是否进行续约，乙方未在______个工作日内提出书面申请的（以上日期均以邮件寄出之日为准），合同自动终止。如双方合意继续合作关系，则需另行签订书面合同或补充协议，明确租金、租期等事宜。

在部分情况下，承租方会提出要求出租方就续租后的合同价款予以优惠或不超过本合同签订价格。故建议出租方考虑商务情况予以确认，同时可就续签后的价款问题在本合同中提前明示。

3. 租赁期间，甲方使用乙方提供用电应支付的电费计算方式

电费单价以乙方支付给电力公司的电费单价为准，在合同签订时为______元/度（含税），如遇电力公司对电费单价进行调整，合同双方以变更后的电费单价为准。用电量以经双方负责人现场核查充电桩上的电表度数并签字的书面文件为准。

第三条　结算方式与日期

1. 甲方按照本合同约定向乙方支付车位租赁费和充电电费，除此之外，甲方无需向乙方支付其他费用。

2. 车位租赁费实行先付后用和季度付的方式。乙方应在合同签订之日______个工作日内开具第一季度租赁费（______至______）的合法有效的增值税专用发票（税率为______%）。甲方在收到上述发票并核对无误后______个工作日内将第一季度车位租赁费汇入乙方指定的银行账户。此后每个结算周期的当月______日前乙方向甲方开具该季度车位租赁费的合法有效的增值税专用发票（税率为______%），甲方在收到上述发票并核实无误后______个工作日内将本季度车位租赁费汇入乙方指定的银行账户，以此类推。

3. 充电电费采取先付后用和季度付的方式。经双方预估，甲方用电量每月在______度左右，按现在______元/度（含税）标准进行计算。甲方同意每季度第一个月前______日内按照______元/月（含税，大写：______元整）先行向乙方预付该季度的充电电费，在每个季度末，双方应派员对甲方所用电量进行核实和签字确认，并对本季度电费进行据实结算，如预付款项多于实际电费，则在下个季度支付预付电费时将多出部分从固定电费中进行扣减；如预付款少于实际电费，则在下个季度支付预付电费时除了支付固定电费外应补足不足部分。以此类推。最后一季度末，以该季度实际电费为准，将预付电费于合同期满日起______日内进行多退少补。

乙方于合同签订之日起______个工作日内（税率为______%）向甲方开具第一季度充电电费的合法有效的电费增值税专用发票，甲方在收到上述发票并

16221

核对无误后______个工作日内将发票确定的金额汇入乙方指定的银行账户。以后每个结算周期的当月______日前乙方向甲方开具该季度充电电费的合法有效的增值税专用发票（税率为______%），甲方在收到上述发票并核实无误后______个工作日内将发票确定的金额汇入乙方指定的银行账户，以此类推。乙方认可和同意由甲方或者甲方指定的任何第三方向乙方支付本条约定的电费。

4. 本合同及其附件涉及相应费用的均以人民币结算，单位：______元。

5. 甲方应将上述约定的车位租赁费用及充电电费于约定时间汇至乙方指定的以下银行账户：

乙方账户名：____；

乙方账号：____；

乙方开户行：____。

第四条　履约保证金

甲方应在合同签订之日起______日内向乙方支付履约保证金______元（含税，大写：______元整），乙方指定的收取该履约保证金的银行账户同上。如甲方因单方面原因解除合同，履约保证金将不予返还，如合同履行完毕，双方不再不续约，也未有其他争议时，则乙方在收到甲方书面请求退还后______个工作日内将收取的履约保证金无息全部退还至甲方，甲方收取该履约保证金的银行账户信息为：

甲方账户名：____；

甲方账号：____；

甲方开户行：____。

如甲方未按约定时间和数额支付车位租赁费或充电电费，则乙方有权从履约保证金当中将所欠款项及由此产生的违约赔偿数额扣除，如履约保证金不足以弥补以上损失，乙方有权采取其他合法途径维护自身合法权益。

第五条　甲方权利及义务

1. 甲方提供电动租赁车辆，并为车辆在保险公司投保。甲方需保证其所提供车辆安全适格，由车辆质量问题引发的一切责任与乙方无关。

2. 甲方保证其已经向相关部门进行过新能源车辆充电桩的申请和报批工作，有按照相应数量和规格安装充电桩的资格和权利。如因甲方自身原因导致无法安装，从而达不到订立合同的目的，则甲方所付履约保证金将不予退还。

3. 甲方提供充电设施的安装，由此产生的费用由甲方承担。甲方需保证其安装的充电设施不存在安全隐患，及时检查和维修，不对乙方建筑场所及场所内的流动人员产生严重威胁，如甲方提供的充电设施造成相关财产、人身损害的，由此产生的赔偿责任由甲方承担，如乙方因此被判令对外赔偿的，有权向甲方行使追偿权。

4. 甲方拥有充电设施的所有权，有权在本合同终止或解除后拆除充电设施并带走。甲方如拆除充电设施必需恢复原状，如甲方不恢复原状，乙方有权恢复原状，甲方承担恢复原状费用；甲方如不拆除充设施，经甲乙双方协商一致，可以作价出售给乙方。

5. 甲方有权在乙方提供的停车场地范围内设立车辆使用指示牌，以实现对本合同项下新能源汽车租赁项目进行运营管理及推广宣传。超出合同约定的车位范围的，甲方需征得乙方同意，并接受乙方监督，否则乙方有权要求甲方移走、拆除。

6. 在租赁期间，乙方允许甲方采取锁定车位或其他方式保证对车位的使用权，甲方在使用权结束后恢复原状，费用由甲方承担。若本合同约定的停车位被非甲方车辆占用，乙方停车管理人员有义务要求第三方或乙方占用人员及时撤离占用车辆，保证甲方对车位的正常使用。

> 鉴于本停车位租赁合同涉及电动租赁车辆的位置及安防等事项，故需同时增加设施设备的拆除内容，以及在承租方不能及时拆除时出租方对于相应设施的处理权限。

7. 租赁期限内甲方或甲方指定的第三方车辆根据车位配备车证，乙方才予以放行，进出该停车场并在停车位停泊及充电。

8. 甲方必需保证其占用车位的卫生条件，不占用停车场道路及公用设施，如有违规行为，乙方有权予以制止，产生的费用由甲方承担。

9. 甲方必需遵守国家法律法规，乙方的物业管理规定，服从乙方对停车场的整理管理。需要使用或占用甲方其他车位时需按乙方规定付费。

第六条　乙方权利及义务

1. 乙方应保证对本合同项下的停车位拥有合法产权证明及享有完整所有权或享有合法处分权，有权出租该停车位，并且乙方保证向甲方提供的有关该停车位的资料全部真实合法，如发生任何本合同项下停车位权属纠纷或其他纠纷与乙方无涉。

2. 乙方应确保停车位处于新能源电动汽车适用状态并具备安装充电设施的现实条件，甲方可在约定期限内正常使用。

16221

提示：此处出租方仅能够保障承租方电动汽车属于适用以及能够安装充电设备的现实条件。至于具体能否适用，则可能受多项因素导致，出租方不能做出相关保证。

关注法天使

3. 如本合同项下事宜涉及相关单位权利，乙方应负责与相应的业委会、居委会、街道等管理部门进行沟通，使之知晓并同意停车位租赁事宜，若因沟通不畅或未告知所造成的损失由乙方承担。

4. 乙方应提供充电设施安装所需的电源等必要条件，保障充电桩投入使用后能够正常供电。

5. 乙方应保证停车位的消防设施、清洁卫生及秩序管理处于良好状态，保证停车位、充电设施及其他甲方设备、物品不被非甲方车辆占用，对于第三方的占用行为，乙方应及时通知第三方。

6. 乙方如发现甲方车辆、设备异常情况和使用风险的（包括但不限于漏电、车辆损坏、断电、人为破坏等）应及时告知甲方并协助采取合理措施防止进一步损坏。

7. 本合同项下的停车位出现损坏或故障时，乙方应尽快维修以保障甲方车辆的正常运营。

8. 甲方人员进场施工、安装、培训、维修、保养、升级等工作时，乙方应给予积极配合，对于甲方前来进行维修的车辆应允许进场，并免收停车费。

9. 若在租赁期限内双方合作场地所有权发生变更，乙方应提前______天通知甲方，双方协商签订终止合同协议，乙方应配合甲方做好与受让人的交接和签约事项。

10. 在本合同有效期限内及本合同解除、终止或有效期限届满后______个月内，乙方不得和与甲方有竞争关系的第三方进行合作，乙方于本合同有效期限内违反本条款的，甲方有权终止本合同。

该项条件对于出租方的限制较大，可以考虑将期限尽量缩短或仅给予同等条件下的优先续约权作为优惠项目。

11. 乙方及其关联人员不得擅自使用甲方充电设备及其他物品等。

第七条　违约责任与争议解决

1. 若乙方无正当理由提前终止本合同，或因乙方原因导致甲方无法正常使用停车位的，乙方应退还甲方已支付的租赁费用及其他相关费用并承担本合同总额的______%的违约金，如给甲方造成其他损失的，乙方还应赔偿给甲方造成的损失，包括但不限于甲方赔偿给车辆承租人、施工方及其他第三方的费用。

2. 若甲方无正当理由提前终止本合同，或因甲方原因导致合同目的无法实现或无法实际继续履行的，甲方已付履约保证金不予退还，双方之间在实际租赁期间产生的车位租赁费用和充电电费应据实结算，除此之外，甲方应承担合同总额______%的违约金，如给乙方造成的实际损失超过上述违约金标准的，甲方应按照实际损失向乙方承担赔偿责任。

3. 如甲方未按照合同约定支付车位租赁费和预付充电电费，在经乙方书面催告满月仍未支付的，乙方可以行使合同解除权，要求甲方将相应款项结清，拆除自有设施，回复场地原貌，并按照合同总额______%的标准向乙方支付违约金。

4. 若发生由不可抗力造成的任何一方无法履行本合同，应及时书面或邮件通知另一方并出具相关证明，甲乙双方可协商解除合同。若因国家及政府政策影响致使合同无法履行，应出具政府相关文件证明，甲乙双方可协商解除合同。由此导致合同解除的，双方互不负违约责任。

5. 除另有约定外，因本合同而产生的一切争议，双方均应通过友好协商的方式解决，协商不成的，双方均可向甲方所在地人民法院提起诉讼。在诉讼期间，本合同中不涉及争议的条款仍须履行，各方均不得以解决争议为由拒不履行其在本合同项下的任何义务。

第八条　其他条款

1. 甲乙双方所有通知、通告、信件及相关法律文书均以双方指定的传真、邮箱、挂号信为准。

甲方指定联系人员：____；

联系方式：____；

邮箱：____；

收件地址：____；

乙方指定联系人员：____；

联系方式：________________________________；

邮箱：________________________________；

收件地址：________________________________。

16221

2. 本合同壹式______份，甲方持______份，乙方持______份，自双方加盖公章或合同专用章后立即生效。

3. 本合同未尽事宜，双方应友好协商，另行签订补充协议，补充协议同本合同具有同等的法律效力。

甲方：（盖章）

法定代表人或授权代表：（签字）

日期：

乙方：（盖章）

法定代表人或授权代表：（签字）

日期：

九、临时场地租赁合同

【使用场景】

本范本为临时场地租赁合同，适用于在商业活动中，承租方因举办短期促销活动而临时租赁场地的情形。此类合同通常租期较短，但其合同价款仍包含租金以及水、电等能源费用在内。

【法律要点】

同《商业地产普通租赁标准合同》。

【文本正文】

临时场地租赁合同

立协议人：

甲方：

（名称、统一社会信用代码、住所、法定代表人、职务、委托代理人、身份证号码、通讯地址、邮政编码、联系人、电话、传真、账号、电子信箱）

乙方：

（名称、统一社会信用代码、住所、法定代表人、职务、委托代理人、身份证号码、通讯地址、邮政编码、联系人、电话、传真、账号、电子信箱）

甲乙双方经过友好协商，针对______部分区域的使用达成如下协议：

第一条　促销活动详情

1. 促销形式：□花车□陈列□彩页□推广□ LED 大屏□广告灯箱□外立面 LOGO 广告位□内广场广告灯箱□客梯轿厢展板□车库墙广告灯箱□ DM 海报架上插槽□ DM 海报架上广告画面□客梯前室灯箱□其他。

2. 促销内容：____。

3. 租用点位事项：点位编号________________；面积 / 数量___________。

16222

4. 租赁费用：人民币______元（大写：______元整）。

5. 乙方负责临时促销区域的规划设计，保证其促销事项符合相关法律法规，经甲方最终审核确认后方可实施。

第二条　合同期限

1. 双方确认本协议的期限为______年______月______日至______年______月______日。

2. 本合同期满后，如甲方继续出租本合同所述场地且乙方有意向续租，则在合同期终止前______天内，由乙方提出续租申请，具体合同条款双方另行协商。

第三条　协议价款与付款方式

1. 双方一致同意，乙方须至迟在签订本协议的同时一次性向甲方支付租赁费用，每逾期支付一日，乙方需向甲方支付应付费用的万分之______作为违约金，共计______元，大写______元整。支付方式为转账或直接向甲方支付现金，乙方按约定时间将租金汇往甲方下列账号，并将银行回单交至甲方处：

> 提示：在签订合同时，建议收款的最早日期为签约当日，不宜先收款后签约。随提前支付合同款项仍可依据事实履行行为主张合同已成立，但在实践中仍会因举证等问题出现较大争议。

甲方的银行账号：____；

开户行：____；

开户名称：____。

2. 协议期内乙方如需使用电，以目前商业用电的收费标准向甲方交纳电费。本合同所约定之各点位用电费用合计为______元 / 月，合同期内乙方需交纳电费共计______元；大写______元整。该电费在乙方向甲方支付租赁费用的同时支付，每逾期支付一日，乙方需向甲方支付应付费用的万分之______作为违约金。

3. 乙方在协议签订当日向甲方交纳经营质量保证金______元整，作为现场经营管理和商品售后服务质量的担保。该保证金在本协议终止______日后乙方无违约行为的情况下无息返还。

第四条　经营行为基本约定

经营行为的基本约定主要是为避免因承租方经营资质及产品质量问题导致出租方被涉及行政处罚或第三人纠纷。针对承租方所处的不同行业，此处可以增加相应条款（如乙方经营食品等行业，则需增加该行业的特殊资质要求）。此外，也可设定承租方在违背经营行为基本约定且对甲方声誉造成损害时的违约及赔偿责任。

1. 乙方协议所有促销形式应符合国家及地方政府的各项政策法规及相关要求，自行办理相关手续（包括城管、卫生、工商、国税、地税等）并承担相关费用与责任，并将手续复印件交甲方备案。乙方自行处理好相邻关系，如因违反国家、地方政府规定或相邻关系产生纠纷或与合同议约定以外的内容而引起的损失与责任均由乙方负责，甲方不负责任。

2. 乙方不得在协议促销期间经营和提供三无产品、假冒伪劣产品、侵犯第三方知识产权等一切违反法律规定的产品和服务。如因乙方产品（食品）质量问题及侵犯第三方知识产权产生的一切纠纷及责任，均由乙方负责处理及承担；如造成甲方损失的乙方应予赔偿甲方有权从质量保证金中予以扣除，不足部分有权向乙方追偿。

3. 乙方在协议促销活动期间应服从甲方管理，遵守物业管理规定及规章制度，按甲方要求实行统一管理，包括工作人员的着装、工号牌及语言行为以及环境卫生等。乙方工作人员如有违反商场管理规定的行为，甲方有权以履约保证金进行扣罚，如履约保证金不足以弥补损失的甲方有权要求乙方______日内补足差额。

4. 乙方须保证所提供广告发布内容的合法性及在甲方上述广告位上的一切宣传推广须遵守国家有关法律法规的规定。如乙方的广告发布内容有损甲方形象或商誉，甲方有权单方面解除本合同并要求乙方赔偿相应损失及承担相关法律责任。

5. 乙方应按甲方的要求使用广告位，未经甲方同意不得对广告位进行整改或增设他物，否则甲方可以要求乙方恢复原状并赔偿损失。

6. 乙方应爱护所使用的场地、设备设施、周边建筑等，做好场地卫生，维护良好商业氛围（包括保持音响适度等），若造成公共设施设备、建筑或任何商铺设施损坏，甲方有权要求乙方按照实际的价值赔偿。

7. 乙方未经甲方许可，不得随意增加和更改本协议第一条之各项内容，不得转租或分租本协议约定场地。

8. 甲乙双方约定的所有费用、价格均属商业机密，乙方应予保密。

9. 乙方经营行为不符合上述任何一款约定，甲方有权单方解除本协议，收

16222

回租赁区域并不退还租赁费用、质量保证金，不足弥补甲方损失的，甲方有权向乙方追偿。

10. 乙方必需合法进行促销并确保活动安全，开展活动必需按双方约定的时间、地点、方式进行，并承担由此产生的责任。活动期间，乙方物品摆放整齐有序，并配合甲方对广场的管理；协议解除后，乙方必需将场地恢复原样，协议促销活动区域内的物品及装修需在协议日期内清除完毕，逾期不清理或留有物品视为自动放弃所有权利，甲方有权以任何方式处理租赁区域内的物品且不承担责任。

对于临时租赁合同，整体租赁场地的维护管理与清洁安保应当是出租方予以重视的内容。尤其针对清洁和安保问题，建议出租方以附件形式明确工作安排、人员安排和负责时间等内容。

11. 乙方如无法定或约定理由单方面提出解除或提前终止本协议，乙方须提前______天以书面形式通知甲方，并支付相当于______倍本协议场地租用费的款项作为违约金，履约保证金不予返还。

12. 甲方有权监督乙方的正常促销活动，但应尊重乙方的合法权利，不得以监督为名干涉乙方的正当活动。

13. 如遇以下不可抗拒因素导致活动不能如期进行，甲方有权要求乙方无条件服从管理，必要时乙方须当日撤离出场地，并终止本协议，甲方不因此承担任何违约责任：

（1）国家有关文件规定或政府原因，如消防；

（2）突发原因，如气候因素或消防安全隐患；

（3）甲方整体规划调整。

如有上述任意一项情况，甲方有权要求乙方服从以下管理决定：

（1）暂停协议促销活动；

（2）调整其协议促销活动位置；

（3）甲乙双方协商将活动延期，具体日期、费用另行协商；

（4）终止协议。

14. 本协议未尽事宜，由甲乙双方共同协商解决。

第五条　争议的解决方式

1. 本协议未尽事宜，双方协商解决，可另签订补充协议予以规定。

2. 如果发生争议应本着互谅互惠的原则进行充分的协商，如协商不成，任何一方可向租赁场地所在地法院提起诉讼。

第六条　合同的文本和生效

1. 本合同一式______份，甲方______份，乙方______份。

2. 合同自双方签字盖章之日起生效。

甲方：（盖章）

法定代表人或授权代表：（签字）

日期：

乙方：（盖章）

法定代表人或授权代表：（签字）

日期：

16222

第二类　联合经营类合同

一、标准联合经营合同

【使用场景】

本范本为标准联合经营合同。联营分为法人型、合伙型、合同型联营，本范本适用于合同型联营，即场地出租方与承租方以联营方式确定租赁事宜及合作关系，并主要以联营内容确定租金收取等具体事宜。

【法律要点】

1. 什么是联营？分为几种类型？

联营是企业之间、企业与事业单位之间横向经济联合的一种经营模式，主要分为以下几种类型：

（1）法人型联营，特指企业之间或者企业、事业单位之间以共同出资形式确定出新的经济实体，并以自身名义承担责任的联营方式。在法人型联营中，联营各方必需订立协议并为新法人指定相关章程。

（2）合伙型联营，特指企业之间或者企业、事业单位之间共同经营，并以各自所有的或者经营管理的财产承担民事责任的联营方式。在合伙型联营中，其联营体并不具备法人条件，故各方仅以各自所有的或经营管理的财产承担民事责任。

（3）合同型联营，特指企业之间或者企业、事业单位之间按照合同的约定各自独立经营、确认权利与义务并各自承担民事责任的联营方式。此种模式下的联营各方没有互相约定出资额，也不构成一个共同的经济实体，参加联营各方完全独立经营，互相之间的经济联系仅是一般的合同。

2. 联营合同指什么？联营合同特点是什么？

本书中提及的联营及相关范本指前述合同型联营。

与普通的场地租赁合同相比，联营合同的特点在于商业管理公司在原则上将与商户共同承担经济风险。而普通租赁合同虽有时也采取扣点模式计租，但无论商业风险如何，其租金的收取均是确定的，不涉及风险负担问题。

3. 联营收益相关内容该如何约定？

16223

联营收益事宜可以参考以下内容进行约定：

（1）设定联营收益金的提取比率。该比率可为固定比率、逐年递增比率，或按盈利额区间确定比率。

（2）设定联营收益金的检查权，并约定在商户进行虚报数据时的违约罚则，从而尽可能地保障联营收益金的真实性。具体而言，可选择安装统一的收银管理系统等相关设备。

（3）要求联营商户缴纳一定履约保证金或合作保证金，以便在其拖延支付款项或存有其他违约行为时自行划扣。

4. 联营合同中的经营条款应如何约定?

联营类合同中的经营条款可参考以下内容进行约定：

（1）具体示明并严格要求联营商户遵守《中华人民共和国产品质量法》《中华人民共和国消费者权益保护法》等国家法律、法规、规章及其他规范性文件的规定。

（2）明确联营商户的具体经营责任及风险、责任负担，并要求其不得擅自以商业管理公司或物业公司名义从事经营活动。

（3）商户需保证按照合同约定的联营用途进行经营活动，不得擅自变更。

（4）要求联营商户于每合作年（租约年）以固定次数参与商业管理公司组织活动或自行举办促销活动，以此增加联营收益。

【文本正文】

标准联合经营合同

立协议人：

甲方：

（名称、统一社会信用代码、住所、法定代表人、职务、委托代理人、身份证号码、通讯地址、邮政编码、联系人、电话、传真、账号、电子信箱）

乙方：

（名称、统一社会信用代码、住所、法定代表人、职务、委托代理人、身份证号码、通讯地址、邮政编码、联系人、电话、传真、账号、电子信箱）

本联营合同（下称“合同”）经下述双方协商一致，于______年______月______日在中华人民共和国______市签订，以资共同遵守：

序　言

1. 甲方是位于______的______建设单位。

2. 甲方提供位于______，使用面积为______平方米的场地（以下简称“该联营场地”）与乙方合作经营。该联营场地及其各部位之范围和室内结构布局以双方共同书面确认的平面图为准，场地面积以双方实际测量后共同书面确认的面积为准。该平面图作为本合同附件一，是本合同不可分割的一部分。

乙方作为______的专业经营商，同意联合经营该场所。

3. 甲、乙双方确认，本合同相关词语应按如下定义解释和执行：

（1）物业服务公司：接受甲方委托、对包括租赁场所在内的商业广场提供统一物业管理服务和实施商业运营管理的企业。就本合同而言，指______________________________。

> 物业公司与商业管理公司（本合同“甲方”）不能为同一法人，但实践中物业公司通常可由商业管理公司进行指定，并随后由其与商户（本合同“乙方”）另行签订物业服务协议。

（2）进场日：《进场确认书》确定的甲方移交、乙方进入租赁场所之日。为免疑问，《进场确认书》的签署日期晚于实际进场日的，以实际进场日为准。

（3）装修期：自进场日起合同约定的一定期间。如开业日在此期间内，则免租装修期则在开业日前______日结束。

（4）开业日：商业广场整体开业之日。

（5）联营场地面积：甲方及物业服务公司计收、乙方交纳租赁场所营业额分成租金、物业服务费、空调费、采暖费（如有）等本合同约定以联营场所面积计费的面积依据。为免疑问，计租面积应为建筑面积。

（6）转租：乙方作为出租方，将租赁场所部分或全部出租给一个或多个第三方的行为。为免疑问，转租包括但不限于出租柜台、店铺等导致租赁场所部分或全部以乙方之外主体对外经营的情况，包括乙方与第三方联营，但对外统一品牌并由乙方统一收银和经营的情况。

（7）紧急状态事件。具有如下性质、造成或可能造成重大人身损害或财产损失的突发事件及意外事件：关系到商业广场公共安全或者危害社会公共利益，或者构成或可能引发重大安全事故，或者事件影响范围超过______家相邻

16223

商家或套内使用面积超过______平方米。包括但不限于：重大刑事案件、社会治安案件或火警、漏电险情等。

（8）不可抗力：合同双方均不能预见、不能避免并不能克服的客观情况。为免疑问，不包括法律变更和政府行为。

（9）物业交付标准书：甲乙双方合同签署时约定的甲方交付乙方联营场所的标准，如未达到该标准，乙方有权拒绝入场装修，且不承担任何责任。该交付标准须与合同同时签署。

（10）联营收益金：甲方按照联营提取率的标准从乙方每年实际销售总额中提取收益金额。

4. 本合同相关附件如下：

（1）附件一：联营场所平面图；

（2）附件二：物业交付标准书；

（3）附件三：进场确认书；

（4）附件四：房屋交接技术条件；

（5）附件五：物业服务合同；

（6）附件六：店招位置图；

（7）附件七：抵押情况说明；

（8）附件八：双方营业执照复印件；

（9）附件九：签约授权委托书。

第一条　租赁场所面积

1. 根据实际测量，甲、乙双方测得联营场所的建筑面积为______平方米。（“实测面积”）双方确认，除非双方按照本合同第 1 条第 2 款约定就联营面积另行达成一致，否则，该实测面积即为本合同项下的联营面积，不再调整。

2. 如一方对实测面积有异议，则双方同意在商业广场开业之日起______个月内，以再次实际测量数据为依据，对联营场所套内使用面积重新进行测量。（“重测面积”）如双方就重测面积达成一致（以双方书面确认为准）的，则以重测面积作为本合同项下的联营面积，对乙方已交纳的空调费、物业费（如有），双方按重测面积进行结算，多退少补。如双方未能在前述期限内进行重测或未就重测面积达成一致的（不论其原因），则以本合同第 1 条第 2 款所述的实测面积作为本合同项下的联营面积，不再调整。乙方不得以重测面积未能确定为由拒绝或拖延支付联营收益金、空调费、暖气费等（如有）。

第二条　租赁用途

1. 联营场所的用途为经营____。

乙方经营部分品牌名录，见下表（表中面积不是最终开业面积）：

品牌	风格	重要性	面积（㎡）

提示：商户应当对经营品牌的授权事宜承担全部责任。若因商户原因未能取得相关品牌授权经营许可的，应由商户单独承担责任，与商业管理公司无涉。

2. 乙方根据经营需要、卖场面积规划等原因有权对上表中的品牌进行调减、增补和更换，但乙方保证______、______、______、______必需进驻并按期开业；

商业管理公司虽无权指定商户全部经营品牌，但可就部分有较大影响力品牌入驻作出提前约定，以此保障该类品牌为商业管理公司带来的间接收益及影响力。

3. 乙方须确保开业日所有联营面积内规划的品牌全部开业（参考乙方提供的品牌落位图），如有空位视为乙方违约，甲方有权解除本合同。

第三条　联营期限

1. 联营期限为______年，即______至______，自开业日起算。

2. 甲方若欲在联营期满后继续将联营场所出租（联营），在同等条件下，乙方享有优先的承租权（联营权）。

乙方应在联营期限届满的______月前向甲方发出书面通知，并且与甲方协商联营期限的续约条件。乙方未按约定发出续约通知，或双方未能在联营期限届满______个月前签署新的联营合同的，视为乙方放弃续租和优先承租权。

3. 联营期限届满前______个月内，甲方经提前书面通知乙方后，在不影响乙方正常经营的前提下，可以和联营场所潜在的承租方或使用人察看、了解联营场所及其设施、设备，乙方应当予以配合。

16223

关注法天使

第四条　装修、进场

1. 双方确认，______日为进场日，甲方有权根据商业广场工程进展情况，在前述约定进场日______日前书面通知乙方调整进场日的具体日期，且甲方无需因前述调整向乙方作出赔偿或补偿，同时双方约定的开业日期按照进场日推后天数顺延。

（1）甲方保证在进场日前按照物业交付标准书（附件二）完成乙方进场装修所需的基本条件（下称“进场条件”）。

（2）甲方在进场日前至少______日通知乙方进行联营场所预验收，乙方应在接到甲方通知后______日内开始进行预验收。如果联营场所符合物业交付标准书条件的，乙方应在进场日或之前予以确认，并签署《进场确认书》（附件三）后进场装修。

涉及验收等事宜，建议对商户无正当理由逾期不予验收情形作出提前约定，通常设定为“视为验收合格”。

（3）如果甲方在约定进场日之前按照物业交付标准书完成进场条件，经双方书面确认后，乙方可以提前进场。双方应签署《进场确认书》，进场日以乙方实际进场之日为准。

（4）除合同另有约定外，《进场确认书》需经双方代表签字确认并加盖双方公章后生效，物业服务公司予以见证加签。

2. 乙方联营场所开业前，乙方应完成应由乙方完成的二次装修工程（下称“二次装修工程”）。如因乙方未能完成二次装修工程，致使联营场所或商业广场未能按本合同约定时间开业的，由此所引起的责任和所有受影响方遭受的损失均由乙方承担和赔偿，且乙方装修期不予顺延。

3. 乙方应按工程进度要求及双方约定，按时、按量向甲方提供机电及装修相关图纸。甲、乙双方对机电及装修施工图纸进行确认后，原则上不再变更。

4. 为满足乙方商业经营的需要，如在已确认的相关设计蓝图、施工图纸和《房屋交接技术条件》内容之外，乙方对联营场所变更设计方案，在符合国家及地方有关设计规范且不影响商业广场整体规划布局的前提下，仅需向甲方备案（无需经过甲方同意）。乙方有权按照该变更方案对联营场所设施及布局进行修改和建设，并作为已确认的相关施工图纸和《房屋交接技术条件》之补充。因该等修改和变更所增加的全部费用（包括工程变更和办理政府审批手续所需费用等），全部由乙方承担。

如果因乙方变更方案导致甲方无法按照本合同第四条约定期限完成进场条件或交付联营场所的，装修期从进场日起算，不予顺延，不影响开业日的起算，且甲方不因此承担延期进场或交付等任何责任。

5. 自进场日起，乙方可在联营期内对联营场所进行装修，并自行承担全部的责任和费用（包括但不限于施工过程中产生的责任和费用）。

（1）乙方装修方案不得涉及可能破坏联营场所房屋结构或危及房屋结构安全的行为。乙方施工不得因任何理由损坏甲方已施工完毕的公共设施、设备及联营场所结构、外墙部分，不得影响或妨碍公共设施的正常使用、维护、维修、保养，不得影响商业广场内甲方或其他承租方的正常经营活动。违反前述约定的，乙方应赔偿甲方和 / 或第三人相应损失。

（2）联营场所的装修方案凡涉及消防、建筑安全等需报政府主管部门批准的，或涉及甲方提供的设备设施的，须由甲方报政府主管部门及甲方审批同意后方可实施。甲方审批不减免乙方责任，甲方也不因此承担任何责任。（如因甲方批承报相关部门导致乙方装修工期延迟，乙方不承担任何责任，且开业日顺延。）

> 此处还可就消防报告及验收程序的费用负担问题作出提前约定。同时，商业管理公司也可针对装修事宜（包含商户装修物料、人员等）设定检查权、整改权。

（3）乙方装修设计须以现有消防设备设施为基础，不可对现有消防设备设施进行改造，二次消防报验由甲方负责，乙方须在进场确认书签署后______个工作日内一次性向甲方支付二次消防报验相关费用共计______万元整。

（4）如该经营场地需申报二次消防审批，由甲方负责申报及相关工作，乙方仅需向甲方支付二次消防改造费______元整，此笔费用支付后。乙方不承担任何有关二次消防的责任，如因二次消防改造审批导致的乙方不能按期开业，甲方承担全部责任。

第五条　装修补贴款

> 针对装修补贴款事宜，建议合同双方与装修施工方另行签署三方协议为佳。同时，装修补贴款的支付前提为商户如约履行本合同项下全部义务，若其存有违约行为，则商业管理公司有权收回已支付全部补贴款项。

1. 甲方同意给乙方一定额度的装修补贴用于乙方______项目前期装修工作，该装修费不作为约束乙方经营品牌及品牌调整的条件。

16223

2. 装修补贴款的额度

甲方承诺支付给乙方的装修补贴款人民币______元。

3. 装修补贴款的支付方式

在乙方已提前开具等额装修工程款发票的前提下，合同签订后______个工作日内支付装修补贴款的______%；装修物料进场完毕后______个工作日内支付装修补贴款的______%；乙方开业后，______个工作日内支付装修补贴款的______%。

第六条　装修期与开业

1. 装修期为自进场日至开业日前______日。

装修期内，乙方无须支付任何费用。

2. 联营场所应在商业广场整体开业日（暂定______日）对外整体营业。

3. 如乙方未能按约定实现联营场所与商业广场同日开业，视为乙方违约，甲方有权解除本合同，履约保证金不予退还。若因乙方未能同期开业给甲方造成社会影响和经济损失的，乙方除了承担违约责任外，还应承担因此造成的损失和赔偿责任。

4. 如乙方租赁场所在商业广场整体开业日的开业面积比例不足______%（含）的，视为乙方违约。乙方应在联营场所开业品牌比例达到品牌规划如图所列品牌数量的______%之前，则甲方有权按照第一年合同约定的各任务标准的联营收益提取率的______%提取联营收益金；如开业日后______日届满，乙方在联营场所开业品牌数量扔未达到品牌规划图所列品牌数量的______%，则甲方有权解除合同。

第七条　联营收益金及支付方式

1. 联营收益金

（1）乙方应自开业日起向甲方交纳联营收益金。

（2）联营内联营场所的税后营业额的联营提取率如下表所示：

年销售总额（X）	__日起至__日	__日起至__日	__日起至__日	__日起至__日
X ≤____元	____%	____%	____%	____%
__元＜ X ≤__元	____%	____%	____%	____%
X ＞____元	____%	____%	____%	____%

如开业日发生变化，则计费周期按自然月相应顺延。

2. 乙方收银方式

（1）乙方须使用甲方提供的 POS 机收银系统收银，如乙方擅自使用其他方式收银，甲方有权处以违规收银金额______倍罚款。

（2）每月______日之前乙方向甲方提供上月营业总额及每日营业额数据清单，该等数据以每月乙方财务部门提供的月度数据为准。甲方以此数据作为乙方向甲方支付营业额分成租金的核算依据，以及作为了解联营场所每月营业额状况的重要途径。如甲方对乙方提供的销售数据真实性由疑议，甲方有权进行核查，但该核查不应对乙方正常的营业活动产生影响，核查费用由甲方承担。如核查后发现确实存在乙方提供数据不真实的情况，此时，若核查数据大于乙方提供的数据并与乙方提供的数据的差额小于______%（含）的，乙方需补足租金差额部分并承担检查费用；若核查数据大于乙方提供的数据并与乙方提供的数据差额大于______%的，乙方应按照核查数据与乙方提供的数据之间差额的______倍向甲方支付违约金，且甲方保留单方解除租赁合同的权利，由此产生的一切后果由乙方承担。

统一POS机收银系统及检查权等均是商业管理公司取得真实收益金额的重要保障，此外还可针对营业数据等问题约定较高违约金加以规制。

甲方有权监督乙方任何一笔销售收入，乙方开业前为甲方免费安装一台销售、库存、进出库信息查询系统（可实现对乙方门店单笔、月度、年度销售、库存总量、商品进出库等信息的实时查询，等同于乙方门店的后台查询系统，并按照该店信息系统管理模式同意免费维护、更新、升级等）。乙方不得采取包括但不限于隐瞒销售额、销售额不录入的方式不计入门店销售额，同时甲方有权采取其他措施包括但不限于抽查、调查等方式核实门店销售及库存信息。

3. 租金交纳方式

（1）双方每月______日将上一个月的销售核对一次，对账单经双方核对无误后，盖章确认，双方各自保留存档；结算期以自然季为计算周期，乙方须在每个自然季结束后个工作日内将上一年自然季全部联营收益金支付到甲方账户。每逾期一日，甲方每日将按应结款项______‰的标准收取滞纳金。逾期______日仍未支付甲方应结款项的，甲方有权自行安装收银系统进行独立收银，且该行为不视为甲方违约，并不因此承担任何法律责任。

（2）乙方应将本合同项下联营收益金，以人民币形式支付到甲方指定的银行账户上。甲方确认款项到账，视为乙方完成付款。

（3）甲方须在收到乙方付款后______日内向乙方出具相应金额的合法发票。

16223

关注法天使

（4）甲方关于联营收益金、履约保证金的收款账号

银行名称：____；

开户名：____；

账号：____。

第八条　履约保证金

1. 乙方应在本合同签署后的______日内，向甲方交纳______万元人民币的履约保证金，甲方在收到履约保证金______日内向乙方开具收据。如乙方未在规定日期足额支付履约保证金，甲方有权解除合同，履约保证金与联营收益金共用本合同第 7 条第 3 款第 4 项所述收款账号。

2. 履约保证金的使用

如乙方未能按照本合同约定支付联营收益金、物业服务费、违约金或其他应付款项，或者乙方违约造成甲方损失的，甲方可以从履约保证金中扣除与欠款或损失等额的金额。如履约保证金额度不足扣除的，乙方仍应补足。甲方按本合同规定从履约保证金中扣除相应金额后，乙方须在接到甲方书面通知后______日内将履约保证金额补足。未及时补足的，按本合同约定承担延迟付款责任。

3. 履约保证金的返还

本合同终止时，履约保证金除用以冲抵合同约定由乙方承担的费用外，剩余部分（如有）于乙方按本合同约定交还租赁场所并履行完毕其他合同义务后______日内无息归还乙方，本合同另有约定的，从其约定。乙方应在甲方退款同时返还甲方的履约保证金收据。

> 因履约保证金可能涉及返还商户的情形，故此处仅约定以收据方式进行付款确认。

第九条　其他费用的承担及交纳

1. 公用事业费

除本合同要求乙方缴纳的公用事业费（水、电、燃气、热力）外，甲方和甲方指定物业管理公司不得再以任何名义向乙方收取其他任何费用。如甲方指定的物业管理公司未能遵守本条约定，则视作甲方违约；若因此造成乙方损失，乙方有权向甲方要求索赔或直接从支付给甲方的联营收益金中扣除。

2. 公用事业费标准按商业广场所在地区公用事业统一收费标准确定和调整。

3. 前述公用事业费及能源损耗费的支付时间、方式均按物业服务公司规定执行。物业

服务公司收到乙方交费后______个工作日内开具合法的等额发票收据。

4. 双方因签订和履行本合同而应缴纳的税费，根据中国和租赁场所所在地的相关规定各自缴纳和承担。双方另有约定的除外。

第十条　延迟付款责任

1. 联营期限内，除双方明确约定情况外，乙方不得以任何理由拖欠、拒付或抵扣营业额分成联营收益金和公用事业费。

2. 如果乙方未按约定向甲方或物业服务公司支付或补交联营收益金、物业服务费、履约保证金、水、电等公用事业费或其他应付款项，则每延迟一日，乙方应支付应付而未付金额万分之______的款项作为逾期付款违约金。延迟支付达到______日仍不予支付或补交前述款项的，甲方有权解除本合同。

> 提示：前述履约保证金的延迟支付参照延迟付款责任进行追责，则意味着若商户不能及时补足履约保证金时商业管理公司也将享有单方解除权，该项内容为商业管理公司权利的多重保障。

乙方未经甲方同意延迟交租超过______日的情况累计逾______次，甲方同样有权解除本合同。

第十一条　物业服务及费用

1. 物业服务的内容及相关权利义务关系由乙方与物业服务公司签署《物业服务合同》（见附件五）加以约定。物业服务公司有权援引本合同项下有关物业服务约定及附件五直接向乙方主张权利。

2. 物业服务费（包含中央空调使用费，不含水、电等公用事业费）标准如下表所示：

租赁期限	物业费标准	合计
______日起至______日	______元 / ㎡ / 月	______元 / 月
______日起至______日	______元 / ㎡ / 月	______元 / 月
______日起至______日	______元 / ㎡ / 月	______元 / 月

如开业日发生变化，则计费周期按自然月相应顺延。

3. 物业服务费自计租日起按月支付。

首付物业服务费应于开业日前______日支付给物业服务公司。如果开业日是该月第一日，则物业服务费应付至开业日开始第______个月的月底，如果开

16223

业日不是该月第一日，则开业日当月的物业服务费按实际天数计算，物业服务费应付至开业日开始第一个月的月底。

除首付物业服务费外，乙方应在每月______日前向物业服务公司交纳下月的物业服务费。

4. 物业服务公司在收到物业服务费后向乙方开具相应金额的合法发票。

> 从商业管理公司利益出发，商户对于租金和物业服务费支付不应享有任何对抗权，且此种情形包括商业管理公司本身及其指定的物业公司服务不到位的任何情况。如果乙方认为自身利益因商业管理公司或物业公司等原因受到侵害，则应在结清费用后与上述公司进行协商，若协商不成可以通过司法途径解决，但不能以此为理由拒付任何款项。

第十二条　招牌及其他场所的提供

1. 招牌

乙方可按如下约定设置招牌（包括商标、商号、标志、店招、霓虹、灯箱等）：

（1）乙方可在联营场所内（指乙方专用区域，不包括乙方与甲方或商业广场其他承租方共用区域）设置招牌，在不违反法律、法规和相关规定的前提下，甲方不予干涉。

（2）联营场所外墙面、楼顶的使用、收益权由甲方享有。

本合同有效期内，甲方同意在联营场所外墙面免费为乙方提供一块店招位（见附件六），具体位置、规格应符合甲方统一规划要求，及国家相关规范要求，并需经政府有关部门批准。乙方在设置招牌前须将施工图纸报甲方审核。甲方的审核不减免乙方依法应承担的责任，也不导致甲方对此承担任何责任。

（3）乙方设置店招的报批（含招牌报批和内容报批）、安装、使用、更换、清理、维护、保养和安全（包括因天气、地震等原因导致的安全问题等）均由乙方自行负责（招牌的施工须与外装施工同步完成），乙方自行承担由此产生的全部费用和责任。如造成甲方或第三人损失的，乙方还应予以赔偿。

（4）乙方应自用甲方提供的免费店招位，不得用于发布广告。

如乙方取得联营场所外墙面广告位使用权的，乙方可自行决定广告位的使用方式，但不得发布与乙方经营范围不符的广告，也不得发布与商业广场其他业态存在竞争的企业广告或产品广告。

（5）乙方在使用店招位时，应做好防水防漏及安全防护工作。由于乙方施工、设置、安装店招等因素造成的建筑物漏水或对建筑物结构、外墙部分造成其他损害或发生其他安全事故，乙方应承担全部责任及费用，并在甲方或物业服务公司要求的时间内完成维修。否则，甲方或物业服务公司可自行维修，费用由乙方承担。

2. 联营场所外的促销

> 租赁场所外的促销主要需考虑政府及有关部门的批准或市政检查问题，商业管理公司不应就上述情形导致的经营问题承担任何责任，该类责任超出商业管理公司能力范围。

甲方同意乙方每联营年度可免费利用商业广场其他公共区域举办商品促销、展示等活动______次，超过______次的应与物业服务公司协商后有偿使用。该等活动的方须经甲方审核，活动产生费用由乙方承担。如需向政府有关部门申请，由乙方自行办理，并承担因举办上述活动而产生的责任及费用，甲方提供必要协助。

第十三条　甲方的责任与义务

1. 租赁期限内，甲方应保证乙方有权按本合同约定使用联营场所。

2. 国家或当地政府的规定承担相关费用。

3. 联营期限内，凡属房屋结构的自然性损坏，甲方须及时修理，所需费用及相关责任由甲方承担。但前述损坏如是因乙方（含乙方雇员、合作伙伴以及顾客等）原因造成的，则由乙方自行及时修复并承担费用。如因第三方原因造成损坏由乙方向第三方追偿，如需甲方协助，甲方应当予以协助解决。

4. 发生紧急状态事件时，甲方或物业服务公司有权在不通知乙方的情况下，自行决定中断对租赁场所的水、电、燃气等能源供应或停止空调、电梯等设施设备的运行，而不需承担任何责任。但事后甲方应尽快通知乙方，并作出说明，同时应随时关注事态发展，向乙方传递相关信息。

5. 甲方需提供相应的材料，证明确实拥有完全、持续的资格和权利将本指定场地与乙方联营，并取得了房产所有人的同意；保证此联营场地不属于违章建筑，保证此联营场地不负有任何第三人的权利。

6. 甲方及房产所有人保证房屋及其结构的安全，保证房屋质量符合国家有关法律法规或规章的要求。保证本联营场地的消防符合国家要求，并通过国家相关部门的消防验收。如因该联营场地本身的结构原因或乙方不拥有所有权的设备、设施的问题导致乙方或第三方人员的人身、财产受到损害的，或致使乙方受到政府部门的处罚的，甲方应对此负全部的责任，并应赔偿由此造成的一切损失。

16223

7. 本合同有效期内，房产所有人若欲将房产所有权转让或抵押给第三方，甲方应提前三个月通知乙方。甲方保证让受让人或抵押权人充分了解甲乙双方在本合同下的权利和义务，同时以受让人或抵押权人书面承担本合同项下甲方的一切权利和义务为转让、抵押生效的前提，否则乙方有权解除合同，甲方应按本合同第 14 条第 2 款的规定承担违约责任。甲方转让该联营场地或抵押拍卖该联营场地的，乙方在同等条件下享有优先受让权。

8. 本合同有效期内，甲方同意乙方将其在本合同项下的一切权益转让给其母公司、子公司、总公司、分公司、附属公司或关联方，前提是该受让方应继承和履行乙方在本合同项下的一切权利和义务。

9. 自乙方开业日起第______年内，甲方承诺持乙方______项目购物小票（消费金额超过______元人民币）的顾客当日提供______小时的免费停车服务。

10. 在甲方书面同意的前提下，联营场地之附属公共通道、楼梯供乙方使用。

11. 在合同期内，甲方应及时缴纳因根据本合同收取联营收益金和其他费用依法应当缴纳的各种税费。

12. 甲方应负责办理消防、环保、营业执照、水、电等相关手续，并提供相关文件。

13. 甲方有责任维持乙方水、电、暖的供应、使用系统的正常持续运行。同时甲方须保障商场中央空调温度夏季达到______℃，冬季达到______℃，如果达不到相应标准，甲方须在______日内进行维修调整，以达到相应标准。

> 针对温度条件，建议约定标准较低或仅就部分区间温度进行约定。鉴于温度问题涉及多项因素影响，故此处不宜作出过高保证。但未免争议，最低温度的相关约定也不应低于法律规定的最低界限。

14. 甲方为乙方安装独立的用电计量器具，实行用电的分表计费。自甲方依约向乙方交付联营场地之日起，乙方使用的专柜基础照明及增加的二次照明用电费用按当地商业企业用电的电费标准向甲方交纳乙方应当承担的部分，乙方向甲方缴纳电费时，甲方提供物业行业相关能源费用的发票。

15. 如因甲方原因造成的乙方不能得到持续的水、电、暖供应，给乙方造成损失的，由甲方承担全部赔偿责任，此费用经双方确认后可直接冲抵乙方应付的联营收益金。如导致乙方无法继续经营达______日及以上的，乙方有权解除本合同，甲方应承担相应的责任。

如因乙方使用不当造成的乙方不能得到持续的水、电、暖能源的供应，由乙方在_____个工作日内安排维修，因此给甲方或第三方造成的直接经济损失，由乙方承担责任。

16. 甲方承诺联营场地交付时应具备下列房产技术条件：

（1）供电：甲方无偿提供三箱四线用电，电容量不少于_____千瓦。

（2）供水：甲方无偿提供独立水表和不少于_____寸水管的接口至该联营场地位置。甲方保证水电在签订场地交付确认书之日起即能使用。

（3）消防：甲方保证现有消防系统可无偿使用，并无偿提供乙方使用，并负责将消防栓、喷淋管道、报警、烟感等设施接驳到乙方的联营场地内。

（4）装饰：甲方同意乙方按乙方所销售的产品的品牌装修标准进行装修。涉及与大楼水、电、空调或排水系统的接驳、更改或搬移时，甲方应派专职工程人员配合，以便乙方尽快完成施工。

（5）电话：甲方协助乙方申请国内直线电话_____条，费用由乙方负责。

（6）甲方负责提供空调、电梯、公共卫生设施及其他必要性的设施。

17. 甲方应负责公共区域的保安、消防及管理。合同期内，营业期间，乙方店铺内发生的盗窃行为造成的乙方损失由乙方自行承担；但店铺内发生的抢劫等恶性行为造成乙方财产损失的，由甲方负责赔偿。乙方非营业时间店铺内发生盗窃、抢劫等行为造成乙方财产损失的，由甲方负责赔偿。

18. 甲方应负责房屋及附着物的定期检查，并承担正常的房屋维修（乙方自行装修装饰部分除外）。

19. 甲方负责与联营场地使用相关的下列物业管理事项：

（1）所有土建工程的维护和修理；

（2）对乙方不拥有产权的安装工程及设备、设施的维护、修理；

（3）对非乙方拥有产权的所有设备、设施的更换；

（4）所有公共部分的绿化、清洁卫生，环境的建设、维护、管理，以及公共能源费、空调费、管理费等所有公共费用的承担。

（5）联营场地范围内保安、保洁及消防、电气系统的末端设备的日常维护由乙方负责。

20. 甲方应对标的物的结构、外部及其提供的设施进行定期维修保养，以保证房产及其设施的安全和正常使用，并达到国家规定的要求。若合同期内标的物或其设施出现或发生妨碍安全、正常使用的损坏或故障时，甲方应在接收到乙方维修通知_____小时内进行维修；甲方不予维修的，乙方可视实际需要

16223

在发出通知______小时后维修，本款所述维修费用由甲方承担，乙方在联营收益金中扣除。

21. 甲方对标的物及设施的定期维修保养应事先通知乙方，并尽可能在乙方认为合适的时间安排进行，以保证乙方的正常经营不受影响或干扰（但特殊突发事故除外）。

22. 合同有效期内，甲方确需对标的物所在的大楼进行改造的，应事先以书面形式提前______天通知乙方，并尽量不影响乙方的正常营业为前提。如有突发事件，双方另行协商。

第十四条　乙方的责任和义务

1. 乙方自行负责联营场所的经营，并承担相应风险及相关责任；乙方不得以甲方或物业服务公司名义从事经营活动。

2. 乙方有义务每日向物业服务公司提供联营场所的实际营业额等数据，并按物业服务公司通知及时派员参加商业广场营运等会议。

3. 乙方在联营场所从事经营活动时，应遵守中国有关环境保护、卫生、防疫、文化、治安管理在内的法律、法规，尊重社会公德，负责治安综合治理、消防、安全和保卫工作，如乙方违反前述规定，应自行承担由此产生的全部责任。

4. 乙方保证按照约定的联营用途，在其合法经营范围内，按照使用规范，正常合理地使用联营场所及其设施、设备，并按照约定完成应由其负责的物业服务事项。乙方不置放任何超过或可能超过建筑物设计荷载范围的物品，不得影响、妨碍公共设施、设备的正常使用和正常维护、维修、保养，不得损坏租赁场所结构及附属设备设施。

5. 乙方应积极参加物业服务公司组织的商业广场营销活动，并给予支持。乙方保证每年至少在商业广场举行不少于______次的大型促销活动，乙方举行活动应遵照甲方的规定，按照与甲方协商方案进行，乙方举行的活动接受甲方的监督。

> 该条款的目的在于通过商户参与商业管理公司活动而增加其或有营业额度，提高商业管理公司联营收益。除此之外，还可通过为商户设定开业面基比例及开业时间限定等方式达成。

6. 乙方保证不从事任何可能阻碍、影响商业广场内甲方或其他承租方合法权利的行为，不进行可能干涉、扰乱或影响甲方或其他承租方正常经营的行为。

7. 乙方应采取严格的安全防范措施，避免发生因乙方原因引致水、烟或其他物体外泄以或者其他形式导致的甲方或第三人人身、财产的损害。

8. 乙方单独使用的设备设施的日常维修保养和管理及更新、更换由乙方负责，并承担费用。

9. 乙方对联营场所内的财产、物品负有保管责任。

10. 乙方应按照本合同规定按期足额支付联营收益金、物业服务费及其他应付款项。

11. 在不损害乙方利益的情况下，乙方同意甲方或物业服务公司有权在有关商业广场介绍、宣传中使用乙方的品牌（名称、标识等），而无需另行征得乙方同意。

12. 乙方应及时与物业服务公司按照本合同所附文本签署《物业服务合同》。

> 本合同中的物业条款及相关附件、后续《物业服务合同》均是对商户于物业方面的履约规制，可以参照适用。

13. 因违反本条前述约定导致甲方或第三人的全部损失，均由乙方负责赔偿。

14. 如乙方联营场所在本合同约定的开业日之前对外接待顾客，乙方应保证该阶段仅进行正式开业前筹备工作或仅作为试营业。乙方联营场所正式开业及乙方对外宣传的联营场所正式开业之日均应以本合同约定的开业日为准。

15. 为确保联营场所所在商业广场统一经营管理效果，乙方同意在联营期限内仅通过免费租用甲方指定的 POS 机专用收银系统开展经营。乙方应在甲方要求时间内按本合同与物业服务公司签署《POS 专用收银系统租用协议书》，并保证按照该协议书约定履行相应义务，承担相应责任。乙方负责联营场地公共范围内的日常经营管理，并会同管理机构制定好该联营场地的有关规章制度并组织实施，包括定期或不定期对联营场地内部进行安全检查以维护该联营场地正常的经营秩序。乙方对联营场地内，除本合同规定的限制和甲方的统一管理规则之外，享有充分的使用权。甲方对乙方在商铺内合法守章的经营管理活动不得进行干涉妨碍。

16. 未经甲方同意及有关部门批准，乙方不得将该联营场地用于本合同规定外的其他用途；乙方保证其在该联营场地的一切商业活动符合国家法律法规和政策。

17. 乙方有权将联营场地再行招商联营，并直接对各商户进行管理，收取包括入场费在内的各项费用。甲方对乙方的正常招商、管理行为应予以积极配合，不应予以干涉。

18. 乙方应按时支付联营收益金及合同规定的其他费用给甲方。

19. 乙方应正常使用并爱护联营场地及甲方提供的各项设施（如有），防止不正常损坏（正常磨损除外）。在装修过程中和合同期内，不得破坏标的房屋

16223

的基本结构或有危及主体结构安全的行为。若造成直接经济损失由乙方承担赔偿责任，但经甲方书面同意的情形除外。

20. 乙方须自觉遵守、执行甲方及 / 或物业管理公司依法制定的有关加强联营场地管理的管理守则等规章制度。

21. 乙方在使用标的物的过程中，若标的物及设施出现或发生妨碍安全或正常使用的损坏或故障时，应当采取合理的措施，避免损失扩大，并且应及时通知甲方采取有效措施，经甲方同意后可代为维修。若甲方在乙方通知维修后未能对标的物进行维修，由此造成的后果由甲方负责，由此产生的维修费用由甲方承担。

22. 因乙方使用不当或不合理使用，造成标的物及内部设施出现损坏或发生故障，乙方应负责及时维修并承担相应的费用，由此给甲方或第三方造成的直接经济损失，由乙方承担。

第十五条　新增资产的所有权

联营期限内，甲方投资形成的新增资产所有权属于甲方；乙方投资于联营场所或为使租赁场所具备、维持正常使用功能及满足商业经营特殊需要而投入的装修、设备及其他附属物、附着物之所有权属于乙方。本合同另有约定的，从其约定。

该联营场地内可移动的及不可移动的装修（包括但不限于地板、天花板、灯具）所有权归属于乙方，与甲方无关。合同提前终止或期满解除后，乙方在______个工作日内将联营场地内属于乙方的货品、货架、道具、灯具、空调、电脑等可移动的物品及乙方认为有价值的物品撤出；地板、天花板及其他不可移动的装修按现状直接交还给甲方，届时双方签署交接文件加以确认。逾期未撤出的物品，将视为乙方放弃所有权，甲方将视其为无主物品，自行处置，所产生的费用经乙方书面确认无误后，由乙方承担。

第十六条　投保责任

1. 甲方负责为下列事项投保财产一切险或机器损坏险，并承担费用：

（1）联营场所（建筑物结构）；

（2）甲方提供的设备设施，包括甲方提供给乙方单独使用的设备设施及甲方提供的与商业广场其他方共用的设备设施。

2. 乙方负责投标联营场所内乙方商品、乙方自行购置的设施、设备的财产一切险或机器损坏险，及联营场所经营涉及的公众责任险，并自行承担费用。乙方应在开业前投保完毕。

此处还可约定合同双方应向信誉较高的保险公司购买各项保险，并在购买保险后互相进行备案。

第十七条　联营场所的转租

未经甲方书面同意，乙方不得以任何形式整体转租联营场所，否则乙方由此取得的收益全部归甲方所有，且甲方有权解除本合同。

第十八条　租赁场所产权转让、租赁合同的转让及他项权利的设定

提示：此处可考虑在合同履约期间内，乙方可能被第三方收购的情形。若有该情形出现且因该收购造成本合同主体变更或品牌、公司名称变更的，须事先征得甲方的书面同意。

1. 本合同有效期内，房产所有人若欲将房产所有权转让或抵押给第三方，甲方应提前个月通知乙方，甲方保证让受让人或抵押权人充分了解甲乙双方在本合同下的权利和义务，同时以受让人或抵押权人书面承担本合同项下甲方的一切权利和义务为转让、抵押生效的前提，否则乙方有权解除合同，甲方应按本合同的规定承担违约责任。甲方转让该联营场地或抵押拍卖该联营场地的，乙方在同等条件下享有优先受让权。

2. 在签订本合同时，甲方对联营场所土地及在建工程已设定了抵押。租赁期限内，甲方有权再对租赁场所设定新的抵押等担保，抵押将不得损害乙方在本合同项下的权益。

第十九条　违约责任

1. 若任何一方违反本合同项下的任何责任义务，均应赔偿另一方因此而遭受到的相应损失，本合同另有约定的按约定处理。

2. 在下列情况下，一方有权经书面通知另一方，立即解除合同：

（1）另一方的资产被扣押、执行，且导致本合同无法继续履行的。

（2）另一方进入破产清算程序（除非该等清算是合并或重组的目的），导致合同目的无法实现的。

（3）另一方停止或将要停止其业务，导致合同目的无法实现的。

按照前述约定导致本合同解除的，分别按照本合同第 19 条第 4 款、第 6 款处理。

3. 在下列情况下，甲方有权经书面通知乙方，立即解除合同：

16223

（1）按照本合同其他条款约定，甲方选择解除本合同的。

（2）乙方未经甲方同意，对租赁场所进行建筑物结构、设施、设备的变更、改造、破坏，且在甲方书面通知后______日内未能恢复原状的。

（3）乙方擅自变更联营用途的，经甲方书面通知后未在______日内改正的。

（4）乙方违反本合同有关转租约定的。

（5）乙方拖欠本合同约定的应交费用超过______日的。

4. 按第 19 条第 3 款及本合同其他条款约定，甲方行使合同解除权的效力：

甲方依照约定解除合同（不可抗力除外）或乙方单方面擅自解除合同的，还应赔偿甲方______元人民币作为违约金。乙方应在接到甲方书面通知之日起______日内将联营场所交还甲方，并与甲方和物业服务公司结清所有款项。

5. 因甲方原因导致乙方无法合法地独占使用联营赁场所，在接到乙方书面通知后日内未能恢复乙方合法独占使用权的，乙方有权经书面通知甲方，立即解除合同。

6. 甲方有下列情形之一或本合同明确约定乙方有权解除合同的情形，视为严重的违约行为，乙方有权解除合同。甲方还应向乙方返还保证金及乙方已经交纳但未使用的各项费用。同时甲方应赔偿乙方______元人民币作为违约金。

（1）甲方迟延交付联营场地______个月以上；

（2）甲方违反本合同第 7 条装修规定任一款的；

（3）合同期限内，甲方未按合同约定单方抬高联营收益金和管理费及其他项目收费标准的；

（4）合同期内，甲方擅自调整乙方联营场地位置、面积的；

（5）因甲方与第三人的纠纷（如场地所有人），致使甲方无法提供联营场地进行联营的；

（6）甲方提供联营场地因甲方原因导致乙方或第三方人员的人身、财产受到损害的，或致使乙方受到政府部门的处罚的；

（7）甲方严重违反本合同其他条款约定的。

7. 甲方出现下列情形之一的，视为甲方严重违约，乙方有权选择解除合同，并要求甲方按本合同第 14 条第 6 款约定承担相应违约责任，若乙方选择继续合作的，本合同约定的装修期、联营期等期限相应顺延。

（1）乙方正式开业日前，甲方未能及时通过该联营场地物业的竣工验收，和 / 或消防验收，和 / 或未能及时取得该联营场地营业执照，导致乙方无法正常装修或正常营业的。

（2）如甲乙双方合同解除时，本合同约定的违约金标准不明确的，双方违约金标准按人民币______元执行。

（3）甲方或第三方在乙方联营店铺周边区域进行装修改造（包括所在物业外立面整体改造），应保证乙方的正常经营，因甲方或第三方进行装修改造影响乙方正常经营的，甲方应减免改造期间的联营收益金。乙方在改造期间继续经营的，甲方减少收取联营收益金标准的幅度应不小于原联营收益金标准的______%。若改造期间超过______天的，乙方有权解除合同。

> 通常商业管理公司原因影响商户正常经营应当作出赔偿，但双方应对“影响正常经营”作出明确的列举及释明，以免在适用过程中产生争议。

（4）因甲方原因，相关政府部门对乙方联营店铺所在物业进行整顿，导致乙方无法正常经营的，甲方应免除整顿期间的联营收益金。整顿期间，甲方应当按照上月日平均联营收益金标准的两倍向乙方支付违约金，（上月日平均联营收益金标准计算方法为：上月联营收益金 / 上月实际合作天数），并且乙方有权要求从应向甲方支付的联营收益金中直接扣除该违约金；整顿时间超过______天的，乙方有权随时解除合同。

（5）甲方应保证乙方店铺的正常经营，因甲方（含第三方）原因影响乙方正常经营的，如出现第三方到乙方联营店铺进行滋扰，如第三方到乙方联营店铺门前拉条幅等情形，甲方应及时予以制止，若滋扰超过______日以上，甲方应减免滋扰期间的联营收益金。滋扰时间连续或累计达______日的，乙方有权随时解除合同，因乙方原因包含但不限于商品质量或服务引起的第三方进行滋扰，甲方不承担责任。

（6）甲方在乙方联营店铺所在物业范围内，不得自行开设或允许第三方开设______、______、______、______品牌。品牌店铺或举行相同品牌特卖活动，如上述品牌中某品牌超过______日未在乙方联营店铺内经营，则甲方有权开设或允许第三方开设该品牌店铺，如违反，甲方应立即纠正。纠正每延期一日的，甲方应当按照上月日平均联营收益金标准的______倍向乙方支付违约金，（上月日平均联营收益金标准计算方法为：上月联营收益金 / 上月实际合作天数），并且乙方有权要求从应向甲方支付的联营收益金中直接扣除该违约金；延期未纠正超过______日的，乙方有权解除合同。

（7）甲方需确保基础配套设施（包括但不限于电梯、空调、水电）的正常使用。因甲方过错导致不能正常使用的超过______日及以上的，甲方应按

16223

上月日平均联营收益金标准的两倍向乙方支付违约金，（上月日平均联营收益金标准计算方法为：上月联营收益金 / 上月实际合作天数），并且乙方有权要求从应向甲方支付的联营收益金中直接扣除该违约金；若不能正常使用超过______天或者在任何______天内累计出现______次的，乙方有权解除合同。

（8）甲方违约按本合同约定需向乙方支付补偿或赔偿的（包括但不限于场地装修费的补偿），该补偿或赔偿范围均包含乙方招商户的损失。

（9）除上述各项规定外，本合同任何一方若有违约行为，均应在收到另一方书面通知后______天内予以更正，本合同另有规定的除外；逾期未能更正，另一方保留索赔权利。

（10）若甲方未能提供联营场所或甲方因任何原因擅自收回联营场所或甲方提供的联营场所有瑕疵或甲方因任何原因注销、被吊销营业执照的或有其他任何不履行本合同约定的义务时，对甲方应向乙方及招商户承担的各项责任（包括但不限于支付货款、违约金、赔偿款项、其他各项费用等）。

8. 不可抗力或国家政策变更导致乙方无法继续经营的，双方互不承担违约责任，且共同协商解决方式。

9. 联营期限内，如政府或公用事业部门行为造成商业广场周边道路开挖、建设或公用事业供应受到影响，不属于甲方违约，甲方无需承担责任。

第二十条　租赁场所的交还

1. 交还期限及状态

（1）无论因何种原因导致合同终止，乙方均应在合同终止之日起______日内（下称“交还期”）将甲方交给乙方保存的联营场所的物业服务资料和工程资料交还甲方，并自行承担拆除、搬离乙方所有的设施、设备所需费用（包括所有招牌、广告牌、租赁场所内乙方安装的设施、设备等，但不可搬离或搬离、拆除可能会损坏房屋的物品除外，且该等物品视为自合同终止后归甲方所有），并将联营场所恢复到符合乙方最后一次通过消防等政府审批的装修施工图纸所述状态（正常使用及时间因素造成的合理损耗除外），以及保持联营场所干净、整洁交还甲方。

（2）交还时双方对联营场所及甲方交付乙方使用的所有的设施、设备进行验收，如有任何损坏，乙方负责修复并承担相应费用；如有任何遗失或者造成的损坏无法修复时，乙方应赔偿甲方相应损失。

（3）如果甲方将公用事业用户缴费单位登记或变更为乙方，则乙方应在交还期限内将公用事业用户手续变更为甲方或甲方指定的第三方，并由乙方承担相应费用。

（4）如在交还期届满后，乙方未将乙方所有物品搬离的，视为乙方放弃对该租赁场所内乙方物品的所有权，甲方有权以任何方式处理，对乙方不承担任何责任，处理费用由乙方承担，甲方有权在其履约保证金中扣除。

2. 延期交还

如果乙方未能在交还期内交还联营场所的，甲方或物业服务公司有权停止各种专项服务，如断水、断电等，直至依法采取强制措施将乙方清场，因此发生的费用以及造成的一切责任和损失由乙方承担。

3. 交还期占用费

（1）无论何种原因导致合同解除，甲方在交还期限内不收取占用费。

（2）无论因何种原因引起的合同终止，如在交还期届满后乙方仍未交还联营场所的，乙方应按照合同终止时租金的两倍标准及实际天数向甲方支付占用费，从交还期限届满次日起付至实际交还之日止。

除商户不能按期交还场所外，在清场期间内进行经营活动也应当按照相应标准支付款项，一般以使用费名义进行约定且相关标准较高于租金。

（3）任何情况下，乙方在交还期限内均不得在联营场所内从事任何经营活动，否则乙方应按合同解除时的联营收益金分成比例双倍支付交换期联营收益金。

4. 结清欠款

乙方应在交还期内付清应付联营收益金、物业服务费或其他应付款项。

5. 乙方应自行将转租承租人（如有）予以清场，并承担所有责任

如乙方违反本条款，甲方实施强制清场的责任与损失，均由乙方与转租承租人自行承担。乙方未到场的或乙方到场后不予确认的，场内物品情况以甲方登记为准，视为乙方无异议；转租承租人如有异议，由乙方解决并承担全部责任和损失。

第二十一条　不可抗力

1. 不可抗力是指不能预见，不能避免、不能克服的事件（包括但不限于地震、台风、水灾、瘟疫及国家政策、动乱、战争及其他不可抗力因素影响的事件），以致不能履行合同或不能如期履行合同。

2. 如因不可抗力造成一方或双方无法履行本合同，根据不可抗力影响的程度，可以全部免除责任。

16223

3. 受不可抗力事件影响的一方（“受影响方”）同意在其知悉不可抗力事件时，立即书面通知对方。该通知应当包含引起不可抗力事件的情况细节描述，及不可抗力发生地区的政府的有效书面证明，以证实本合同不能履行、部分不能履行或合同的履行需要延迟的原因。否则，不能因不可抗力而免除受影响方有关责任。

4. 如受影响方在持续的______日内因不可抗力不能履行本合同项下的绝大部分义务，并且该不能履行状态一直持续到______日后，另一方可以在上述______日之后的任何时间书面通知受影响方，解除本合同。如不可抗力发生在延迟履行期，违约方不得以不可抗力为由免除责任。

5. 如因不可抗力致使房产周围环境发生重大变化，乙方在此营业地市场、环境基础不复存在，合同不宜继续履行，则乙方有权提前终止合同而无需承担任何法律责任。

6. 若不可抗力事件发生，合同按本款所述终止时，双方应按实际合作天数，即时结清联营收益金及其他各项费用（如水、电以及应付的税费），多退少补。甲方应在乙方结清上述费用后的五日内退还乙方保证金（不计利息）。

7. 如房产可修缮继续履行合同的，由甲方负责维修恢复房产原状（内部装修由乙方自行修复），交付乙方继续履行合同。维修期间，乙方无须支付联营收益金及管理费，联营收益金支付从乙方实际重新营业之日起按合同向甲方支付。

第二十二条　合同纠纷的解决

1. 合同履行期间如发生纠纷，双方应当友好协商解决。

2. 协商不成，可向联营标的物所在地人民法院提起诉讼。

第二十三条　合同的签署及生效

1. 本合同由甲、乙双方签字并加盖公司公章后生效。

2. 本合同未尽事宜，经双方协商后签订补充协议。补充协议、合同附件与本合同具有同等法律效力。

第二十四条　其他

1. 本合同对甲、乙双方法定受让人具有同等约束力。

2. 甲方可将本合同中的部分或全部权利义务委托给物业服务公司代为行使和履行，无需再通知乙方，乙方应予以接受，不得异议。本合同中关于物业服务公司的权利，直接由物业服务公司行使，无须甲方再出具任何授权。

3. 乙方应优先考虑并尽量录用租赁场所所在区的劳动力。

4. 合同期内经营场地使用乙方营业执照。

5. 合同期内，乙方不负责因土地使用权或该联营场地所有权而产生的国家或地方规定的税收和费用，如房屋租赁税、土地税、房产税、土地使用费等。当地政府规定有承租方承担的税费除外。

6. 因本联营合同而发生的印花税、登记费等，由甲、乙双方按国家规定各自承担。

7. 除本合同约定的费用外，甲方不得以任何借口向乙方加收其他任何费用，国家有关规定的上缴费用，如属乙方支付的，由乙方向国家相关部门缴纳。甲方按本合同约定向乙方收取的任何费用，均应向乙方开具相应正式发票。

8. 消费者在乙方消费后，乙方应负责向消费者开具相应发票，并自行承担相应税费。

9. 甲、乙双方须保证在本合同约定的期限内，均具有合法的经营权（包括但不限于及时延长公司经营期限）。

第二十五条　保密条款

本合同任何一方对本合同内容及本合同谈判和履行过程中所知悉的对方商业秘密负有保密责任，除依法应当向有关国家机关（包括法律或有关国家机关授权的单位）和依法聘请的中介机构提供以及依法必需对公众披露外，未经对方书面同意不得向任何第三人透露本合同任何内容和所知悉的对方的任何商业秘密。未经对方书面同意，一方不得以任何形式向公众披露或宣传对方已经签订意向书、会谈经要或合同等契约性文件的事实或文件内容，不得假借对方的名义从事任何活动，不得虚构或援引对方的有关信息。

> 保密条款通常不以合同的解除而终止，此处也可以约定具体的保密期限及违约金。

第二十六条　文件材料真实性保证和合同履行确认

1. 在本合同签订和履行过程中，双方均保证向对方提供的有关文件资料真实、有效，并承担相应责任，文件接受方有权依法查证其真实性，文件提交方应当积极配合。

2. 一方向对方提供的文件资料应尽可能为原件，如系复印件，文件提交方应在复印件上加盖法人印章并对其与原件的一致性予以书面确认，文件接受方有权查验原件，文件提交方应及时提交原件以供查验。

3. 本合同履行过程中，双方应根据实际履行情况对履行内容及时进行书面确认，由代表人 / 经办人签名并加盖法人印章（或向对方提交该代表人 / 经办

16223

人的授权委托书原件）。

4. 通知及送达

任何与本合同有关的通知均应当以书面形式并以传真或快递服务的方式送达至如下联系方式（甲、乙双方确认该等联系方式均为正确并可以有效送达）。传真以发出之日视为收悉日，快递以送达之日视为收悉日，以多种形式发送的，以较快送达者为收悉日。

甲方通讯地址：____；

邮编：____；

传真：____；

乙方通讯地址：____；

邮编：____；

传真：____。

倘若任何一方变更联系方式时，应及时以书面形式通知对方，并在对方签收确认后方为有效。如前述联系方式不准确或无法有效送达或一方联系方式发生变更未按前述约定有效通知对方的，则由此而引发全部责任和损失均由该方自行全部承担，且对方的所有通知均视为已合法送达。

乙方确认，联营期限内，联营场所也是乙方有效通知地址。甲方有权选择将本合同项下的通知张贴于联营场所的门窗或墙面上；该等通知一经张贴即视为已经向乙方送达了通知，并视为乙方已经知悉。

5. 不得视为放弃

合同一方未能或延迟行使或部分行使本合同项下的权利不得被视为其对于本合同项下的其他权利的放弃。任何一方未要求另一方履行义务，或延迟要求另一方履行义务，或要求另一方履行部分义务不得被视为对对方履行其他义务的放弃。

6. 本合同一式______份，甲、乙双方各执______份，另两份用于联营登记或备案，具有同等法律效力。

甲方：（盖章）　　　　　　　　　　　　乙方：（盖章）

法定代表人或授权代表：（签字）　　　　法定代表人或授权代表：（签字）

日期：　　　　　　　　　　　　　　　　日期：

二、联合经营合同（简洁版）

【使用场景】

本范本为联合经营合同，其要点与前述标准联合经营合同适用范围及签约相同。但标准联合经营合同内容更为全面、详细，且篇幅较长。本范本内容则更为简洁，可适用于非大规模类型的联营商户。

【法律要点】

同标准联合经营合同。

【文本正文】

联合经营协议书

立协议人：

甲方：

（名称、统一社会信用代码、住所、法定代表人、职务、委托代理人、身份证号码、通讯地址、邮政编码、联系人、电话、传真、账号、电子信箱）

乙方：

（名称、统一社会信用代码、住所、法定代表人、职务、委托代理人、身份证号码、通讯地址、邮政编码、联系人、电话、传真、账号、电子信箱）

甲乙双方拟以甲方提供经营场所、乙方提供商品 / 或服务（以下简称商品）在甲方经营场所上设立商铺进行销售，双方按约定方式分享销售收入的形式联合经营。现依据《中华人民共和国合同法》及其他相关法律法规，本着平等自愿、互惠互利、诚实信用的合作原则，经友好协商，达成协议如下，以兹共同遵守。

第一条　经营场所及商铺位置

1. 本协议项下甲方提供乙方设立商铺的经营场所位于______，甲方负责管理运营该经营场所及与之相配套的设备、设施（下统称“标的物业”）。

16224

2. 标的商铺在______区 /______层，铺位编号______；使用面积______平方米（最终以第三方实测面积为准），具体位置详见标的商铺位置示意图（附件一）。

第二条　商铺用途及权益

1. 甲乙双方同意标的商铺的用途仅作为陈列及销售乙方提供的如下品牌的商品和品类之用，任何一方要求调整商品品牌和品类，必需经双方协商并以书面形式确认：

商品品牌：____；

商品品类：____。

2. 乙方不得将标的商铺之全部或部分使用权或其他任何权益交予或以任何形式允许第三方使用或设定任何形式的权利负担，否则视为乙方违约，甲方有权随时终止本协议。

3. 乙方承诺经营品牌为“______”，没有以任何形式侵犯第三方的知识产权，任何第三方对乙方经营提出的权利主张与甲方无关，由乙方自行承担责任，对造成甲方的损失还应承担赔偿责任。

第三条　联营期限

1. 本协议项下的联营期限为______年，自______日起至______日止。

2. 联营期限届满，本协议终止，乙方在同等条件下享有优先续约权，但需在期满前个月以书面形式通知甲方其要求续约的意向，经甲乙双方协商后以双方最终签署的联营协议为准。

3. 本协议约定的协议期届满时，甲方有权依据本合同约定收回标的商铺，乙方应如期交还。乙方要求延期的，应在协议期满______个月前书面提出延期申请，经甲乙双方协商决定，甲乙双方须在约满前______天内重新签订续约合同。如乙方在合同期满______个月前未向甲方提出书面续约申请或双方未能于约满前______天内就续约达成共识并签订合同，则甲方有权将标的商铺转与他人经营，自合同期满前______个月甲方有权与他人订立新合同。甲方有权在工作时间安排要约承租方或其代表进入标的商铺勘查现场，乙方不得拒绝。

第四条　联营收益、费用及合作保证金

1. 甲乙双方同意本协议项下的联营收益以乙方全部税前营业额的抽成额计算：______年______月______日前，甲方结算扣率为乙方全部税前营业额的百分之______计算；______年______月______日至______年______月______日，甲方结算扣率为乙方全部税前营业额的百分之______计算。

2. 乙方在开业后的经营销售过程中连续______个月的月销售低于甲方指定的最低销售目标，经甲方提前______天书面通知乙方，甲方有权对该品牌予以面积的压缩或位置的调整，乙方必需服从调整，否则甲方有权终止合同。

针对违约条件的设定，除要求连续达到某项标准外，还可采取累计计算方式。

3. 乙方在标的商铺内销售商品而依法应缴纳的增值税由乙方自行承担。

4. 乙方在联营期限内，需支付如下费用：

（1）物业管理费：乙方须按月向甲方或其管理部门支付物业费（包括但不限于清洁费、治安消防费等）：______元/平方米/月。

（2）推广费：乙方参加整体促销活动的费用由乙方自行承担。甲方按照乙方的每月全部税前营业额收取乙方市场推广费，每月的市场推广费为乙方当月全部税前营业额的______%，该费用甲方通过账扣形式收取。

（3）能源费（包括但不仅限于水、电、燃气、取暖、油费等），根据实际使用情况由乙方自行支付或由甲方代收代缴（详见附件六—费用标准）。

（4）乙方自行承担与该标的商铺使用有关的电话费、刷卡手续费、网络费及其他相关费用。

（5）其他费用：如在营业期间发生本协议约定以外的费用，应由双方经过协商并书面确认后，据实收取。

5. 乙方同意本协议第 4 条第 4 款约定的费用自乙方开业日起计收，甲方直接从联营收益中扣除。

6. 乙方须于签订本协议______日内，向甲方缴付履约保证金______元（大写：______人民币元）作为乙方依约履行本合同的保证金。如合同自动到期或双方协商解除本合同，在确认店内设施无损及验收无误后______个月后，且无发生任何退换货及顾客投诉等事宜，甲方须无息退回该款项给乙方。

本条款中的履约保证金，在乙方违反本合同后，经甲方书面通知后仍不符合整改要求，双方约定甲方可以直接扣除本条款中所述的款项，履约保证金在任何情况下乙方不得主张充抵租金、违约金和其他乙方应交纳费用。

7. 乙方有违反本协议之规定或有违反法律法规的规定以及其他可归责于乙方的行为，致甲方或其他第三人受有损失时，甲方有权自乙方结算货款中抵扣

16224

相关损失。

8. 乙方同意将联营期限内最后______个月的销售货款，用于乙方在本协议项下应承担的相关费用、违约金和损坏赔偿金等支付义务的保证。在本协议终止或解除时，乙方已全部履行本协议项下的支付义务及商铺交还义务的，甲方应于条件满足之日起______日后向乙方返还（不计利息）。

第五条　收银、结算及支付方法

1. 甲方统一配置收银设备，乙方配备收银员，乙方须使用甲方统一配置的收银设备收取顾客购货款并向顾客开具销售凭证，顾客凭销售凭证到甲方服务台开具发票。双方于每日营业结束后对当日销售货款的对账单予以确认，对当日销售货款进行交接。

> 合同双方可以日、周、月等为结算周期，但尽量避免程序繁琐。

2. 乙方销售货款全部进入甲方账户，甲方于每月第______个工作日前向乙方提供上个月的结算清单。乙方收到结算清单后进行核实，并在收到结算清单后______个工作日内将核实结果反馈甲方：如果结算清单数据无误，乙方应按甲方提供的数据开出增值税发票（税率______%），于收到结算清单后______个工作日内交予甲方财务部；如果结算清单数据有误，乙方向甲方提报异议。为保证结算的及时性，乙方仍应按照甲方提供的数据开具增值税专用发票（税率______%），并于收到结算清单后______个工作日内交予甲方财务部。甲方确认有误金额，将在次月结算时进行调整。

> 结算有误或发票偏差等问题在实践中也会出现，商业管理公司在本条款中需要明确的是：无论是否出现结算或发票争议，均不能减免或延迟商户的支付义务。

3. 甲方在收到乙方发票后______个工作日内，将扣除甲方应得联营收益后，根据增值税发票金额扣除乙方应承担的相关税费及乙方依据本协议约定应承担的其他费用后的剩余销售收入款项汇至乙方指定账户。乙方须保证增值税发票的名称必需与本协议甲乙双方名称一致，否则，甲方有权拒绝付款，直至乙方符合要求为止。

4. 乙方指定以下账户为收款账户：

开户名称：____；

开户银行：____；

银行账号：____。

5. 如乙方应取得的联营收益不足甲方应得的款项，则应将差额在每月______日前以支票、现金或汇款的形式交至甲方财务部或甲方指定账户；否则，甲方有权按所欠款项加收日______%的违约金。

6. 甲方指定以下账户为收款账户：

开户名称：____；

开户银行：____；

银行账号：____。

7. 乙方必需统一使用甲方的收银设备及系统，并将全部销售收入录入并交至甲方财务部。

8. 甲方有权安排进店内作抽样调查及保留派员进驻负责收银的权利，甲方有权在乙方店铺内加装摄像头，发现摄像中出现问题的情况，有权要求乙方作出合理的解释，双方确认摄像内的所有影像资料发生争议时可以直接作为证据使用。

> 针对此内容，也可直接于合同中约定商业管理公司有权指定收银人员或由商户优先适用其公司相关人员。

9. 如果于合同期内一经发现抽查数据与实际上传或提供的销售金额有差异者，甲方将不再认可乙方以往上传数据的真实性，同时视为乙方根本违约，违约金为没有录入部分金额的______倍进行处罚，甲方有权解除合同。

第六条　商铺交付与验收

1. 标的商铺的交付日期暂定为______年______月______日，具体交付时间以甲方书面通知为准。甲方无法在通知确定的交付日期交付的，甲方有权提前______日书面通知乙方；交付日期以甲方另行通知为准，本协议项下的联营期限和装修期相应顺延。

2. 甲方按照附件二《商铺交付标准》确定的商铺状况向乙方交付标的商铺。甲、乙双方交付 / 接收标的商铺时，应当签署交接凭据，交接凭据应当载明交接日期及交付状况，并载明双方共同确认的标的商铺内的固定附着物及配套设施、设备的清单。甲、乙双方的交付 / 接收义务自交接凭据签署时完成。

3. 若非因甲方原因，乙方超过甲方通知确定日期______日仍未办理验收、

16224

交接手续，则甲方有权解除本协议，履约保证金不予退还。

提示：商业管理公司享有单方解除权并不意味着合同将自动解除，若商业管理公司决定继续履行本合同，则将视为验收合格。

第七条　装修期及开业日

1. 乙方的装修期为______天，自甲方依据本协议第 6 条第 1 款就交付日向乙方最后一次发出书面通知的标的商铺交付之日起算。

2. 乙方开业日是指乙方装修期届满之次日，自乙方开业日起，乙方应当依照本协议的约定交纳联营收益、物业管理费、推广费等相关费用。若标的物业正式开业的日期（以甲方书面通知为准）晚于乙方开业日，则乙方开业日相应顺延至标的物业开业之日，联营期限亦相应顺延。顺延期间乙方无需缴纳相关费用，但应服从甲方对该标的物业的管理。双方确认此情形不构成甲方违约。

3. 乙方需在接收标的商铺前向甲方交纳装修管理费、装修保证金。

4. 乙方装修完成后，不存在违反本协议约定及装修相关法律规定的情形，且未对甲方或其他第三方设备设施造成损坏，经甲方和政府消防部门验收合格的，甲方应自验收合格之日起______日后向乙方返还装修保证金（不计利息）。

5. 装修期内，乙方无需支付物业管理费、推广费，但需承担装修管理费及水、电、垃圾清运费、电话费、出入证工本费等其他相关费用。

第八条　商铺装修及维护

1. 标的商铺装修费由乙方自行承担。

2. 乙方装修商铺前应向甲方提供装修设计方案并事先征得甲方的书面认可，并在进场装修前到甲方指定的部门办理相关手续及缴纳相关费用后，方能进场施工。

3. 乙方应严格按照甲方审核通过的装修设计方案进行施工。因乙方装修效果与甲方审核通过之设计方案不符的，乙方应无条件更改或重装，且装修期不予延长。

本联营合同中并不涉及装修补贴事项，但在此条款中约定商户的装修行为应当符合商业管理公司认可的设计方案，其目的在于维护商业管理公司的管理和整体形象，并确保商户装修时不存有损害租赁场所的情形。

4. 乙方装修商铺须遵守甲方制定的《商户装修手册》等相关商铺装修管理规定。乙方在标的商铺内涉及装修改动、使用任何电器设备、增减照明器材、安装电话机、电脑、传真机等，均须事先报甲方管理部门及政府主管部门（如需），经其审核批准后方可施工改造，所发生的一切费用由乙方承担。

5. 乙方应当在双方就商铺的交付和验收办理完毕交接手续之前自费为标的商铺在装修期间可能遇到的风险购买保险，该等保险的险种至少应包括安装工程一切险和第三者责任险（具体细则见《商户装修手册》），保险责任期间不少于开始装修之日起至开始营业之日止。

6. 乙方在装修过程中若造成甲方或者任何第三方人身、财产损失的，乙方应全额赔偿；给甲方造成损失的，甲方有权从装修保证金中直接扣除，若不足以弥补甲方损失的，甲方有权向乙方追偿。

7. 乙方须负责标的商铺的日常维护，除甲方向乙方交付商铺时提供的固定附着物及相关配套设施、设备因自然损耗由甲方负责维修外，标的商铺内的其他设施由乙方自行负责维修。乙方委托甲方负责维修的，应承担由此产生的一切费用，包括但不限于人工费及材料费。

8. 联营期限内，乙方因非甲方原因需对商铺进行修缮而造成停业的，经甲方批准后方能施工。修缮期间乙方需向甲方支付联营收益、物业管理费、推广费以及其他实际发生的费用。以上费用以乙方已营业期间的日平均额为标准计算。

鉴于商户擅自停业将严重影响甲方联营收益及商场内的统一管理，故商户无正当理由通常不能擅自停业。同时，商户装修行为可能对周边商户及客流量产生不利影响，故其停业及装修事宜需严格按照商业管理公司标准进行且不能减免各项费用。

9. 若因装修出现问题或形象陈旧，甲方有权要求乙方立即修缮。费用由乙方全额承担。若乙方未及时修缮而影响标的物业的整体形象或存在安全隐患的，甲方有权代替乙方进行必要的维修，因此产生的费用全部由乙方承担，甲方有权从乙方依据第 4 条第 1 款约定应取得的联营收益中扣除相应费用。

10. 乙方必需保证“标的商铺”的装修及布置达到与商场整体协调一致的风格与标准。乙方未按经甲方书面认可的装修设计方案进行装修，在甲方发出书面整改通知之日起______日内未能整改完毕并经甲方确认合格的，甲方有权解除本协议并对乙方已装修部分进行拆除或改建，所有费用及损失由乙方承担。

无论何种类型的承租对象，通常都建议其装修风格与所在商场保持一致，否则不利于商场整体形象的维护，且对该租赁场所的二次出租有所影响。

16224

11. 为保障标的商铺不发生消防、治安等事件，确保财产和人身安全，根据《中华人民共和国消防法》《中华人民共和国安全生产法》及其他相关法律、法规的规定，结合双方的权利、义务和管理职责，乙方须与甲方签订《治安、消防安全责任书》（附件二）并严格遵守。

12. 在施工过程中，乙方需遵守甲方和物业管理部门的有关规定，甲方有权对乙方的装修工作进行监督。乙方需按照甲方及政府有关主管部门批准的图纸施工。未经甲方或政府有关主管部门书面同意，乙方不得擅自修改已经批准的装修施工图纸。事先未征得甲方书面同意和政府有关主管机关的批准，乙方不得对标的商铺进行下列活动：

（1）对涉及该物业建筑结构做任何改动；

（2）在该物业外墙或该物业所在建筑的任何部位作标记、涂画、钻孔、安装挂钩；

（3）穿凿、切断或连接该物业所在建筑的任何管道；

（4）以任何方式毁坏该物业或该物业所在建筑内 / 外观，包括但不限于：使用该物业所在建筑内 / 外墙壁及玻璃窗作招贴或悬挂广告牌及宣传品；

（5）擅自安装及增装空调机、采暖设备和制冷设备、烹饪设备和其他机械或固定设施；

（6）安装凉棚、旗杆、天线或其他突出物。

> 因商户系二次消防装修，依法应当遵守商业管理公司约定及政府规定，故在此作出上述约定。

第九条　经营条款

> 本经营条款均是依据签约商户所处行业而制定，读者适用时需针对具体签约对象进行调整，可着重考虑商户经营行业、客户对象及其品牌影响力等因素。

1. 标的物业开业日暂定为______，正常营业时间暂定为每天______（节假日期间、特别活动日期间营业时间另行通知），乙方应服从甲方的营业时间安排，不得以任何理由于营业时间内停止营业、撤离乙方人员或商品。

2. 乙方应确保标的商铺内商品的货源充足，避免发生商品脱销的现象；并确保在标的商铺内所售商品折扣低于正价商品______折，且同类、同品种商品售价应低于同业态其他商场价格；对个别品种高于______折的，需由甲方相关部门批准后销售。确保乙方及商场整体的价格竞争优势，实现甲乙双方的共同利益。

3. 在经营过程中，乙方应遵守并执行《中华人民共和国产品质量法》《中华人民共和国消费者权益保护法》等国家法律、法规、规章及其他规范性文件的规定。因乙方提供的商品质量给消费者造成损失的，由乙方承担相应之赔偿责任。如因此给甲方造成损失的，乙方应予以全额赔偿。甲方同时有权视情况解除本协议。

4. 如因乙方的商品质量或服务质量问题导致消费者提出修理、更换、退货或其他正当合理的要求时，乙方应及时作出处理。如乙方人员未能及时处理，甲方有权处理该事件，乙方人员必需配合并服从处理结果，有关费用由乙方承担。如本协议终止后发生上述情事，乙方应配合甲方处理，因此而使甲方遭受损失的，甲方有权向乙方追偿。

> 商品质量及退换等问题通常会影响商业管理公司和商户双方的商业信誉，故商业管理公司应当享有该类纠纷的处理权。但需注意明示由商户承担纠纷处理的最终费用且商业管理公司对其享有追偿权。

5. 乙方销售的商品应具有完整的产品标识，符合国家及标的商铺当地质量监督部门检查要求。乙方进行商品促销的，促销标识由乙方提出方案，经甲方确认后方可展示，以避免价格欺诈行为。

6. 乙方提供的商品或服务必需明码标价，商品或服务价格的制定不得违反中华人民共和国和省、市政府的有关法律、法规及规章的规定。因乙方价格欺诈遭到行政主管部门处罚的，由乙方承担相应法律责任，如因此给甲方造成损失的，乙方应予以全额赔偿。甲方同时有权视情况解除本协议。

7. 为维护双方利益，销售货款必需经甲方收银系统统一收取，不得私收货款或进行场外交易。若乙方违反本约定则须向甲方支付相当于场外交易额______倍的违约金（不足元的按______元支付，甲方可从乙方应取得的联营收益中直接扣除），且甲方有权立即终止本协议。

8. 乙方负责商品的货源供应、运输、办理标的商铺保险（财产险及公众责任险）等工作及费用，对标的商铺内商品自行妥善保管，同时不得储存危险商品和与销售无关的物品。

9. 乙方在签订本协议时，须向甲方提供真实有效的企业证照、增值税一般纳税人资格证书、商标注册证书、品牌经营授权书等其他资料与证明文件（附件三）。并保证所提供资料在协议期内一直有效。乙方保证对商铺所列商品内容享有合法的物权、知识产权等。甲方有权拒绝任何证件不全或质量不符合国家标准的商

16224

品在标的商铺出售。本协议签订后，甲方若发现乙方之授权证书或其他证件为虚假证件，甲方有权解除本协议并追究乙方责任，由此造成的一切损失由乙方承担。

10. 销售过程中，为使标的商铺经营得以发展，甲方举办各种宣传推广活动，包括但不限于各种媒体的广告宣传、展览、表演、赠品等，乙方应全力配合。为共谋发展，甲方有权在相关的传媒途径宣传推广时使用乙方的名称、商标以及标的商铺或产品的照片。

> 针对商业活动的合作事宜，也可考虑为商户制定其参与整体商场活动的最低次数限制，由此以保证整个商业管理公司的统一性并增加或有的联营收益。

11. 乙方应遵守甲方或甲方委托的物业公司对标的商铺所在物业的管理规定，物业服务及管理的内容以甲方制定并颁布的《物业管理手册》的具体条款约定为准。

12. 甲方确定营业时间，并可按经营需要进行调整，乙方应予配合。乙方若因货品盘点或因任何原因需要调整商铺的营业时间，应在执行的前______个工作日以书面形式通知甲方。经甲方书面同意后方可调整。

13. 乙方必需配合甲方于指定的时间开业和营业，必需遵守甲方制定的《商铺运营管理手册》以及与经营、服务相关的规章制度和流程手续。甲方可以非定期性的检查标的商铺的日常运营情况，包括服务态度、商品数量和质量、商品陈列和商品证明文件等。

14. 乙方遵守经营独立原则。在经营过程中，乙方应遵守并执行国家法律、法规及规范性文件。乙方须遵守甲方制定的《商铺运营管理手册》等有关管理规定，给消费者造成损失的，乙方应负责赔偿。甲方对乙方的经营不承担任何责任，因乙方经营向甲方投诉，甲方按《商铺运营管理手册》处理，乙方接受处理。

第十条　人员管理

1. 乙方以自行招聘/______其他方式______派出具有专业技能、热情亲切的营业人员名常驻乙方专柜并于进场前按甲方要求事先报备营业人员的相关资料（包括但不限于身份证明、健康证明、学历证明、专业技能证明、劳动合同等），如乙方不按约定配足人数，人员管理费仍按合同约定人数收取。

2. 人员管理费向甲方交纳培训费用______元/人/月，由甲方按月从乙方结算货款中直接扣除（管理标准以及费用标准详见《人员管理手册》）。

3. 乙方聘用营业员须报甲方备案，并按甲方要求提供资料与相关资格证明文件。营业员正式上岗前须参加甲方安排的统一培训，培训合格后方可上岗。乙方更换员工的，新员工必需按程序重新办理相关手续。

4. 乙方应与聘用营业员建立劳动关系或其他合法合同关系，保证用工符合相关法律、法规、规章及其他规范性文件的要求。乙方自聘人员与甲方不存在任何劳动或其他合同关系。除非获得甲方的书面同意，乙方不得录用甲方辞退或自动离职的人员。

5. 乙方应保证标的商铺不会出现空岗现象，并选派专人负责商铺内事务，包括商品日常检查、解决顾客投诉等。如甲方认为乙方需在标的商铺内增加人员时，乙方须积极配合，并承担其相应的费用。

6. 乙方应保证其聘用的营业员遵守甲方的各项规章制度，服从甲方的统一管理。如有违反，视为乙方违约，甲方将根据其制定的《商铺运营管理手册》等有关管理规定对乙方收取一定金额作为违约金。

第十一条　反商业贿赂

1. 商业贿赂指任一方为获取与另一方的合作及合作中的利益，而给予该方员工个人的一切精神及物质上直接或间接的馈赠，如回扣、娱乐、旅游等。

2. 双方除严格遵守反不正当竞争法有关禁止商业贿赂行为的规定以外，坚决拒绝商业索贿、行贿及其他不正当之商业行为。

3. 双方员工或部门不得以任何名义向他方索取或收受金钱、物品及任何形式的馈赠。

4. 若任何一方人员要求另一方给予其任何形式的不当利益，则该另一方应提供相关证据予对方。

5. 任何一方违反上述约定，均属于违约行为，守约方有权解除本协议。

第十二条　违约责任

1. 在联营期限内，甲方有下列违约行为之一的，乙方有权单方面解除本协议，并按协议约定返还标的商铺：

（1）违反本协议的约定使乙方无法按约定的用途继续使用标的商铺或妨碍该商铺正常营业的；

（2）由于甲方原因使标的商铺因司法强制执行被查封而无法使用达到使用目的；

（3）乙方依据本协议约定或法律规定可以解除协议的情形。

2. 乙方依据本协议第 12 条第 1 款之约定单方面解除本协议的，应当书面通知甲方，并有权要求甲方返还合作保证金（如有）和赔偿损失。本协议自乙方书面通知送达甲方之日解除。

16224

3. 在联营期限内，乙方有下列违约行为之一的，甲方有权单方面解除本协议，收回标的商铺：

（1）非因甲方原因，超过标的商铺约定的开业日______日仍未开业；

（2）未经甲方书面同意，擅自改变经营品牌或经营范围；

（3）将标的商铺转租、分租、转让、转借他人或与其他商户调换使用的。

> 转租、分租行为不仅会为商业管理公司的统一管理带来不便，同时也存有商户私自收取租赁费用差价的可能性，故未经商业管理公司书面同意的转租、分租行为均需被禁止。

（4）由于乙方原因致使标的商铺因司法强制执行而被查封连续______日以上的。

（5）乙方擅自提前解除本协议或于营业时间内擅自中断、停止经营活动连续______日的。

（6）甲方依据本协议约定或法律规定可以解除协议的情形。

4. 甲方依据本协议第 12 条第 3 款约定单方面解除本协议的，应当书面通知乙方，本协议自甲方书面通知送达乙方之日解除。乙方交付的合作保证金（如有）不予退还，同时乙方应于协议解除之日起______日内另行支付相当于甲方______个月的联营收益作为违约金。联营收益以乙方上一经营年度甲方最高收益金额为标准，不足一年的，以当年度最高收益金额为标准计算。若以上违约金不足以赔偿甲方损失的，乙方还应赔偿甲方全部损失。

5. 任何一方违反本协议约定即构成违约，因此而给守约方造成损失的，违约方应依法向守约方承担赔偿责任。除本协议另有约定外，前款所指赔偿，包括因违约而引起的诉讼费、律师费及取得赔偿和清理标的商铺的相关费用。

第十三条　协议的变更、终止和解除

1. 在联营期限内，如一方对协议内容有变更的意向，应提前______天向对方书面提出，经双方协商一致签订书面协议后，方可生效。未经双方协商一致，单方修改本协议无效。

2. 联营期限届满，双方均已履行完毕本协议约定的义务和责任的，本协议自动终止。

3. 除本协议另有约定外，联营期限内乙方拟提前解除本协议应提前______日向甲方提出申请，并经甲方同意后方可解除本协议。

4. 除本协议约定的其他解除情形外，甲、乙任何一方有权在下列情形下单方解除本协议：

（1）甲、乙任何一方因破产或清算导致本协议无法继续履行的，因重组或合并原因进行清算者除外；

（2）因不可抗力，使本协议无法履行的；

（3）标的物业因相关政府行政部门决定征用而需拆除标的商铺的。

5. 若甲方因经营政策或整体布局发生重大调整的，可书面通知乙方调整商铺位置，乙方应积极配合。因调整商铺位置涉及的一切施工费用由乙方承担。若在甲方发出通知后日内乙方未同意调整商铺位置或双方未能就调整后的合作条件达成一致的，任何一方有权解除本协议，而无需承担违约责任。

6. 除不可抗力外，本协议的解除或终止不影响甲、乙双方依据本协议应承担的违约责任。

第十四条　商铺交还

1. 本协议约定的联营期限届满，或者本协议因双方约定或相关法律、法规规定的事由解除或终止的，乙方应于上述情形发生之日起______日内向甲方交还标的商铺。

2. 除非获得甲方书面确认，在任何情况下，乙方交还标的商铺前须将标的商铺恢复至甲方交付时的原貌（自然损耗除外）。乙方如在撤离过程中对甲方或第三方造成损害的，甲方有权自乙方应取得的联营收益中扣除相应损失金额作为补偿，如不足抵扣，甲方有权追偿。乙方撤离后仍遗留在标的商铺的物品视为乙方放弃了所有权及一切权利，甲方按照遗弃物处理，清理费用由乙方负担。

3. 除甲方同意乙方续约外，乙方应在本合同期届满后的当日内按照合同附件五的交付标准返还该物业，未经甲方同意逾期返还该物业的，每逾期一日，乙方应按合同所规定的日平均销售收入的______倍向甲方支付物业占用费。

第十五条　通知和送达

1. 任何与本协议有关的由本协议双方当事人发出的任何文件、通知及其他通信往来，必需采取书面形式，并送达至下述地址或双方书面通知的其他地址。

甲方：______________________　乙方：______________________

地址：______________________　地址：______________________

电话：______________________　电话：______________________

传真：______________________　传真：______________________

邮编：______________________　邮编：______________________

16224

2. 任何文件、通知或其他通信往来，如以邮寄的方式，已签收视为已送达，邮政局出具的挂号投送收据，将作为有效证明；如以传真的方式，则发出时视作已送达，对方传真机收到的传真报告将作为有效证明；如以手递的方式，则于对方签收时视作已送达，收条将作为有效证明。

第十六条　争议解决方式与法律适用

1. 因履行本协议发生的一切争议与纠纷双方应首先友好协商解决。协商不成时，双方同意提交租赁标的物所在地有管辖权的人民法院提起诉讼。

2. 本协议适用已生效的中华人民共和国法律并依据其解释。

第十七条　其他约定事项

1. 本协议所涉及金额，若无特别提示或强调，均指中华人民共和国币种——人民币。

2. 本协议未尽事宜，双方可签补充协议，补充协议和与本协议相关的一切附件均为本协议不可分割的重要组成部分，与本协议具有同等的法律效力。

3. 本协议附件所列明的内容为本协议双方就本协议有关条款内容所作之补充、修正、解释及说明，为本协议双方所确认及同意，为本协议的组成部分。本协议附件包括：

（1）附件一："标的商铺"平面图；

（2）附件二：《治安、消防安全责任书》；

（3）附件三：乙方应向甲方提供下列有效的资证材料及法律文件；

（4）附件四：廉洁协议；

（5）附件五：房屋交付标准；

（6）附件六：费用标准。

4. 本协议自甲乙双方法定代表人或授权代表签字并加盖各自的公章之日起生效。

5. 本协议一式______份，甲乙双方各执______份，具有同等法律效力。

甲方：（盖章）	乙方：（盖章）
法定代表人或授权代表：（签字）	法定代表人或授权代表：（签字）
日期：	日期：

第三类　装修类合同

一、装修工程招标文件

【使用场景】

在《租赁合同》签署后，租赁主体通常会就租赁标的（商铺）进行装修，部分情况下，会采取招投标方式确定装修承包公司。本装修工程招标文件即适用于上述情形，范本具体内容具有鲜明特点，亦包含投标人的资质要求、工程质量要求等重要内容，读者可根据具体装修情况进行适用。

【法律要点】

1. 建筑装修装饰工程专业承包资质包括几级？

根据中华人民共和国住房和城乡建设部于2015年发布的《建筑业企业资质标准》的规定，建筑装修装饰工程专业承包资质共分为两级，其资质要求及承包范围分别为：

一级承包资质要求：(1) 净资产要求1500万元以上。(2) 建筑工程专业一级注册建造师不少于5人；技术负责人具有10年以上从事工程施工技术管理工作经历，且具有工程序列高级职称或建筑工程专业一级注册建造师（或一级注册建筑师或一级注册结构工程师）执业资格；建筑美术设计、结构、暖通、给排水、电气等专业中级以上职称人员不少于10人；持有岗位证书的施工现场管理人员不少于30人，且施工员、质量员、安全员、材料员、造价员、劳务员、资料员等人员齐全；经考核或培训合格的木工、砌筑工、镶贴工、油漆工、石作业工、水电工等中级工以上技术工人不少于30人。(3) 工程业绩要求近5年承担过单项合同额1500万元以上的装修装饰工程2项，且工程质量合格。

二级承包资质要求：(1) 净资产要求200万元以上。(2) 建筑工程专业注册建造师不少于3人；技术负责人具有8年以上从事工程施工技术管理工作经历，且具有工程序列中级以上职称或建筑工程专业注册建造师（或注册建筑师或注册结构工程师）执业资格；建筑美术设计、结构、暖通、给排水、电气等专业中级以上职称人员不少于5人；持有岗位证书的施工现场管理人员不少于10人，且施工员、质量员、安全员、材料员、造价员、劳务员、资料员等人员齐全；经考核或培训合格的木工、砌筑工、镶贴工、油漆工、石作业工、水电工等专业技术工人不少于15人；技术负责人（或注册建造师）主持完成过本类别工程业绩不少于2项。

16225

关注法天使

就承包范围而言，一级资质可承担各类建筑装修装饰工程，以及与装修工程直接配套的其他工程的施工。而二级资质可承担单项合同额 2000 万元以下的建筑装修装饰工程，以及与装修工程直接配套的其他工程的施工。

2. 装修工程类招标文件中的商务类别要求和技术类别要求主要指什么?

通常而言，商务标部分可参考下列内容确定：投标总价、投标价方式及性质、单项工程费汇总、工程量清单报价、（或有）其他项目清单计价、零星项目计价、主要材料价格、劳务分包工程造价汇总、劳务分包工程造价明细、成本分析等。

技术标部分可参考以下内容确定：施工组织设计、主要材料设备品牌名称及具体情况、投标人认为有必要提供的材料样品等。

上述项目均需根据装修工程性质及内容作出相应调整后再加以适用。

【文本正文】

装修工程招标文件

一、招标邀请书

各投标人：

我公司正在进行______装修工程邀请招标前期准备工作，现诚挚邀请贵公司参与。具体内容如下：

1. 招标项目及工期

______装修工程；施工地址：______；装修面积：______m^2；要求工期______天。

2. 招标范围与内容

本次招标请各投标人根据招标人委托设计单位提供的装修施工图及招标人补充的相关文件或要求的内容进行投标报价；内墙抹灰及涂料；消防系统的调整、报建、安装施工及验收等一切手续及费用；其他专项工程的配合以及验收资料整理。

3. 投标人资格

建筑装修装饰工程专业承包二级以上资质（含二级），项目经理三级以上资质（含三级）。

读者需根据装修内容等确定投标人资质要求，通常涉及建设工程类项目的文件均需明确投标人的资质要求。

4. 评标办法

本次招标评标办法：经评审合理低价评标法。

5. 获取招标文件的办法和时间

投标人于______年______月______日至______月______日在______领取招标文件。

6. 投标截止时间和地点

投标文件请密封后，于______年______月______日______时之前将投标文件送至______，收件人：______，联系电话：______。

7. 开标时间和地点：____。

8. 报名及勘察现场时间、地点：__________________________________。

投标人自行组织对工程现场及周围环境进行踏勘，以便投标人获取有关编制投标文件和签署合同所涉及现场的资料。投标人承担踏勘现场所发生的费用。

招标人：____。

二、招标总则

1. 招标项目：本次招标为______装修工程进行招标。工程质量验收标准按《建筑工程施工质量验收统一规范》（GB 50300—2001）、《建筑装修工程质量验收规范》（GB 50210—2001）等国家规范执行。

2. 投标费用

投标人应自行承担其编制投标文件以及递交投标文件参加招投标过程所产生之一切费用。无论招投标结果如何，招标人对上述费用不负任何责任。

3. 招标文件及组成

装修施工图（蓝图和电子版效果图）、招标人补充的施工图、会议纪要、招标人推荐的主要材料品牌和供货方式清单、材料暂定价清单、本文件及依法对本文件所作的书面澄清或修改的内容均为招标文件的组成部分。

招标人有权对已发出的招标文件进行必要的澄清或修改，并书面通知。

4. 投标人的义务

（1）投标人应当认真阅读招标文件，完全了解招标项目之名称、用途、数量、质量和交付日期，完全明了投标人所应具备的资格条件。

（2）投标人应当按照招标文件的要求编制投标文件。投标文件应对招标文件提出的实质性要求和条件作出完全响应。

16225

串通投标行为不仅有违公平原则，同时可能涉及串通投标罪等刑事犯罪。

（3）投标人应在投标截止时间前，将密封的投标文件送达投标地点。

（4）投标人不得相互串通投标报价，不得排挤其他投标人的公平竞争，损害招标人或者其他投标人合法权益。投标人不得串通投标，如损害招标人利益或者他人的合法权益投标保证不予退还。

投标保证金用于保证参加投标和公正投标。

（5）投标人在投标截止时间前，对所递交的投标文件可以补充、修改或者撤回，并书面通知招标人。补充、修改的内容为投标文件的组成部分。

三、投标文件

1. 投标文件的制作应当符合以下要求：

（1）投标人必需依照招标文件提供的表式制作投标文件，投标文件一式______份，______份正本，______份副本；可编辑的电子版文件______份。

（2）投标文件必需打印并应装订成册（封条处加盖公章或投标章）。

（3）全套投标文件应无修改和行间插字。如有修改，须在修改处加盖投标单位法定代表人或其委托代理人的印鉴。

2. 在投标截止时间之前的投标均为可以接受的投标。

3. 投标保证金

（1）投标人投标时须按投标须知的要求向招标人交纳投标保证金______元（大写：人民币______元整）。

（2）未中标人的投标保证金在确定中标人后______日内予以退还（无息）。

（3）中标人的投标保证金将全部转为履约保证金，待合同按约履行完毕验收合格后日内全额退还（无息）。

（4）投标人出现下列情况，招标人没收其投标保证金：

①投标单位在投标截止时间后又撤回其投标文件；

②投标单位违规串标者；

③中标人未能在招标文件规定的期限提交履约担保；

④中标人无正当理由拒绝签订合同。

（5）投标保证金采取支票或者汇票的方式，银行资料如下：

收款单位：____________________

付款方式：____________________

开户名称：____________________

账号：____________________

开户银行：____________________

四、投标文件编制和递交

1. 投标文件的组成

（1）投标文件由商务标部分、技术标部分二部分组成。

（2）商务标主要包括下列内容见下表：

序号	商务标内容（一正二副）
1	工程量清单报价表
2	编制说明
3	投标总价
4	工程项目投标总价表
5	单项工程费汇总表
6	其他项目清单计价表
7	零星项目计价表
8	主要材料价格表
9	劳务分包工程造价汇总表
10	劳务分包工程造价明细表
11	成本分析

（3）技术标部分应包括以下内容：

①施工组织设计；

②主要材料设备品牌相应情况，列出主要设备材料品牌相应表；

③提交投标文件时请提供投标人认为有必要提供的材料样品。

16225

2. 投标文件的递交

投标人须在招标文件规定的投标文件递交截止时间之前在指定地点将投标文件递交给招标人。

五、投标报价及付款办法

1. 投标报价的所用材料规格严格按照标书要求的品牌和规格执行

（1）各投标单位应根据招标单位提供的全套施工图纸、技术资料，结合本工程实际情况和自身的综合实力，拟定施工方案或施工组织设计；依据企业定额（或市场计价依据）和市场价格信息，分析费用，计算除税金外的综合单价，并根据本企业水平确定相关措施费、分包工程配合费的包干价以及最终投标总价（含税）。

（2）中标单位的投标报价将作为包干价，除设计变更和暂定材料单价按实调整更外，中标价不予调整，并按此价格签订合同或办理竣工结算。

（3）投标人报价时，对材料暂定价清单中的数量和价格，均不得进行变动。暂定材料单价是指材料设备到工地现场的材料价格。投标单位报价时，应将暂定材料单价纳入综合单价。

（4）投标人在投标文件中应明确所选用主要材料、器材的品牌、规格、性能、产地、厂家以及质量等级。其中招标人推荐的材料设备品牌是指招标人拟采用的材料、设备的档次。中标后，在签订合同之前，招标人如认为中标单位在投标文件提供的品牌达不到工程量清单推荐品牌的要求，则招标人可以要求中标单位选用工程量清单推荐品牌中的任意一种，中标单位须无条件接受且不增加其投标报价。

（5）投标人的施工技术措施费应考虑脚手架费、空气检测费用、垃圾清运费、修补其他单位施工过程中在装修施工作业面上作业所需要的费用、其他施工技术措施费等。投标人可根据本工程现场实际情况和施工方案自行测算报价。

（6）工程施工过程中由于设计变更引起工程量项目和数量的增减，除以下情况外，执行中标单位投标时该项目的综合单价。

①由于报价清单项目中项目特征或工程内容发生部分变更的，以综合单价为基础，仅就变更部分相应调整综合单价。

②报价清单中有类似项目综合单价的，可以参照报价清单中类似的综合单价计算确定。

③报价清单中没有类似清单项目综合单价的，由承包人根据企业定额或参考市场提出适当的综合单价，经发包人审定后执行。

（7）消防系统的调整、安装以及排水安装工程的报价，在甲方提供的原施工图纸上进行修改、调整并符合消规要求，消防系统造价单列填写包干价（包括消防报审费用）。

（8）需提供施工图在实际施工过程中修改的图纸。

（9）付款方式：按照合同约定执行。

2. 投标报价

（1）投标单位需按招标文件报出其投标价，其应包括施工设备、劳务、管理、材料、安装、维护、利润、税金的各项应有费用及图纸、标文规定范围内所有土建装修及安装内容，分包工程配合费。

（2）投标报价形式：本工程项目采用总价包干方式，投标人应充分考虑施工期间各种建材的市场风险和国家政策性调整风险系数，并计入总报价，今后不作调整，报价单必需加盖单位公章，法人代表或委托授权人签字。

采用总价包干的方式可以避免在合同履行过程中中标方对价格提起异议或因价格原因导致施工暂停等系列问题。但总价包干方式灵活性差，双方也可以作出其他选择。

六、开标、评标、定标

1. 开标时间地点

详见投标邀请书。

2. 评标、定标方法

本次评标采用经评审的最低价评标法。评标小组成员由招标人组成。

3. 开标会

开标会按招标文件中规定的时间、地点举行，由招标人自行组织和主持。

4. 开标后，投标文件出现下列情况之一的，应当及时澄清，否则按作废标处理：

（1）授权委托书无投标单位法定代表人的印鉴（或签名），或委托书非原件；

（2）投标文件未按招标文件规定的格式、内容和要求编制，投标文件字迹潦草、模糊、难以辨认；

（3）投标人在一份投标文件中，对同一招标项目报有两个或多个报价，且未书面确定以哪个报价为准；

（4）投标文件中分部分项工程量清单与施工图严重不符的；

（5）投标文件中载明的工期超过招标工期或未载明工期的；

（6）未按要求提交投标保证金的。

16225

5. 评标、定标

评标由招标人依法组建的评标小组负责。定标由评标小组根据招、投标文件综合评定。

6. 投标文件的澄清

（1）为了有助于投标文件的审查、评价和比较，评标委员会可以书面方式要求投标人对投标文件中含义不明确、对同类问题表述不一致或者明显文字和计算错误的内容作必要的澄清、说明或者补正。投标人的澄清、说明或者补正应以书面方式进行并不得超出投标文件的范围或者改变投标文件的实质性内容。

（2）投标文件中的大写金额和小写金额不一致时，以大写金额为准；总价金额与按单价汇总金额不一致的，以单价金额计算结果为准；单价金额小数点有明显错位的，应以总价为准，并修改单价；对不同文字文本投标文件的解释发生异议的，以中文文本为准。

（3）所有澄清或说明必需以书面方式正式为之，并应加盖投标人公章及法定代表人或其代理人的签名或盖章。

二、装修工程承包合同

【使用场景】

本范本为装修承包合同范本。主要用于租赁合同签订后开始进行租赁标的装修的阶段。装修事宜通常对外承包于具备专业资质的装修公司进行。本范本适用于上述情况下的装修承包事宜。

【法律要点】

1. 工程承包的类型及方式有哪些?

工程承包是指具有施工资质的承包者通过与工程项目的项目法人（业主 / 发包人）签订承包合同，负责承建工程项目的过程。

工程承包主要分为以下类型：(1) 基础设施和土木工程，如水利、水坝、运河工程；公路和铁路建设；地下建筑工程（管道、导井和地下道）；桥梁、港口和岸上建筑（码头、栈桥、疏浚防波堤）；飞机场、导弹工程；供水排水工程；动力工程；仿历史或名胜古典建筑工程等。(2) 以资源为基础的工程。如石油开发、炼油厂、矿山、炼钢厂、化工厂、化肥厂等。(3) 制造业工程。如造纸厂、纺织厂、机器厂等。

工程承包方式依据划分原则不同，主要有以下分类方式：

依据承包内容，主要划分为：(1) 建设全过程承包，即统包。(2) 阶段承包，可以细分为包工包料、包工部分包料、包工不包料三种。(3) 专项承包，即专业承包。(4) BOT方式承包，即建造—经营—转让的承包方式。

依据承包者与建设单位之间的关系，主要划分为：(1) 总承包。(2) 分承包。(3) 独立承包。(4) 联合承包。

依据取得承包项目的方式，主要划分为：(1) 计划分配。(2) 投标竞争。(3) 委托承包。(4) 其他途径。

依据承包合同类型及计价方式的，主要划分为：(1) 固定总价合同。(2) 按量计价合同。(3) 单价合同，可以细分为：依分项工程单价承包、依最终产品单价承包、依总价投标并决标，按照单价结算工程价款方式。(4) 成本加

16226

酬金合同，包含成本加固定比率酬金、成本加固定酬金、成本加浮动酬金、目标成本加奖罚方式。（5）按照投资总额或者承包工作量计取酬金类合同。（6）统包合同。

2. 装修工程承包合同中的有效文件通常包含哪些?

装修类承包合同中的有效文件通常包括招标文件及招标文件答疑、投标书及附件、工程量清单及其他投标价格文件、中标通知书、合同条款、合同图纸、工程规范和技术说明、澄清文件或承诺函件、其他具有合同约束力的信函、备忘录、纪要、书面往来等文件。

3. 工程监理是什么?

工程监理，是指具有相关资质的监理单位受发包人的委托，并依据国家批准的工程项目建设文件、有关工程建设的法律、法规和工程建设监理合同及其他工程建设合同，代表发包人对承包单位的工程建设实施监控的一种专业化服务活动。

工程监理主要负责控制工程建设的投资、建设工期、工程质量及安全问题，并对工程进行信息及工程建设合同的管理。

4. 什么是定额计价、三类取费?

定额计价，是指根据招标文件，按照各国家建设行政主管部门发布的建设工程预算定额的“工程量计算规则”，同时参考省级建设行政主管部门发布的各项单价、价格信息及市场价格，计算出直接工程费，再按照规定的方式计算出间接费、利润、税金，而后汇总确定建筑工程造价的方式。其基本计算方式为：价格 = 定额 + 费用 + 文件规定。

三类取费是建筑、安装工程取费标准中的一类，在定额与清单计价过程中，会采用相应的三类取费标准。

【文本正文】

装修工程承包合同

立协议人：

甲方（发包人）：

（名称、统一社会信用代码、住所、法定代表人、职务、委托代理人、身份证号码、通讯地址、邮政编码、联系人、电话、传真、账号、电子信箱）

乙方（总承包单位）：

（名称、统一社会信用代码、住所、法定代表人、职务、委托代理人、身份证号码、

通讯地址、邮政编码、联系人、电话、传真、账号、电子信箱）

甲方计划于中华人民共和国______建设名为“______装修工程”项目（以下简称“本项目”）。甲方已将本项目室内精装修承包工程的建设（以下简称“本工程”）委托乙方实施，并向乙方提供了本工程的招标文件。乙方已按上述招标文件进行了投标。

鉴于：

1. 双方同意将各自严格、认真履行本协议书以及本协议书所列明的任何合同文件为其所规定的责任和义务。

2. 乙方对本工程的一切施工图纸及所有合同文件上的所有要求，以及乙方所负的一切责任和义务，在签约前均已研究并明了，并已到本工程施工现场实地勘察。乙方在签约前已完全明确本工程施工过程中将会遇到与其他承包方的协调、配合及现场实际情况对乙方施工可能带来的一切影响，乙方的报价已完全考虑了所有各种因素对价格的影响。

3. 乙方确保所签之价格无误，如有错漏由乙方负责，日后不得以不熟悉本合同的所有要求或其他种种借口而拖延工程或要求补偿，因此所发生的一切损失概由乙方负责。

4. 甲方已接受乙方提出的承担本工程的施工、竣工、竣工交付和保修责任的投标书，包括其附属文件。

5. 乙方同意按照下文约定的合同文件的要求履行其合同责任和义务，并保证以诚信、敬业和积极的态度与甲方和本工程涉及的任何第三方保持充分有效的合作，进而保证本工程的圆满竣工。

6. 下述第七条文件与本协议书一道共同构成甲、乙双方之间针对本工程的施工合同，统称“本合同”。

7. 本合同与《购销协议》合同编号：______、《装修补贴四方协议书》同时适用，三合同冲突部分以《装修补贴四方协议书》为准。

甲方、乙方根据中华人民共和国相关法律、法规，遵循平等、自愿、公平和诚实信用的原则，双方就本建设工程施工事项协商一致，达成以下协议：

第一部分 协 议 书

第一条 工程概况

1. 工程名称：____；

2. 工程地点：____；

16226

3. 建设单位：____。

第二条　工程承包范围

由乙方完成对应标段内精装修工程，包含图纸深化设计（图纸深化设计必需经过______、______、______三方同意）、材料设备采购、施工、垂直运输、二次搬运、验收移交等完成本标段内所有工作及费用。（具体以清单及图纸内容为准）

> 此处指《租赁合同》的签订双方及本合同相关建设单位。

第三条　工程承包方式

1. 按清单承包范围、内容采用固定总价包干的方式承包，乙方在保修期内，如有损坏而需进行必要的维修、更新等时，乙方必需在接到通知按本合同附件3《工程质量保修协议》约定派人到现场予以解决，并达到原有的技术条件及功能要求等，甲方无须向乙方支付任何费用，因该等维修、更新等造成甲方或/和相关方损失的（包括但不限于经营损失等），乙方应承担全部赔偿责任。

> 固定总价包干方式与固定单价方式相比，可避免诸多价款争议，且具有结算简便的优点。缺点是灵活性较差，一旦发生工程项目变更容易引起争议。

2. 承包方式：包工、包料、包工期、包质量、包安全、包文明施工、措施项目成本、施工管理费、企业（总部）管理费税金（含增值税）、必需的加班费、仓储、运输、因材料或设备迟到工地的窝工费、缺陷修复、保修费用、配合、协调费、甲指分包项目的管理费、利润及税金（含增值税）等为完成该项工序所需的全部费用的总价包干形式承包本工程。

3. 本工程在任何情况下，均不允许乙方以任何形式将工程转包或变相转包、分包给第三方（除甲方分包、甲指、甲供等项除外）。如乙方擅自转包或分包的本项目的，甲方有权解除合同，乙方应承担合同总价______%的违约金，乙方还应承担因此造成的经济损失。

> 非法转包和违法分包不仅是合同双方约定禁止的行为，也是我国《合同法》和最高人民法院《关于审理建设工程施工合同纠纷案件适用法律问题的解释》中明令禁止的行为。分包事宜不仅需遵守上述法律法规规定，还需经过发包人的书面认可。

4. 乙方作为装修工程的总包单位应对承包范围内全部工程的质量、安全、工期、文明施工等负完全责任。

第四条　合同工期

1. 计划开工日期：______（以发包人工程部签发的《开工令》为准）。

2. 计划竣工日期：____。

3. 本合同计划总工期：____。

4. 开工日期最终以甲方书面通知为准，总工期不变，节点工期、竣工日期应作相应调整（具体区段工期以第二部分合同条款第 19 条内的相关约定为准）。若甲方有必要调整某节点工期、区段工期时，乙方须全力配合，所需费用已包含在合同价款中。实际竣工日期是指本合同约定工程承包内容全部完工后，乙方取得的由甲方、监理、乙方、设计人共同签署并经质监部门盖章的竣工验收合格证明文件所标示的最后日期为准。实际开工时间以监理发出并经甲方确认的现场通知为准。

5. 除第二部分合同条款第 24 条约定所列的原因外，一切其他可能致使乙方在时间上受损的原因：如休息日、公众假期、雨季影响、停水、停电、材料订货等，皆包括在上述工期内。

6. 整个工程的进度可根据发包人要求做相应的调整。在本工程实施过程中，如发包人要求或同意工程暂停施工或缓建，除乙方已完的工程款项外，乙方承诺不向发包人收取任何形式的停工费及机械、人工、材料等损失费，同时应积极配合发包人作好工程的照管和保护工作；但乙方应填写《工程延期审批表》报发包人确认，其保护工作中发生的费用由发包人与乙方双方另行协商（保护工作中发生的费用仅包括现场留守管理人员的市场公允的工资）。

7. 合同工期未经发包人书面同意一律不得延期，否则乙方应承担延期完工的违约责任。

> 施工工期及施工质量是工程类项目最为重要的两项内容。针对该内容不仅需在合同中约定完备的违约责任，其相关的任何变动亦均需以书面确认书或会议纪要等方式确认。

8. 竣工验收中，如发现不合格须返工或修理补做的部分，由发包人与乙方双方在验收时议定修补措施和期限。由乙方在规定期限内完成，完成后经验收合格再进行移交，因此而发生的各项费用由乙方承担，乙方应同时承担延期完工的违约责任。

16226

第五条　合同价款

合同总价款（含税造价）：______元（大写：人民币______元）。

具体组价明细详见附件。

关注法天使

第六条　组成合同的文件

合同文件的组成及解释顺序如下：

1. 本协议书；

2. 合同条款；

3. 中标通知书；

> 根据《中华人民共和国招标投标法》的相关规定：投标人（承包单位）中标后，招标人（发包人）依法应当发布中标通知书。且中标后应当依照中标内容确定主合同内容，不得随意更改。

4. 乙方递交并为甲方所接受的澄清文件或承诺函件（如果有）；

5. 经乙方标价或填写并为甲方所接受的工程量清单及其他投标价格文件；

6. 投标书及附件；

7. 招标文件及招标文件答疑、补充澄清等文件；

8. 工程规范和技术说明；

9. 合同图纸；

10. 其他确定双方权利义务的具有合同约束力的信函、备忘录、纪要、书面往来等文件；

> 本款所述文件通常可视为对原合同的修正，具有法律效力。

11. 廉洁协议。

上述组成合同的文件应被认为是互为补充和解释的，但如有歧义或互相矛盾时，除非另有明确约定，按上述所排列的顺序，排列在前的文件效力高于排列在后的文件；上述中没有列明的文件，签署时间在后的效力高于签署时间在前的效力；所有合同文件中，本协议书具有最高效力。

第七条　其他约定

1. 乙方特此向甲方保证，乙方将在本工程的各方面、各个阶段都遵照本合同的约定进行本工程的施工、竣工、完工交付并承担保修责任。

2. 甲方特此向乙方保证，在乙方履行了其在本合同项下所承担的相应责任和义务后，甲方将在本合同约定的各项期限内和以本合同约定的方式，向乙方支付合同价格或本合同约定的乙方应得的其他款项，以作为对本工程的施工、竣工、完工交付并承担保修责任的报酬。

3. 除非为本合同目的，本协议书双方不得向任何第三方出示或泄露本合同的内容。

4. 本合同于上文开头填写的日期，由甲、乙双方根据中华人民共和国相关法律签署订立。

5. 本合同自双方法定代表人或授权代表签字、加盖单位公章并提交履约担保后生效，保修期满后自行终止。

6. 本合同正本一式______份，甲方执______份，乙方执______份。

甲方：（盖章）
法定代表人或授权代表：（签字）
日期：

乙方：（盖章）
法定代表人或授权代表：（签字）
日期：

第二部分　合 同 条 款

第一条　定义和解释

1. 定义

> 合同中的定义部分除具有解释作用外，还可在合同方发生争议时进行引用起到等同于合同主体文本的作用，故定义部分也是合同签订时的重要内容，不可忽略。

在本合同中，下列词语及词句应具有本款所赋予的含义：

（1）合同，指合同协议书、合同条款、中标通知书、乙方递交并为甲方所接受的澄清文件或承诺函件、经乙方标价或填写并为甲方所接受的工程量清单及其他投标价格文件、投标书及其附件、招标文件及招标文件答疑及澄清等文件、工程规范和技术说明、合同图纸、其他确定双方权利义务的具有合同约束力的信函、备忘录、纪要、书面往来等文件、廉洁协议等所有合同文件的总称。

16226

（2）发包人（甲方），“甲方”是“发包人”的简称。发包人是指协议书中约定的当事人以及取得此当事人资格的合法继承人，但不指此当事人的任何受让人。

（3）乙方（总承包单位），指已被发包人接受的具有工程施工承包主体资格的当事人以及取得当事人资格的合法继承人。乙方与总承包单位、总包、总包方为相同词义。

（4）乙方（乙方），“乙方”是“承包人”的简称。乙方是指已被发包人接受的具有工程施工承包主体资格的当事人以及取得当事人资格的合法继承人。乙方与承包方为相同词义。

（5）独立承包人，指甲方直接雇佣的、从事乙方的承包范围之外的但却与本合同工程有关的任何其他工作的任何独立承包人及其工人。

（6）独立工程，指由独立承包人负责实施的工程。

（7）指定分包人，指本合同中提及的由甲方与乙方共同选定的并由甲、乙双方与其签订三方合同的分包人，或在合同中指明要求乙方向其分包某些工作的分包人。

（8）设计人（设计单位），“设计人”是“设计单位”的简称。设计单位是指由发包人为合同目的而委托的负责对工程进行设计并取得相应工程设计资质等级证书的单位。

（9）监理（工程监理），“监理”是“工程监理”的简称。监理是指甲方根据相关法规所委托并常驻工程现场对工程的实施进行监理的机构及其工作人员。

工程的进行以及全部验收结算等文件均需监理单位一同参与并签章。

（10）工程、技术顾问（顾问），“顾问”是“工程、技术顾问”的简称，工程、技术顾问是指甲方根据相关法规和管理人的要求委托的对工程的实施进行监督、审查和验收的机构及其工作人员。

（11）管理人（管理公司），“管理人”是“管理公司”的简称，管理公司是指甲方聘请的负责工程项目建成后运营管理的、有权对工程的实施进行最终验收和决定能否移交的机构及其工作人员。

（12）合同工期，是指投标书附录中注明的、但按照本部分第19条第1款约定依据合同相应调整的工期。

（13）保修期，指投标书附录中注明的并且在本合同和保修书中约定的期间。

（14）天（日），“天”和“日”具有同样含义，是指一个公历日，包括公休和法定假日，每连续的24小时计为一天。

（15）工程，指永久工程和临时工程，或视情况指二者之一。

（16）永久工程，指根据合同将实施的永久工程（包括工程设备）。

（17）临时工程，指各类为了实施和完成工程以及修补任何缺陷所需要的全部临时工程（不包括乙方的设备）。

（18）工程设备，指合同中约定的预定构成或构成永久工程一部分的机械、仪器以及类似设备。

（19）乙方的设备，指不包括构成或预定构成部分永久性工程的设备、材料或其他物品在内的所有为施工并完成工程和维修缺陷所需的、任何性质的设备及物品（不包括临时工程）。

（20）材料，指合同中约定的（工程设备除外）用于永久工程的各类物品和物资。

（21）区段，指在合同中具体指定作为一个区段的工程的一部分。

（22）现场，指由甲方提供的用于实施工程以及工程设备和材料运达的场所，以及在合同中可能明确指定作为工地的任何场所。

（23）样品，指本合同提及或可能约定的样板、样板间和示范。

（24）“之后”“之前”“之上”“之下”：除本合同另有约定以外，“之后”“之上”含本数；“之前”“之下”不含本数。

2. 标题

本合同条款及其他合同文件中出现的标题只起索引和内容提示作用，标题本身不构成合同文件的一部分，在对合同文件进行解释时不应考虑。

3. 解释

凡指当事人或当事各方的词应包括甲方、乙方、顾问和管理人等本合同提及的全部相关主体。

4. 书面形式

本合同条款任何地方提及的由任何人发出的任何通知、指示、同意、批准、证书或决定等，除非合同中另有约定，一律应是书面形式。所谓书面形式，是指任何手写、打字、印刷。任何书面形式的通知、指示、同意、批准、证书及决定等，应由合法授权代表人签署或盖章并由人工送达并取得书面签收或由

16226

EMS 发出，由对方负责人 / 传达室人员代收视为签收。

> 某些情况下合同相对方及法定代表人不是书面文件的实际签收人，故在此处明示代收行为同样有效。关于书面形式建议用纸质材料为佳，尽量避免书面形式的电子版本，虽电子证据在诉讼中为合法证据，但其真实性等仍易受到质疑。

5. 顾问和管理人的审批

凡本合同中需甲方和监理指示、同意、批准等审批的事项，如果甲方认为必需经过顾问、管理人指示、同意和批准的，则顾问和管理人取得对乙方工程的指示、同意、批准等审批权。

第二条　适用法律、合同文件及其语言文字

1. 语言和文字

除非合同中另有约定，本合同的拟定和解释使用中文（汉语简体）。如果本合同文件需要译成另一种或几种语言文字，中文（汉语简体）应为合同主导语言，具有优先解释权。

2. 适用法律法规和规章

本合同适用中国法律、行政法规及工程所在地地方法规。除非合同中另有约定，国家及工程所在地建设行政主管部门和其他有关主管部门制定的行政规章和规范性文件也适用于本合同。

3. 合同文件的组成及解释顺序

构成本合同的合同文件之间应是相互说明和相互补充的。如果合同文件之间出现歧义、相互矛盾，或合同文件中出现明显错误时，乙方应立即以书面形式通知甲方，甲方应就此向乙方做出必要的书面澄清。甲方作出的上述书面澄清为最终决定。

除按上述方式由甲方最终决定外，除非合同中另有约定，合同文件的组成及优先解释顺序如下：

（1）本协议书；

（2）合同条款；

（3）中标通知书；

（4）乙方递交并为甲方所接受的澄清文件或承诺函件（如有）；

（5）经乙方标价或填写并为甲方所接受的工程量清单及其他投标价格文件；

（6）投标书及附件；

（7）招标文件及招标文件答疑、补充澄清等文件；

（8）工程规范和技术说明；

（9）合同图纸；

（10）其他确定双方权利义务的具有合同约束力的信函、备忘录、纪要、书面往来等文件；

（11）廉洁协议。

上述组成合同的文件应被认为是互为补充和解释的，但如有歧义或互相矛盾时，除非另有明确约定，按上述所排列的顺序，排列在前的文件效力高于排列在后的文件；上述中没有列明的文件，签署时间在后的效力高于签署时间在前的效力；所有合同文件中，本协议书具有最高效力。

进一步规定如下：

（1）如果“工程规范和技术说明”与“图纸”之间出现歧义或矛盾时，数量以“图纸”为准，质量要求或工艺标准以“工程规范和技术说明”为准。

（2）对于同一类文件，以其最新版本或最新颁发者为准。

第三条　工程规范和技术说明

本合同按招标文件中约定的工程规范和技术说明执行，详见招标文件质量等级及质量标准（如果本合同附件中已有工程规范和技术说明，则以附件中的文件为准）。对于合同中可能出现的新材料、新技术或新工艺，按第 25 条第 3 款执行。如果“工程规范和技术说明”中出现外国规范或标准，甲方应向乙方提供中文译本，除非合同中另有约定，与此有关的购买和翻译等费用由甲方承担。

第四条　图纸

1. 图纸

由甲方负责设计的图纸，甲方将免费向乙方提供______套施工图纸。如涉及外文图纸，甲方负责翻译成合同约定的文字后再提供给乙方。

2. 由乙方设计的永久工程

如果合同中约定或甲方指定部分永久工程由乙方负责设计，乙方应将相关图纸、规范、计算书及其他资料报本工程设计人同意后报监理、甲方批准。除此以外，乙方还应依据第 46 条第 3 款将详细的使用维修手册以及竣工图纸等报甲方和监理，以便甲方能对乙方设计的永久工程进行使用、维修、拆除、组装或调整。在上述资料报甲方和监理批准以前，本款中所指的乙方设计的永久工程不得按本合同条款第 42 条移交，除非甲方指令要求移交（此种指令不减轻或免除乙方根据合同承

16226

担的义务或责任）。

乙方进行深化设计时，其技术、质量标准应不低于原设计和合同约定的技术、质量标准。如果乙方在深化设计时确有理由对原设计和合同约定的技术、质量标准实施改动时，乙方应将相关修改内容提前______天报告甲方和监理，经甲方最终批准后方可实施。

除非本合同条款中另有特殊约定，乙方进行上述永久工程设计、深化设计以及与之相关必要的补充、修改及辅助工作所发生的费用均由乙方承担。

> 由于在本合同中实行固定总价格包干方式，故深化设计详细费用不再由发包人另行负担，若深化设计额外支出，则全部由承包单位负责支付。

3. 深化设计

对根据合同的要求，甲方和监理的指示或一般常识性要求需要进行深化设计时制作的加工图（也称“施工图”）、大样图、安装图或配合图的工作，乙方应精心制作并应在相关工作开始前充裕的时间内将此类图纸和必要的辅助资料报给甲方和监理审批。需要报送的份数、格式及审批通过后最终制作、提交的份数、格式由甲方和监理方根据需要决定。乙方为深化设计而绘制的加工图和大样图等应在各方面都是完整和规范的并应对它们的正确性负责，还应保证份数、格式达到甲方和监理方的要求。除非合同中另有约定，绘制和报批加工图、大样图、安装图和协调配合图以及必要的补充和辅助资料所发生的费用由乙方承担。

4. 补充图纸和指示

甲方有权直接或通过监理随时向乙方发出任何为达到施工、完工或保修目的图纸或指令，乙方应遵照执行。

5. 批准的责任

甲方和监理依据第4条第2款、第3款进行的批准并不能解除乙方根据合同应承担的责任。

第五条　文件版权

1. 甲方使用乙方的文件

由乙方负责编制的用于本工程实施目的的施工文件的版权，在甲方向乙方支付完毕相关价款后，版权属甲方所有。

2. 乙方使用甲方的文件

甲方发布给乙方的图纸、工程规范和技术说明以及关于甲方的要求或其他类似文件的版权应属于甲方的财产。乙方可为了合同目的复制、使用此类任何文件。在征得甲方同意之前，乙方不得为了其他目的复制、使用甲方的文件或将之提供给第三方。

第六条　甲方的责任和工作

1. 基本责任

甲方应履行合同约定的责任和义务并承担相应的费用，包括但不限于：

（1）委托设计人对工程进行设计（第 4 条第 2 款中所述的情况除外）并对设计人的工作进行必要的监督和协调；

（2）按第 4 条第 1 款的约定提供图纸；

（3）除非合同另有约定，委托监理对工程进行监理，并对监理的职责和权力进行定义且相应地通知乙方；

（4）按照合同第 8 条第 1 款的约定委派甲方代表并相应地通知乙方；

（5）按照合同约定履行支付义务；

（6）遵守任何适用的法律、法规和规章；

（7）履行合同中约定的其他职责和义务。

2. 甲方对乙方的协助

在乙方请求并承担费用的前提下，为了工程的顺利实施、完工或修补缺陷，或为了达到合同约定的其他预期目的，甲方应本着合作和尽力的原则给乙方以协助。

3. 通知改正

如果乙方未能根据合同履行其任何义务或实施工程，甲方以书面的形式通知乙方，要求他在指定的时间内改正此类过失或违约行为。

4. 甲方的其他权利

甲方有权利，在认为有必要时，将乙方承包范围内的主材、设备改为甲方直接供应或采购，乙方不得拒绝，也不能因此提出额外的索赔。

第七条　乙方的一般责任和工作

1. 乙方的一般责任

（1）乙方按照本合同完成的工程应完全符合合同并达到合同中约定的工程的预期目的。乙方的工作应包括第 13 条第 1 款所约定的全部合同工作内容。

（2）乙方应按照《工程质量保修书》的要求和约定履行工程保修义务和职责。

（3）乙方应为承包范围内的工程的设计（如果合同中约定为乙方的工作）、

16226

实施、竣工以及修补缺陷而提供所需的全部工程照管、监督、劳务、工程设备、材料、施工机械设备、临时工程以及其他所有相关物品或工作，并为指定分包、独立发包的工程项目提供现场设施和工作条件。但甲方指定品牌的材料设备的情况应同时符合第30条第2款。

（4）如果合同中约定由乙方进行部分永久工程的设计，则在开始此类设计之前，乙方应完全理解甲方的要求及甲方可能为此目的而向乙方提供的任何资料或文件。乙方应将甲方的要求或上述的资料或文件中可能出现的任何错误、失误或其他缺陷通知甲方和监理。甲方收到此类通知并与监理适当协商之后，决定是否按照第36条进行处理并相应地通知乙方。

（5）使用甲方提供的水源、电源接入点，施工用水、用电由乙方装表计量，按行业收费标准自行向甲方交纳。其他总包服务费由乙方在与总包工程结算时直接支付给甲方，乙方不再另行支付任何费用。

（6）乙方进场前，必需与甲方签订进场协议、安全协议、用水用电协议（需交纳相关费用），并服从甲方和监理现场管理。甲方供应或限价的材料、设备，乙方必需在施工前______天向甲方提出计划和报价，限价材料、设备需经甲方确认后方可采用并计入结算。

进场事宜对整体工期有重要影响，尤其是在双方产生争议时，进场文件关乎多项事实的确认。故必需严格依照合同约定签订相关协议及签证等内容。

2. 遵照合同工作

乙方应严格按照合同进行深化设计、工程施工、完工并保修。在涉及或关系到工程的任何事项上，乙方都要严格遵守和执行甲方和监理的指示。

乙方任何不遵守合同的行为都应被视为违约，并应对自己的任何性质的违约行为向甲方支付违约金。除合同中已经约定了违约金支付方式以外的其他违约行为，乙方向甲方支付的违约金的计算方式和额度约定如下：

甲方有权视乙方违约行为的性质以及这种违约行为造成的后果及影响，针对每次违约行为，甲方视情况而定，要求乙方向甲方支付______元/次的违约金。甲方可以从乙方按照本合同应得的任何款项中直接扣除上述违约金，该等违约金不足以弥补甲方/相关方损失的，乙方应承担全部赔偿责任。

3. 临时用地

乙方已充分了解工程现场及周围环境情况，应针对现场实际情况及合同的要求，自行判断是否需要安排场外临时工程用地或施工用地。如果需要，除非合同中另有约定，乙方应自行安排并应视为全部的费用已含在乙方的合同价格中，不得再就此向甲方提出任何主张。

4. 定位和放线检查

乙方应根据甲方给出的原始基准点、基准红线和基准标高对工程进行复核，并承担与此有关的费用。本款中提及的复核、定位和放线是指工程的初始坐标定位、基准标高定位以及控制轴线的定位。此类定位和放线工作完成后，乙方应通知监理工程师要求甲方及时组织相关部门或机构进行复验并确认。如果此类复验发现乙方的定位或放线有误，乙方应立即予以校正并承担校正的费用。

5. 现场施工方法

乙方应对为实施工程而进行的深化设计、施工组织、施工方案和施工措施的适用性、稳定性和安全性负全面责任。但对于第 4 条第 2 款提及的由乙方设计的部分永久工程的情况，即使已经获得监理和甲方批准，乙方也应对这部分工程负全面责任。

6. 组织机构和人员

乙方应当为完成合同设置合理可行的现场组织机构并为此雇佣那些在他们各自行业或职业内具有足够经验、认真负责和精干称职的管理人员。但是，除非事先获得对方同意，乙方不得从为甲方、监理、设计人服务的人员中招收或试图招收职员和工人。

除非事先获取甲方的书面批准，乙方不得更换或撤回主要管理人员。乙方要求甲方批准更换的，应将继任者资格、经验情况书面报甲方并保证继任者应至少与前任具有同等的资格及经验。

> 主要管理人员的更换与否通常也会影响到工期与质量，为免手续繁琐及承包单位肆意更换主管人员，发包人可选择在合同中对重要人员进行指定。

甲方可要求乙方撤换其在现场他认为有下列行为的任何人员，包括乙方的代表：

（1）经常行为不当或工作漫不经心；

（2）在履行其职责时不能胜任或玩忽职守；

16226

（3）不遵守合同的约定；

（4）经常出现有损健康与安全，或有损环境保护的行为。

如果出现这种情况，乙方应在甲方提出此类要求后______天内选派合适的替代人员。该替代人员应至少与前任具有同等的资格及经验并得到甲方的认可。

7. 劳动力的组织及劳动保护

> 劳动保护条款主要为避免因承包单位与劳务人员纠纷使得发包人承担部分责任，故要求承包单位严格遵守《中华人民共和国劳动法》的规定。

除非合同中另有约定，乙方应自行安排从当地或其他地方雇佣所有职员和劳务人员，并支付他们的报酬、住宿、膳食和交通遣返等费用。除此以外，乙方还应履行以下职责和义务并承担相应的费用。

（1）遵守所有适用于本合同的劳务法及有关法律、法规或规章中关于工人工资标准、劳动时间和劳动条件的规定，向他们合理支付以及保障他们享有法律规定的所有权利。乙方应按政府或有关管理机构的规定为本合同下雇佣的职员和工人办理任何必要的证件、许可、保险和注册等。

（2）乙方应为本合同下雇佣的职员和工人提供适当和充分的劳动保护，包括但不限于安全保护、防寒、防雨、防尘、绝缘保护、常用药品、急救设备、传染病预防、身体检查等。

（3）乙方应为本合同下雇佣的职员和工人提供和维护任何必要的膳宿条件和生活环境，包括但不限于住房、围栏、供水（饮用及其他目的的用水）、供电、卫生设备、食堂及炊具、防火及灭火设备、供热、家具及其他正常膳宿条件和生活环境所需的必需品。乙方还应安排向其职员和工人供应足够的、价格合理的、合适的食品并应考虑宗教或民族习惯。

8. 特殊工种

乙方为本合同雇佣的特殊工种的工人和操作人员应受过专门的培训并已取得政府有权管理机构规定的上岗证书。这些特殊工种包括但不限于电工、焊工、锅炉工、塔吊司机、施工外用电梯司机、信号工、架子工、爆破作业人员、施工机械操作人员等。

9. 与其他承包人的配合与协调

乙方应为下述人员从事其工作提供服务和配合，并负责工程实施过程中的必要协调：

（1）指定分包人及其工人；

（2）甲方的工人；

（3）甲方直接雇佣的独立承包人及其工人；

（4）任何合法履行职责的国家公务人员和有关管理部门的工作人员。

上文中提到的服务和配合包括但不限于：

（1）对包括上述人员工作在内的工程总体施工进度计划的安排和日常协调；

（2）为上述人员及时提供足够的和无障碍的工作面；

（3）负责各专业施工后的空洞、开槽、门窗缝的填塞；

（4）在上述人员完成工作并将工作成品移交给乙方后，乙方应采取的成品保护措施；

（5）为上述人员提供在合同中约定的任何其他服务和配合。

应当认为乙方在其合同价格中已经考虑了本款所述的与上述人员的配合与协调所发生的费用；亦在约定的合同工期中已考虑了与上述人员、工序之间的配合时间。

10. 施工扰民和民扰

乙方有责任和义务采取适当的措施最大程度地降低因工程施工对周边环境和居民生活产生影响。乙方应采取适当的措施避免因其施工（包括夜间施工）所产生的施工噪音、震动、光线等扰民因素导致的扰民或民扰对工程进展造成影响。乙方应保证甲方不会承担任何因乙方实施合同导致的施工扰民或民扰的有关费用，且不会遭受因乙方实施合同导致的任何与施工扰民或民扰有关的费用和延长工期的索赔。

11. 乙方潜在责任和义务

如果任何为本工程正常使用功能和设计使用寿命所必需的或为本工程适用的任何规范、规程或标准所要求的工作既未以文字形式明确约定为属于甲方或任何指定分包人或任何独立承包人的工作，也未在本合同中以文字形式明确提及，则此类工作应理解为乙方的潜在责任和义务，乙方应负责完成并承担相应的费用。乙方不得就此类潜在责任和义务向甲方提出任何费用和工期的索赔要求，且在任何情况下，乙方也不得就此提出有关其投标价格考虑不周、疏忽缺漏、计算错误等的补偿要求。

关于合同价款问题，双方已在中标通知书中予以确认，同时本合同约定按照固定价格包干的形式确认，可最大可能减少价款争议。

12. 承包范围工作的扣除

乙方接受甲方将其承包范围中的一部分工程内容从本合同中扣除的可能性，一旦甲方提出，甲方有权对本合同的总价款做相应扣减，乙方应根据本合

16226

同的变更约定来完成，不能拒绝或拖延施工，也不能因此提出额外的索赔。

第八条　甲方代表

在整个合同期内，甲方驻工地总代表：______，联系电话：______。甲方代表应受理与其有关的所有通知、指示、同意、批准、证书、决定及其他通信联络。

对于本合同而言，经甲方任命的并且监理和乙方已经收到相应书面通知的甲方代表（代表甲方）应是甲方唯一的合法代理人。

除非本合同中已注明甲方代表的姓名，甲方应在本合同生效后______天内将任命的甲方代表的姓名及其他详细资料通知给监理和乙方。甲方可能会随时更换其代表，但在监理和乙方收到甲方的相应通知之前，任何对甲方代表的任命或更换应不产生合同效力。

第九条　乙方代表

1. 乙方代表

本款所指的乙方代表为乙方派驻本工程现场的项目经理，其姓名为：______，电话为：______资格证号：______。乙方确保委任的项目经理是具有符合甲方及本工程要求的相应岗位资格的人员。乙方代表在整个合同期内的工作应是全职而不应是兼职。

除非合同中另有约定，对于本合同而言，经乙方任命的并且按照本款已经取得甲方同意的乙方代表应是乙方唯一的合法代理人。乙方代表应受理合同范围内的所有通知、指示、同意、批准、证书、决定及其他通信联络。乙方代表无论何时离开现场均应指定合适的替代人员并相应地通知甲方和监理。没有甲方和监理的事先同意，乙方不得更换和撤销乙方代表的任命，否则将视为乙方违约，甲方将因此有权从乙方应得的任何款项中扣除人民币______元 / 人 / 次作为违约金。乙方代表以及项目主要管理人员每周应保证在现场的工作时间不少于______天，并且保证现场每天 24 小时有项目主要管理人员在场，否则将视为乙方违约，甲方和监理将因此有权从任何乙方应得的款项中扣除______元 / 人 / 次作为违约金。

2. 乙方代表的职责和权利

乙方代表应负责指导施工文件的编制和工程的实施。除非合同中另有约定，乙方代表（代表乙方）应受理合同范围内的所有通知、指示、同意、批准、证书、决定及其他通信联络。乙方代表无论何时离开现场均应指定合适的替代人员并相应地通知甲方和监理。

3. 乙方代表的权利委托

乙方代表可将其权利和职责委托给任何甲方认可的胜任的人员，并可随时撤销任何此类委托。任何此类的委托或撤销均应采取书面形式，并且在甲方和监理收到由乙方代表签发的相应的书面通知之前，此类权利与职责的委托或撤销不应产生合同效力。

第十条　工程监理

1. 委托监理

在整个合同期内，甲方委托具备相应资质条件的监理单位对整体工程的实施进行监理。除非在合同中已经注明，甲方应在合同生效日后______天内，在工程开工以前，将监理的名称及其他详细资料以书面形式通知乙方。

2. 监理的职责和权利

监理应当全面、客观、公正地履行其职责和权利。监理应当依据法律、行政法规、规章以及合同行使其相应的职责和权利。

（1）监理无权修改合同。

> 监理只负责与工程施工、验收等相关的部分，合同双方就工程约定的商务条款与监理单位无赦。同时，监理单位对整个工程的施工实际情况及资料具有完备的记录，成为在或有诉讼中提供重要证据的一方。

（2）所有由监理发出的书面通知、指示、同意、批准、证书、决定及其他通信联络，只要与本工程的人员、合同、价格、支付、计量、计价、开工、停工、复工、工期、工期延长、质量、建筑使用功能、材料和工程设备审批等有关，须事先经过甲方的审核并批准，并有甲方或其合法授权人的签字，方可成为有合同约束力的文件。

（3）甲方有权在任何时候决定将本合同中约定的监理的某些职责和权利委托给其他机构、咨询单位或个人。甲方在做这种决定后______日内，应将这种决定的细节以书面方式通知包括监理和乙方在内的各相关方。如果发生这种委托，则本合同中约定的监理的职责和权利应按照甲方的委托由甲方委托的其他机构、咨询单位或个人来行使，合同中相关条款也应做相应的解释。

（4）当甲方和监理任何书面通知、指示、同意、批准、证书、决定及其他通信联络之间出现冲突、矛盾或不一致时，甲方的决定应是最终的和具有合同约束力的。

3. 总监理工程师

除非本合同中已注明总监理工程师的姓名，甲方应在本合同生效后______天内将监理总监理工程师的姓名及其他详细资料通知给乙方。在整个合

16226

同期内，总监理工程师（代表监理）应是监理唯一的合法代理人，并应受理与其有关的所有通知、指示、同意、批准、证书、决定及其他通信联络。

4. 通知改正

如果乙方未能根据合同履行其任何义务或实施工程，监理可通知乙方（同时抄送一份副本给甲方），要求乙方在接到书面通知______日内改正此类过失或违约行为。

第十一条　甲方和监理的宽恕

甲方或监理就乙方对合同文件中约定的任何责任和条件的某种违约行为的宽恕，不影响甲方和监理在此后的任何时间严格按合同文件的约定处理乙方的其他违约行为，也不能被理解为甲方放弃合同文件中约定的甲方与上述违约有关的权利和赔偿要求。

第十二条　设计人

1. 设计人

除非本合同中已经注明，甲方应在本合同生效后______天内将甲方委托的设计人的名称及其他详细资料通知给监理和乙方。

设计人应按照甲方与其签订的委托设计合同履行职责和义务。甲方应督促和保证设计人全面履行其职责和义务。

对于本合同而言，这些职责和义务包括但不限于：

（1）及时提供满足工程实施需要的图纸及相关设计资料；

（2）及时解答、澄清可能由乙方提出，通过甲方或监理转呈的任何关于设计方面的质疑和问题；

（3）在任何必要的时候参加工程的核验、检查和验收。

2. 设计人驻工地代表

在甲方认为必要的期间（或多个期间）内，甲方应保证设计人指定一名代表作为驻工地代表承担合同约定的设计人工地代表的工作，与此有关的费用由设计方承担。但设计人驻工地代表仅在甲方认为必要时才会被要求到现场办公。该设计人驻工地代表（代表设计人）应受理与其有关的所有通知、指示、同意、批准、证书、决定及其他通信联络。

除非合同中已注明设计人驻工地代表的姓名，甲方应在合同生效后______天内将任命的设计人驻工地代表的姓名及其他详细资料通知给乙方。设计人可能会随时更换其驻工地代表。在乙方收到甲方的相应通知之前，任何对设计人驻工地代表的任命或更换应不产生合同效力。设计人驻工地代表应能流利地使用第 2 条第 1 款约定的语言进行日常书面和口头交流。

第十三条　合同工作内容

第 2 条第 3 款中提及的构成本合同的所有合同文件所包含、涉及的一切内容与含义，只要适用，都应作为对乙方合同工作内容的定义。由上述合同文件所定义的合同工作内容包括合同中明确约定的工作、依据第 4 条第 4 款发出的任何指示所带来的工作、合同中写明的或隐含的由乙方的任何义务产生的任何工作以及合同中虽未提及但可合理推论得到的对工程的稳定、完整、安全、可靠及有效运行或为了符合及实现合同目的所必需的全部工作。

第十四条　踏勘现场

应当认为，乙方在正式提交投标书之前，已经对现场及其周边环境，以及甲方向乙方提供的资料进行了认真细致和全面的勘察和检查，并且已经就任何可能存在的疑问向甲方获取了足够的澄清和解答；但是，乙方应对他自己对上述资料的任何理解、推论或解释负责。

第十五条　对合同文件的理解

应当认为在正式提交投标书以前，乙方已经认真研究了甲方提供的招标文件，已经得到甲方对任何可能存在的疑问的澄清和解答，并对由合同文件所定义的乙方合同工作内容达到透彻和充分的理解，且已将这种理解全部反映到了他的投标书中。乙方在此过程中已经寻求并获得了必要的和充分的法律支持。

第十六条　合同的充分性

应当认为，乙方已经确认其本合同文件中开列的各项费率和价格的正确性和充分性。除非本合同签署后另有补充合同约定，本合同中开列的各项费率和价格已经全面、充分地体现和覆盖了：

1. 乙方根据合同应承担的全部责任和义务；

2. 为该工程的正确实施、完工和修补其任何缺陷所必需发生的一切费用；

3. 为完成第 13 条第 1 款约定的全部合同工作内容而必需发生的任何费用；

4. 为了符合第 14 条第 1 款约定而应包含的一切可能的费用；

5. 本合同条款第 7 条约定的应由乙方承担的责任、义务和工作；

6. 为指定分包人（如有）、独立承包人（如有）提供合同规定的管理、协调、配合、服务责任和义务所需的费用；

7. 作为一个有经验的乙方可以合理预见的任何紧急情况的处理费用。

第十七条　开工

乙方应按甲方开工通知中明确的日期进行开工。

16226

为了保证尽快实施工程，乙方在开工以前做好乙方认为必要和适当的任何准备工作。这些准备工作视为乙方为了完成合同而进行的工作的一部分。乙方不得就其开工前的准备工作向甲方主张任何费用补偿。

乙方在开工日期前已提前进场的，应按照合同的约定履行甲方的指令和乙方在现场应遵守的其他义务；因此发生的相关费用已包含在综合单价中，乙方不得因此主张任何费用的补偿。

乙方不能按时开工，应当不迟于合同约定的开工日期前______天，以书面形式向监理、甲方提出延期开工的理由。监理、甲方同意后乙方可以延期开工，并按照监理及甲方重新确认的开工日期开工，但监理及甲方同意延期开工，并不免除乙方延期开工导致的责任，由此导致的误期按照本合同第 20 条执行。

> 提示：此处可同时约定承包单位逾期达到一定期限时发包人享有单方解约权，以便发包人及时终止合同另行办理装修事项。

因甲方原因导致乙方不能按照本合同约定的开工日期开工，甲方应以书面形式通知乙方，推迟开工日期，由此导致乙方工期延误的，由乙方向监理、甲方申请延期，监理、甲方确认后工期相应顺延但不作任何费用补偿。

第十八条　施工规划和施工方案

除非合同中另有约定，乙方应在合同生效后______天内向甲方和监理提交一份施工规划和主要工序的施工方案。该施工规划和施工方案不应对随投标文件提交的施工规划和施工方案（如果有）做实质性变动，而是对其的进一步细化，否则甲方有权解除合同，乙方应承担解除合同的违约责任。

在施工过程中，甲方和监理有权要求乙方随时提交甲方或监理认为必要的关于施工规划和施工方案的任何说明或文件，对此类指示，乙方应遵照执行。乙方应按照经甲方和监理批准的上述施工规划和施工方案进行施工。但在任何情况下，甲方和监理对上述任何施工规划或施工方案的批准不应解除乙方对其应负的责任，该施工规划或施工方案亦不直接作为工程价款结算计量的依据，须办理相应的现场签证手续。

第十九条　合同工期、竣工日期和进度计划

1. 合同工期和竣工日期

本工程的合同工期是指自乙方进场开工（以按照本合同第 17 条第 1 款约定的开工日

期为准）至本工程竣工日期之间的期限。本工程在竣工日期前应达到的竣工的标准为合同范围内工作全部竣工并完成工程所在地各相关行政主管部门或机构要求的所有单项验收或竣工条件，并获得正式的质量监督管理部门备案，完成本工程全部工程建设工作，实现全部系统的开通调试、楼宇保洁以及物业交接工作，使其具备使用条件。

乙方应在工程或每一区段的合同工期内或按照第 24 条约定予以延长的工期内完成整个工程以及每一区段，并达到第 42 条中约定的竣工验收条件。乙方必需确保所有本合同项下的全部工程，包括指定分包工程，以及为达到工程所在地建设工程质量监督管理机构要求的竣工核验备案条件而必需完成的由独立承包人负责的独立发包工程在本款约定的竣工日期前竣工、实现合格的竣工验收、完成法定的所有手续并交付使用。

2. 提交进度计划

乙方应在本协议签署之日后的______天内，按甲方同意的格式和详细程度，向甲方和监理提交一份完整的工程进度计划及阶段性进度计划，以获取甲方和监理的批准。无论甲方和监理何时需要，乙方还应以书面形式提交一份为保证该进度计划而拟采用的方法和安排的说明，以供甲方和监理参考。此类工程进度计划不应对随投标文件提交的工程进度计划（如果有）做实质性变动，而是对其的进一步细化。

乙方的总进度计划经甲方和监理审批后，乙方应提供月进度计划、周进度计划、人员进场计划、主要机械设备、材料样板送审计划、材料进场计划等。特别说明，乙方不能因为甲方和监理对上述计划的审批而规避进度工期的合同责任。

类似工程通常会制定进度计划并编制施工日志，以便发包人对于工程进展有全面了解。同时在双方发生争议或设计诉讼时也可作为重要的证据材料予以使用。

3. 修订进度计划

无论何时，如果甲方和监理认为工程或其任何区段的实际进度与第 19 条第 2 款中提及的已经批准的进度计划不符合，乙方应根据甲方和监理的要求提出一份经过修订的进度计划，以显示为保证工程按期完工而对原进度计划所做的修改。

4. 保证进度计划

乙方应采取任何必要和适当的措施来保证工程按照第 19 条第 2 款中批准的进度计划或按照第 19 条第 3 款经过修订的进度计划进行，任何与此类措施有关的费用由乙方承担。

16226

5. 施工进度

在任何时候如果甲方和监理认为工程或其任何区段的施工进度不符合第19条第2款中批准的进度计划或按照第19条第3款经过修订的进度计划，或不符合完工期限要求，甲方和监理应将此情况通知乙方。乙方应在甲方和监理的同意下，立即采取任何必要的措施，加快工程进度，以使其符合完工期限要求。乙方无权要求为采取这些措施支付附加费用。如果为此乙方认为有必要在夜间或节假日进行任何工作，乙方应自行办理任何必要的许可并承担相应的费用。

> 夜间施工易引起安全问题及第三人纠纷（如噪音等），故正常情况下双方需按照施工进度进行履行。特殊情况下需要夜间施工时，相关风险由承包单位进行承担。

6. 工程的重要节点（形象进度）

本合同确定的工程的重要节点（形象进度）及其完成时间。完成相应重要节点的工期称为阶段性工期。乙方必需确保相关的工程的重要节点在阶段性工期内完成，并提供相关的书面记录或证明材料。

具体节点进度要求以双方确认的施工进度计划为准：

在任何情况下，如甲方对乙方是否按照合同要求的形象进度完成了工程施工提出质疑的，则乙方应当负有举证责任，提供充足的证据证明其已经按照合同要求完成了相关的工程形象进度；否则，乙方应当按照合同约定承担违约责任。

第二十条　误期责任

如果乙方未能全面履行第19条第1款的约定按照经甲、乙及监理单位共同制定的阶段性施工计划完工，各单位工程进度节点每逾期1天，按照合同总价款的________‰向甲方支付误期违约金。竣工时间节点每逾期1天，按合同总价款的________‰向甲方支付误期违约金。同时乙方逾期对造成甲方/相关方损失的，乙方承担全部赔偿责任。

> 此处可参照3%~10%的比例收取违约，维持在5%左右均可。因本装修事项一旦误工，则会造成发包人对《租赁合同》违约，故此处发包人对承包单位的工期作出严格的限定，通过较高违约金方式加以规制。

由于指定分包人原因导致乙方误期的，乙方可向指定分包人和独立发包人就乙方向甲方承担逾期赔偿进行索赔，甲方将协助乙方进行该类索赔。

若乙方经过努力，精心组织施工，克服了中间进度控制节点的延误时间，最终按照第19条第1款的约定按时竣工，则乙方可以提出免责申请，经甲方审核同意后，可退回该部分误期违约金。

第二十一条　工程暂停

1. 工程暂停

甲方可以随时指示或通过监理指示乙方暂停进行部分或全部工程。在工程部分或全部暂停期间，乙方应保护、照管及保障该部分或全部工程免遭任何损蚀、损失或损害。乙方每天应将当日现场工人人数和机械详细记录在册，报甲方和监理确认。延期申报的，甲方和监理将不按第21条第2款的规定进行工程暂停补偿。

2. 工程暂停的补偿

如发生本合同第21条第1款的情况，双方同意：

（1）如果是因乙方原因导致甲方（或监理）要求乙方暂停，或者非因乙方原因导致甲方（或监理）要求乙方暂停但工程暂停持续时间未超过______日的，乙方应自行承担工程暂停发生的所有费用且不得要求甲方做任何补偿。

（2）如果是甲方原因导致甲方或监理要求乙方暂停的情形，且工程暂停持续时间在______日以上至______日以内的、乙方按以下标准要求甲方给予补偿。乙方之此项补偿仅应当限于其在停工期间必需驻守工地的机械和人工的直接费用，而不应当包括利润、税金（含增值税）、管理费及其他间接费用，且乙方对于其是否符合此项补偿条件负有举证责任：

①人工费，工人窝工补偿费采用______元/工日计算，工日数按实际签证，但该费用不作为支付工人的依据，项目管理人员工资按现场实际发生计算。

②机械费，机械费按实际停工时间段内发生机械停滞费用的______%计算，停滞费按______市建委发布的当月信息价进行计价。

③措施费，措施费补偿按无计算。

④管理费管理费按无计算。

以上费用不计其他任何费用。

第二十二条　长时间暂停

如果第21条第1款所述的暂停已持续______天以上，甲方不再补偿，则

16226

甲方和乙方将就此协商，另行达成补充协议。

> 此处可参照 60~90 天进行确定，否则发包人支出消耗过大。同时不予经济补偿的措施也可督促承包单位尽快解决或有问题进行施工。

第二十三条　复工

在收到监理发出的继续施工的许可或指示（该许可和指示应事先得到甲方的批准）后，乙方应与监理和甲方一起检查受到暂停影响的工程以及工程设备和材料。乙方应修复在暂停期间发生在工程中的任何损蚀、缺陷或损失。与此类修复有关的费用的承担视情况而定：如果此类暂停不是由于乙方的某种违约或过失造成，则修复费用由甲方承担；如果此类暂停是由于乙方的某种违约或过失造成，或（无论由于何种原因造成）乙方未能执行监理或甲方的指示履行适当保护和照管责任，则修复费用由乙方承担。

第二十四条　延长工期

1. 延长工期

如果由于下述任何原因导致任何属于可以证明的关键线路工作的延误时，乙方可以申请延长工期：

（1）由于甲方原因造成的延误、干扰或阻碍；

（2）不可抗力事件（如第 38 条所述）。

甲方应在与乙方和监理进行适当协商之后决定，依据实际延误情况决定工期延长的时间。完工日期应随此延长的工期做相应的调整。

2. 延长工期的程序

乙方为了获准第 24 条第 1 款所述的延长工期，必需履行以下义务：

（1）在此类事件开始发生后的______天以内以书面形式通知甲方并同时抄送一份给监理；

（2）上述通知之后的______天内，或在甲方可能同意的其他合理的期限内，向甲方提交乙方认为他有权要求的任何延期的详情报告（应附上必要的书面依据或相关资料），以便甲方可以及时对他申述的情况进行研究。该详情报告应同时抄送一份给监理。

否则，甲方可以不必就延期事宜做任何决定，工期亦不予延长。

3. 延长工期的免责

乙方按上述程序获得的工期延长仅作为乙方工期免责的依据，乙方不得据此向甲方提出任何费用请求。

第二十五条　工程质量

1. 质量标准

不仅限于招标文件中“工程规范和技术说明”部分，构成合同的任何合同文件中的任何相关约定或描述，只要适用，均应理解为是对工程质量标准定义。乙方应按照合同中约定的标准和方法进行工程的深化设计、实施、完工和修补任何缺陷。

本工程质量标准必需符合中华人民共和国国家标准，若本合同中约定的任何工程质量标准低于国家标准，则按国家标准执行；若合同中约定的任何工程质量标准高于国家标准，则按合同中约定的标准执行。

管理人对本工程规定的标准和要求视为本合同约定标准的一部分，乙方应予遵守，而不论该等标准和要求是否在本合同中列明。

> 合同约定标准通常要高于国家标准，故建议确定以合同标准为准。

2. 质量等级

除非合同中另有约定，本工程所在的整体工程质量等级为不低于中华人民共和国《建筑工程施工质量验收统一标准》（GB 50300—2013）的合格标准。乙方必需保证其承包范围内的工程的质量达到同样的质量等级。并以经工程所在地建设质量监督部门备案后的相关结论和通过甲方、甲方委托管理人验收的结论为准。

（1）质量等级所包含的标准、规范、规程、政府文件包括但不限于以下文件：

①《建筑工程施工质量验收统一标准》（GB 50300—2013）；

②《建筑装修工程质量验收规范》（GB 50210—2001）；

③《住宅装饰装修工程施工规范》（GB 50327—2001）；

④《住宅室内装饰装修管理办法》（建设部第 110 号令，套用“高级住宅”类别）；

⑤《建筑涂饰工程施工及验收规程》（JGJ/T 29—2015）；

⑥《高级建筑装饰工程质量验收标准》（DBJ/T 01—27—2003）；

⑦《居住建筑节能保温工程施工质量验收规程》（DBJ 01—97—2005）；

⑧《建筑内部装修防火施工及验收规范》（GB 50354—2017）；

⑨《建筑隔声评价标准》（GB/T 50121—2005）；

⑩《用水器具节水技术条件》（DBJ 11/343—2006）；

16226

⑪《民用建筑工程室内环境污染控制规范》（GB 50325—2010）；

⑫《陶瓷地砖胶粘剂应用技术规程》（DBJ 11/T 344—2006）；

⑬《建筑节能工程施工质量验收规范》（GB 50411—2007）；

⑭《建筑室内装饰装修材料有害物质含量“十项国家标准”》（GB 6556、GB 18580 ～ GB 18588—2001）；

⑮《建筑给排水及采暖工程施工质量验收规范》（GB 50242—2002）；

⑯《建筑电气工程施工质量验收规范》（GB 50303—2011）；

⑰《民用建筑电气设计规范》（JGJ 16—2008）；

⑱《等电位联结安装》（02D 501—2）；

⑲……

提示：此处可以根据装修项目所在地当地具体情况增加相关文件。

⑳ 上述标准、规范、规程、政府文件中所规定的、与建筑装饰装修相关联的、在本合同签订之后国家和______市新颁布的其他标准、规范、规程、政府文件。

（2）上述第 25 条第 2 款第 1 项的 1 ～ 20 目内容中，均指在工程竣工验收、备案验收时的最新有效版本。

（3）上述第 25 条第 2 款第 1 项的 1 ～ 20 目内容中，当同一内容在不同的标准、规范、规程、政府文件要求不同时，以技术要求最高者为依据。

（4）违反上述标准中的任何内容，导致客户投诉、造成经济损失的由乙方承担全部赔偿责任。

3. 新材料、新技术和新工艺

对于合同中可能出现的新材料、新技术或新工艺，合同文件可能只对其施工技术或验收标准做出约定，或者合同中对某类材料、技术、工艺未约定制造的标准或实施的方法，在甲方认为必要的时候，乙方应按甲方的要求提出施工工艺以及甲方认为必要的任何资料和文件，并在取得甲方的批准后执行。乙方提交的此类施工工艺以及任何资料和文件应同时抄送一份给监理。

4. 质量违约金

保证本合同下工程的质量达到第 25 条第 2 款约定的质量等级对应的标准和要求是乙方的合同责任和义务。如乙方承包范围内的工程不能达到第 25 条第 2 款的质量等级对应的标准和要求，或由于乙方原因致使整体工程未能实现第 25 条第 2 款的质量等级，则乙方向甲方支付质量违约金额为合同暂估总价的______%，并负责整改。该质量违约金额可以由乙方向甲方直接支付或由甲方直接从乙方任何应得的款项中扣除。

甲方和监理在巡视、检查、旁站、验收过程中，发现乙方存在质量问题，在提出书面整改意见后乙方不按上述意见整改或拒不整改的，有权要求乙方支付每次______元的违约金。同时，甲方有权另外委托第三方进行施工，则由此产生的工期和费用等损失均由乙方承担。该等违约金及费用可以由乙方向甲方直接支付或由甲方直接从乙方任何应得的款项中扣除。

第二十六条　材料和工程设备检验

1. 材料、工程设备和工艺的质量

除非合同中另有约定，乙方承包范围内一切材料、工程设备和工艺均应：

（1）符合合同约定；

（2）按照合同约定的要求进行检验。

所有在合同中已明确指明或约定必需进行检验的任何材料和工程设备在经过检验获得甲方和监理批准以前，不得用于任何永久工程。

如果乙方使用的材料或工程设备不符合法律、法规或本合同的规定，甲方有权按合同第 28 条第 3 款的约定执行，由此造成的延误不予顺延。

进一步约定，乙方就其供应商、指定分包人的材料或工程设备的质量问题向甲方承担连带责任，甲方有权从乙方应得的任何款项中直接扣除上述赔偿金额。

2. 为检验创造条件

乙方应为任何材料或工程设备的检查、检测和检验提供劳务、电力、燃料、备用品、装置和仪器及任何必要的协助。甲方、监理、顾问和管理人以及他们的任何授权人员应能够在任何时候进入现场及正在为工程制造、装配、准备材料或工程设备的所有车间和场所进行任何他们认为必要的检查。无论这些车间和场所是否属于乙方，乙方都应提供一切便利，并协助其取得相应的权利或许可。乙方为完成本款约定工作所发生的任何费用由乙方自行承担。

3. 拒收

如果检查、检测和检验或试验的结果表明，任何工程设备、材料、设计（如果合同中约定为乙方的工作）、工艺有缺陷或不符合合同的约定，甲方可拒收此类工程设备、材料、设计或工艺。乙方应立即修复上述缺陷并保证其符合合

16226

同约定。

4. 检验的费用

除非合同中另有约定，乙方应负担本合同项下的所有检验和试验的费用。

第二十七条　样品和工程样板管理

1. 样品的报送

包括但不限于在合同中列明的以及虽然合同中没有列明但合同中对其质量标准、性能、规格、档次、颜色、设计效果、厂家或品牌有要求或约定的材料和工程设备，乙方应在用于工程之前，应提前______天，向甲方及监理方提交样品并附上任何必要的说明书、证书、出厂报告、性能介绍、使用说明等相关资料，以供检验和审批。

2. 样品批复

甲方在收到通过监理转交的样品以及监理的审批意见后______天内就此样品给出书面批复，通知乙方他对此样品所做出的决定和指示（同时抄送一份给监理）。乙方应根据甲方的书面批复和指示相应地进行下一步工作。

如果甲方未能在乙方按第 27 条第 1 款报送样品后______天内给出书面批复，乙方应就此通知监理和甲方尽快批复。如果甲方在收到此类通知后______天仍未对样品进行批复，则视为甲方已经批准。

3. 样品的存放

得到批准后的样品由甲方负责存放。

4. 样品的费用

按照第 27 条第 1 款提供样品所发生的相关费用由乙方承担。

5. 其他约定

有样板送审要求的材料或设备在用于工程之前，至少提前______个月完成材料样品的送审通过；否则，甲方有权利视情况而定，指定采购或直接采购，由此造成的损失和费用由乙方承担。

任何时候，甲方或监理对样品的批复不构成样品质量不符合国家或行业标准的免责理由。

> 样品批复仅表示对于预期工程质量标准及规格问题的确认，与实际工程质量无直接关系。工程质量问题应当采用本合同约定标准及国家、行业标准来确定。

6. 工程样板实施范围

凡甲方要求进行样板施工的重点区域、范围、分部分项工程，以及采用新材料、新工艺、新技术、新施工方法的分项工程都应实施样板先行的原则，只有在施工样板经过验收后，方可进行大面积施工。

7. 工程样板实施、验收流程

乙方应在开工前应确定样板施工部位，提前编制详细的样板施工方案、技术标准及作业交底，经监理及甲方审批后根据现场进度组织样板施工，施工样板完成后报甲方及监理验收，经整改并复验合格后确定样板施工方案，最后展开大面积施工作业。

（1）施工样板的施工和验收由乙方组织进行，填写好样板验收记录表备案。

（2）样板验收参加单位应包括甲方、监理，必要时设计单位应参加。

（3）重要部位施工样板的验收应报甲方总公司相关部门参加验收，例如实楼交楼样板层等重要部位。

样板验收内容：明确工程质量验收标准、分析和确定合理的施工工艺、强调细部节点处理做法等。

第二十八条　工艺检验

1. 对工序工艺的检验

对于按合同约定必需进行检查和检验的施工工序及其工艺，乙方应同甲方和监理商定对其检查和检验的时间。乙方应提前______小时通知甲方和监理准备参加此检查和检验。

2. 隐蔽工程和中间验收

> 隐蔽工程是指建筑物、构筑物、在施工期间将建筑材料或构配件埋于物体之中后被覆盖外表看不见的实物。隐蔽工程的验收程序及标准可参照正式工程验收的步骤加以适用。

合同中规定的任何隐蔽工程或中间验收部位在被覆盖、包装或隐蔽之前，必需经过检验并得到甲方和监理的批准。除非合同中另有约定，在工程具备隐蔽条件或达到合同中约定的中间验收部位，乙方自检合格后，在隐蔽或中间验收之前的______小时通知甲方和监理参加检验。检验过程中由乙方填写并准备检验记录。如检验结果表明其施工符合合同约定，甲方和监理在验收记录上签字，乙方可进行包装、覆盖、隐蔽和继续施工，如不符合合同约定则执行第 28 条第 3 款。

16226

关注法天使

3. 不合格品的处理

如果上述任何检验表明被检验的材料、工程设备、工艺质量或工程不符合合同约定，则甲方或监理有权指示乙方：

（1）在指示规定的时间内一次或分几次将不符合合同约定的任何材料或工程设备运出现场；

（2）用合格的材料或工程设备取代；

（3）拆除不符合合同约定的工程，并进行重新施工。

如果乙方未能在指示规定的时间内，或者（若指示中没有规定时间）在合理的时间内未执行上述指示，则甲方有权委托他人执行该项指示，并向其支付相关费用。由此造成或伴随产生的全部费用及损失应由乙方直接向甲方支付，也可由甲方从任何应支付或将支付给乙方的任何款项中扣除。

此处权利的约定意在为统一商场管理并督促承包单位加快重新施工进度。同时提示：包括清场权利、紧急处置权在内的由甲方进行处置的权利，均建议明确“所消耗费用由承包单位负担”，以免在处理后双方因价款问题产生争议。

第二十九条　调试

1. 调试

除非合同中另有约定，合同工作内容中的设备安装工程应进行调试检验。设备安装工程在工程竣工前的调试由乙方组织。乙方应调试前______小时内书面通知监理和甲方。通知包括调试内容、时间、地点。乙方准备调试记录，调试通过，监理和甲方在调试记录上签字。

2. 调试结果与责任划分

针对调试结果的双方责任约定如下：

如果由于设计原因（第 4 条第 2 款中所述情况除外）导致调试达不到验收要求，甲方负责修改设计，乙方按修改后的设计重新安装。甲方承担修改设计、拆除及重新安装的全部费用因此而发生的任何额外费用并将其追加到合同价格中。

如果由于设备制造原因导致调试达不到验收要求，由该设备采购一方负责重新购置或修理，并由安装方负责拆除和重新安装。如果设备由乙方采购，则由乙方承担修理或重新购置、拆除及重新安装的费用，乙方无权因此得到任何费用和工期补偿；如果设备由甲方采购，则甲方承担上述各项费用，因此而发生的任何额外费用并将其追加到合同价格中。

如果由于乙方施工原因调试未达到验收要求，甲方和监理在进行调试后______小时内提出修改意见。乙方修改后重新调试，乙方承担此类修改和重新调试的费用，并无权得到工期补偿。

除非合同中另有约定，应认为调试费用已含在合同价格中。但依据调试结果进行任上述处理的费用应依据本款中上述约定执行。

第三十条　甲供材料设备及项目和甲限价的材料设备

1. 甲供材料、设备及项目

详见附件。

2. 甲限价材料、设备

详见附件。

3. 两方协议

本合同第 30 条第 1 款的项目由甲方和供货方签署两方协议。

（1）“两方协议”是指由甲方和材料设备或项目供应商、安装方或分包商双方共同签署的协议。其中，甲方、乙方和监理对材料设备和安装、施工等共同验收等；乙方须负责提出材料设备的采购时间、采购量，以及对材料设备的验收、保管、施工和成品、半成品的保护、竣工资料的整理等；供货方须负责按合同的约定供应或安装材料设备。具体条款以双方合同为准。

（2）“两方协议”合同款支付方式

由甲方直接支付给供货方，供货方在申请支付材料价款时须填写甲方的《工程（材料）项目拨款申请表》，按表格规定的先后顺序办理审批手续。每次甲方支付供货方材料款前，供货方须向甲方提供当次付款同等金额的供货增值税普通增值税普通发票（增值税普通发票抬头名称：______，由于供货方向甲方开具的增值税普通发票是假增值税普通发票所导致的国家及地方税务部门的罚款以及其他责任均由供货方承担，甲方不负任何责任）和当次付款并经各方批准后的付款申请资料一份。供货方未按照本条的要求提供全部合格手续和增值税普通发票之前，甲方有权不支付相关款项且不构成违约。具体条款以双方合同为准。

4. 调整的权利

甲方保留对第 30 条第 1、2 款项目的进行调整的权利。

16226

关注法天使

第三十一条　材料代换

1. 材料设备的替代

对于合同中约定的材料和工程设备，如果出现下列情况：

（1）任何政府或有关管理机构的后继规章、规定禁止使用；

（2）甲方要求使用其他替代品。

乙方可以按第 31 条第 2 款约定的程序使用其他替代品来实施工程或修补缺陷。监理和甲方按第 31 条第 2 款对使用替代品的批准以及乙方据此使用替代品不应解除乙方合同约定的任何职责和义务。乙方不得因其他原因，包括但不限于乙方自身的原因，使用替代品。

> 由于替代品可能影响到工程整体设计外观及质量，故替代品更换的权利应由发包人决定，承包单位使用替代品行为均应得到发包人许可。

2. 使用替代品的程序

如果根据第 31 条第 1 款使用替代品，乙方应至少在被代换品按批准的进度计划将被用于永久工程前______天以书面形式通知监理和甲方并随此通知提交下列文件：

（1）拟被替代的合同中约定的材料和工程设备的名称、数量、规格、型号、品牌、性能、价格及其他任何详细资料；

（2）拟采用的替代品的名称、数量、规格、型号、品牌、性能、价格及其他任何必要的详细资料；

（3）替代品使用的工程部位；

（4）采用替代品的理由和原因申述；

（5）替代品与合同中约定的产品之间的差异以及使用替代品后可能对工程产生的任何方面的影响；

（6）价格上差异；

（7）监理和甲方为做出适当的决定而随时要求乙方提供的任何其他文件。监理和甲方在收到此类通知及上述文件后，应在______天内向乙方给出书面指示。如果______天内监理和甲方未给出书面指示，应视为监理和甲方已经批准使用上述替代品，乙方可以据此使用替代品。

任何情况下，使用任何替代品都应遵守本合同中其他对材料和工程设备的任何约定。

3. 使用替代品后甲方的决定

如果乙方根据第 31 条第 1、2 款使用了替代品，甲方应与监理和乙方协商之后并在合理的期限内审批确定替代材料、工程设备、合同中约定的材料，以及工程设备之间的价格差值，且在该差值基础上，不再计取乙方的企业管理费和利润，但应计取法定的税金（含增值税），并决定：

（1）如果替代材料和工程设备的审批价格高于合同中约定的材料和工程设备的价格，则将高出部分的价格追加到合同价格中并相应地通知乙方；

（2）如果替代材料和工程设备的价格低于合同中约定的材料和工程设备的价格，则将节余部分的价格从合同价格中扣除并相应地通知乙方。

第三十二条　进口材料设备

如工程需采用任何从国（境）外进口材料和工程设备，则这样的材料和工程设备应在合同中相应注明并明确采购、进口、报关及清关的责任划分。

采购国外设备的主要问题在于报关及清关手续的办理以及相应责任的划分。通常而言，发包人主要负责申报审批手续，但承担单位需履行必要的协助义务。

如果合同中明确这些进口的材料和工程设备直接由甲方负责采购和办理进口，则执行合同第 30 条第 1 款约定并由甲方承担进口材料和工程设备的一切费用。

如果合同中明确进口材料和工程设备由乙方负责采购和进口，则乙方在其合同价格中应包含此类材料和工程设备的价值以及与此类进口有关的任何关税（如果不是免税工程）、增值税、港口税费、运费及其他任何必要的费用。

甲方应负责办理与此类进口有关的申请、许可、证书、外汇使用等手续。此外，如果合同中明确报关和清关等事宜由乙方负责，甲方应根据第 6 条第 2 款而给予乙方的必要的协助。

第三十三条　工程量

1. 工程量计算规则

除非本合同中另有约定，适用于本工程的工程量计算规则是指中华人民共和国住房和城乡建设部于 2008 年 7 月 9 日联合发布的《建设工程工程量清单计价规范》（GB 50500—2013）中所描述的工程量计算规则。

2. 工程量计算

当甲方要求对乙方申报的工程或工程变更进行计量时，他应及时地通知监

16226

理和乙方，乙方应立即派出一名合格的代表协助甲方和监理进行上述审核或计量并提供甲方和监理所要求的一切详细资料。

如果乙方未能参加上述审核或计量工作，则由甲方进行或由其批准的计量应被视为是正确的计量。对于永久工程的工程量计量，乙方应准备好相应的图纸及其他必要的设计文件。这些图纸和其他设计文件应事先提请甲方和监理确认无误后，方可作为上述永久工程进行计量的依据。

3. 关于工程量的特别约定

如设计变更导致某项目数量有所增加，则增加的数量仅根据变更指令与合同图纸之间的差异部分计算，而不是将相应项目重新计算得出。

第三十四条　合同价格

1. 合同价格

（1）本合同价款由工程实体费用和措施费构成。工程实体费用以工程量清单为计算依据；措施费为包干费用，除合同另有约定外，任何情况都不予调整。本合同总价的工程品质和数量以清单（本合同文件中已说明不包括的项目除外）及工程规范要求为准。

（2）本合同属固定总价合同，即所有为完成合同文件规定的工程内容的一切费用已包括在该合同综合单价之中，除本合同约定所允许的调整外，不会因为人工费、物料价格或费率的变动等任何原因而有所调整。

> 提示：本合同采取固定总价合同，而非综合单价。采取固定总价合同，除合同特别约定外，价格不再进行调整。

（3）本合同价款包括执行和完成本合同文件描述的本承包工程及其不可或缺的所有附带工作及费用，不论它们是否在合同文件中有所说明，也不论它们在签订合同时是否可以预料到。

（4）本合同固定总价及其解释

本工程合同总价含税造价为：______元（大写：______元）。

本合同暂估总价组价明细详见本合同附件三：本合同包干总价构成清单。

乙方对固定总价方案已经完全知悉并进行了认真的评估，任何改动工程的改动不能构成对固定总价的变更。

（5）本合同固定总价还包括但不限于以下费用：

①措施费用：经甲方审核认可后的施工组织设计及施工组织补充设计中涉及的所有技术措施、方案费用已包含在合同总价内，措施项目及各种方案的报价（除本合同另有约定可以调整外）固定包死。乙方应当充分理解甲方在合同中为其设定的所有义务、责任和条件，并在合同总价中全面体现。对于措施项目中乙方自身需要投入的所有资源，应当认为乙方已经以满足其全面履行甲方在合同中为其设定的义务、责任和条件之需要原则，并结合其自身的施工方案进行了充分的报价。只要甲方对乙方的合同义务、责任和条件没有改变，则乙方措施项目的价格固定包死、不得调整。特别强调，无论甲方可能发布的洽商变更对工作内容或工程量造成任何形式或程度的改变，都不得构成乙方修改其措施项目价格或提出任何索赔的理由。

但如果甲方认为有必要对乙方工作范围内的任何工作进行直接发包，则措施项目的价格应做相应的调减。调减的方式按照甲方决定直接发包项目的总价占乙方合同总价的比例同比例调减。

②措施费用的其他费用（包括但不限于以下内容）：

建筑垃圾处理及场外运输费，按相关文件规定应属乙方交纳的环保、公安、市政、环卫等部门收取的一切费用；对有合格证的机具、材料成品及半成品发生的甲方认为有必要的多次重复性检验费；安全文明施工专项费按______市“建筑工程安全防护、文明施工措施费用及使用管理规定”计取，若未按规定采取相应措施的则扣除相应费用。

③乙方现场用水用电总量按实际发生数抄表、价格按工程所在地水电行业市场收费标准由乙方向甲方缴纳。

2. 计价和支付货币

除非合同中另有约定，本合同下的计价、支付和结算均采用人民币。

3. 合同价格的调整

甲方有权因工程实际需要，增加或取消部分工程或部分项目，并按实结算工程款项，但甲方不会因增减乙方在合同范围内的工作而给予乙方相应额外的利润补偿，并不会对措施费进行调整。

（1）按本合同规定允许合同价款调整的情况，在甲方审批任何增减款项后，应对合同价款予以相应的调整。

（2）在本次报价中已充分考虑工地周围环境、交通道路、现场条件、施工图纸、施工组织设计、安全文明施工除非另有说明，任何项目综合单价均为包干性质，即已包括人工费、材料费、机械费、管理费、风险费、利润、税金（含

16226

增值税）等，预期的市场价格的涨跌、汇率的变动、国家与地方政府政策的改变引起的费用；在限定的工期内完成施工项目及整项工程并达到合同规定的质量标准所需要的全部费用；包含为完成该项目而必需发生的费用。

（3）除非另有说明，任何项目综合单价均为包干性质，即已包括：人工费、材料费、机械费、管理费、风险费、利润，预期的市场价格的涨跌、汇率的变动、国家与地方政府政策的改变引起的费用；在限定的工期内完成施工项目及整项工程并达到合同规定的质量标准所需要的费用；隐含的为完成该项目而必需发生的费用。

（4）变更价款调整

因设计变更、现场签证等因素造成的合同价款增减费用计算即结算方式为：

①合同中已有适用于变更工程的综合单价或工程量，按合同已有的综合单价或工程量调整合同价款。

②合同中只有类似于变更工程的综合单价或工程量，可以参照类似综合单价或工程量调整合同价款。

③合同中没有适用或类似于变更工程的单价，甲方、乙方双方按以下原则执行：以组成本合同造价的清单计价原则为标准进行综合单价组价，报甲方审核。

（5）乙方与其他专业配合施工，当其他专业施工对成品造成损坏或损伤时，乙方应积极予以维修，涉及费用的计价办法同本合同第 34 条第 3 款第 4 项规定。

（6）乙方应按本合同暂估总价所包含的工作项目完成工作，如合同暂估总价范围内有未完成的工作项目，在结算时应予以扣除。

4. 税金和政府费用

除非合同中另有约定：

（1）乙方在其合同价格中应包含政府或有关管理机构规定的税金（含增值税）和收费。

（2）任何根据合同第 36 条发生的变更，或依本合同任何条款乙方应得到的任何性质的合同价格调整及任何追加或扣减费用的计价均应视情况计取政府或有关管理机构规定的税金（含增值税）。

（3）乙方依法应交纳的各项税金（含增值税）应由乙方自行交纳。

第三十五条　支付

1. 预付款（根据项目实际情况调整）

详见附件协议。

2. 工程款支付方式

甲方按照以下付款方式支付乙方工程款：见______、______、______、______与______签署的《四方协议》。

详见附件协议；

（1）乙方关于增值税普通发票的特别约定。

（2）在甲方向乙方支付合同价款前，乙方应向甲方开具增值税专用发票，乙方所提供的增值税专用发票必需为乙方直接从税务机关购买的、根据本合同经济业务事项所开具的真实、合法、有效增值税专用发票。甲方在支付合同价款前有权验证或认证（包括但不限于到税务机关直接认证、通过税务机关网站网上认证等）增值税专用发票的有效性，如不能通过认证完成甲方抵扣申报的，甲方有权拒绝付款且不承担任何违约责任。

（3）甲方在支付合同价款前有权要求乙方提供税务机关核发的增值税专用发票领购簿、货物委托运输凭证、货物验收记录等业务相关凭证供甲方查验，以证明专用发票的真伪。否则，甲方有权拒绝付款或顺延付款时间且不承担任何违约责任。

> 发票事宜除明确开票金额外，还需明确约定票务瑕疵是否影响付款行为。此处为保障发包人利益，可约定在承包单位不能及时履行开票义务或开具错票时，发包人有权顺延付款。

（4）乙方向甲方开具的增值税专用发票，乙方必需确保发票及票面信息全部真实、合法，发票所列相关货物或服务的品目、价款等各项发票内容与本合同约定一致。如因乙方开具的增值税专用发票不合规（专用发票各要素漏项、错项等）、不合法（包括虚开增值税专用发票或涉嫌虚开增值税专用发票等）而导致甲方专用发票不能依法抵扣销项税款或被认定为接受虚开专用发票等税务问题的，甲方有权要求乙方重新开具专用发票。乙方应向甲方承担赔偿责任，赔偿责任范围包括但不限于甲方可抵扣税款、税收滞纳金、罚款、多缴税款的利息及一切相关损失。同时，甲方有权向乙方收取不低于相当于虚假、违规发票票面金额______%的违约金。上述赔偿金和违约金甲方有权在书面通知乙方后从任何应付合同款中直接扣减，如果合同款项已支付完毕，甲方有权无限期向乙方追索赔偿金及违约金。

（5）乙方收取价外费用（在本合同约定的价款之外再另行收取的任何款项），均必需依法开具增值税专用发票；否则，甲方有权拒绝付款。必要时，甲方应协助乙方提供开票所需资料。

（6）因乙方原因导致工期、质量、安全不符合管理规定出现的罚款、违约

16226

金，经甲方与乙方双方确认后于工程结算时扣除。

（7）工程款支付程序：

由乙方提出申请并填报甲方提供的《工程（材料）付款申请审批表》，并同时提供该请款节点经现场甲方主管人员确认的现场照片，按表格规定的先后顺序办理审批手续，并出具前述约定的正式增值税普通发票。乙方违反前述各项约定导致未能按本条前述各款支付相应款项的，甲方不承担逾期付款的违约责任。

3. 拖期支付

除非合同中另有约定，如果甲方未能在约定时间内支付根据第 3 条第 3 款应支付的任何款额，甲方可以与乙方达成延期付款协议，甲方应按照延期付款协议的约定向乙方支付。如果未能达成延期付款协议，或虽达成延期付款协议但在延期付款协议约定的延期内甲方仍未付款的，则乙方有权得到未付款额自应付之日起至实际支付日止的利息补偿。除非合同中另有规定，用于计算该利息的利率应银行同期贷款基准利率计算。

第三十六条　变更

1. 变更

本款所称“变更”是指合同文件所绘画或说明的工程在设计、品质、数量上的改变，包括其供应材料设备的类别和标准的改变、已完成工作的拆除及送抵工地的材料设备的迁离（不合格的工作或材料设备除外）。

如果甲方认为有必要对工程或其中任何部分的形式、质量或数量作出任何变更，则甲方有权指示或通过监理指示乙方进行下述任何工作，乙方应遵照执行：

（1）增加或减少合同中所包括的任何工作的数量；

（2）省略合同中所包括的任何工作；

（3）改变合同中所包括的任何工作的性质、质量或类型；

（4）改变工程任何部分的标高、基线、位置或尺寸；

（5）改变工程任何部分的施工顺序或时间安排；

（6）实施为工程竣工所必需的任何性质的附加工作。

上述变更不应以任何方式使合同作废或失效，但对所有上述变更对工程价值的影响（如果有的话）应按第 36 条第 4 款计价。如果变更是因为：

（1）乙方的违约或毁约；

（2）乙方自身施工的方便；

（3）施工措施需要；

（4）乙方应对此负责任的原因；

（5）乙方为满足或符合本合同第 7 条第 10 款的约定。

则由于上述原因引起的变更的费用应由乙方承担，并不受第 36 条第 4 款的约束。

本合同内容经双方同意变更的，如果变更的内容涉及价款等增值税专用发票记载项目发生变化的，则应作废、重开、补开、红字开具增值税专用发票。甲乙双方需履行各自的协助义务。

2. 变更的指示

没有监理的书面指示（该书面指示应事先取得甲方指准），乙方不得作任何变更。如果工程量的增加或减少不是由于变更造成而是因为工程清单中提供的工程量与实际发生的工程量不符，则监理不必为此发出增加或减少工程量的指示。工程量清单中提供的工程量与实际不符的情况，不属于本条中所指的变更。

3. 乙方提出的合理化建议

除非本合同另有约定，在合同履约过程中乙方有责任和义务以书面形式向甲方和监理提出任何有关本工程设计和施工的合理化建议。甲方和监理对乙方的任何合理化建议的批准或认可，并不表明乙方的合理化建议构成本合同下所指的变更，也不表明甲方和监理将承担任何责任。只有在下列条件全部满足时，乙方的合理化建议才能构成本条所指的变更：

承包单位的合理化建议仅限于工程承包相关专业建议，且其仍不具有相关决定权利，擅自变更的行为仍构成违约。

（1）乙方的合理化建议被证明是出于有利于甲方实现其本工程的目的和利益，或者是由于合同图纸、设计变更等有合同约束力的文件中的错误或明显不合理或明显不可行；

（2）乙方的合理化建议所涉及的工作并非起因于乙方，包括乙方的任何分包人或供应商，自身的施工质量缺陷、材料采购不力、技术力量不足、施工组织混乱或工程延误等原因；

（3）乙方的合理化建议被甲方批准或认可，并且甲方和监理以书面方式发出了按有关合理化建议进行变更的指示，特别是以明确的措辞确认为属于按第 36 条第 4 款约定进行计量和计价的变更。

16226

按照上述规定由甲方和监理确认为变更的乙方提出的合理化建议将构成第36条的变更，其计量和计价应依照第36条第5款的有关约定进行处理。除非是由乙方提交的并经甲方和监理批准或认可的任何合理化建议，否则，乙方为实施该类合理化建议而发生的额外费用由乙方自行承担，并赔偿甲方的有关损失，延误的工期不予顺延。

乙方提出的合理化建议经甲方同意采纳后，如导致费用增加，甲方不会对此给予补偿；如导致不能完全实现原设计意图或降低了原有功能，则节省的费用应从合同价款中扣除乙方相应费用；如更改不影响原设计意图或降低原有功能，则节省的费用由乙方与甲方平等分享。

4. 工程技术洽商

本合同内"技术洽商"是指合同履行中发生的除设计变更外的其他实质性变更。

（1）工程技术洽商必需有甲方现场主管工程师、主管副总、工程监理签署意见，如发生经济增减，必需同时附预算书报甲方预算部核准，否则增账不予计算，减账以甲方计算为准。

（2）乙方收到设计变更或工程技术洽商后组织实施，不得以任何理由拒绝执行。

5. 变更和签证的计价

因为部分项工程量清单漏项或非乙方原因的工程变更，造成增加新的工程量清单项目，其对应的综合单价按下列方法确定：

（1）合同中已有适用于变更工程的单价，按合同已有的单价变更合同价款；

（2）合同中只有类似于变更工程的单价，可以参照此类似单价，根据合同中规定的价格构成因素及程式变更合同价款；

（3）合同中没有适用或类似于变更工程的单价，按以下原则执行：工程量清单中没有的，按照工程量清单计价规范及当地现行消耗量定额计算，取费标准依据已有工程量清单的取费标准为准。其中，人工单价依据已有工程量清单中相应专业的人工费计算；材料费主材按照施工期《工程造价信息》执行，其他材料执行定额；机械费按照定额单价执行。

6. 变更的准确性和合理性

为保证合同双方的工作效率，乙方应保证他递交给监理的对任何变更的计量和计价的准确性和合理性。如果甲方认为乙方递交给监理的对任何变更的计量和计价存在"高估冒算"现象，甲方和监理最多可给予乙方一次改正的机会；乙方应在收到甲方或监理的相关指示后24小时内，将更正后的结果递交给监理，作为乙方对相关变更的最终的计量和计价。

第三十七条　工程竣工结算

1. 工程竣工结算程序

在乙方向甲方或甲方指定的第三方交出全部工程及竣工资料后，并完成档案管资料移交，甲方取得竣工备案验收表后，______天内乙方向甲方及监理递交竣工结算报告、竣工结算书及完整的结算资料。结算资料要一次性报出，在结算资料报送完毕后，甲方不接受乙方任何补报的工程造价。结算资料必需符合甲方审核要求，甲方收到完整的竣工结算资料之日起______天内，甲方提出审核意见，甲乙双方达成一致意见后报工程审核部审计并于______天内提出审核意见，最终结算以______审定的造价为准，结算后双方签订最终结算协议书。

> 此处可参照 30~60 日左右确定日期标准。发包人需参考《租赁合同》中约定的交付日、进场日及开业日等商务条件予以确认。

乙方未按合同规定将工程移交甲方，甲方有权将结算审核时间相应顺延。

2. 工程竣工结算资料

完整的工程竣工结算资料（必需全部提供原件）应包括：

（1）已完成审批流程的结算申报表；

（2）结算书；

（3）奖惩费用；

（4）竣工图。

3. 工程竣工结算书

> 工程竣工结算是工程（最终）验收的后续环节，经过工程竣工结算后，双方就工程工期及质量及价款问题基本完结。

（1）乙方向甲方递交竣工结算书内容须列明协议书约定的合同价款、每项变更的价款及暂定款所指的项目的实际价款，并须提供前述价款的数量、单价及其组成及其他一切相关文件。若甲方要求乙方提交其他数据，乙方需加以配合提供。

16226

（2）结算书的内容必需完整、准确。为保证合同双方的工作效率，乙方应保证其所递交给甲方和监理的对任何变更的计量和计价的准确性和合理性。

4. 工程结算协议书

甲乙双方一致同意，工程竣工结算书的最终结算价格以______审定的造价为准，甲、乙双方按此结算价格签订最终结算协议书，最终结算协议书所载价款被认为是本工程的工程最终结算总价，证明本合同任何需要调整合同价的因素已获考虑，不得做任何调整。

> 审定造价可有单方审定或双方审定情况。本合同选择发包人单方审定，便将合同最终价格决定权赋予发包人。

第三十八条　不可抗力

1. 不可抗力

除非合同中另有约定，不可抗力是指甲乙双方无法预见，也不能避免和克服的下列情况：

（1）天灾（瘟疫、地震、洪水、海啸、飓风、超强台风）；

（2）战争、敌对行动（无论宣战与否）、入侵、外敌行动；

（3）叛乱、革命、暴动或军事政变或篡夺政权，或内战；

（4）离子辐射或放射性污染；

（5）以音速或超音速飞行的飞机或其他飞行装置产生的压力波，飞行器坠落；

（6）在社会上发生的暴乱、骚乱或混乱，但对于完全局限在乙方或其乙方雇用人员内部并且是由于从事本工程而发生的事件除外；

（7）由于适用法律的变更或任何适用的后继法规的颁布导致本合同的履行不再合法。

甲方和乙方中的任何一方应在上述不可抗力事件发生之后的______天内，相应地通知其他方面，并提供相应的认定该类事件性质所必要的任何证明材料。

2. 不可抗力事件的影响

如果在合同生效日期后发生不可抗力事件，从而阻止合同中义务的履行，在该不可抗力影响的范围内，甲方和乙方均不应被认为违约或毁约。但是规定，如果甲方或乙方延迟履行其合同义务以后发生不可抗力事件，则不能免除其相应的责任。

3. 发生不可抗力事件时乙方的责任

如果乙方认为某一事件已构成不可抗力并可能影响其履行义务，则在此事件发生时，他应立即通知甲方和监理，并且只要合理可行，他应尽力继续履行其合同中的义务。

4. 发生不可抗力事件时甲方的责任

如果甲方认为某一事件已构成不可抗力并可能影响其履行义务，则在此事件发生时，他应立即通知乙方和监理，并且只要合理可行，他应尽力继续履行其合同中的义务。甲方还应将他的建议通知监理和乙方，目的在于完成工程以及减少甲方和乙方的任何损失。

5. 发生不可抗力事件时对乙方的付款

如果由于不可抗力使工程遭受损失和损害，乙方有权要求甲方将不可抗力事件发生前按照合同完成的工程费用纳入任何付款单中。如果乙方在遵守第 38 条第 3 款约定时支出了附加费用，则该费用在得到甲方批准后加入合同价格。

6. 发生不可抗力事件时合同的解除

如果某一不可抗力事件发生且持续了______天，则尽管延长了工期，甲方或乙方可向对方发出解除合同的通知，并在该通知到达对方时合同即告解除。如果根据本款解除合同，甲方和乙方应商定已完成的工作的价值，以及：

（1）已完成的且其价格在合同中有约定的任何工作的应付款额；

（2）为工程订购的，且已交付给乙方或乙方有责任去接受交货的工程设备和材料的费用。当甲方为之付款后，此类工程设备和材料应成为甲方的财产（甲方为之承担风险）；乙方应将此类工程设备和材料交由甲方处置；

（3）为完成整个工程，乙方在某些情况下合理导致的任何其他费用或负债。

将临时工程和乙方的设备撤离现场并运回乙方本部的设备基地的合理费用，或运回其他目的地的费用，但不能超过运回本部基地之费用。

第三十九条　保险

乙方为完成本工程所应缴纳的保险，包括但不限于乙方自己的施工机械设备保险、乙方自己的雇主责任险以及国家和相关行政主管部门规定的为雇主自己雇佣的雇员和工人购买的人身意外伤害保险、医疗保险、失业保险和工伤保险等。由乙方负责并承担相应的费用。

承包单位投保的范围主要针对劳务关系。如此可将承包单位与劳务人员的劳动关系明确确定，尽量避免因其两方的劳务纠纷损害发包人利益。

16226

第四十条　担保

为保证项目正常施工，从合同暂估总价中预提______万元人民币作为不欠薪保证金，本费用从未支付工程款中列支。从开工到竣工，若本工程未出现因乙方原因导致的欠薪闹事事件，则不扣除不欠薪保证金；若本工程出现一次因乙方原因导致的欠薪闹事事件，则在竣工结算时全额扣除不欠薪保证金。

第四十一条　转让和分包

1. 合同转让

乙方不得将合同或合同的任何部分，或合同中或合同名下的任何好处或利益进行转让，但下列情况除外：

（1）按合同约定应支付（或将支付）的以乙方的银行为受款人的费用；

（2）把乙方从任何责任方那里免除其责任的权利转让给乙方的保险人（当该保险人已清偿了乙方的损失或债务时）。

2. 分包

除非合同中另有约定，非经甲方书面同意，乙方不得将工程的任何部分分包出去，也不允许乙方让任何其他单位或个人以乙方名义挂靠承包。

第四十二条　工程竣工和移交

1. 竣工验收的条件

除非合同中另有约定，只有当工程具备以下条件时，乙方方可按第 42 条第 2 款约定申请竣工验收：

（1）工程按合同约定实施完毕；

（2）完成相关主管部门或机构要求的所有单项工程或专业工程的报装、开通、验收备案手续并确认；

（3）实现工程的开通调试、楼宇保洁以及物业交接工作，并具备使用条件；

（4）按第 42 条第 3 款竣工资料齐备完整；

（5）符合政府或有关管理机构规定的其他任何竣工条件。

2. 竣工验收及其标准

如果乙方认为工程已具备第 42 条第 1 款中约定的竣工验收条件，乙方应就此通知甲方和监理，各方应根据本条约定进行竣工验收。乙方应至少提前______天将某一确定的日期通知甲方和监理，说明在该日期后工程将具备竣工验收的条件。

除非合同中另有约定，甲方应在此类通知中确定的日期之后______天内组织监理、乙方、设计人，按照本合同的约定以及有关的行政主管部门或机构规定的程序对工程进行竣工验收。并在验收后______天内给予认可或提出修改意见。乙方按要求修改，并承担由自身原因造成修改的费用。甲方收到乙方送交的竣工验收报告后______天内不组织验收，或验收后______天内不提出修改意见，视为竣工验收报告已被认可。

本工程根据国家有关的工程规范、质量验收标准和招标文件《工程规范和技术说明》的约定进行验收，工程质量必需符合标准，包括工艺标准、质量验收标准、综合验收标准。

提示：本合同列明的各项标准需同时满足。

3. 未能通过竣工验收

如果工程未能通过验收，则乙方应根据验收结果对工程进行整改或修复。整改修复完毕之后，应根据第 42 条第 2 款重新通知一个新的日期，并要求在该日期之后______天内监理组织重新验收，以此类推，直到重新验收通过。如果乙方延期竣工的应当按本合同约定向甲方支付误期违约金。同时规定，这样的重新验收的次数最多一次，如果重新验收仍然未能通过，则甲方有权另外联系其他施工单位进场对乙方未通过竣工验收工程进行整改或修复，所发生的一切费用均由乙方承担。对于由于指定分包人原因造成未能通过竣工验收，乙方可就其承担的费用及误期违约金向指定分包人索赔，甲方将协助乙方进行索赔。

此处期限建议维持在 30 日以内，不宜过长。

4. 通过竣工验收

如果工程通过了第 42 条第 2 款所述的竣工验收或第 42 条第 3 款所述的重新验收，则甲方应在上述验收通过之日后______天内向乙方颁发由甲方、监理、乙方和设计人四方共同签署并经质监部门盖章的竣工验收合格证明文件，竣工验收合格证明文件上标示的最后日期，该日期即为工程实际竣工日期。

5. 工程竣工

当工程按第 42 条第 4 款获颁了竣工验收合格证明文件，即表明工程具备移交条件，可以按第 42 条第 6 款进行移交。

在办理工程竣工移交前，乙方还应按照甲方和监理的指示，从现场撤除其

16226

所有的临时设施、机械、材料设备、人员，但经甲方同意的用于保修和办理移交目的的除外。

6. 工程移交

工程按照第 42 条第 5 款具备移交条件后______天内，乙方应向甲方移交工程，甲方应当接受移交，且甲方应向乙方颁发工程移交证书。各方在此确认，工程的移交与结算无关，即无论结算进行到何种阶段或结果如何，乙方均应以本款约定向甲方移交工程，否则其应按每逾期一天按合同暂估总价款的______‰向甲方支付误期违约金的方式及标准承担违约责任。

指定分包工程竣工并通过乙方及监理验收合格后，指定分包人将工程移交给乙方，甲方不接受乙方单独将指定分包工程向甲方进行移交。工程在未移交乙方之前，指定分包人负责维护。移交给乙方之后乙方未移交给甲方之前，由乙方负责维护。如甲方提前使用，因使用损坏发生的修理费用由甲方承担。

第四十三条　保修

1. 保修期

在本合同中，“保修期”是指第 42 条第 4 款竣工验收合格证明文件注明的竣工验收合格之日起计算。保修期依照中华人民共和国国务院令第 279 号《建设工程质量管理条例》第 6 章之第 40 条规定的最低保修期限，对其中未做规定的其他项目，保修期约定为______个月。

如有质量问题工程，其质保期应按有质量缺陷工程通过竣工验收，且双方在最终竣工验收交付使用的移交书上签字之日起计算。

乙方所维修的项目如在已延长的质保期内再次出现同样缺陷的，视为未能修好，仍由乙方保修，且不受保修期的限制，直至在延长保修期内不再出现同样缺陷。

2. 保修书

在本合同中，“保修期”是指乙方通过竣工验收取得由甲方、监理、乙方、设计人四方签署的竣工验收合格证明文件上所标示的最后日期起计算。保修期除非本合同条款附件一《工程质量保修协议书》由约定外，均依照中华人民共和国国务院令第 279 号《建设工程质量管理条例》第 6 章之第 40 条规定的最低保修期限，对其中未做规定的其他项目，保修期约定为 24 个月。

3. 保修范围

除非合同中另有约定，本合同的工作内容均在保修范围之内。

4. 保修费用

（1）乙方应在第 43 条第 1 款约定的保修期内，负责第 43 条第 3 款约定的保修范围内的工程保修工作。如果保修工作是由于下列情况引起的，则乙方应承担此类保修工作所发生的费用：

①所用材料、设备或工艺不合格或不符合合同要求；

②乙方未按国家规范、行业标准和设计要求施工造成的质量问题；

③由乙方负责设计的永久工程或部分永久工程出现了任何失误；

④由于乙方的疏忽或者未能按照合同约定履行其任何明确的或隐含的合同义务。

如果保修工作是由于甲方原因造成的，则甲方应将实际发生的费用支付给乙方。

> 此处将发包人的付款情形减少，即仅在发包人负有责任时予以支付。其他非发包人原因造成的保修事宜均由承包单位进行支付。

（2）保修金为本工程结算总价的______%，待整个工程质保期满且无质量问题后，余款（如有）在______个月______次性无息付清。

（3）在客户入住验收或首次使用时，发现因精装修引起的渗漏造成客户损失继而引起投诉或索赔的，由乙方到现场进行维修确认，其维修费用经客户、乙方、甲方签字认可后凭原始单据从本工程保修金中扣除。如因乙方原因未能及时进行维修并确认的，其维修费用经客户、甲方签字认可后凭原始单据从本工程保修金中扣除。

（4）本工程由于质量问题造成客户索赔及退房的经济损失全部由乙方承担，此经济损失经客户、乙方、甲方共同签字认可后凭原始单据从保修金中扣除。如因乙方原因未能及时进行维修并确认的，其维修费用经客户、甲方签字认可后凭原始单据从本工程保修金中扣除。

（5）如本工程在保修期内实际发生的维修费用、罚款及甲方损失的总费用超过保修金时，甲方有权继续向乙方追索。

5. 及时处理质量问题

保修期内，乙方必需及时处理甲方提出的质量问题。乙方应设专人联系（联系人：______，电话______），如人员有变化，应立即以书面形式通知甲方；保修期内，凡因乙方施工造成的质量问题，乙方接到甲方通知后______小时内到现场进行维修并在______日内无条件予以维修完毕。在保修期内，若乙方拖延维修的或因联系中断，则甲方有权雇请第三方完成有关维修工作，由此所发生之一切人工、

16226

机械、材料费用另加______%的管理费在保修金内扣除。

第四十四条　安全保卫和环境保护

1. 安全措施与安全责任

在工程施工、竣工及修补任何缺陷的过程中，乙方应遵守所有适用的安全规章以及甲方制定或批准的现场管理制度，并且：

（1）高度重视所有授权驻在现场的人员的安全，并采取任何必要和适当的措施，保持现场和工程（包括所有尚未竣工的和尚未由甲方占用的工程）的井然有序和安全可靠，以免发生人身安全事故。

（2）为了保护工程，或为了公众的安全和方便，或为了其他原因，在确有必要的时间和地点，或在甲方、监理或任何有关行政主管部门提出要求时，提供并保证一切照明、防护、围栏、警告信号和看守。

（3）为邻近地区的所有者和占有者、公众和其他人员，提供便利和保卫所必需的临时道路、人行道、防护棚及围栏等。

2. 现场保卫和治安

除非合同中另有约定，乙方应为现场的保卫提供足够的保安人员及相应的设施和措施。

提示：此处的安保情况可以具体列明或签署合同附件。同时，承包单位应当就安全施工承担全部责任。

（1）乙方应负责阻止与本工程无关的任何未经授权的人员进入现场。该授权人员仅限于甲方和乙方的雇员、其分包人或供应商的雇员、监理授权的人员、设计人和监理的雇员以及政府及有关行政主管部门的执行公务或履行职责的工作人员。

（2）乙方应始终采取一切合理的预防措施，防止他的雇员或工人发生任何违法、暴乱或妨害治安的行为，并保护工程周围居民和公众及其财产不受上述行为的危害。乙方应承担安全施工队的全部责任。

3. 环境保护

乙方应采取一切合理措施，保护工程施工工作面的环境，并限制由其施工作业引起的污染、噪音以及其他对公众财产造成的损害和妨碍的后果。乙方应保证在合同期间，现场中气体散发、地面排水及排污不能超过合同文件中约定的数值（如果有），也不超过法律、法规或规章规定的数值（如果有）。

在任何情况下，乙方保证在永久工程和临时工程中不得使用任何对人体或环境有害的材料。

无论乙方是否已通过依照 ISO 14000 标准的环保管理体系的认证，乙方应在整个合同履约期内，依照 ISO 14000 标准制定并实施相应的环保制度和措施，如乙方承建本项目引起的环境污染等索赔事件，乙方应承担全部赔偿责任。

4. 事故报告

一旦发生任何事故，乙方应尽快向监理和甲方报告事故的详情。在发生任何死亡或重大安全事故或环境事故时，乙方应立即用最快的可行方法通知监理、甲方以及任何按照法律、法规或规章必需向其报告的有关行政主管部门。

因违反上述规定而发生安全事故、被政府部门行政处罚或被追究承担相关法律责任的，均由乙方自行承担。因此而造成甲方损失的，乙方另行承担赔偿责任。

第四十五条　文明施工

1. 保持现场清洁

在工程施工期间，乙方应服从甲方对施工现场堆放、加工等的场安排，应始终保持工程施工现场不出现任何不必要的障碍物，妥当存放并处置任何设备和多余的材料，并将任何废料、垃圾或不再需要的临时工程清除并运至甲方在现场内指定的垃圾堆放地点。

2. 竣工时的现场清理

在颁发任何工程移交证书之前，乙方应从该工程移交证书所涉及的那部分现场清除并运出乙方的全部设备、多余材料、垃圾和各种临时工程，并保持该部分现场和工程清洁整齐，达到使监理和甲方满意的状态。但乙方有权在现场保留为完成乙方在保修期内的各项义务所需要的那些材料、乙方的工程机械设备或临时工程，直至保修期结束，但需放置在甲方指定地方，如需甲方或物业负责照管的，应向照管方缴纳相关费用。

此处可参考“清场事宜”为发包人设定单方处置权，以便该装修场地尽早达到《租赁合同》所要求的交付条件。

第四十六条　质量管理体系和竣工资料

1. 质量管理体系

乙方应按 ISO 9000 标准为工程的实施、完工和修补缺陷建立适当和可行

16226

的质量管理体系，并保证工程的实施、完工和修补缺陷的全部过程符合该质量管理体系的要求。

2. 过程记录

乙方应按第 46 条第 1 款中质量管理体系的要求或任何其他有关行政主管部门的要求提供、填写、整理并保存任何必要的过程记录。这些过程记录应随时可供甲方和监理或有关行政主管部门查阅。

3. 竣工资料

乙方在按第 42 条申请工程竣工验收之前，应按照本合同以及任何有关行政主管部门或机构的要求和政府关于建设工程档案管理的规定进行整理全套竣工资料和竣工图并保证其正确性、有效性和完整性。乙方应在甲方依据第 42 条第 4 款颁发工程竣工验收证书之前，应将本款所约定的竣工资料和竣工图纸一式______份提交给甲方。除非合同中另有约定，工程的竣工资料和竣工图的准备和编制费用由乙方承担。

由乙方提交的所有竣工资料和竣工图由乙方汇总和装订，由甲方负责审查。

第四十七条　违约和合同解除

1. 甲方违约和乙方解除合同

（1）如果甲方：

①在第 35 条第 3 款中约定的应付款时间期满，经乙方书面催告后四个月内或依据第 35 条第 4 款双方达成的延期付款协议约定的付款期满之后______个月之内，未能向乙方支付（甲方根据合同有权扣除或预留的金额外）应支付的款额；

②破产或作为一家公司宣告停业清理，但此清理不是出于重组、重建或合并之目的。则乙方有权解除合同。

（2）停止工作及乙方设备的撤离

乙方在根据第 47 条第 1 款第 1 项解除合同后，应办理一切正常的撤离和交接手续，包括但不限于：

①停止一切进一步的工作，但应负责监理为保护已实施的那部分工程的安全而指示的可能必要的工作及任何保持现场整洁、安全所要求的工作；

②向甲方移交乙方已得到相应付款的所有施工文件、工程设备与材料；

③向甲方移交至终止日期为止乙方已实施的并已得到其付款的工程；

④撤离现场所有乙方的设备并将乙方的所有职员和劳务人员从现场遣返。

任何此类终止不应损害乙方根据合同应享有的其他权利。

（3）合同解除后的估计和支付

根据第 47 条第 1 款第 1 项合同解除后，在乙方不违约的情况下甲方应向乙方无息退还履约担保。甲方应根据乙方已经实际完成的全部合格工程量向乙方支付按第 35 条计算和开具的款额。

2. 乙方违约和甲方解除合同

如果乙方有以下违约行为，甲方可立即解除合同：

（1）未能遵守根据第 6 条第 3 款发出的通知；

（2）放弃或否认合同；

（3）无正当理由而未能按第 17 条第 1 款开工又不能遵照甲方和监理工程师的要求在给定的合理时间内改正此类违约行为；

（4）乙方未能全面履行第 19 条第 1 款的约定按照经甲方、乙方及监理单位共同制定的工期竣工，且经甲方催告后______日内仍未竣工；

（5）未能在收到通知和指示后______小时内履行按第 28 条第 3 款发出的指示；

（6）无视甲方或监理事先的书面警告，固执或公然忽视履行合同所约定的义务；

（7）已违反第 41 条；

（8）乙方已经完成的工程质量不符合合同约定的质量标准，在甲方要求修复后乙方拒绝修复或者经两次修复仍然未达到合同约定的质量标准；

（9）破产或无力偿还债务或作为一家公司宣告停业清理，但此清理不是出于重组、重建或合并之目的；

（10）未能遵守本合同的其他任何约定。

如因乙方原因导致本合同解除的，乙方除据实赔偿甲方 / 相关方全部损失外，还应支付合同总价款的______%作为违约金，乙方缴纳的保修金不予退回。

第四十八条　合同生效和终止

本合同于双方法定代表人或授权代表签字、加盖单位公章并提交履约担保后生效，保修期满后自行终止。

甲方：（盖章）　　　　　　　　　乙方：（盖章）

法定代表人或授权代表：（签字）　法定代表人或授权代表：（签字）

日期：　　　　　　　　　　　　　日期：

16226

三、装修工程质量保修协议

【使用场景】

本范本为装修工程质量保修协议，该协议与装修承包合同联系密切，通常与承包合同同时签署，亦可作为承包合同附件。在签约本协议时需注意与装修承包合同的一致性，避免内容冲突。相同情形可参考适用本范本。

【法律要点】

我国法律对于建设工程的最低保修期限是如何规定的?

建设工程的最低保修期限规定于《建设工程质量管理条例》，在正常使用条件下，各类工程的最低保修期限为：

（1）基础设施工程、房屋建筑的地基基础工程和主体结构工程，为设计文件规定的该工程的合理使用年限；

（2）屋面防水工程、有防水要求的卫生间、房间和外墙面的防渗漏，为 5 年；

（3）供热与供冷系统，为 2 个采暖期、供冷期；

（4）电气管线、给排水管道、设备安装和装修工程，为 2 年。

其他项目的保修期限由发包方与承包方约定。

【文本正文】

装修工程质量保修协议

甲方：(发包人)

（名称、统一社会信用代码、住所、法定代表人、职务、委托代理人、身份证号码、通讯地址、邮政编码、联系人、电话、传真、账号、电子信箱）

乙方：(承包方)

（名称、统一社会信用代码、住所、法定代表人、职务、委托代理人、身份证号码、通讯地址、邮政编码、联系人、电话、传真、账号、电子信箱）

甲方、乙方根据《中华人民共和国建筑法》《建设工程质量管理条例》《房屋建筑工程质量保修办法》，经协商一致，对______装修施工工程签订工程质量保修书。

第一条　工程质量保修范围和内容

1. 乙方在质量保修期内，按照有关法律、法规、规章的管理规定和双方约定，承担施工合同约定的所有施工承包范围内工程质量保修责任。

2. 凡属于乙方原因造成的各部位的质量问题或其他缺陷，及由于乙方维修造成业主的相关损失，均属于乙方保修责任范围；保修期内乙方负责提供免费维修保养，不属于乙方责任，但是经由双方协商由乙方施工的，乙方应配合维修，费用由责任方承担。

第二条　质量保修期

双方根据《建设工程质量管理条例》及有关规定，约定本工程的质量保修期以本工程取得竣工备案验收之日起计算，保修期限为：

> 《建设工程质量管理条例》中已对各类工程的保修期限作出最低限制，此处的约定期限均需在此基础上确定，通常主体工程的保修期间较长，其他工程依据其性质确定保修期限。

1. 电气管线、给排水管道、设备安装和装修工程，为______年；

2. 住宅小区内的给排水设施、道路等配套工程，为______年；

3. 供热及制供冷系统为______个采暖期、供冷期；

4. 精装修工程为______年；

5. 其他项目的保修期为______年；

6. 外墙、屋面、卫生间、开敞阳台、有地漏的楼面和地面等有防水要求的部位为______年；

7. 如果乙方在整改（保修）期限内频繁出现严重影响业主生活的质量事件，造成业主不满，应业主要求，甲方将考虑对保修期限的延长，具体情况由甲方和乙方双方另行协商。

乙方的保修金为本工程结算总价的______%，待整个工程质保期满且无质量问题后，余款（如有）在______个月内由甲方______付清。

第三条　质量保修责任

1. 保修期内，乙方应负责维修工作，认真履行保修责任，做到服务周到，随叫随到，并应在甲方通知______时内赶到现场进行维修，履行保修义务，保证维修的质量及效果。

2. 发生紧急抢修事故的，乙方在接到事故通知后，应当立即到达事故现场

16227

抢修。乙方需指定专人在现场负责维修工作。

在乙方人员到达之前，甲方可采取适当的应急措施，费用由乙方承担。

具体时间如下：

（1）给排水、供电设施及线路出现故障，乙方须在接到通知后______小时内赶到现场，______小时内完成维修工作。

（2）其他情况，乙方须在接到通知后______小时内赶到现场，______小时内完成维修工作。

3. 乙方未能及时进场维修或不能维修或未能在甲方指定的合理期限内维修完好或经过次维修都未能修好的，甲方有权自行另请第三方代为维修并确定价格，所有修复费用及赔偿费用及甲方加收管理费（修复及赔偿费的______%）可以从甲方支付乙方的任何款项中扣除，但不等于解除乙方的任何应负的责任。

4. 乙方的施工质量原因，导致业主退房、补偿等全部责任、费用及甲方的损失均由乙方承担。乙方授权甲方全权代表乙方与相关业主进行谈判，乙方应在甲方通知有关费用的天内向甲方支付，否则甲方有权将保修款______%作为违约金从保修金中扣除，并要求乙方补充保修金。

5. 如第3条第3款、第4款所发生的费用超出保修款时，乙方应无条件承担超出部分的费用，甲方有权就超出部分向乙方追索。

6. 乙方每次维修完毕，应负责将施工现场清理干净并在完成后取得业主和甲方的验收签字，所维修项目如在______个月内再次出现同样缺陷的，保修期顺延并仍然由乙方承担保修。

7. 对于涉及结构安全的质量问题，应当按照《房屋建筑工程质量保修办法》的规定，立即向当地建设行政主管部门报告，采取安全防范措施；由原设计单位或者具有相应资质等级的设计单位提出保修方案，乙方实施保修。

8. 对于界定是否属于保修范围，甲方应根据业主报事记录，通知乙方及时派专人到场签字确认。乙方逾期不派人到场或到场后拒绝签字确认的，甲方可单方面界定是否属于保修范围，乙方无条件认可，不得有任何异议。

9. 乙方承包的工程保修范围内，若遇与甲方独立分包工程发生冲突，如乙方与分包中任何一方推诿责任，则甲方有权立即安排应急施工单位进场施工。在从质保金中扣除相应费用时，对双方保修责任的划分上应以甲方的认定为准。

第四条　整改（维修）现场管理要求

进场施工人员必需佩戴整改办办理的出入证，完毕后交回出入证，出入证在时效期内使用。

第五条　质量保修金的支付

保修期持续______年或上款规定的保修期顺延到期日，且物业管理单位及甲方对工程质量无异议后______天内即与乙方办理保修款结算。保修金结算后，乙方仍应继续完成本合同第 2 条规定的保修期限内的保修工作。保修费用由造成质量缺陷的责任方承担。

第六条　争议解决及其他

1. 在执行过程中若发生争议，合同双方应积极协商解决。协商不成，任何一方可向装修工程所在地人民有管辖权的人民法院提起诉讼。

2. 本协议未尽事宜，双方协商解决。

3. 本协议一式______份，甲方执______份，乙方执______份，具有同等法律效力，本协议自双方签字盖章之日起生效。

4. 本协议签订地点：____。

5. 本协议签订时间：____。

甲方：（盖章）
法定代表人或授权代表：（签字）
日期：

乙方：（盖章）
法定代表人或授权代表：（签字）
日期：

16227

四、装修补贴四方合同

【使用场景】

在商业活动中，出租方在特定情况下会为承租方提供一定装修补贴款，即出租方、承租方、装修施工方、设备供应方会共同签署四方协议，并协议中约定装修设备及设施的供货事宜、装修事项具体条款，并确定以出租方代承租方向装修施工方、设备供应方支付对应价款。

装修四方合同虽签订主体较多，但权利义务及责任的分担较明确。

【法律要点】

1. 什么是装修补贴款？其作用是什么？

在商业活动中，装修补贴款通常由出租方代替承租方支付于第三方。而装修补贴款主要适用于出租方向大规模且具有一定知名度及影响力的商户招租的情形，以便吸引大型商户入驻，增加整体商场知名度，提高商业整体环境。

2. 装修补贴四方合同的签订主体分别是哪些？主要内容是什么？

装修四方合同的签订主体分别为：出租方（装修补贴方）、承租方、装修施工方、设备供应方。

出租方通过签订四方合同的方式对承租方进行装修补贴。具体补贴方式是通过代替承租方向装修施工方及设备供应方支付所需合同款项。但在出租方与承租方之间的租赁合同以及上述四方合同中均会提及，若承租方出现合同违约情形时，出租方有权取消对其采取的装修补贴措施，收回已支付款项。

合同的另外部分，主要由装修合同与采购合同构成。此部分的权利义务主要涉及承租方、装修施工方及设备供应方。出租方仅需确保装修施工方及设备供应方对装修补贴事宜知情同意且在承租方违约情况下以其接受补贴款的比例同承租方承担连带责任即可。

以上即为装修补贴四方合同的签约主体及内容构成。

3. 装修四方合同的签约要点有哪些？

从出租方（装修补贴方）的签约角度出发，装修四方合同签订时通常需注意以下几项重要内容：(1) 签约主体及权利义务需对应，法律关系不能混同。(2) 装修补贴款的收回情形、具体措施以及装修施工方与设备供应方的连带责任需明确约定。(3)《装修补贴四方合同》需与出租方与承租方之间的《租赁合同》相关内容（如装修期限、补贴款情况等）保持一致，不能存有条款冲突。

以上原则可参考适用，签约具体情况可相应调整。

【文本正文】

装修补贴四方合同

立协议人：

甲方：(出租方 / 装修补贴方)

（名称、统一社会信用代码、住所、法定代表人、职务、委托代理人、身份证号码、通讯地址、邮政编码、联系人、电话、传真、账号、电子信箱）

乙方：(承租方)

（名称、统一社会信用代码、住所、法定代表人、职务、委托代理人、身份证号码、通讯地址、邮政编码、联系人、电话、传真、账号、电子信箱）

丙方：(装修工程施工方)

（名称、统一社会信用代码、住所、法定代表人、职务、委托代理人、身份证号码、通讯地址、邮政编码、联系人、电话、传真、账号、电子信箱）

丁方：(设备供应方)

（名称、统一社会信用代码、住所、法定代表人、职务、委托代理人、身份证号码、通讯地址、邮政编码、联系人、电话、传真、账号、电子信箱）

第 一 部 分

鉴于甲方与乙方于______年______月______日签订了关于______铺位的房屋（以下简称“该房屋”）编号为______的《房屋租赁合同》(以下简称“《租赁合同》”)，甲方同意在满足本协议约定条件的前提下，给予乙方不超过人民币______万元的装修补贴款，即甲方代乙方向丙方支付不超过人民币______万元的装修工程补贴款，甲方代乙方向丁方支付不超过人民币______的设备采购补贴款。

为此，特签署本合同，甲、乙、丙、丁四方共同遵守：

16228

1. 给付方式：甲、乙、丙、丁四方一致同意，在本协议约定限额内，甲方将装修补贴款以装修工程补贴款的名义直接代乙方支付给丙方，以设备采购补贴款的名义直接代乙方支付给丁方，具体如下：

> 提示：此处为甲方向丙方的代支付行为，而非甲方与丙方的直接支付关系，读者需注意主体对应。

甲方在支付每笔款项前，乙方必需向甲方出具装修工程施工方即丙方或丁方出具的相应数额的工程发票或设备采购定金收据（该票据为丙方和丁方直接向甲方开具，付款单位名称列明甲方名称，定金收据在后期结算时改为设备发票)，甲方见发票后安排付款。

2. 甲方依据所收发票，以电汇形式按丙方、丁方书面指定的账户支付上述款项即完成向乙方支付装修补贴款的义务。

3. 乙方返还装修补贴款的时间和方式

项目开业后，在乙方项目持续经营基础上，乙方从第______年开始向甲方返还装修补贴款费用，按每年______%即______万元，逐年返还，至第______年返还至______%即______万元。返还时间为每年______月______日前。乙方每逾期一日向甲方返还装修补贴款费用的，按照逾期返还金额的______‰支付违约金。乙方逾期达______日或累计逾期超过______日的，甲方有权解除本合同，乙方除应全额返还甲方支付的装修补贴款外，还应按照甲方已经支付的装修补贴款的______%承担违约责任，丙方、丁方按照接受甲方的装修补贴款的比例承担连带责任。

> 在本合同中，甲方为《租赁合同》出租方，乙方为承租方，丙方为装修工程施工方，丁方为设备供应方。甲方分别代乙方支付装修工程款及设备采购款。此外，除明示款项的支付，还需考虑到款项的返还，即乙方为返还主体，丙、丁两方承担连带责任。

乙方在履行双方签订的《租赁合同》过程中出现违约情形的，甲方有权解除本合同，乙方除应按照《租赁合同》的约定承担违约责任外还应全额返还甲方支付的装修补贴款，丙方、丁方按照接受甲方的装修补贴款的比例承担连带责任。

4. 甲方特定权利，因甲方既是物业提供方又是装修补贴方，故四方确认甲方享有以下权利：

（1）甲方享有单方审计权，甲方如果认为本合同其他三方或任何一方在装修、采购等任何环节存在财务疑问，甲方有权停止付款并单方委托第三方进行审计。

（2）甲方享有的市场调查权，甲方如果认为本合同其他三方或任何一方提供的数据超过市场价格，甲方有权停止付款，进行市场调查确定相应服务或产品、设备的价格。

（3）甲方存疑的其他情况，甲方有权采取相应措施并停止付款而不承担任何责任。

（4）经甲方采取上述三项措施后，查明乙方、丙方、丁方三方或任何一方报价超过市场价格或审计价格的______%，甲方有权单方解除本合同，其他三方或一方除在本合同解除______日内返还补贴外还应向甲方支付约定补贴额______%的违约金并承担甲方因此支出的审计费用、调查费用等。乙方、丙方就装修事项对甲方支付款项按本条承担连带责任。乙方、丁方因供应事项对甲方支付款项按本条承担连带责任。

> 由于丙方与丁方分别为乙方的装修施工及供货主体，三者之间存有密切联系。为避免三者互相沟通多得甲方支付款项，本合同中为甲方设定了市场调查权及超过市场或审计价额固定比例后的单方解除权。

第二部分　工 程 装 修

乙方（发包人）：______________________________

丙方（承包方）：______________________________

乙方将______装修承包工程的建设（以下简称“本工程”）发包给丙方，并向丙方提供了本工程的招标文件。丙方按上述招标文件进行了投标，甲方除按照本合同约定代乙方向丙方支付部分工程补贴款外。乙方、丙方之间的权利义务关系与甲方无关，乙方或丙方亦不能因对方的任何违约行为构成对甲方履约的抗辩事由。

> 因甲方代为乙方向丙方支付装修工程补贴款，在某些特定时候易就甲方是否与乙方承担连带责任产生分歧。故此处需要明确表示：甲方具有代为付款义务，其他双方权利义务均与甲方无涉。

第一条　工程概况

1. 双方同意将各自严格、认真履行本合同以及本合同所列明的任何合同文件为其所规定的责任和义务。

2. 丙方对本工程的一切施工图纸及所有合同文件上的所有要求，以及丙方

16228

所负的一切责任和义务，在签约前均已研究并明了，并已到本工程施工现场实地勘察。丙方在签约前已完全明确本工程施工过程中将会遇到与其他承包方的协调、配合及现场实际情况对丙方施工可能带来的一切影响，丙方的报价已完全考虑了所有各种因素对价格的影响。

3. 丙方确保所签之价格无误，如有错漏由丙方负责，日后不得以不熟悉本合同的所有要求或其他借口而拖延工程或要求补偿，因此所发生的一切损失概由丙方负责。

4. 乙方已接受丙方提出的承担本工程的施工、竣工、竣工交付和保修责任的投标书，包括其附属文件。

5. 丙方同意按照下文约定的合同文件的要求履行其合同责任和义务，并保证以诚信、敬业和积极的态度与乙方和本工程涉及的任何第三方保持充分有效的合作，进而保证本工程的圆满竣工。

6. 下述第七条文件与本协议书一道共同构成甲乙双方之间针对本工程的施工合同，统称“本合同”。

7. 乙方、丙方根据中华人民共和国相关法律、法规，遵循平等、自愿、公平和诚实信用的原则，双方就本建设工程施工事项协商一致，达成以下协议。

第二条　工程承包范围

由丙方完成对应标段内精装修工程，包含图纸深化设计（图纸深化设计必需经过______、设计单位、______三方同意）、材料设备采购、施工、垂直运输、二次搬运、验收移交等完成本标段内所有工作及费用。（具体以清单及图纸内容为准）

第三条　工程承包方式

1. 按清单承包范围、内容采用固定总价包干的方式承包，丙方在保修期内，如有损坏而需进行必要的维修、更新等时，丙方必需在接到通知按本合同附件《工程质量保修协议》约定派人到现场予以解决，并达到原有的技术条件及功能要求等，乙方无须向丙方支付任何费用，因该等维修、更新等造成乙方或 / 和相关方损失的（包括但不限于经营损失等），丙方应承担全部赔偿责任。

2. 承包方式：包工、包料、包工期、包质量、包安全、包文明施工、措施项目成本、施工管理费、企业（总部）管理费税金（含增值税），必需的加班费，仓储、运输费，因材料或设备迟到工地的窝工费，缺陷修复、保修费用，配合、协调费，甲指分包项目的管理费、利润及税金（含增值税）等为完成该项工序所需的全部费用的总价包干形式承包本工程。

3. 本工程在任何情况下，均不允许丙方以任何形式将工程转包或变相转包、分包给第三方（除乙方分包、甲指、甲供等项除外）。如丙方擅自转包或分包的本项目的，乙方有权解除合同，丙方应承担合同总价______%的违约金，丙方还应承担因此造成的经济损失。

4. 丙方作为装修工程的总包单位应对承包范围内全部工程的质量、安全、工期、文明施工等负完全责任。

第四条　合同工期

1. 计划开工日期：________________________________（以《开工令》为准）。

2. 计划竣工日期：____。

3. 本合同计划总工期：____。

4. 开工日期最终以乙方书面通知为准，总工期不变，节点工期、竣工日期应作相应调整（具体区段工期以第二部分合同条款第 4 条第 6 款相关约定为准）。若乙方有必要调整某节点工期、区段工期时，丙方须全力配合，所需费用已包含在合同价款中。实际竣工日期是指本合同约定工程承包内容全部完工后，丙方取得的由乙方、监理、丙方、设计人共同签署并经质监部门盖章的竣工验收合格证明文件所标示的最后日期为准。实际开工时间以监理发出并经乙方确认的现场通知为准。

5. 除不可抗力原因外，一切其他可能致使丙方在时间上受损的原因：如休息日、公众假期、雨季影响、停水、停电、材料订货等，皆包括在上述工期内。

6. 整个工程的进度可根据发包人要求做相应的调整，在本工程实施过程中，如发包人要求或同意工程暂停施工或缓建，除丙方已完的工程款项外，丙方承诺不向发包人收取任何形式的停工费及机械、人工、材料等损失费，同时应积极配合发包人作好工程的照管和保护工作；但丙方应填写《工程延期审批表》报发包人确认，其保护工作中发生的费用由发包人与丙方双方另行协商。（保护工作中发生的费用仅包括现场留守管理人员的市场公允的工资）

> 提示：关于工程中工期及质量的保障，也可特别设置履约担保金。待丙方完全履行义务一段时间后，再予以返还。

7. 合同工期未经发包人书面同意一律不得延期，否则丙方应承担延期完工的违约责任。

8. 竣工验收中，如发现不合格须返工或修理补做的部分，由发包人与丙方

16228

双方在验收时应议定修补措施和期限。由丙方在规定期限内完成，完成后经验收合格再进行移交，因此而发生的各项费用由丙方承担，丙方应同时承担延期完工的违约责任。请确定是否收取履约担保金。

第五条　组成合同的文件

合同文件的组成及解释顺序如下：

1. 本协议书；
2. 合同条款；
3. 中标通知书；
4. 丙方递交并为乙方所接受的澄清文件或承诺函件（如果有）；
5. 经丙方标价或填写并为乙方所接受的工程量清单及其他投标价格文件；
6. 投标书及附件；
7. 招标文件及招标文件答疑、补充澄清等文件；
8. 工程规范和技术说明；
9. 合同图纸；
10. 其他确定双方权利义务的具有合同约束力的信函、备忘录、纪要、书面往来等文件；
11. 廉洁协议。

上述组成合同的文件应被认为是互为补充和解释的，但如有歧义或互相矛盾时，除非另有明确约定，按上述所排列的顺序，排列在前的文件效力高于排列在后的文件；上述中没有列明的文件，签署时间在后的效力高于签署时间在前的效力；所有合同文件中，本协议书具有最高效力。

第六条　其他约定

1. 丙方特此向乙方保证，丙方将在本工程的各方面、各个阶段都遵照本合同的约定进行本工程的施工、竣工、完工交付并承担保修责任。

2. 乙方特此向丙方保证，在丙方履行了其在本合同项下所承担的相应责任和义务后，乙方将在本合同约定的各项期限内和以本合同约定的方式，向丙方支付合同价格或本合同约定的丙方应得的其他款项，以作为对本工程的施工、竣工、完工交付并承担保修责任的报酬。

3. 除非为本合同目的，本协议书双方不得向任何第三方出示或泄露本合同的内容。

4. 本合同于上文开头填写的日期，由乙、丙双方根据中华人民共和国相关法律签署订立。

5. 本合同自双方法定代表人或授权代表签字、加盖单位公章并提交履约担保后生效，保修期满后自行终止。

第七条　合同价格

> 装修部分虽为乙丙之间法律关系，但由于甲方为装修补贴方，故建议其在合同谈判阶段就装修价款、保障条款及违约金及款项返还问题多加商议。

1. 本合同价款由工程实体费用和措施费构成。工程实体费用以工程量清单为计算依据；措施费为包干费用，除合同另有约定外，任何情况都不予调整。本合同总价的工程品质和数量以清单（本合同文件中已说明不包括的项目除外）及工程规范要求为准。

2. 本合同属固定总价合同，即所有为完成合同文件规定的工程内容的一切费用已包括在该合同综合单价之中，除本合同约定所允许的调整外，不会因为人工费、物料价格或费率的变动等任何原因而有所调整。

3. 本合同价款包括执行和完成本合同文件描述的本承包工程及其不可或缺的所有附带工作及费用，不论它们是否在合同文件中有所说明，也不论它们在签订合同时是否可以预料。

4. 本合同固定总价及其解释：

本工程合同总价含税造价为：______元（大写：人民币______）。

本合同总价组价明细详见本合同附件：《合同包干总价构成清单》。

丙方对固定总价方案已经完全知悉并进行了认真的评估，任何改动工程的改动不能构成对固定总价的变更。

第八条　工程款支付方式

1. 甲方支付装修补贴款的前置条件：

> 在甲方与乙方的《租赁合同》中已同时约定出支付装修补贴款的前提条件以及乙方违约时应当返还装修补贴款的情形。此处需注意将约定内容与《租赁合同》相关内容对应，保障无条款冲突。

（1）乙方已按照与甲方签署的《租赁合同》的约定交付全额租赁履约保证金、服务质量保证金和预付租金及其他所有应付的费用；

（2）乙方和丙方设计的装修设计图纸、工程预算书已获得甲方书面认可；

16228

（3）该装修工程由甲方、乙方、丙方等一同参加验收和结算，未经甲方签字盖章的验收报告和结算书对甲方不具备法律约束力；

（4）丙方按照装修条款严格履行了约定的施工义务，在约定的工期之内按质、按量完成装饰工程，使乙方能按照约定的开业时间开业。

2. 装修工程补贴款的给付标准

（1）在装修工程竣工结算时，如果《结算书》确定的装修工程总价款低于人民币______万元，甲方将按《结算书》确定的装修工程总价款标准代乙方向丙方付款，即甲方应付装修补贴为实际发生的装修结算款。

（2）在装修工程竣工结算时，如果《结算书》确定的装修工程总价款高于人民币万元，甲方代乙方向丙方支付的装修结算款总额至多为______万元。

（3）工程款支付程序

由丙方提出申请并填报乙方提供的《工程（材料）付款申请审批表》，并同时提供该请款节点经现场乙方主管人员确认的现场照片，按表格规定的先后顺序办理审批手续，并出具前述约定的正式增值税普通发票。丙方违反前述各项约定导致未能按本条前述各款支付相应款项的，乙方不承担逾期付款的违约责任。

3. 装修工程补贴款给付时间和方式：

（1）甲方、乙方、丙方等一同参加验收和结算，并且甲方在验收报告和结算书签字盖章后 7 天内甲方向丙方支付装修补贴款总额的______%。

（2）乙方正式营业______个月后的______个工作日内甲方向丙方再支付装修补贴款总额的______%。

（3）乙方正常营业______个月后的______个工作日内并且丙方无任何装修质量问题的，甲方向丙方再支付装修补贴款总额的______%。

（4）甲方每次代乙方向丙方支付装修工程补贴款前，丙方应按照甲方指示开具发票，丙方延迟开具发票的，甲方不承担延期付款的违约责任。

第九条　丙方关于增值税普通发票的特别约定

1. 在乙方向丙方支付合同价款前，丙方应向乙方开具增值税专用发票，丙方所提供的增值税专用发票必需为丙方直接从税务机关购买的、根据本合同经济业务事项所开具的真实、合法、有效增值税专用发票。乙方在支付合同价款前有权验证或认证（包括但不限于到税务机关直接认证、通过税务机关网站网上认证等）增值税专用发票的有效性，如不能通过认证完成乙方抵扣申报的，乙方有权拒绝付款且不承担任何违约责任。

2. 乙方在支付合同价款前有权要求丙方提供税务机关核发的增值税专用发票领购簿、货物委托运输凭证、货物验收记录等业务相关凭证供乙方查验，以证明专用发票的真伪。否则，乙方有权拒绝付款或顺延付款时间且不承担任何违约责任。

3. 真实、合法，发票所列相关货物或服务的品目、价款等各项发票内容与本合同约定一致。如因丙方开具的增值税专用发票不合规（专用发票各要素漏项、错项等）、不合法（包括虚开增值税专用发票或涉嫌虚开增值税专用发票等）而导致乙方专用发票不能依法抵扣销项税款或被认定为接受虚开专用发票等税务问题的，乙方有权要求丙方重新开具专用发票。丙方应向乙方承担赔偿责任，赔偿责任范围包括但不限于乙方可抵扣税款、税收滞纳金、罚款、多缴税款的利息及一切相关损失；同时，乙方有权向丙方收取不低于相当于虚假、违规发票票面金额______%的违约金。上述赔偿金和违约金乙方有权在书面通知丙方后从任何应付合同款中直接扣减，如果合同款项已支付完毕，乙方有权无限期向丙方追索赔偿金及违约金。

4. 丙方收取价外费用（在本合同约定的价款之外再另行收取的任何款项），均必需依法开具增值税专用发票；否则，乙方有权拒绝付款。必要时，乙方应协助丙方提供开票所需资料。

5. 因丙方原因导致工期、质量、安全不符合管理规定出现的罚款、违约金，经乙方与丙方双方确认后于工程结算时扣除。

第十条　变更和签证的计价

因部分项工程量清单漏项或非丙方原因的工程变更，造成增加新的工程量清单项目，其对应的综合单价按下列方法确定：

（1）合同中已有适用于变更工程的单价，按合同已有的单价变更合同价款。

（2）合同中只有类似于变更工程的单价，可以参照此类似单价，根据合同中规定的价格构成因素及程式变更合同价款。

（3）合同中没有适用或类似于变更工程的单价，按以下原则执行：工程量清单中没有的，按照工程量清单计价规范及当地现行消耗量定额计算，取费标准依据已有工程量清单的取费标准为准。其中：人工单价依据已有工程量清单中相应专业的人工费计算；材料费主材按照施工期《工程造价信息》执行，其他材料执行定额；机械费按照定额单价执行。

第十一条　工程竣工结算

1. 工程竣工结算程序

在丙方向乙方或乙方指定的第三方交出全部工程及竣工资料后，并完成

16228

关注法天使

档案管资料移交，乙方取得竣工备案验收表后，______天内丙方向乙方及监理递交竣工结算报告、竣工结算书及完整的结算资料。结算资料要一次性报出，在结算资料报送完毕后，乙方不接受丙方任何补报的工程造价。结算资料必需符合乙方审核要求，乙方收到完整的竣工结算资料之日起______天内，乙方提出审核意见，甲乙双方达成一致意见后报______公司工程审核部审计并于______天内提出审核意见，最终结算以______公司审定的造价为准，结算后双方签订最终结算协议书。

> 该条约定保障了甲方、乙方对于装修合同价款的决定权利，同时提高了工程竣工结算程序的效率，可参照运用于其他合同之中。

丙方未按合同规定将工程移交乙方，乙方有权将结算审核时间相应顺延。

2. 工程竣工结算资料

完整的工程竣工结算资料（必需全部提供原件）应包括：

（1）已完成审批流程的结算申报表；

（2）结算书；

（3）奖惩费用；

（4）竣工图。

3. 工程竣工结算书

（1）丙方向乙方递交竣工结算书内容须列明协议书约定的合同价款、每项变更的价款及暂定款所指的项目的实际价款，丙方并须提供前述价款的数量、单价及其组成及其他一切相关文件。若乙方要求丙方提交其他数据，丙方需加以配合提供。

（2）结算书的内容必需完整、准确。为保证合同双方的工作效率，丙方应保证其所递交给乙方和监理的对任何变更的计量和计价的准确性和合理性。

4. 工程结算协议书

甲乙双方一致同意，工程竣工结算书的最终结算价格以甲方审定的造价为准，甲、乙双方按此结算价格签订最终结算协议书，最终结算协议书所载价款被认为是本工程的工程最终结算总价，证明本合同任何需要调整合同价的因素已获考虑，不得做任何调整。

> 因甲方为装修补贴方，故在价款约定方面应着重参考甲方意见。此处约定甲方单方审定权利保障了其在合同价款方面的决定权，也同时避免乙丙双方可能具有的抬价行为。

5. 竣工验收及其标准

如果丙方认为工程已具备约定的竣工验收条件，丙方应就此通知乙方和监理，各方应根据本条约定进行竣工验收。丙方应至少提前______天将某一确定的日期通知乙方和监理，说明在该日期后工程将具备竣工验收的条件。

除非合同中另有约定，乙方应在此类通知中确定的日期之后______天内组织监理、丙方、设计人，按照本合同的约定以及有关的行政主管部门或机构规定的程序对工程进行竣工验收。并在验收后______天内给予认可或提出修改意见。丙方按要求修改，并承担由自身原因造成修改的费用。乙方收到丙方送交的竣工验收报告后______天内不组织验收，或验收后 14 天内不提出修改意见，视为竣工验收报告已被认可。

本工程根据国家有关的工程规范、质量验收标准和招标文件《工程规范和技术说明》的约定进行验收，工程质量必需符合标准，包括工艺标准、质量验收标准、综合验收标准。

第三部分 设 备 采 购

乙方：____

丁方（设备供货方）：________________________________

第一条 产品质量要求、技术标准、责任归属条件

1. 丁方保证本合同的设备是完全符合出厂标准的。若产品规格等表面情况与合同不符，则乙方应在设备到达安装现场后______天内以书面形式向丁方提出异议，丁方应承担的质量责任不因乙方的初步检验而免除。

2. 丁方保证所提供的是自己享有合法的、不侵权的产品。否则，丁方承担全部赔偿责任。技术性能由丁方负责。

3. 以上产品保修范围不包含易损件（玻璃和照明系统），保修期为设备验收合格之日算起______年。保修期内，在乙方向丙方发出维修通知的______小时内，丁方派员为乙方提供免费的保修服务。因丁方提供设备故障导致乙方损失的，丁方应承担全部赔偿责任。保修期满后，在乙方向丁方发出维修通知的______小时内，丁方派员为乙方提供维修服务，丁方承诺仅收取维修成本费。

第二条 质保期

丁方承诺的设备质保期为______年，自______计算，因丁方提供的设备不能正常运转导致乙方损失的，丁方应承担全部赔偿责任，乙方有权选择修理、重做、更换、赔偿等任何方式解决双方之间的争议。丁方因质量问题造成乙方

16228

损失的还应承担本协议总额______%违约金。

第三条　送货地点

供货时间：______日前，完成现场查验并提交水电配套施工要求；______日前完成设备到场并安装。如因工程不具备现场安装的，设备安装时间以乙方通知为准，丁方应在______日内完成安装。

安装送货：丁方负责送货及安装工作，乙方给予必要的协助。因不可抗力原因造成交货延误，丁方不承担任何责任。

验收标准方法及提出异议期限：设备及备件清单须送货当日当场验收。

第四条　结算方式与期限

1. 设备采购补贴款给付时间和条件：

（1）乙方与丁方签订设备购买合同后，______个工作日内甲方代乙方向丁方支付设备补贴款总额的______%，即人民币______万元。

（2）在丁方设备进场后，经乙方初步验收合格后并经甲方书面确认后的______个工作日内甲方代乙方向丁方再支付设备补贴款总额的______%，即人民币______万元。

（3）所有设备安装调试后，丁方应提供设备合格证明、设备清单等相关资料及乙方验收合格书面证明，并经甲方审核通过备查。

（4）在设备安装完后一个月内且经甲方、乙方确认设备运转正常时向丁方再支付设备补贴款总额的______%，即人民币______万元。

丁方账号：____；

户名：____；

开户行：____；

账号：____。

2. 甲方应按合同规定的时间支付货款，货款没付清前丁方保留设备的处理权。

3. 乙方逾期未付清货款或已付支票未能兑现，丙方书面通知乙方，______个工作日内乙方未作出付款或相关回应，丙方可对设备自行收回或做出处理。已付之货款做折旧处理费，不予退回。超出合同付款期限，丁方将暂停售后服务直至货款付清为止。

丁方未按照合同约定的时间送货、安装的，每延迟一日，丁方应按照合同总价款的______‰向甲方支付违约金。丁方此种延迟达______日的，甲方有权解除本合同，丁方须按照合同总金额的______%向甲方支付违约金。

4. 甲方在每次付款前，丁方应按照甲方要求开具设备发票。

第五条　关于保密义务的特别约定

乙方承诺对于所签订之意向书和《租赁合同》内关于租金、装修补贴金额及装修期的条款等内容予以保密，该保密期限为无限期；丙方和丁方亦承诺对其所知悉的上述信息承担相同的保密义务。如有泄露行为，即构成乙方（丙方、丁方）的严重违约。在此情况下，甲方有权拒绝支付相对应款项，已支付的装修补贴款应予退还，并且按照总补贴金额的______%向甲方承担违约金，乙方、丙方、丁方在各自接受甲方补贴款项的额度内承担连带责任。乙方、丙方、丁方严格履行约定的保密义务，此义务无期限限制。

第六条　违约责任

1. 在《租赁合同》约定的租赁期间内，如因乙方原因导致《租赁合同》提前终止，乙方应按照《租赁合同》的约定承担相应的违约责任外还应全额返还甲方已支付装修补贴款。

2. 如乙方在租赁期的______个月内存在拖欠租金行为的，并经甲方书面催缴仍不支付的，甲方有权解除本《装修补贴四方合同》，并要求乙方全额返还甲方已支付装修补贴款，丙方、丁方在各自接受甲方补贴款项的额度内承担连带责任。

3. 因乙方原因导致的《租赁合同》解除或提前终止的，甲方有权解除本《装修补贴四方合同》，并要求乙方全额返还甲方已支付装修补贴款，丙方、丁方在各自接受甲方补贴款项的额度内承担连带责任。

4. 乙方对丙方、丁方就本协议约定的保密义务及其他义务承担连带赔偿责任。

5. 因甲方未能按时支付工程及设备款项导致项目无法在约定的时间开业或使项目停滞其产生的损失由甲方承担。因乙方和 / 或丙方和 / 或丁方违反本协议约定导致甲方收回装修补贴款或解除本协议的，因装修条款、购销条款产生的争议由乙方和丙方、丁方自行解决，与甲方无关。

6. 合同生效后，因丁方或乙方违约导致本合同解除，违约方须向甲方偿付合同总金额______%的违约金。

第七条　争议解决

合同执行期间，如因故不能履行或需要修改，必需经四方同意改动方为有效。凡因本协议及《租赁合同》发生的争议，四方或相应关系方应协商解决。协商不成的，任何一方或多方起诉的均由该租赁房屋所在地人民法院管辖。

> 虽本合同部分内容仅涉及三方或两方，但合同实为四方协议，故其他方的签字确认均是合同生效及变更的前提条件。

16228

第八条　合同生效和终止

本合同于双方法定代表人或授权代表签字、加盖单位公章并提交履约担保后生效，保修期满后自行终止。

本《装修补贴四方合同》一式______份，甲方执______份，乙、丙、丁三方各执______份，自四方签字盖章后且乙方已按照与甲方签署的《租赁合同》的约定交付全额租赁履约保证金、服务质量保证金和预付租金及其他所有应付的费用后具有法律效力。

甲方：（盖章）
法定代表人或授权代表：（签字）
日期：

乙方：（盖章）
法定代表人或授权代表：（签字）
日期：

丙方：（盖章）
法定代表人或授权代表：（签字）
日期：

丁方：（盖章）
法定代表人或授权代表：（签字）
日期：

五、装修补贴三方协议

【使用场景】

本范本为装修补贴三方协议，主要由联营双方及装修公司三方签订。范本主要内容及签约注意要点同前述装修补贴四方合同相一致，但在本协议中，设备供货方并非签约主体，故不存有买卖法律关系。以上情形相同情形可适用本合同范本。

【法律要点】

同《装修补贴四方合同》法律要点。

【文本正文】

装修补贴三方协议

立协议人：

甲方：

（名称、统一社会信用代码、住所、法定代表人、职务、委托代理人、身份证号码、通讯地址、邮政编码、联系人、电话、传真、账号、电子信箱）

乙方：

（名称、统一社会信用代码、住所、法定代表人、职务、委托代理人、身份证号码、通讯地址、邮政编码、联系人、电话、传真、账号、电子信箱）

丙方：（装修施工方）

（名称、统一社会信用代码、住所、法定代表人、职务、委托代理人、身份证号码、通讯地址、邮政编码、联系人、电话、传真、账号、电子信箱）

鉴于

1. 甲方与乙方于______年______月______日签订了关于______商铺（以下简称“该商铺”）编号为______的《联合经营协议书》（以下简称“《联营合同》”）。

16229

2. 乙方与丙方于______年______月______日签订了该商铺的《装修承包合同》（以下简称“《装修合同》”）。

3. 甲方同意在满足本协议约定条件的前提下，给予乙方进场装修补贴费人民币不超过______元，以甲方直接向丙方支付工程装修款的方式支付。

> 此类商务条款需甲方自行衡量，但应当考虑面积与补贴比例、乙方交纳的履约保证金等综合因素。

4. 三方明确甲方向丙方支付的装修款项因甲乙方之间的联营协议产生，乙方违反联营协议的相应条款构成乙方对本协议的违约事项，应同时承担本协议和联营协议的违约责任。

5. 三方明确乙方与丙方签订的《装修合同》是本合同的一部分，甲方有权根据本协议对丙方的施工是否符合甲方要求进行审查，并有权随时终止付款，乙丙方不得持有异议。

为此，特签署本装修补贴协议，甲、乙、丙三方共同遵守：

第一条　甲方支付乙方进场装修补贴费的前置条件

1. 乙方已按照甲乙双方签署的《联营合同》的约定交付全额履约保证金及其他所有应付的费用。

2. 乙方委托丙方（或装修设计公司）设计的装修设计图纸、工程预算书已获得甲方书面认可，乙方与丙方签署的《装修合同》已获得甲方书面认可。

3. 乙方与丙方签署的《装修合同》明确约定该装饰工程由甲方、乙方、设计单位、丙方等一同参加验收和结算，未经甲方签字盖章的验收报告和结算书对甲方不具备法律约束力。

4. 丙方按照《装修合同》严格履行了约定的施工义务，在约定的工期之内按质、按量完成装饰工程，使乙方能按照约定的开业时间开业。

5. 乙方、丙方严格履行约定的保密义务，此义务无期限限制。

第二条　装修补贴款的给付标准

1. 进场装修补贴费上限为______万元整。

2. 在装修工程竣工结算时，如果《结算书》确定的装修工程总价款高于______万元，则超过的部分全部由乙方自行承担，甲方不予负责。

3. 在装修工程竣工结算时，如果《结算书》确定的装修工程总价款低于人民币______万元，甲方将按《结算书》确定的装修工程总价款标准代乙方向丙方付款，即甲方应付装修补贴为实际发生的装修结算款。

第三条　装修工程款的给付时间和给付方式

1. 给付时间和条件：

（1）商家进场装修______个工作日，甲方向丙方支付装修费总额的______%，即人民币______万元。

（2）商家完成基础装修后，甲方向丙方支付装修费总额的______%，即人民币______万元。

（3）整体装修完毕，并经甲方验收合格后______个工作日内，甲方向丙方支付装修费总额的______%，即人民币______万元。

（4）乙方在开业后一个月内无任何违反《联营合同》约定的，甲方向乙方支付装修补贴款总额的______%，即人民币______万元。

（5）参照《结算书》确定的装修工程总价款标准，在不高于装修补贴款范围内甲方分期向丙方支付相关装修款，如甲方前期已付款项已超出《结算书》确定的装修工程总价款，则丙方须在甲方发出付款通知后______日内予以返还，乙方对此承担连带责任。

2. 给付方式：甲、乙、丙三方一致同意，在本协议约定限额内，甲方装修工程款的名义直接支付给丙方，具体如下：

（1）甲方在支付每笔款项前，乙方必需向甲方出具装修工程施工方即丙方出具的相应数额的工程发票（该票据为丙方直接向甲方开具，付款单位名称列明甲方名称），丙方保证为一般纳税人，提供税率______%的增值税专用发票，甲方见发票后安排付款。甲方见发票后必需经过有丙方实际预算证明才能安排付款，如发现虚报使用材料不符合要求等任何情况，甲方有权拒绝支付款项，丙方需全额赔偿给甲方造成的损失。最后一笔款项的支付须经过甲方的实际评估和审计。

（2）甲方依据所收发票，以电汇形式按丙方书面指定的账户支付上述款项，即完成向乙方支付装修补贴款的义务。

（3）《装修合同》约定的付款条件、时限与本协议约定不一致的，由乙方和丙方协商解决。《装修合同》之约定对甲方无约束力，丙方无权依《装修合同》要求甲方履行或承担义务。

第四条　关于保密义务的特别约定

乙方承诺对于所签订之意向书和《联营合同》内关于租金、装修补贴金额及装修期的条款等内容予以保密，该保密期限为无限期；丙方亦承诺对其所知悉的上述信息承担相同的保密义务，如有泄露行为，即构成乙方（丙方）的严

16229

重违约。在此情况下，甲方有权拒绝支付任何款项，已支付的装修补贴款应予退还，相关责任及后果由乙方、丙方自负。

第五条　违约责任

1. 在《联营合同》约定的联营期间内，如因乙方原因导致《联营合同》提前终止，乙方除需按照《联营合同》的约定，还需按以下比例承担赔偿装修补贴责任：____________。

2. 如乙方在联营期的前______个月内存在拖欠租金行为的，甲方有权解除本《装修补贴三方协议书》，乙方应当全额向甲方支付装修补贴款。

3. 乙方对丙方就本协议约定的保密义务及其他义务承担连带赔偿责任。

4. 乙方和 / 或丙方违反本协议约定导致甲方收回装修补贴款或解除本协议的，因《装修合同》产生的争议由乙方和丙方自行解决，与甲方无关。

第六条　争议解决

凡因本协议及《联营合同》发生的争议，三方应协商解决。协商不成的，由该商铺所在地人民法院管辖。

第七条　其他条款

本《装修补贴款三方协议》一式______份，甲方执______份，乙方执______份丙方执______份，自三方签字盖章后且由乙方交付履约保证金后生效，即具有法律效力。

甲方：（盖章）
法定代表人或授权代表：（签字）
日期：

乙方：（盖章）
法定代表人或授权代表：（签字）
日期：

丙方：（盖章）
法定代表人或授权代表：（签字）
日期：

第四类　物业服务类合同

一、物业服务合同

【使用场景】

本范本为物业服务合同。出租人在与承租人签订《租赁合同》后，通常还需就物业管理服务约定具体的实施细则，而该项服务需由专业的物业服务公司提供，故本类合同的签约方属物业管理公司与承租人。相同情形可参考适用本范本。

【法律要点】

1.《物业服务合同》的签约要点有哪些?

通常而言，在物业管理公司与租赁场所承租方签订《物业服务合同》时，需要注意以下内容：

（1）因原《租赁合同》同时约定了部分物业管理事宜，故在签订《物业服务合同》时，应当注意两者之间的协调性，尽量避免内容冲突，或提前约定冲突解决方式。

（2）针对各项物业费用，《物业服务合同》通常约定预收制度，并要求承租方缴纳一定的履约保证金。而需特别强调的是：针对可能涉及政府或有关部门调价的部分费用，应当提前约定以调后价格为准进行收取。同时，针对承租方的支付义务，通常设置其无论在何种情况下，均无拒付权利。

（3）通常情况下，物业管理公司与出租方之间具有相对密切的关系，特定情况下出租方可指定物业管理公司提供服务。

（4）物业管理划分界面需清晰明确，以附件形式列明为佳。

2. 商业广场内的物业服务基本内容有哪些?

商业广场内的物业服务通常包含以下内容：（1）公用部位、公用设施设备的物业服务项目，如房屋结构及墙面维护、机电与排水系统维护检修及保养、维修服务等。（2）环境保洁。（3）绿化景观。（4）交通秩序及停车区域的维护。（5）消防安保，如安全监护、消防监控等。（6）客户服务等内容。

以上内容可供读者理解并适用，具体签约需根据商业及物业情况调整。

16230

关注法天使

【文本正文】

物业服务合同

甲方：

（名称、统一社会信用代码、住所、法定代表人、职务、委托代理人、身份证号码、通讯地址、邮政编码、联系人、电话、传真、账号、电子信箱）

乙方：

（名称、统一社会信用代码、住所、法定代表人、职务、委托代理人、身份证号码、通讯地址、邮政编码、联系人、电话、传真、账号、电子信箱）

鉴于物业产权人与乙方签订了租赁合同（下称“《租赁合同》”），乙方承租使用物业产权人拥有的位于______其中的部分区域（下称“租赁区域”），乙方将在租赁区域对外营业，经营项目包括______。

现甲方受物业产权人委托及甲乙双方根据《物业管理条例》等有关法律法规及《租赁合同》的有关约定，在自愿、平等、协商一致的基础上，就甲方向乙方提供物业管理服务、乙方向甲方支付物业管理费等事宜达成一致，特订立本合同。

第一条　物业服务区域基本情况

物业产权人即《场地租赁合同》中的出租方，本合同甲方物业服务公司通常由物业产权人指定，以便扩大物业产权人的整体收益。

1. 物业服务区域名称：____________________

2. 物业服务区域：____________________

3. 物业管理费计算面积：____________________

4. 物业管理费计算起始日：乙方应自《租赁合同》约定的进场日起支付物业管理费，并按照独立计量的实际使用数额全额缴纳水、电、燃气、蒸汽等公用事业费。

5. 物业管理区域类型：____________________

第二条　物业服务范围

甲乙双方物业管理界面划分具体见本合同附件。

第三条　物业管理费及其他相关费用

1. 物业管理费的收费标准：物业管理费收费标准为人民币______元每月每平方米租赁面积，合计每月人民币______元（大写：______元整）。

甲方收取的物业管理费用于支付下列且不限于下列发生的：公共区域保洁、保安、绿化费，公共设施设备的维修维护费，物业保险费，甲方固定资产折旧费，物业公司员工薪酬福利费，物业管理行政办公费，政府规费，整个广场物业系统费用摊销等。物业管理费不包括共用部位、共用设施设备大修、更新、改造的费用，该费用由物业产权人另行承担。

> 物业公司和商户承担的公共部位的维修任务并不相同，例如有些公共部位设置了承租方的大型广告位或承包的公共绿地等则应当由承租方负责修理。故此处约定可视租赁物具体情况而调整。

2. 其他相关费用：

（1）公用事业费：乙方应支付因其使用公用事业设施设备所产生的全部费用，包括但不限于乙方独立使用的水、电（含乙方独立使用的室外广告等用电）、通信、有线电视等费用，及根据当地有关规定必需由甲方代收、代缴、代扣的且应由乙方承担的费用包括但不限于噪音监测费等，乙方应按本合同及《租赁合同》的有关约定及时支付。乙方应向甲方或物业产权人支付由甲方或物业产权人代收代缴的水、电、燃气等公用事业费，甲方向乙方提供法律认可的收据或者物业费发票。

乙方按照每月每平方米租赁面积______元的标准向甲方缴纳中央空调使用费用，每月缴纳总额为______元（大写：______元整）。在租赁期间内，乙方物业管理费按照租金的递增比例同比例进行递增；如国家或广场所在区域的能源费单价发生变化，甲方有权等比例调整中央空调使用费价格。收费标准的调整以双方的书面确认意见为准。在双方确认后，乙方按照调整后的标准支付物业管理费及其他费用。如租赁方拒绝确认，甲方有权单方予以确认。

> 鉴于春秋季与夏冬季空调使用量不同，此处可依照地域与租赁物使用性质加以区分。如果不区分各项情况均执行统一价格，则建议明确计算标准。
>
> 有关部门对于能源费所进行的调整属于甲方不可预估及控制的范围，为避免出现甲方垫付价格争议，故设定单方决定权。

16230

（2）甲乙双方因签订和履行本合同而应缴纳的税费或其他规费，根据国家和租赁区域所在地地方的相关规定各自缴纳和承担。无论本合同是否明确约定，凡属于向租赁区域承租人或租赁物本身征收的政府税费或其他规费均由乙方承担。

（3）政府职能部门收取的相关管理费用，乙方应按照其租赁面积占广场总面积的比例进行分摊，但甲方应提前将相关政府收费通知书或规定明示于乙方。

（4）乙方已实际享受的超过本合同第 3 条第 6 款规定的标准营业时间的超时服务等费用按实际成本由乙方支付。

（5）甲乙双方协商确认的其他有偿服务费，《租赁合同》有约定的从其约定，《租赁合同》没有约定的双方另行协商。

3. 甲方有权根据物业管理服务界面的划分、物价变化、法律法规要求，本着收支平衡的原则重新确定和调整物业管理费及其他费用的收费标准。收费标准的调整以甲乙双方协商的书面意见为准，乙方须按照调整后的标准向甲方支付物业管理费及其他费用。

4. 物业管理费及其他费用的支付：乙方均应于每月______日前（含______日）向甲方缴纳当月的物业管理费及其他应缴费用（预缴费用或本合同另有约定的除外），节假日顺延。

5. 乙方以支票或现金形式支付物业管理费及其他应缴费用，或直接支付到双方商定的银行账户上，以乙方费用到账为完成支付。甲方应书面通知乙方该银行账户的具体信息。甲方在乙方完成物业管理费及其他费用的支付后______个工作日内向乙方开具正规发票或收据。

账户名称：______________________________

账户号：______________________________

开户行：______________________________

6. 甲方提供的标准服务营业时间为______小时（甲方有权根据季节变化等因素对该标准服务时间作相应调整），乙方因经营需要可向甲方申请延长租赁区域的营业时间，由此所发生的费用由乙方承担。

第四条　物业服务标准

> 甲方作为物业服务方，在物业服务标准方面需主要考虑两项问题：(1) 服务标准是否明确、具体，具有可操作性。(2) 特殊服务项目的时限及次数要求能否实际达到，必要时需议在合同签署前进行预估。

1. 共用部位、共用设施设备的维护和管理：

（1）房屋主体承重结构部位、户外墙面、公共门厅、楼梯间、走廊通道、道路、广告位、休闲设施等，保持完好。

（2）避免人为停电事故，保证给排水设备运行合理，并定期检修公共管路和水泵。

（3）正常维修：提供 24 小时维修服务，接到报修后______分钟内赶到现场，如无法解决应解释原因，并确定解决时间；建立健全维修档案和回访制度；及时修缮共用区域、公共部位或公共设施设备中破损的部分。

（4）装饰装修：公共区域地面、墙面、石材、玻璃及门窗保持完好；检查和监督乙方遵守本物业的有关装修规定，在不影响主体安全及统一的情况下，保证乙方的正常使用要求。

2. 环境保洁：保洁区内做到通道无死角、厅门无污迹，外围无杂物，定期消杀灭虫，保持公共下水道、水管或其他管道畅通，防止任何垃圾淤积、侵蚀或倾倒于公共区域。

3. 绿化景观：对绿地、花木草坪、景观小品等进行日常养护和管理，做到修剪有形、长势良好清洁、美观、适用，除季节原因外，无枯枝、枯叶。

4. 交通秩序与车辆停放：设立清晰明确的交通道路标志，保持道路畅通，明确划分停车区域，杜绝车辆乱停乱放。

5. 保安、消防：

（1）安全监护：配合和协助当地有关部门对公共区域进行 24 小时安全监控和定时巡视，发现违法行为，及时报警或报政府相关部门处理。

（2）消防监控：消防监控报警系统 24 小时监测，并设专人员值班，按规定保存监控记录，定期举办消防宣传和演习，定期检查消防设备及有无易燃易爆等危险品进场、存储情况。

6. 客户服务：

（1）每月与乙方进行服务沟通，以消除不合格现象的发生，建立服务回访记录。

（2）建立投诉处置规程，及时处理投诉事项。

第五条　物业服务分包

甲方可将其在本合同下的任何专业服务委托或分包给专业的服务商（“分包商”），但不能因此免除甲方在本合同下对乙方的义务或任何责任。

第六条　物业装修改造

乙方进场装修前须按消防法律法规与甲方或物业产权人或与政府有关部门签订消防安全责任书，明确消防责任。乙方对租赁区域进行的装修或装修改造

16230

方案，凡涉及消防、建筑安全、排噪等须报当地行政主管部门批准的或涉及物业产权人提供的设备设施的，须报甲方及物业产权人审核书面批准，同时由乙方根据当地政府的有关装修管理及消防、环保规定履行报批手续并经批准后方可进行施工及开业。

甲方应在收到乙方装修方案后最迟______个工作日内出示书面审核意见，甲方在前述期限内既未提出合理改正意见也不签字确认的，则视为确认。

乙方在装修前，若必需将装修方案和施工图纸报经政府相关部门审批，须严格按照经政府相关部门审批确认的装修方案和施工图进行装修；乙方应向甲方及时提供前述经政府相关部门审批的装修方案及增加的工程、消防、自用设施设备工程技术档案等资料。

乙方的装修施工过程须接受甲方的监督与管理，但甲方的监督与管理并不减免乙方应承担的责任，甲方也不因监督管理而对乙方的装修施工承担任何责任。未经甲方同意，不得破坏租赁区域的房屋基本结构、外墙部分以及物业产权人提供的任何设施设备。施工完毕后须经甲方及政府有关部门（如消防主管部门）的验收认可，因此而产生的全部费用和责任由乙方承担。

第七条　甲方的其他权利和义务

除本合同前述约定外，甲方还有如下权利和义务：

1. 根据有关法律法规及本合同的约定，制订广场统一经营管理的各项管理规定（下称物业管理规定），合理调整物业管理服务费及其他相关费用标准及收费办法。

2. 对违反物业管理法律法规、本合同及物业管理规定的行为进行处理包括：要求停止违法、违规、违章行为；要求赔偿经济损失、支付违约金及停止各项专项服务。

3. 对乙方租赁区域装修及相关垃圾清运等事项的监督和管理。

4. 受物业产权人委托，行使对乙方使用物业产权人配置之设施设备（包括消防系统）维修保养工作的监督及管理，在乙方不正确使用或未进行适当的维修保养时可责令乙方限期整改或甲方代为维修，所发生的费用由乙方承担。造成损失的，乙方须予以赔偿；受物业产权人委托，对出入租赁区域的财物及人员进行必要的控制与管理。

5. 协助乙方与政府相关部门进行有关事宜的磋商，并对日常管理中所涉及的公共事务进行协调。

6. 租赁区域外公共区域的商业经营与商业广场整体推广活动的管理。

7. 车辆停放秩序的管理（停车位的使用按照乙方与物业产权人在《租赁合同》中的约定执行）。

8. 甲方不承担对乙方及其工作人员的人身、财产的保管、保险义务。

9. 乙方允许甲方或分包商通过租赁区域或在租赁区域内安装、使用和维修管道、线路或其他设施设备。如在完成前述工作时损坏乙方租赁区域的布局、装修，甲方应予在完成前述工作后修复，但因乙方原因造成前述维修所产生的费用由乙方自行承担。在事先书面通知乙方后（紧急情况下可不作通知，但事后应作书面说明），甲方或分包商有权在营业时间内，且不影响乙方正常经营的情况下，与乙方有关人员一起进入租赁区域检查，对租赁区域进行必要的维修、更换、改建或增建工作。甲方或分包商在进行上述检查、维修、更换、改建或增建时，不应不合理地干扰乙方的业务，或使乙方由于此种检查或维修而遭受不合理的损害或损失。

10. 为使乙方能在租赁区域正常经营，甲方应协调乙方与广场其他经营者间的关系。

11. 法律法规赋予甲方的其他权利和义务。

第八条　乙方的其他权利和义务

除本合同已有约定外，乙方还有如下权利和义务：

1. 按照乙方与物业产权人签订之《租赁合同》的约定使用店招及广告位，但改变墙体、主要结构的需经甲方同意后方可实施，未经同意，乙方不得擅自安装任何包括但不限于标牌、广告牌等物体。

2. 乙方根据经营需要，经甲方同意可以延长营业时间，但应按本合同约定承担由此发生的费用。在整个广场组织大的营销、庆典活动时应按甲方合理要求做出暂时性调整。

3. 不论何种情况按时足额缴纳乙方应缴纳的物业管理费及其他相关税、费，甲方物业服务不到位不能成为乙方拒绝交纳物业管理费的理由。如乙方认为是甲方原因造成乙方不能按时足额交纳物业管理费的，乙方应在足额交纳后向甲方提出书面理由经双方确认后减免物业管理费用。乙方在足额交纳物业管理费后无法与甲方协商解决减免问题，可以通过司法途径予以解决。

甲乙间的其他争议应当与乙方的支付义务分别处理，否则易造成合同乙方随意拒付款项的情形。

4. 按照与物业产权人签订的租赁合同及本合同约定的用途使用租赁区域，非经物业产权人书面同意，乙方不得在租赁期内变更租赁用途，且须保证租赁区域和设备设施的完好（正常损耗除外），并按照约定履行本合同的义务，不

16230

损坏租赁区域结构及附属设备设施，不影响、妨碍公共设施设备的正常使用和正常维护、维修、保养，不置放任何超过建筑物设计荷载范围的物品，不将易燃、易爆、剧毒、放射性等物品（经营物品除外）带入、存放在租赁区域内。不采取任何可能导致甲方保险赔偿减少、取消或保险费用增加的行为，不采取任何可能导致缩短建筑物使用期限的行为。

5. 在租赁区域从事经营活动时，遵守包括消防、环境保护、卫生防疫、文化、治安管理在内的法律法规，尊重社会公德，负责治安综合治理、消防、安全和保卫工作，协助甲方实施物业管理，教育乙方管理人员、经营人员、分租户（如有），遵守本合同及物业管理规定，并对上述人员的职务行为及造成的损失负连带责任。

6. 乙方保证不从事任何可能阻碍、影响相邻区域内甲方或物业产权人或其他承租方合法权利的行为，不干涉、扰乱或影响甲方或其他承租方正常经营的行为。乙方如因使用物业造成甲方或物业产权人或其他承租方损失，乙方应承担赔偿责任，如经甲方书面通知仍未改正其行为的，乙方承担______倍赔偿责任。

甲方作为物业管理公司对乙方与相邻租户间的纠纷协调难度实际较大，故针对此情形可提前约定多倍赔偿。

7. 乙方保证配合甲方人员通过乙方租赁区域或在租赁区域内安装、使用和维修管道、线路或其他设施设备。在营业时间内，甲方应配合有关人员进入租赁区域进行必要的维修、更换、改建或增建工作。如因乙方未及时提供便利造成乙方物业服务不到位的，其损失自行承担。

8. 乙方自行负责办理经营、装修所需的或可能发生的规划、环保、水电、通信、消防、卫生、文化、工商、税务、银行及其他国家规定的申请报批手续并承担相应责任和费用。

9. 乙方保证在正常经营期间严格遵守消防法规，确保所有消防通道处于畅通状态及相关设施设备的正常状态。负责其租赁区域内消防设备、设施的日常检查及保管工作；承担政府对乙方租赁区域的消防专项检测、检查费用。因乙方使用、管理不当造成丢失、损坏的或因此违反国家、地方法律法规的，由乙方承担责任和费用。

10. 乙方保证采取严格的安全防范措施，对因乙方原因引致的水、烟、燃气或其他物体外泄以及任何导致甲方或第三人人身、财产的损害或违反国家地方法律法规的乙方应承担相应赔偿责任。

11. 乙方须取得文化、环保、税务等政府主管部门的相关批准文件方可开业；在营业期间，乙方有义务采取必要的降噪措施，经营所发出的噪音不得超出法律法规或国家地方行业规定的标准，不得干扰其他承租方的正常营业，因乙方营业噪音所引发的责任由乙方自行承担，如导致甲方或物业产权人或其他第三人损失的，乙方须予以赔偿。

> 此处内容需根据乙方的所属行业进行补充或调整。如：若乙方处于餐饮行业，则需增加其在消防明火方面的保证义务；若乙方经营娱乐行业，则需在噪音防控方面增加保证义务等。

12. 法律法规赋予乙方的其他权利和义务。

第九条　保险

乙方按照租赁合同中与物业产权人的约定各自购买相应的保险（含第三者责任险）。发生保险赔付范围内的事故及损失，甲乙双方均有责任在规定时间内向保险公司报险，并协助保险公司做好取证等相关准备工作。在甲乙双方保险赔付范围内，甲乙双方互不承担违约赔偿责任及费用，甲方也不需就此对乙方或物业产权人承担任何责任。

> 合同中对于保险事宜的责任划分主要需注意 3 个方面：1. 需明确约定合同各方负责缴纳的保险种类。2. 要求在一方履行完毕投保义务后，及时向他方进行备案。3. 双方均需针对保险事宜履行配合义务。

第十条　违约责任

1. 若任何一方违反本合同项下的任何权利和义务，均应向另一方承担违约责任，赔偿另一方因此而遭受到的相应损失，本合同另有约定的除外。

2. 因甲方未履行或未及时履行物业管理责任，导致甲方负责的设备、设施出现故障、损害或其他原因造成乙方的损失，甲方应予以赔偿。因乙方未对其负责的设备和设施履行维修维护责任，导致设备和设施出现故障、损害或其他问题造成甲方或第三者损失的，乙方应予以赔偿。

3. 如果乙方无特殊原因延迟支付物业管理费超过______日的，每延迟一日需向甲方支付应付而未付金额的______‰作为违约金，直至足额缴纳为止；乙方延迟缴纳水、电、燃气、蒸汽等公用事业费超过______日的（在乙方已与公用事业部门签订供应合同应由乙方向其直接付费的除外），需向甲方支付公用事业部门规定的逾期付款违约金，直至足额缴纳为止。乙方延迟支付超过______日，甲方除收取违约金外，

16230

还有权停止提供物业管理服务，由此引起的一切损失和责任均由乙方自行承担，但由于甲方原因造成乙方延付上述费用的除外。

第十一条　合同终止

本合同于物业产权人与乙方签订的《租赁合同》终止时同时终止。

第十二条　其他

1. 乙方按照其与物业产权人签订之《租赁合同》约定将其在《租赁合同》中的权利义务转让给第三方时，乙方在本合同中的权利义务相应转让给该方，乙方应保证该第三方同意受让本合同。

> 提示：在第三方同意受让本合同全部内容后，仍需三方签订权利义务转让协议，或考虑终止本合同，与第三方签订新的物业服务合同。

2. 合同附件（如有）均为合同的有效组成部分，与本合同具同等法律效力。

3. 根据本合同的需要发出的全部通知，均须采用书面形式。甲乙各方向对方发出的发票、单据及其他通知需标明对方公司名称，送达到对方办公地址后即视为已经送达。

各方按下列传真号码所发送的传真文件，亦视为已经送达对方：

甲方：____

乙方：____

4. 本合同如有未尽事宜，须经甲乙双方协商同意后书面修订和补充。

5. 因本合同引起或与本合同有关的任何争议应由甲乙双方通过友好协商解决。协商未成，任何一方可提出要求并通知另一方，将争议提交______仲裁委员会，按该会届时所适用的仲裁规则仲裁。

6. 合同为正式法律文件，涂改处无甲乙双方加盖公章无效。

7. 本合同正本共______页，一式______份，甲乙双方各执______份，具有同等法律效力。

8. 本合同自甲乙双方法定代表人或授权代表签字、加盖公章之日起生效。

甲方：（盖章）

法定代表人或授权代表：（签字）

日期：

乙方：（盖章）

法定代表人或授权代表：（签字）

日期：

二、物业服务合同（含保证人）

【使用场景】

本范本为物业服务合同（含保证人），其适用场景与前述物业服务合同相同。但在本范本内增加了新的签约主体即保证人，由其为商户的履约行为（如支付物业服务费用等）承担连带保证责任。相同情形可参考适用本范本。

【法律要点】

我国法律关于保证的相关规定有哪些?

我国《担保法》中规定的保证责任分为以下两种：(1) 一般保证，即当事人在保证合同中约定在债务人不能履行债务时，由保证人承担保证责任。(2) 连带责任保证，即当事人在保证合同中约定保证人与债务人对债务承担连带责任。

若出现以下情形，保证人将不再承担责任。(1) 在保证期间，债权人许可债务人转让债务但未取得保证人同意的，保证人对未经其同意而转让的债务，不再承担保证责任。(2) 在保证期间，债权人与债务人协议变更主合同但未经保证人书面同意的，保证人不再承担保证责任。(3) 一般保证的债权人在合同约定的保证期间或主债务履行期届满之日起六个月内，未对债务人提起诉讼或者申请仲裁的，保证人免除保证责任。(4) 连带保证责任的债权人未在约定的保证期间内或主债务履行期届满之日起六个月内要求保证人承担保证责任的，保证人免除保证责任。(5) 同一债权既有保证又有物的担保的保证人对物的担保以外的债权承担保证责任。债权人放弃物的担保的，保证人在债权人放弃权利的范围内免除保证责任。

【文本正文】

物业服务合同

甲方：

（名称、统一社会信用代码、住所、法定代表人、职务、委托代理人、身份证号码、通讯地址、邮政编码、联系人、电话、传真、账号、电子信箱）

16231

乙方：

（名称、统一社会信用代码、住所、法定代表人、职务、委托代理人、身份证号码、通讯地址、邮政编码、联系人、电话、传真、账号、电子信箱）

丙方：（保证人）

（名称、统一社会信用代码、住所、法定代表人、职务、委托代理人、身份证号码、通讯地址、邮政编码、联系人、电话、传真、账号、电子信箱）

鉴于物业产权人与乙方签订了租赁合同（下称"《租赁合同》"），乙方承租使用物业产权人拥有的位于______其中的部分区域______（下称"租赁区域"），乙方将在租赁区域对外营业，经营项目包括______。丙方对乙方的义务承担连带保证责任。

现甲方受物业产权人委托及甲乙丙三方根据中华人民共和国《物业管理条例》等有关法律法规及《租赁合同》的有关约定，在自愿、平等、协商一致的基础上，就甲方向乙方提供物业管理服务、乙方向甲方支付物业服务费，丙方对乙方的义务承担连带保证责任等事宜达成一致，订立本合同。

> 因本合同与前述《物业管理服务合同》内容基本相同，故本合同中仅就与丙方保证人相关的内容作出相关介绍。

第一条　物业服务区域基本情况

1. 物业服务区域名称：______________________________。

2. 物业服务区域：______________________________。

3. 物业服务费计算面积：______________________________。

4. 物业服务费计算起始日：乙方应自《租赁合同》约定的购物中心开业日起支付物业服务费，并按照预付缴费方式在使用前充值缴纳水、电等公用事业费。

5. 物业管理区域类型：______________________________。

第二条　物业服务范围

甲乙双方物业管理界面划分具体见本合同附件一。

第三条　物业服务费及其他相关费用

1. 物业服务费的收费标准：物业服务费收费标准为人民币______元 / 月 /m^2× 计租面积，合计每月人民币______元。本合同履行期限：______日到______日。

甲方有权按照物业管理的需要支配物业服务费及其他相关费用。甲方收取的物业服务费用于支付下列且不限于下列发生的：公共区域环境卫生、公共秩序维护、公共绿化养护；公共设施设备的维修维护费；物业保险费；甲方固定资产折旧费；物业公司员工薪酬福利费，物业管理行政办公费，政府规费，整个购物中心物业系统费用摊销等。物业服务费不包括装修管理费、共用部位、共用设施设备大修、更新、改造、大型设备更新等相关费用，该费用按实际发生另行收取乙方费用。

2. 其他相关费用：

（1）公用事业费：乙方应支付因其使用公用事业设施设备所产生的全部费用，包括但不限于乙方独立使用的水、电（含乙方独立使用的室外广告等用电）、通信、有线电视等费用，以及根据当地有关规定必需由甲方代收、代缴、代扣且应由乙方承担的费用包括但不限于噪音监测费等。乙方应按本合同及《租赁合同》的有关约定及时支付。乙方应向甲方或物业产权人支付由甲方或物业产权人代收代缴的水、电等公用事业费，甲方向乙方提供法律认可的收据、发票或者物业费发票。

乙方按照预付缴费方式在使用前向甲方充值缴纳水、电等公用事业费，充值金额 水______元 /m^3，电______元 / 度。乙方预交该等公用事业费的最低额度为______元 / 月，充值最高额度按实际使用的______倍需求预估，预估使用时间不得超过______个月。在使用预付公用事业费期间若国家或购物中心所在区域的能源费单价发生变化，甲方有权按等比例以多退少补的方式收取差额，并对乙方的最低充值额度进行调整。

在租赁期间内，如国家或购物中心所在区域的能源费单价发生变化，甲方有权等比例调整能源费价格。收费标准的调整国家相关部门公布的收费为准，甲方核定后予以确认，其他费用以甲方通知乙方为准。

（2）甲乙双方因签订和履行本合同而应缴纳的税费或其他规费，根据国家和租赁区域所在地地方的相关规定各自缴纳和承担。无论本合同是否明确约定，凡属于向租赁区域承租人或租赁物本身征收的政府税费或其他规费均由乙方承担。

（3）政府职能部门收取的相关管理费用，乙方应按照其计租面积占购物中心总面积的比例进行分摊，但甲方应提前将相关政府收费通知书或规定明示于乙方，乙方应自甲方通知______日内交纳。

注：商户就公摊面积缴纳租金及物业费用属行业惯例。

16231

（4）乙方按照每月每平方米计租面积______元的标准向甲方缴纳中央空调能耗费用，每月缴纳总额为______元（大写：______元整）。

（5）停车管理费双方明确另行收取，收费标准由甲方按区域标准收取，按甲方的计费方式交纳。

（6）乙方已实际享受的超过本合同第 3 条第 6 款规定的标准营业时间的超时服务等费用按实际成本由乙方支付。超时服务费包括但不限于超时服务所产生的人工加班工资、公共能源费用。

（7）甲乙双方协商确认的其他有偿服务费，《租赁合同》有约定的从其约定，《租赁合同》没有约定的双方另行协商。

3. 甲方有权根据物业管理服务界面的划分、物价变化、法律法规要求，本着收支平衡的原则重新确定和调整物业服务费及其他费用的收费标准。收费标准的调整以甲乙双方协商的书面意见为准，乙方须按照调整后的标准向甲方支付物业服务费及其他费用。乙方拒绝确认甲方的物业费用及其他费用调整，甲方有权在书面通知______日内终止乙方的物业服务。

4. 物业服务费的支付：乙方按季度向甲方缴纳物业服务费，缴纳时间为每个季度最后一个月的______日前缴纳下个季度的物业服务费，节假日顺延。租赁合同有约定的从其约定。

5. 乙方以支票或现金形式支付物业服务费及其他应缴费用，或直接支付到甲方所开立的银行账户上，以乙方费用到账为完成支付。甲方在乙方完成物业服务费及其他费用的支付后______个工作日内向乙方开具正规发票或收据。甲方开户银行账户信息如下：

开户银行：____

开户名称：____

银行账号：____

6. 甲方提供的标准服务营业时间为 12 小时：______至______。甲方有权根据季节变化等因素对该标准服务时间作相应调整______小时，由此所发生的费用经甲方统计汇总后书面通知乙方，该费用由乙方承担并于支付下一季度物业服务费的同时支付。

第四条　物业服务标准

1. 共用部位、共用设施设备的维护和管理：

（1）房屋主体承重结构部位、户外墙面、公共门厅、楼梯间、走廊通道、道路、广告位、休闲设施等，保持完好。

（2）机电系统：供 / 配电设备运行正常，供电安全，定期检修保养系统设备，避免人为停电事故；给排水设备运行合理，并定期检修公共管路和水泵。

（3）正常维修：提供 24 小时维修服务，接到紧急报修后______分钟内赶到现场；如无法马上解决应解释原因，并确定解决时间；建立健全维修档案和回访制度；及时修缮共用区域、公共部位或公共设施设备中破损的部分。

2. 装饰装修：公共区域地面、墙面、石材、玻璃及门窗保持完好；检查和监督乙方遵守本物业的有关装修规定，在不影响主体安全及统一的情况下，保证乙方的正常使用要求。

3. 环境保洁：保洁区内做到通道无死角、厅门无污迹，外围无杂物，定期消杀灭虫，保持公共下水道、水管或其他管道畅通，防止任何垃圾淤积、侵蚀或倾倒于公共区域。

4. 绿化景观：对绿地、花木草坪、景观小品等进行日常养护和管理，做到修剪有形、长势良好清洁、美观、适用，除季节原因外，无枯枝、枯叶。

5. 交通秩序与车辆停放：设立清晰明确的交通道路标志，保持道路畅通，明确划分停车区域，杜绝车辆乱停乱放。

6. 保安、消防：

（1）安全监护：配合和协助当地有关部门对公共区域进行 24 小时安全监控和定时巡视，发现违法行为，及时报警或报政府相关部门处理。

（2）消防监控：消防监控报警系统 24 小时监测，并设专人员值班，按规定保存监控记录，定期举办消防宣传和演习，定期检查消防设备及有无易燃易爆等危险品进场、存储情况。

7. 客户服务：每月与乙方进行服务沟通，以消除不合格现象的发生，建立服务回访记录。

8. 建立投诉处置规程，及时处理投诉事项。

以上服务标准如因物业产权人或物业使用人、第三人原因造成无法达到的，甲方不承担违约责任，但甲方应尽力协调解决有关问题。

第五条　物业服务分包

甲方可将其在本合同下的任何专业服务委托或分包给专业的服务商（“分包商”），但不能因此免除甲方在本合同下对乙方的义务或任何责任。

第六条　物业装修改造

1. 乙方进场装修前须按消防法律法规与甲方或物业产权人或与政府有关部门签订消防安全责任书，明确消防责任。乙方对租赁区域进行的装修或装修改造方案，凡涉及消防、建筑安全、排噪等须报当地行政主管部门批准的或涉及

16231

物业产权人提供的设备设施的，须报甲方及物业产权人审核书面批准，同时由乙方根据当地政府的有关装修管理及消防、环保规定自行履行报批手续并经批准后方可进行施工及开业。

2. 甲方应在收到乙方装修方案后最迟______个工作日内出示书面审核意见，甲方在前述期限内既未提出合理改正意见也不签字确认的，则视为确认，但甲方的审核不能作为承担装修责任的依据。

3. 乙方在装修前，若必需将装修方案和施工图纸报经政府相关部门审批，须严格按照经政府相关部门审批确认的装修方案和施工图进行装修；乙方应向甲方及时提供前述经政府相关部门审批的装修方案及增加的工程、消防、自用设施设备工程技术档案等资料，乙方对施工安全负全部责任，导致甲方先行赔付的，甲方有权向乙方全额追偿。

4. 乙方的装修施工过程须接受甲方的监督与管理，但甲方的监督与管理并不减免乙方应承担的责任，甲方也不因监督管理而对乙方的装修施工承担任何责任。未经甲方同意，不得破坏租赁区域的房屋基本结构、外墙部分以及物业产权人提供的任何设施设备。施工完毕后须经甲方及政府有关部门（如消防主管部门）的验收认可，因此而产生的全部费用和责任由乙方承担。

5. 乙方的装修改造不得影响甲方或任何第三方的对物业的使用，造成损害的，乙方应当承担赔偿责任。

第七条　甲方的其他权利和义务

除本合同前述约定外，甲方还有如下权利和义务：

1. 根据有关法律法规及本合同的约定，制订购物中心统一经营管理的各项管理规定（下称物业管理规定），合理调整物业管理服务费及其他相关费用标准及收费办法。

2. 对违反物业管理法律法规、本合同及物业管理规定的行为进行处理包括：要求停止违法、违规、违章行为；要求赔偿经济损失、支付违约金及停止各项专项服务。

3. 对乙方租赁区域装修及相关垃圾清运等事项的监督和管理。

4. 受物业产权人委托，行使对乙方使用物业产权人配置之设施设备（包括消防系统）维修保养工作的监督及管理，在乙方不正确使用或未进行适当的维修保养时可责令乙方限期整改或甲方代为维修，所发生的费用由乙方承担。造成损失的，乙方须予以赔偿；受物业产权人委托，对出入租赁区域的财物及人员进行必要的控制与管理。

5. 协助乙方与政府相关部门进行有关事宜的磋商，并对日常管理中所涉及的公共事务进行协调。

6. 租赁区域外公共区域的商业经营与商业购物中心整体推广活动的管理。

7. 车辆停放秩序的管理（停车位的使用按照乙方与物业产权人在《租赁合同》中的约定执行）。

8. 甲方不承担对乙方及其工作人员的人身、财产的保管、保险义务。

9. 乙方允许甲方或分包商通过租赁区域或在租赁区域内安装、使用和维修管道、线路或其他设施设备。如在完成前述工作时损坏乙方租赁区域的布局、装修，甲方应予在完成前述工作后修复，但因乙方原因造成前述维修所产生的费用由乙方自行承担。在事先书面通知乙方后（紧急情况下可不作通知，但事后应作书面说明），甲方或分包商有权在营业时间内，且不影响乙方正常经营的情况下，与乙方有关人员一起进入租赁区域检查，对租赁区域进行必要的维修、更换、改建或增建工作。甲方或分包商在进行上述检查、维修、更换、改建或增建时，不应不合理地干扰乙方的业务，或使乙方由于此种检查或维修而遭受不合理的损害或损失。

10. 因乙方原因未及时充值水电费用导致的停水停电的损失，甲方不承担任何责任。

11. 为使乙方能在租赁区域正常经营，甲方应协调乙方与购物中心其他经营者间的关系。

12. 法律法规赋予甲方的其他权利和义务。

第八条　乙方的其他权利和义务

除本合同已有约定外，乙方还有如下权利和义务：

1. 按照乙方与物业产权人签订之《租赁合同》的约定使用店招及广告位，但改变墙体、主要结构的需经甲方同意后方可实施，未经同意，乙方不得擅自安装任何包括但不限于标牌、广告牌等物体，否则，甲方有权自行拆除乙方安装的包括但不限于标牌、广告牌等物体，拆卸费用由乙方承担，造成损失的乙方还应承担赔偿责任。

2. 乙方根据经营需要，经甲方同意可以延长营业时间，但应按本合同约定承担由此发生的费用。在整个购物中心组织大的营销、庆典活动时应按甲方合理要求做出暂时性调整。

3. 不论何种情况按时足额缴纳乙方应缴纳的物业服务费及其他相关税、费，甲方物业服务不到位不能成为乙方拒绝交纳物业服务费的理由。如乙方认为是甲方原因造成乙方不能按时足额交纳物业服务费的，乙方应在足额交纳后向甲方提出书面理由，经双方确认后减免物业服务费用。乙方在足额交纳物业服务费后无法与甲方协商解决减免问题，可以通过司法途径予以解决。

16231

4. 按照与物业产权人签订的租赁合同及本合同约定的用途使用租赁区域，

非经物业产权人书面同意，乙方不得在租赁期内变更租赁用途，且须保证租赁区域和设备设施的完好（正常损耗除外），并按照约定履行本合同的义务，不损坏租赁区域结构及附属设备设施，不影响、妨碍公共设施设备的正常使用和正常维护、维修、保养，不置放任何超过建筑物设计荷载范围的物品，不将易燃、易爆、剧毒、放射性等物品（经营物品除外）带入、存放在租赁区域内。不采取任何可能导致甲方保险赔偿减少、取消或保险费用增加的行为，不采取任何可能导致缩短建筑物使用期限的行为。

5. 在租赁区域从事经营活动时，遵守包括消防、环境保护、卫生防疫、文化、治安管理在内的法律法规，尊重社会公德，负责治安综合治理、消防、安全和保卫工作，协助甲方实施物业管理，教育乙方管理人员、经营人员、分租户（如有），遵守本合同及物业管理规定，并对上述人员的行为及造成的损失负连带责任。

6. 乙方保证不从事任何可能阻碍、影响相邻区域内甲方或物业产权人或其他承租方合法权利的行为，不干涉、扰乱或影响甲方或其他承租方正常经营的行为。乙方如因使用物业造成甲方或物业产权人或其他承租方损失，乙方应当承担赔偿责任；如系经甲方书面通知仍未改正其行为而导致发生损失的，乙方应当负责承担______倍赔偿责任。

7. 乙方保证配合甲方人员通过乙方租赁区域或在租赁区域内安装、使用和维修管道、线路或其他设施设备。在营业时间内，甲方应配合有关人员进入租赁区域进行必要的维修、更换、改建或增建工作。如因乙方未及时提供便利造成乙方物业服务不到位的，其损失自行承担。

8. 乙方自行负责办理经营、装修所需的或可能发生的规划、环保、水电、通信、消防、卫生、文化、工商、税务、银行及其他国家规定的申请报批手续并承担相应责任和费用。

9. 乙方保证在正常经营期间严格遵守消防法规，确保所有消防通道处于畅通状态及相关设施设备的正常状态。负责其租赁区域内消防设备、设施的日常检查及保管工作；承担政府对乙方租赁区域的消防专项检测、检查费用。因乙方使用、管理不当造成丢失、损坏的或因此违反国家、地方法律法规的，由乙方承担责任和费用。

10. 乙方保证采取严格的安全防范措施，对因乙方原因引致的水、烟、燃气或其他物体外泄以及任何导致甲方或第三人人身、财产的损害或违反国家地方法律法规的乙方应承担相应赔偿责任。

11. 乙方须取得文化、环保、税务等政府主管部门的相关批准文件方可开业；在营业期间，乙方有义务采取必要的降噪措施，经营所发出的噪音不得超出法律法规或国家地方行业规定的标准，不得干扰其他承租方的正常营业，因乙方营业噪音所引发的责任由乙方自行承担，如导致甲方或物业产权人或其他第三人损失的，乙方须予以赔偿。

12. 乙方承租区域内的卫生、保安、绿化等各类物业由乙方自行管理。

法律法规赋予乙方的其他权利和要求承担的其他义务。

第九条　保险

1. 乙方按照租赁合同中与物业产权人的约定各自购买相应的保险（含第三者责任险）。

2. 发生保险赔付范围内的事故及损失，甲乙双方均有责任在规定时间内向保险公司报险，并协助保险公司做好取证等相关准备工作。在甲乙双方保险赔付范围内，甲乙双方互不承担违约赔偿责任及费用，甲方也不需就此对乙方或物业产权人承担任何责任。

第十条　违约责任

1. 若任何一方违反本合同项下的任何权利和义务，均应向另一方承担违约责任，赔偿另一方因此而遭受到的相应损失，本合同另有约定的除外。

2. 因甲方未履行或未及时履行物业管理责任，导致甲方负责的设备、设施出现故障、损害或其他管理原因造成乙方的损失，甲方应予以赔偿。因乙方未对其负责的设备和设施履行维修维护责任，导致设备和设施出现故障、损害或其他问题造成甲方或第三者损失的，乙方应予以赔偿。

3. 如果乙方原因延迟支付物业服务费的，每延迟一日需向甲方支付应付而未付金额的______‰作为违约金，直至足额缴纳为止；乙方延迟缴纳空调费等公用事业费的，在乙方已与公用事业部门签订供应合同应由乙方向其直接付费的除外，需向甲方支付按照公用事业部门规定的逾期付款违约金，直至足额缴纳为止。乙方延迟支付超过______日，甲方除有权收取违约金外，还有权解除合同，有权停止提供物业管理服务，由此引起的一切损失和责任均由乙方自行承担，但由于甲方原因造成乙方延付上述费用的除外。

4. 丙方对本合同项下乙方的义务（包括但不限于履行交纳各项费用等所有义务）承担连带保证责任。

> 此处是本合同针对丙方而增加的保证人义务。根据《中华人民共和国担保法》的相关规定：保证责任分为一般保证责任和连带保证责任。本合同中丙方承担连带保证责任，即在乙方不能如约履行合同义务时，甲方有权直接选择乙方或丙方要求履行。该项约定为甲方正常收取应收全部合同款项增加保障，但需注意的是：丙方作为保证人享有与乙方相同的抗辩权利，即使乙方放弃抗辩，丙方仍可使用。

16231

第十一条　合同终止

1. 因解除而终止：

（1）由于乙方违约造成本合同不能履行或不能完全履行，如果甲方认为本合同已无必要继续履行或乙方在收到甲方要求其纠正违约的通知后______日内仍不纠正其违约行为，则甲方有权向乙方发出解除本合同的书面通知，该通知自送达乙方时生效。乙方除承担本合同约定的违约责任外，另须按本合同暂定总价款的______%向甲方支付解约违约金。甲方有权直接在乙方应付未付款中扣除，违约金不足以弥补甲方损失的，甲方可继续向乙方追偿。

（2）由于甲方违约造成本合同不能履行或不能完全履行，如果甲方在收到乙方要求其纠正违约的通知后仍不纠正其违约行为，则乙方有权向甲方发出解除本合同的书面通知，该通知自送达甲方时生效，甲方应向乙方支付双方确认已完成工作量的款项，并按本合同约定承担违约责任。

（3）合同一方依本合同约定行使解除权的，合同自解除通知送达之日起终止。违约方应当向另一方支付违约金或赔偿损失。

（4）合同终止后，不妨碍一方向违约方追究违约责任。

2. 有下列情形之一的，合同权利义务终止：

（1）本合同已按约定履行完毕；

（2）本合同经各方协商一致而终止；

（3）本合同因一方出现本条第 1 款的违约情况（包括一方擅自转让本合同项下权利义务行为），另一方发出解除合同的通知；

（4）本合同于物业产权人与乙方签订的《租赁合同》终止时同时终止；

（5）一旦甲方丧失本物业服务区域的物业管理权限，本合同终止；

（6）法律法规规定终止的其他情形。

第十二条　其他

1. 乙方按照其与物业产权人签订之《租赁合同》约定将其在《租赁合同》中的权利义务转让给第三方时，乙方在本合同中的权利义务相应转让给该方，乙方应保证该第三方同意受让本合同。

2. 合同附件（如有）均为合同的有效组成部分，与本合同具同等法律效力。

3. 根据本合同的需要发出的全部通知，均须采用书面形式。甲乙各方向对方发出的发票、单据及其他通知需标明对方公司名称，送达到对方办公地址或注册地址后即视为已经送达。各方按下列传真号码所发送的传真文件，亦视为已经送达对方：

甲方：____

乙方：____

丙方：____

4. 本合同如有未尽事宜，须经甲乙双方协商同意后书面修订和补充。

5. 因本合同引起或与本合同有关的任何争议应由甲乙丙三方通过友好协商解决。协商未成，任何一方可将争议提交租赁场所所在地有管辖权的人民法院诉讼解决。

6. 合同为正式法律文件，任何修改、涂改处无甲乙丙三方加盖公章无效。

7. 本合同一式______份，甲乙丙三双方各执______份，具有同等法律效力。

8. 本合同自甲乙双方法定代表人或授权代表签字、加盖公章之日起生效。

甲方：（盖章）

法定代表人或授权代表：（签字）

日期：

乙方：（盖章）

法定代表人或授权代表：（签字）

日期：

丙方：（盖章）

法定代表人或授权代表：（签字）

日期：

16231

第五类　商业活动类合同

一、开业 PR 活动招标文件

【使用场景】

本范本采用 PR 活动合同。PR 意为 Public Relation，即公共关系类活动。本范本可广泛适用于各类商业活动类的招标、投标文件。范本内包含投标邀请书、投标须知、技术条款、招标合同及承诺文本，可适用于招标及投标整个过程。以上相似商业活动类的招标、投标情形可参照适用。

【法律要点】

1. 招标文件通常包含什么内容？

招标文件通常会包含：（1）招标公告 / 招标要求，即释明招标人进行此项招标项目的具体情况及信息。（2）招标人须知，招标人可在此部分提出对于本次招标活动的具体要求，包括密封、盖章类等其他相关具体要求。（3）投标报价书，招标人在此部分明示报价区间或投标保证金的交纳等问题。（4）技术规范 / 要求（含附件及图纸等），招标人在此部分将对招标内容提出具体技术要求。（5）合同主要条款及格式。招标人会提前公示合同条款及格式，待确定中标人后，双方需依照此前的公示内容签订正式的合同文本。（6）评标办法、评标标准及废标条款。招标人通常会提前公示其评标的各项标准及积分制度，该项办法也是投标人进行投标准备的参考因素。（7）投标及开标地点、时间等要求。

2. 招投投标项目通常适用的法律法规有哪些？

招标投标活动通常适用的法律法规数量较多，依据效力及发布主体进行分类，主要包括以下几项：

（1）法律类：《中华人民共和国招标投标法》等。

（2）行政法规类：《中华人民共和国招标投标法实施条例》《国务院办公厅转发发展改革委、法制办、监察部关于做好招标投标法实施条例贯彻实施工作意见的通知》《国务院办公厅印发国务院有关部门实施招标投标活动行政监督的职责分工意见的通知》等。

16232

（3）部门规章类：《房屋建筑和市政基础设施工程施工招标投标管理办法》《铁路工程建设项目招标投标管理办法》《政府采购货物和服务招标投标管理办法》《建筑工程设计招标投标管理办法》《公路工程建设项目招标投标管理办法》《通信工程建设项目招标投标管理办法》《电子招标投标办法》《水运工程建设项目招标投标管理办法》《农业基本建设项目招标投标管理规定》等，此类部门规章数量较多，可参照招标项目具体确定适用。

（4）行业规定类：《国家电网公司建设工程招标投标管理办法（暂行）》《国家电网公司水电工程建设监理招标投标管理规定》等。

除上述招标投标类的法律法规及行业规定外，例如《合同法》等法律法规中关于招标投标行为的相关规定均可依法适用。

3. 根据《中华人民共和国招标投标法》及 2018 年 6 月 1 日起最新实施的《必需招标的工程项目规定》，现有必需招标的项目包含哪些?

全部或者部分使用国有资金投资或者国家融资的项目必需招标的情形包括：使用预算资金 200 万元人民币以上，并且该资金占投资额 10% 以上的项目；使用国有企业事业单位资金，并且该资金占控股或者主导地位的项目。

使用国际组织或者外国政府贷款、援助资金的项目必需招标的情形包括：使用世界银行、亚洲开发银行等国际组织贷款、援助资金的项目；使用外国政府及其机构贷款、援助资金的项目。

不属于上述两项规定情形的大型基础设施、公用事业等关系社会公共利益、公众安全的项目，必需招标的具体范围由国务院发展改革部门会同国务院有关部门按照确有必要、严格限定的原则制定，报国务院批准。

属于以上规定范围内的项目，其勘察、设计、施工、监理以及与工程建设有关的重要设备、材料等的采购达到下列标准之一的，必需招标：施工单项合同估算价在 400 万元人民币以上；重要设备、材料等货物的采购，单项合同估算价在 200 万元人民币以上；勘察、设计、监理等服务的采购，单项合同估算价在 100 万元人民币以上。同一项目中可以合并进行的勘察、设计、施工、监理以及与工程建设有关的重要设备、材料等的采购，合同估算价合计达到前款规定标准的，必需招标。

【文本正文】

开业PR活动招标文件

招标方：

（名称、统一社会信用代码、住所、法定代表人、职务、委托代理人、身份证号码、通讯地址、邮政编码、联系人、电话、传真、账号、电子信箱）

业主方：

（名称、统一社会信用代码、住所、法定代表人、职务、委托代理人、身份证号码、通讯地址、邮政编码、联系人、电话、传真、账号、电子信箱）

第一章 投标邀请书

由______投资，______开发的______项目拟定于______年______月______日正式开业，现对该项目______开业活动—开业 PR 活动进行______招标，邀请和欢迎有能力、符合资质条件的公司参加投标。

第一条 标的物

开业活动—开业 PR 活动。

第二条 服务内容

> 提示：此处可将服务内容进行概括性表述，具体要求可在正式合同中予以明确。

开业活动—开业 PR 活动，暂定______年______月______日进行，服务主要内容包括：

1. 第一部分为开业暖场活动。根据制定的开业活动，设定入场人群前期暖场地推活动，完成开业指标。

2. 第二部分为开业 PR 活动。需结合商场自身条件，跨界资源整合、合作。需利用多种渠道，达到吸引特定人群作用。利用跨界合作方做到合作推广、人群到访等一系列目的。

3. 方案设计必需有亮点，方案中要有一定的可执行的合作资源，明确资源合作类互动参与的项目（如发布会、特展等）。

4. 方案需满足项目定位，现场分布点位及内外场联动等要素。

第三条 报价要求

1. 开业 PR 活动，控制价为______万元以内，并应分别按以下建议进行方

16232

案设计与报价：

（1）开业前暖场活动；

（2）开业 PR 活动；

（3）报价需以细项按每项活动单独报价。

2. 活动时间暂定为______年______月______日；入场时间：______年______月______日，搭建、道具撤场时间暂定为______年______月______日。

3. 报价包括材料价格、人工价格或劳务费、明星版权费、政府收费、税率、汇率或调价文件的等本项目涉及的全部费用，甲方无须再就承包范围内的所有事项再向乙方或其他第三人支付任何费用。

第四条　付款方式

1. 合同签订后______个工作日内，甲方支付给乙方合同总价的______%。

2. 活动结束后______个工作日内，甲方支付给乙方合同总价的______%。

3. 活动总价的______%作为乙方活动保证金。活动全部结束后，乙方需向甲方提交活动总结，活动总结经甲方确认验收合格后的______个工作日内，由甲方向乙方支付上述保证金。

第五条　投标人资格要求

> 对于投标人的资格及要求通常包括其规模、资质、专业水平、具体服务人员情况等。

1. 本次招标要求投标人具有______个以上大型商场开业活动的同类业绩。

2. 在人员、设备、资金等具有承办本项目开业庆典的综合能力。

第六条　招标文件的获取

1. 请于______年______月______日（法定公休日、法定节假日除外），上午______时至______时，下午______时至______时，在______招标办持本公司介绍信或授权委托书购买招标文件，也可通过网络购买电子版招标文件。招标文件售出后，不予退还。

2. 招标文件每套售价______元，售后不退；发售图纸为电子版图纸（自带 U 盘拷贝或网络发送）。

第七条　投标文件的递交

1. 投标文件递交的截止时间为______年______月______日上午______时，地点为：____；

2. 逾期送达的或者未送达指定地点的投标文件，招标人不予受理。

第八条　联系方式

招标人：______________________________；

地址：______________________________；

邮编：______________________________；

联系人：______________________________；

电话：______________________________；

手机：______________________________；

电子邮件：______________________________；

现场考察联系人：______________________________；

联系电话：______________________________。

公司

年　　月　　日

第二章　投 标 须 知

第一条　前附表

项目名称	开业活动—开业 PR 活动		
服务范围	开业活动—开业 PR 活动招标相关服务		
项目建设地点			
联系人		联系电话	
资金来源			
招标文件下发日期、地点	时间：______ 地点：______		
投标保证金	人民币______元（大写：______元整）		
答疑	投标人如对本招标文件有疑问，请在投标截止期______日前以电子邮件或电话形式向招标人询问，招标人将及时予以答复。		
评标办法	采用综合评分法，技术标权重______%，商务标权重______%。		
投标有效期	投标截止日后______日内有效		

16232

续表

投标文件份数	正本______份，副本______份，电子文件______份。
文件投递	递交至：______ 地址：______ 接收人：______ 截止时间：______
开标	时间：______ 地点：______
评标办法	综合评审法

第二条　招标文件组成

1. 招标文件包括下列文件及发出的任何答疑文件和补充修改文件：

第一部分：投标邀请书

第二部分：投标须知

第三部分：技术条款

第四部分：投标文件格式

第五部分：合同文件

2. 投标人应认真审阅招标文件中的各个组成部分，充分了解本招标文件中的各项规定和投标人一旦中标后须承担的合同责任和义务；如果投标人的投标文件不符合招标文件的要求或投标人提交的投标文件不能实质性响应招标文件，该投标文件将被拒绝，责任由投标人自行承担。

3. 凡获得招标文件的潜在投标人，无论其中标与否，均应对招标文件保密和保护招标人的知识产权，并应承担因其泄密或侵犯招标人知识产权的行为而引起的一切损失和责任。

第三条　投标费用

1. 投标人自行应承担其编制投标文件与递交投标文件及参与本次招标活动所涉及的一切费用。不管投标结果如何，招标人对上述费用不承担任何责任。

2. 投标保证金，投标人须在开标前缴纳投标保证金，人民币______元（大写：人民币______元）。该保证金将于定标后，通知退款单位携收据、经办人身份证复印件、带有公章的公司授权委托书前来办理退款手续。

提示：招标人可要求投标人交纳投标保证金，具体方式可为现金、银行保函、银行汇票等。

3. 开户银行：______________________________；

银行账号：______________________________；

开户名称：______________________________。

第四条　投标人资格

1. 参与单位需提交的文件应包括：参与单位法律地位有关的原始文件的副本，包括营业执照、代理授权证明文件和公司业绩资料、法定代表人资格证书（或授权委托书）原件及复印件等。

2. 承诺履行《中华人民共和国合同法》的规定；遵守国家法律、行政法规，具有良好的信誉和诚实的职业道德。

第五条　招标文件的解释和答疑

1. 投标人如对本招标文件有疑问，欢迎在提交截止日期前______日（不含开标当日）以传真、电话等形式向我司询问，我司将及时予以答复。

2. 投标人在投标文件提交截止日期之前，如果需要对提交文件作出补充的，可在作好修改后，以密封的书面形式邮寄或当面递交我司，所补充、修改的内容视为提交方案的组成部分。

3. 投标人的投标文件应按本招标文件的要求制作，否则视为无效。

4. 投标人对招标文件自行做出的解释、推论和应用，发包人概不负责。投标人由于对招标文件的任何误解所造成的后果，均由投标人自行负责。

第六条　招标文件的修改

1. 在本次投标截止日期前______日（不含开标当天），有权对招标文件进行修改。这种修改可能是招标人主动做出的，也可能是为了解答投标人要求澄清的问题而做出的。招标人对招标文件的修改，将以向投标人发出招标文件的补充文件的方式做出。

2. 招标文件的补充文件应是招标文件的一部分，将以书面的方式发给所有获得招标文件的投标人，并对他们起约束作用。投标人收到招标文件的任何补充文件后，应立即告知招标人并同时以书面的方式通知招标人，确认已经收到招标文件的补充文件。

3. 为使投标人在编制投标文件时把补充文件内容考虑进去，我司可能将酌情延长递交投标文件的截止日期。具体时间将在补充文件中写明。

4. 当招标文件、修改书内容相互矛盾时，以最后发出的修改书为准。

第七条　投标文件的语言

投标文件及投标人之间与投标有关的来往通知、函件和文件均应使用中文。

16232

关注法天使

第八条　投标文件的编制内容

1. 投标方资格文件

（1）开标一览表；

（2）投标书；

（3）技术文本及电子文件；

（4）法定代表人资格证明书；

（5）授权委托书；

（6）营业执照副本、税务登记证、组织机构代码证（复印后加盖公章）；

（7）企业相关资格、工作业绩说明资料（需提供相关合同复印件为证）；

（8）服务本项目工作组的负责人及主要人员简历；

（9）合作计划；

（10）报价清单。

2. 投标文件

投标人的投标文件正本______本、副本______本，电子文件______份。包含以下内容：整体预算、具体的报价清单及明细。投标报价采用人民币计价，该报价为含税价格。

> 此处需注意将报价的税务问题进行提前约定。

第九条　评审方式

本次招标用综合法确定中标单位，分商务标和技术标两项，具体方法如下：

1. 招标人在开标仪式上根据投标须知相关规定，对投标人的投标文件是否应当受理进行审查，然后将应当受理的投标文件送至招标小组评审。

2. 符合性及完整性评审：每位评委分别对各投标文件进行符合性及完整性评审，对各投标文件能否符合招标文件要求做出明确判定。

3. 技术标占比______%，商务标占比______%，由招标小组针对技术标和商务标进行综合评定，并对投标人由高至低进行排序。

第十条　标书制作要求

1. 标书内容统一采用宋体 4 号字体，表格内文字采用宋体 5 号字体，页码用宋体 5 号阿拉伯数字。全套投标文件应无涂改和行间插字，除非这些删改是根据发包单位的指示进行的。商务标修改处应由投标文件签署人签字证明并加盖印鉴。

2. 标书一式______份，其中正本______份，副本______份。电子文件放在正本中，包括：报价表（详细说明各项目价格构成、时间要求等）、授权委托书、法定代表人资格证明书、企业法人营业执照副本及相关资料。

3. 投标人必需使用招标文件附件提供的表格格式，表格可以按同样格式扩展。

第十一条　投标文件的密封

1. 投标文件正副本应单独密封，并在袋口加盖公章，袋子正面标注清楚项目名称及投标单位名称。

2. 投标文件封袋上写明投标人名称。

第十二条　投标截止期

1. 投标人应在______年______月______日前将投标文件递交到指定地点。

2. 超过投标截止期送达的投标文件将被拒绝。

第十三条　投标文件的修改与撤回

投标人可以在递交投标文件以后，在规定的投标截止期之前，以书面形式向发包人递交修改或撤回投标文件的通知。在投标截止期以后，不得更改投标文件。

第十四条　开标

1. 招标人招标工作小组将于______年______月______日______时举行开标仪式。开标仪式由招标人组织并主持，对投标文件进行检查，确定它们是否完整，文件签署是否正确，以及是否按顺序编制。但按规定提交合格撤回通知的投标文件不予开封。

2. 投标人须派法定代表人（或委托代理人）持本人身份证、营业执照副本原件、资质等级证书副本原件和法定代表人资格证明书。

3. 投标人有下列情况之一者，其投标视为无效：

（1）投标单位提供的有关资料、证书、证明材料系虚假或伪造的；

（2）投标文件未按规定填写，内容不全或字迹模糊的；

（3）投标截止时间以后送达的投标文件；

（4）投标单位串通投标抬高或压低报价的，有属《中华人民共和国招标投标法》中有关废标规定的；

（5）投标文件未按规定密封或者投标文件未加盖企业法人公章、未加盖法定代表人或代理人印鉴或未经法定代表人或委托代理人签署的；

（6）开标后，如果有效标书少于______份，则本次招投标无效；

（7）组成联合体投标的，投标文件未附联合体各方共同合作协议。

16232

（8）商务标无投标人公章及其法定代表人（或者授权委托人）印鉴（或签字）的，商务标上的印鉴与资质证书上的名称、名字不符及投标人提供的有关资料、证书、证明材料有假或伪造的；

（9）投标人无正当理由，拒不同意招标人评标时依据招标文件的规定，对其投标报价计算错误所进行的修正。

4. 评标委员会将对被确定为实质上响应招标文件要求的投标文件进行校核，看其是否有计算或累计上的错误，修正错误的原则如下：

（1）如果用数字表示的数额与用文字表示的数额不一致时，以文字数额为准。

（2）当单价与数量的乘积与合价不一致时，通常以标出的单价为准。除非评标委员会认为单价有明显的小数点错位，此时应以标出的合价为准，并修改单价。

（3）按上述修改错误的方法，调整投标书中的投标报价。经投标人确认同意后，调整后的报价对投标人起约束作用。如果投标人不接受修正后的投标报价则其投标将被拒绝。

5. 招标人招标工作小组将当众宣布核查结果，并宣读有效投标的单位名称、投标报价，投标人可对其投标报价进行确认。

第十五条　评标

1. 评标原则及方法

（1）评标原则：公开、公平、公正，科学合理，反不正当竞争，贯彻招标人对本项目招标的各项要求和原则。定性的结论由招标小组全体成员按少数服从多数的原则，以记名投票方式决定。

（2）评标办法系综合评分法。

2. 评标程序

（1）符合性及完整性评审；

（2）技术标评审；

（3）商务标评审；

（4）推荐中标人。

注：上一环节评审不合格的投标文件不能进入下一阶段评审。

3. 评标标准和内容

（1）符合性及完整性评审

根据招标文件的规定，对投标文件进行符合性及完整性评审。评审内容和标准见附表。不响应招标文件实质性要求和条件的投标文件将被拒绝，并且不允许相关投标人通过修正或撤销其不符合要求的内容。符合性和完整性评审时被拒绝的投标文件，不再参与任何后续评审。

（2）技术标评审

评审内容和标准按评标办法执行。如平均得分少于______分，应判定为技术标评审不合格。

（3）商务标评审

在评审时如发现投标人的报价有算术错误，该错误将按以下方法更正：

①如果数字表示的金额和用文字表示的金额不一致时，应以文字表示的金额为准。

②当单价与数量的乘积与合价不一致时，以单价为准，除非单价有明显的小数点错误，此时应以标出的合价为准，并修正单价。

③按上述修正原则及方法调整或修正投标文件的投标报价，调整后的投标报价对投标人起约束作用。如果投标人不接受修正后的报价，则其投标将被拒绝并且其投标保证金将被没收。

④为避免疑问，上述规定的招标人对投标文件进行的错误和不平衡报价的修正，是招标人的权利而不是招标人的义务。招标人完全有权不进行该修正，有权决定进行该修正的程度。无论招标人作何种选择，招标人均无须就此向投标人承担任何的责任。

⑤通过商务标评审的主要条件如下：

a. 标价合理，即投标总价及单价总体合理，没有非合理性偏高或偏低的投价；

b. 未提出偏离招标文件要求的特别声明；

c. 符合招标文件规定的其他条件。

4. 质疑

（1）若对投标文件内的有关内容存有疑问，招标小组以书面或答辩形式向该投标人提出质询，并要求其做出书面澄清，但书面澄清不能实质性修改其已提交的投标文件；

（2）质询或答辩应做书面记录，招标小组应在记录上签字确认。拒绝响应或出席招标小组质询或答辩的投标人将失去中标机会；

（3）量化打分保留两位小数。

5. 废标条件

在评标过程中，如发现投标人或投标文件出现下列情况之一，该投标文件将被视为无效（废标）：

（1）投标人存在以他人的名义投标、串通投标、以行贿手段谋取中标或者

16232

以其他弄虚作假方式投标的。

（2）投标文件未按照本须知要求密封的。

（3）投标文件逾期送达的或未送达指定地点的。

（4）递交时间晚于本须知前附表递交截止时间。

（5）递交投标文件时没提交投标保函或按要求缴纳投标保证金的。

（6）投标人授权代表未按时到场参加开标会的。

（7）投标人授权代表未携带授权委托书和未携带证明本人身份的有效证件。

（8）其他违法情况致使投标无效。

6. 推荐中标人

技术标评审和商务标评审合格，且综合得分最高的投标人将被推荐为中标人。

第十六条　合同授予

1. 招标人将把合同授予技术标、商务标评审合格，且报价合理最低的投标人。

2. 招标人无义务必需接受报价最低的投标或其他任何投标，且无义务对投标人做出任何解释。在授予合同时，招标人保留着把全部项目授予一个投标人或两个以上投标人的权利。

3. 中标通知书

（1）确定中标人后，招标人将以书面形式通知中标的投标人其投标被接受。

（2）中标通知书将成为合同的组成部分，中标通知书中投标人的投标承诺不可改变。

招投标双方需依照投标情况签署正式的合同，且投标人的各项投标承诺不予变更。

4. 合同的签署

（1）在接到中标通知______个自然日内，乙方应当与甲方签订书面合同，招标活动中除中标通知书外的内容以双方签订的书面合同为准。

（2）如果中标人收到中标通知书后，无正当理由拒绝按其中规定的期限和本须知的规定签订合同；或在签订合同时向招标人提出附加条件或者更改合同实质性内容的，招标人将视同该中标人放弃其中标资格，招标人将按照本须知规定的办法重新确定中标人或重新组织招标，并没收其投标保金或要求投标保函出具方承担保证责任。

第十七条　履约担保

1. 履约担保的形式可以是现金、支票、汇票及银行保函。若使用保函，必需为中国境内营业的银行开具的银行保函。

2. 如是采用银行保函，应使用本招标文件中规定的格式。

3. 中标人在签订合同后______天内向招标人提交履约保函或交纳履约保证金，办理履约保函的费用由中标人承担，履约保函的格式应符合招标人要求。

4. 如中标人未能按约定及时提交履约保函或履约保证金，则招标人有权解除该合同。招标人亦有权取消中标人中标资格，没收投标人的投标保证金或要求投标保函出具方承担保证责。

第三章　技 术 条 款

第一条　策划执行类

1. 具体要求：

（1）______开业活动—开业 PR 活动方案制定：方案详尽周密、具可操作性、落地性。（包括打印装订版及电子展示版）

（2）项目定位：____。

①第一部分为开业暖场活动。根据制定的开业活动，设定入场人群前期暖场地推活动。完成开业指标。

②第二部分为开业 PR 活动。需结合商场自身条件，跨界资源整合、合作。需利用多种渠道，达到吸引特定人群作用。利用跨界合作方做到合作推广、人群到访等一系列目的点。

③方案设计必需有亮点，方案中有一定的要有可执行的合作资源，明确资源合作类互动参与的项目。（如发布会、特展等）

④方案须满足项目定位，现场分布点位及内外场联动等要素。

（3）项目简介：____
____
____。

第二条　其他事项

1. 整体视觉展示系统规划设计：____。

2. 整体方案执行

（1）各种物料的制作监理。

（2）配合本活动所涉及的顾问、咨询服务；建立活动执行倒排计划。

（3）负责梳理开业 PR 活动宣传卖点，利用卖点进行暖场地推工作。结合多元化资源引入购物中心，跨界合作达到开业预计要求，配合大型活动的报审

16232

协调工作，负责办理发布手续和发布证明。

（4）配合维护现场安全，免除一切安全隐患。

第三条　费用预算

开业方案—开业 PR 活动方案费约为______万元以内。

> 此处的费用方案可采用区间方式，但仍需表述具体。同时需注意与招标邀请书中的相关内容保持一致。

第四条　其他事项

1. 监制、现场监理和推广执行

对开业 PR 活动相关工作（包括场地包装、演出人员、合作资源等）进行勘样、监制和现场监理。

2. 资料收集

乙方应收集涉及甲方开业庆典的全部媒体广告，并于开业结束后______日内向甲方提交报样。

3. 工作绩效评估

乙方针对就其开展的各项工作进行绩效评估，根据需要在不同阶段即时做出阶段性工作总结。乙方应向甲方提交一次前述工作总结，并及时根据甲方要求对工作方式、方法等做出调整或改进。

附件：开业 PR 活动流程表。（此处略）

第四章　招 标 合 同

立协议人：

甲方：

（名称、统一社会信用代码、住所、法定代表人、职务、委托代理人、身份证号码、通讯地址、邮政编码、联系人、电话、传真、账号、电子信箱）

乙方：

（名称、统一社会信用代码、住所、法定代表人、职务、委托代理人、身份证号码、通讯地址、邮政编码、联系人、电话、传真、账号、电子信箱）

依据《中华人民共和国合同法》及其他有关法律、行政法规，遵循平等、自愿、公平和诚实信用的原则，双方在协商一致的基础上，就甲方委托乙方为其提供______活动招标服务，达成如下协议：

第一条　服务内容

1. 甲方将于______年______月______日在______举办开业活动。

2. 具体活动内容及安排如下：

（1）活动时间：____

（2）活动地点：____

（3）活动内容：____

3. 乙方负责策划及执行甲方活动方案，该活动方案应当提前提交甲方审核，经甲方审核确认后，乙方应严格按照活动方案认真执行。具体活动方案详见附件。

第二条　合同价格

1. 合同总额为人民币______万元（大写：人民币______）

2. 计划合作期限：____。

3. 乙方提供该服务的单价见附件《开业 PR 活动总览表报价单》，该单价内所提供服务包括但不限于：

（1）活动组织、策划、演艺、合作资源、主持人与礼仪及现场包装。

（2）活动外联费及相应公关费。

（3）运输费用。

（4）总部运营及管理费、现场管理费、利润、风险、税金等。

（5）国家或地方政府规定的其他相关费用。

（6）缺陷修复和保修费用。

（7）合同期内市场材料价格、人工价格或劳务费、税率、汇率或调价文件的变动等各种因素造成的价格变动。

（8）甲方无需再就承包范围内的上述事项及本项目涉及的所有事项向乙方或任何其他第三人支付任何费用。

第三条　付款条件

1. 合同签订后______个工作日内，甲方支付给乙方合同总价的______%。

2. 活动结束后______个工作日内，甲方支付给乙方合同总价的______%。

3. 活动总价的______%作为乙方活动保证金，活动全部结束后，乙方需

16232

向甲方提交活动总结，活动总结经甲方确认验收合格后的______个工作日内，由甲方将上述保证金支付至乙方。

4. 乙方指定收款账户为：

开户名：____；

开户行：____；

银行账号：____。

第四条　甲方权利及义务

1. 甲方负责提供本次活动的场地，负责本次活动现场组织并协助维持本次活动的现场秩序。

2. 甲方有权独立制作本次活动的宣传资料（包括但不限于邀请函、海报、宣传品等），并自行决定宣传资料的印发数量、发放方式等。甲乙双方同意，甲方单独享有本次活动所有知识产权，乙方或任何第三方构成侵权，甲方均有权予以追究。

> 对于涉及制作、设计、筹划等内容的合同，知识产权条款和保密条款均是必备的内容，且通常约定为委托方单独享有全部知识产权，并约定相关违约及赔偿条款。

3. 甲方有权对本次活动执行情况进行监督，如乙方未按本协议的要求举办活动或投放广告的，甲方有权要求乙方立即改正。乙方应当根据甲方的要求予以改正，并承担由此产生的所有费用。如乙方接到甲方改正要求后拒不改正的，甲方有权立即终止本协议，乙方应退还甲方已支付的全部款项，且甲方有权要求乙方按照本协议总价款的______%支付违约金；如违约金不足以弥补甲方损失的，由乙方负责赔偿。

第五条　乙方权利义务

1. 乙方负责本次活动的全程组织执行，并负责本次活动安排计划和方案。乙方应在具体实施前报甲方审核；相关计划和方案在经甲方书面确认后，乙方方可实施。乙方应根据甲方要求协调组织本次活动的全程拍摄录制。

2. 乙方承诺为甲方本次活动组织的全部演职人员身份来源合法，均具有合法的演出资质。如因演职人员演出资质影响本次活动的，乙方承担全部责任。

3. 乙方承诺所有参加本次活动的演职人员可按照本协议约定的时间到达演出现场，并做好演出前的准备工作。

4. 乙方承诺所有参加演出的演员可按时演出，保证演出质量，保证演出内容的健康。

5. 乙方保证对参加活动的演出人员进行严格管理，并保证其服从甲方的各项管理制度和要求。乙方以及全体演职人员应服从甲方指定现场指挥人员的合理安排与调度。如因乙方及演职人员不听从甲方调度及安排影响演出活动的，甲方有权扣除相应的演出费用。

6. 签订协议后，乙方演员因生病、受伤等不确定因素导致不能参加演出的，乙方应第一时间通知甲方，及时起动应急补救方案，安排同等水平的演员作替补。如因演员无故缺席演出的，甲方有权扣除相应的演出费用。

7. 乙方应为所有演职人员购买演出相关的保险，并自行负责处理乙方与演职人员的劳务纠纷和演职人员之间的纠纷。

8. 如因乙方原因导致活动无法正常执行的，乙方应提前与甲方协调解决方案，并由乙方承担由此产生的一切费用，具体罚则适用本协议第 6 条第 2 款的约定。

9. 乙方在履行以上义务时，若甲方提出要求和修改意见，乙方应积极配合，并立即按照甲方的要求和意见进行处理，直到符合甲方的要求为止。

10. 乙方确保，本次活动的相关知识产权及参加活动的演出人员的肖像使用权归甲方所有，如由此产生任何纠纷，乙方应负责解决、消除不利影响及赔偿甲方因此遭致的一切经济损失，甲方在任何情况下都不承担责任。

11. 乙方应做好参加活动的演出人员以及其他相关人员的安全教育工作，并负责本次活动过程中的安全工作，做好活动的安全应急处理方案。

12. 如乙方演出人员在本协议履行期间发生工伤或其他伤亡事故，则由乙方自行负责处理，甲方在任何情况下不承担任何责任及费用。

此处对于活动中可能出现的涉及第三方纠纷事项可提前约定责任分担。

13. 乙方以及所有参加本次活动的演职人员不得透露或泄露在履行协议中获知的甲方商业机密，并不得泄露协议机密。如因乙方或演职人员泄密给甲方造成损失的，乙方应承担赔偿责任。

14. 乙方应要求演出人员在演出时化妆，并着演出服装进行演出。

第六条　违约责任

1. 在本协议履行期间，如发生不可抗拒的自然灾害和不可预见的事故等，造成本协议无法履行，双方互不承担违约责任。同时应及时通知另一方，双方共同协商解决。如受影响的一方未及时通知另一方，给对方造成损失的，受影

16232

响的一方应赔偿由此给对方造成的损失。

> 不可抗力是法定的免责事由，但遭受不可抗力的一方需履行约定的告知义务，若未能依照约定及时告知的，可约定承担一定的损失赔偿。

2. 除本协议另有约定，如乙方未按本协议约定履行义务的，甲方有权随时解除本协议，乙方应退还甲方已支付的全部款项并应按照本协议总价款的______%向甲方支付违约金，如违约金不足以弥补甲方损失的，由乙方负责赔偿。

> 提示：设定单方解除权时，除明确适用条件、费用退回程序等，还可设定由合同相对方支付一定的解约违约金。

3. 甲方未按照约定时间支付相应款项的，每逾期一日，应按照未付款金额的日万分之______支付违约金。

第七条　保密义务

乙方因履行本合同而获得的甲方的项目资料和相关信息，均属于甲方的商业机密，未经甲方书面同意，乙方不得随意复制，不得向乙方无关人员或任何第三方展示、传阅和泄露。乙方违反此保密条款的，乙方应当向甲方支付人民币______万元的违约金。若该违约金不足以弥补甲方因此而蒙受的损失，则甲方有权向乙方追偿。

第八条　不可抗力

1. 若因发生地震、台风、水灾、火灾、雷电及其他不能预见，且对发生和后果不能防止或避免的不可抗力事件或爆炸、战争、暴动、动乱、罢工及法律、法规变更或其他社会灾难或不可抗拒事件，致使任何一方不能按协议约定条件履行其协议项下义务，则遇有上述事件的一方，应立即采取可能的最为迅捷的方式通知对方。各方应根据该事件对协议的影响程度，协商解决是否解除协议或者部分免除协议项下义务、延期履行或变更履行协议。

2. 受上述事件影响的一方或各方应在该事件影响消除后______日内向对方提供有关该事件的新闻报道及公证机构出具的公证文件或政府有关部门出具的证明文件等，并免予承担相应违约责任。

第九条　其他

1. 在本协议履行期间，如发生争议，甲、乙双方应通过友好协商方式解决。如协商不成，任何一方均可向______人民法院提起诉讼。

2. 本协议未尽事宜，甲乙双方另行协商签署补充协议。

3. 本协议自甲、乙双方盖章签字后生效，一式______份，甲乙双方各执______份，各份具同等法律效力。

甲方：（盖章）

法定代表人或授权代表：（签字）

日期：

乙方：（盖章）

法定代表人或授权代表：（签字）

日期：

附件：（此处略）

附件一：活动方案

附件二：活动报价清单

附件三：活动样品封样确认表

第五章　投标文件承诺文本

一、投标函

致：__________________

根据贵方编号为______的______招标文件，并遵照招标投标法等有关规定，经踏勘项目现场和研究上述招标文件的投标须知、合同条款、技术要求等文件后，我方愿意参加该项目的投标，我方随同本函提供以下文件：

（1）投标函附件；（2）企业法人授权委托书；（3）按投标须知要求提供的其他文件；（4）开标一览表；（5）投标价格表（清单报价书）；（6）投标保证金______元（大写：人民币______元）。

据此，我方宣布同意如下：

1. 我方愿以______公司所提供的方案，以______元（大写：人民币______元）的总价进行投标，并按贵方要求的时间和招标文件的合同条款签约。

2. 我方已详细审核全部招标文件，包括修改文件及有关附件，审核不明的责任由我方承担。

3. 我方承认投标函及相关文件是我方投标文件的组成部分。

4. 一旦我方中标，我方保证在______日内完成全部工作内容。

5. 如果我方中标，我方将按照招标书和合同的规定履行责任和义务；如果

16232

未中标，我方不予争辩、不要求解释。

6. 我方同意所提交的投标文件在______天内有效，在此期间内如果中标，我方将受此约束。如我方在该投标有效期内撤回投标，贵方可没收我方的投标保证金。

7. 如另外达成协议并生效，贵方的招标文件、中标通知书和本投标文件将成为约束双方的合同文件的组成部分。

8. 我方承诺，项目结束前不更换项目负责人及核心团队人员。特殊情况下，经建设单位同意，方可更换。

投标人：

法定代表人或授权代表：

日期：

二、投标函附录

（投标响应说明）

序号	项目	内容	承诺内容	说明
1	投标保证金	金额	______元	
2	活动时间	活动时间		
		误期违约金额	合同总价款的______‰ / 天	
3	付款方式	响应招标的程度	□完全响应　□不完全响应 □完全不响应	
		投标方期望的付款条件	预付款：______________ 进度款：______________	
4	合同条件	响应程度	□完全响应　□不完全响应 □完全不响应	
			期望的主要合同条件是：________ ______________________	
5	服务	服务承诺	……	
6	其他			投标人自行填写
	……			

注：以上表格可按此格式扩展。

投标人：

法定代表人或授权代表：

日期：

三、企业法人授权委托书（格式）

致：__________________

我______公司法定代表人______授权______为全权代表，代表我司参加由贵方组织的招标（编号：______）活动，出席开标会议、回答评委提问并全权处理招标活动中的一切事宜（包括签订合同）。

被授权人的签名我司均予承认并负全部责任。

在撤销授权的书面通知前，本授权书有效，被授权人在授权书有效期内签署的所有文件不因授权的撤销而失效。

被授权人不得转让授权。

附：全权代表签名：

姓名		**身份证号码**	
职务		**电话、手机**	
地址		**邮箱地址**	

投标人：

法定代表人或授权代表：

日期：

16232

二、招商大会委托服务合同

【使用场景】

本范本为招商大会的委托服务合同。在商业活动中，商业管理公司通常会进行不同项目的招商活动；但就招商活动的整体策划及服务，有时会选择与文化传播等专业公司进行合作，由其为招商活动的整体过程提供服务。服务内容可能包含策划、场地搭建、会议及配套设备筹划、演艺及其他内容。以上相似情形可参考适用本范本。

【法律要点】

1. 委托合同的内容及特点是什么?

委托合同主要规定于《中华人民共和国合同法》，是指委托人和受托人约定，由受托人处理委托人事务的合同。

委托合同的特征为：(1) 委托合同的标的是劳务，合同的客体为受托人处理委托事务的行为。(2) 委托合同为诺成、非要式、双务合同。委托合同的成立不必需履行一定的形式，口头或书面均可。(3) 委托合同既可以有偿，也可以为无偿性质。

同时，由于委托合同建立在委托人与受托人的互相信任的基础上，故委托合同具有一定的人身属性。委托人可以委托人可以特别委托受托人处理一项或者数项事务，也可以概括委托受托人处理一切事务。但需注意的是，受托人应当按照委托人的知识处理委托事务，只在紧急情况下难以和委托人取得联系时，受托人才可自行决定并妥善处理委托事务，事后也应当将该项情况及时报告委托人。

2. 招商类活动的委托服务工作通常包含什么内容?

招商类活动可包含下述工作内容，商业管理公司可根据活动实际情况参考适用：(1) 活动场地搭建类别，可能包含会场搭建、展示台搭建、签到设施的搭建启动、启动道具安装、迎宾设备按照、其他人工服务等。(2) 活动设备采购、配备类，可能包含监视设备、音响设备、视频设备、处理器等设备的采购及安装。(3) 灯光需求类，可能包含电脑灯、投影设备、电脑灯控设备、灯光架、追光的设备的购买及安装。(4) 演艺类，可能包含演艺类活动的策划、演艺人员及礼仪人员的雇佣及安排、服装购买、氛围布置、摄影摄像及相关人员的配备等。(5)会议筹划类，可能包含招商或宣传手册印制、礼品购买及分发、安保人员的配备、其他推广宣传资料的配置等。

【文本正文】

招商大会委托服务合同

立协议人：

甲方：

(名称、统一社会信用代码、住所、法定代表人、职务、委托代理人、身份证号码、通讯地址、邮政编码、联系人、电话、传真、账号、电子信箱)

乙方：

(名称、统一社会信用代码、住所、法定代表人、职务、委托代理人、身份证号码、通讯地址、邮政编码、联系人、电话、传真、账号、电子信箱)

丙方：

(名称、统一社会信用代码、住所、法定代表人、职务、委托代理人、身份证号码、通讯地址、邮政编码、联系人、电话、传真、账号、电子信箱)

鉴于甲方作为______年______月______日______招商推介会(以下简称“活动”)的主办方，现甲、乙方委托丙方承办活动相关的服务事宜，甲乙丙三方本着诚实信用，平等互利的原则，经协商一致，订立本合同。

注：本合同相关活动系甲乙双方共同委托。

第一条　委托工作内容

1. 委托活动名称：____;

2. 委托活动时间：____;

3. 委托活动地点：____;

4. 委托活动内容：详见附件。

第二条　双方的权利义务

1. 甲、乙方应及时向丙方提供其完成本合同规定的工作内容所需要的相关资料或信息，并对其提供的资料或信息的真实性、准确性、有效性、完整性负责，

16233

以便使丙方及时、准确地完成本合同所述的工作。

2. 甲、乙方按丙方书面要求并经双方协商确定的条件及时向丙方提供所需要的工作条件及相应的工作配合。甲、乙方应负责协调丙方与有关部门的工作配合（如场地的使用、水电提供、丙方工作人员出入、搭建施工时间、照明及设备出入场馆等事宜）。

> 合同履行中，所有函件往来均建议以书面形式进行。

3. 甲、乙方应按本合同的约定向丙方支付合同价款。

4. 甲、乙方不得要求丙方在为甲、乙方提供服务时做出违反法律和政策规定的行为。甲、乙方提供的形式及内容合法性及相关批准手续由丙方审核并签字或盖章确认。经丙方审核后的内容仍然被政府机关或第三方叫停或出现侵权后果，则丙方应当向甲、乙方承担赔偿责任。若甲、乙方提出上述违法的要求，丙方有权提出反对意见并拒绝执行而不构成违约；若甲、乙方执意执行的，则产生的后果均由甲、乙方负责承担，与丙方无关。

5. 甲、乙方可根据需要对双方确认的工作内容提出合理的修改、变更意见或建议。经丙方确认修改意见后，甲乙丙三方须以书面形式签订《客户增改项目确认单》，并由丙方按此确认单所确认的内容实施，甲、乙方应承担因此修改或变更而增加的一切费用。甲、乙方在按照本合同约定向丙方支付款项的同时，应将因修改或变更而增加的费用全额支付给丙方。此《客户增改项目确认单》与本合同具有相同法律效力。甲、乙方指定对接人为：______。该对接人做出的意思表示及签字均对甲、乙方产生法律效力。

> 此处需注意：（1）《客户整改项目确认单》与本合同具有相同法律效力的前提是经合同各方签字盖章确认。（2）委托方有权随时对委托内容进行修改是其重点权利之一，委托合同中通常会为委托人设定此项权利，以便委托人在合同履行中就活动事宜随时进行调整。（3）需对调整委托内容后的费用及支付程序提前进行约定。

6. 丙方对整体活动的策划负责并提出整体方案和甲、乙方需要完成的工作并由双方确认甲、乙方应当配合的工作内容。

7. 丙方应按照本合同约定的要求，完成甲、乙方的委托工作。丙方完成工作后，甲、乙方按照签字确认的活动流程进行验收。甲、乙方需当场验收丙方服务，如验收不合格，甲、乙方有权利要求丙方扣除相应费用。甲、乙方未在活动结束当天及时验收或未向丙方提出书面异议的，视为甲、乙方验收无误，甲、乙方不得以未验收为由拖延向丙方支付款项。甲、乙方提出书面异议的需说明理由，双方就其协商解决。

此处也可约定在受托方多次提供服务不合格时，委托方享有单方解除权等权利。

8. 在活动举行过程中，若某项服务因丙方原因未能实施的，则甲、乙方有权扣减该项服务中未能实施部分所对应的费用 。

9. 在合同期限内，甲乙丙三方相互对因履行本合同而从对方获得对方的技术和商业上的保密信息承担保密义务。

10. 甲乙丙三方确认，本合同所涉及的任何资源、品牌（包括但不限于珠宝、服装、嘉宾等），均不视为与甲、乙方项目或其关联公司合作或为其代言；甲、乙方如需将上述资源、品牌以及上述资源、品牌参与活动的摄影、摄像用于宣传的，需经丙方确认后方可使用。除本项目外，甲、乙方不得将嘉宾肖像、形象、姓名等用于其他商业或非商业宣传，否则甲、乙方需承担因此引起的法律或赔偿责任。

11. 甲、乙方同意，丙方可将此活动作为案例参与公关活动评选、公益活动展示或丙方公司品牌的宣传等。

12. 丙方应确保本合同服务项目作业安全，本合同服务项目非因甲方原因发生的所有安全责任和劳动纠纷由丙方负责，因此给双方或第三人造成的损失或损害由丙方承担并承担______%的违约金。甲、乙方已经承担损失的，在承担损失后有权向丙方追偿。

第三条　合同的价款及支付

1. 甲、乙方支付丙方的本合同价款总额为人民币______元整（大写：人民币______元整）。

2. 本次招商推介会由甲、乙方共同承办，活动费用由双方共同承担，具体其支付费用方式如下：

（1）首付款费用由甲方承担，共计人民币______元整（大写：人民币______元整）。

（2）活动结束后______个月内支付剩余费用，共计______元整（大写：人民币______元整），其中甲方承担人民币______元整（大写：人民币______元整），乙方承担______元整（大写：人民币______元整）。

3. 合同价款分______次支付：

16233

（1）本合同签署后______日内，甲、乙方向丙方支付______元整（大写：人民币______元整）。

（2）活动结束______日内，甲、乙方向丙方支付合同剩余价款，即______元整（大写：人民币______元整）。

4. 甲、乙方付款前，丙方应先行出具合法增值税专用发票，否则甲、乙方有权拒绝付款，由此产生的一切责任丙方自负。

其中______元整（大写：人民币______元整）发票出具给甲方。

其余______元整（大写：人民币______元整）发票出具给乙方。

5. 甲、乙方将上述应付款项以银行转账的形式付至丙方指定账户。

丙方账户：____；

银行账号：____；

开户行：____。

第四条　违约责任

1. 甲、乙方需按约向丙方支付合同款项，每逾期一日，需向丙方支付应付未付款的______‰ / 日作为逾期支付的滞纳金；因甲、乙方逾期支付款项致使丙方未能履行本合同的，不视为丙方违约，相应后果由甲、乙方承担。

2. 甲、乙方因故需要丙方中途停止工作、解除本合同的，应提前书面通知丙方。甲、乙方已付款项丙方不予退还且丙方为履行本合同已发生的实际费用和损失由甲、乙方承担。

3. 丙方因故需要解除本合同的，应提前书面通知甲、乙方，若由此给甲、乙方造成损失的，丙方应承担赔偿责任。

4. 丙方服务内容与约定内容不符，致使活动无法举办的，甲、乙方有权取消本次活动，由丙方向甲、乙方返还甲、乙方已支付的所有款项，并支付总活动服务费用的______%作为违约金。

第五条　不可抗力

1. 合同签订后，任何一方由于火灾、台风、地震、战争和其他不可预防、不能避免、无法克服的不可抗力的事件而影响本合同履行时，可根据不可抗力的影响程度部分或全部免除该方的责任；但受影响的一方应尽最大可能减少因此给对方造成的损失，同时受不可抗力影响的一方应尽快将所发生的不可抗力事件通知另一方，否则受影响一方应对损失扩大部分承担赔偿责任。

2. 因不可抗力事件导致活动无法举行的，则本合同提前终止，丙方为履行本合同已发生的实际费用和损失由甲方承担。

不可抗力发生后，合同双方可约定自动解除或再行商议。具体采用何种方式多数取决于委托事宜的性质。企业可根据委托内容的时效性、周期性等因素综合考虑。

第六条　争议的解决

本合同之签订、履行、争议均适用中华人民共和国之法律规定。因本合同引起的任何争议，甲乙丙三方双方应通过友好协商的方式解决；协商不成，任何一方可将争议提交人民法院，通过诉讼程序予以解决。

通常情况下，争取争议管辖地利益会使该方在后续的诉讼中享有低成本、易举证等优势。故合同管辖地也是合同谈判中的重要条款。

第七条　其他

1. 本合同自甲乙丙三方盖章之日起生效。

2. 本合同生效后，各方均应严格履行。任何一方不得未经对方同意，擅自改变合同履行内容。

3. 本合同未尽事宜，或任何一方欲变更合同内容的，双方应经协商后并另行签订补充协议，本合同的补充协议或其他附件经双方盖章后生效，成为本合同不可分割的部分，并与本合同具有同等的效力。

4. 本合同一式______份，甲乙丙三方各执______份，具有同等法律效力。

甲方：（盖章）
法定代表人或授权代表：（签字）
日期：

乙方：（盖章）
法定代表人或授权代表：（签字）
日期：

丙方：（盖章）
法定代表人或授权代表：（签字）
日期：

16233

三、商业活动委托服务合同

【使用场景】

本范本为商业活动委托服务合同。通常在商业管理公司组织进行一系列商业活动时，会与专业公司签订合作协议，约定由该公司筹划、负责准备活动相关事宜。与上述情形类似的商业活动合作事宜可参考适用本范本。

【法律要点】

1. 商业活动中可能需准备的项目明细通常包含什么?

就商业活动而言，可参考以下类别的基本合作内容：

（1）主要项目：主持台、舞台搭建、舞台背景、户外背景、绿植布置、桌椅及装饰、台卡、条幅及空飘、仪式装置、音响设施、灯光装置。

（2）活动人员：涉及主持、评委、化妆师、舞蹈、礼仪、服务人员等。

（3）其他项目：奖品、奖杯、证书、伴手礼、礼品袋等。

以上内容是合作过程中可能涉及的事项，也是确定合同总价款的参考依据，商业管理公司可根据活动情况参考适用并加以调整。

2. 商业管理公司在商业活动委托服务合同中面临的主要风险是什么? 相关风险防控方式是什么?

就商业管理公司而言，在签订商业活动委托服务合同中面临的最大风险是因合作方原因导致筹划延期，使得已经进行前期宣传的商业活动面临无法按时举办的风险。针对该类风险，建议商业管理公司在合同中通过以下方式进行防控：

（1）以分阶段方式支付合同款项，并缩减预付款比例。具体可参考活动性质及安排，以活动流程为付款节点。

（2）设置单方解约权。由于商业活动的前期筹划阶段时间通常不会过长，所以一旦出现合作方履行瑕疵或者其他情形，商业管理公司需尽快解除合同以便寻找新的合作主体。故，在本类合同中，商业管理公司享有的单方解约权应当约定完善。

上述两项内容较为通用，实践运用中还可根据商业活动的内容及性质进一步调整或补充。

【文本正文】

商业活动委托服务合同

立协议人：

甲方：

（名称、统一社会信用代码、住所、法定代表人、职务、委托代理人、身份证号码、通讯地址、邮政编码、联系人、电话、传真、账号、电子信箱）

乙方：

（名称、统一社会信用代码、住所、法定代表人、职务、委托代理人、身份证号码、通讯地址、邮政编码、联系人、电话、传真、账号、电子信箱）

鉴于甲方为______日至______日______活动的主办方，现甲方委托乙方负责活动相关的服务事宜，甲、乙双方本着诚实信用，平等互利的原则，经协商一致，订立本合同。

第一条　委托工作内容

1. 委托活动名称：____

2. 委托活动时间：____

3. 委托活动地点：____

4. 委托活动内容：乙方负责本合同附件所列的相全部服务事宜，并负责整个活动的策划、组织、安保安排等活动相关事宜。

第二条　双方的权利义务

1. 甲方应及时向乙方提供乙方完成本合同规定的工作内容所需要的相关资料或信息，并对其提供的资料或信息的真实性、准确性、有效性、完整性负责，以便使乙方及时、准确地完成本合同所述的工作。甲方对工作内容提出要求，乙方应及时完成活动的安排及组织工作。

委托类合同通常对合同主体有两项基本要求：(1) 对于合同委托方，要求其提供的各项资料真实、合法且不涉及侵犯第三人权利。(2) 对于受托方，要求其具有从事该行业的合法资质，并对委托方的各项信息尽忠实的保密义务。

16234

2. 具体工作安排：

（1）甲方应在首场活动举办前______周，提前告知乙方活动的举办地点、时间，以确保乙方有足够的时间进行选手的招募、策划、组织、指挥、安保等所有工作。

> 该条款虽为受托方对于委托方提出的义务要求，但正常来讲，委托方提供活动信息的时间越早则对于其越有利。原因在于合同中通常会委托方享有就工作内容的监督及建议权，其有权提出整改意见直至受托方达到相应要求为止，故尽早地提供活动信息将会为其整改活动内容预留出充分时间。

（2）当天所有活动安排由乙方具体负责，程序性事项以及招募、策划、组织、指挥、安保均由乙方具体完成。

（3）甲方负责提供符合活动要求的场地，乙方提供舞台搭建、音响等所有满足活动成功顺利举办的硬件设施，不符合之处甲方有权提出整改方案，乙方负责修改直至符合甲方要求。乙方可提出硬件设施的安全防护方案，甲方负责上述硬件设施在开始活动前和活动期间的安全防护工作。活动结束后，乙方负责舞台等全部设备的拆除运离工作。

（4）如甲方选择的场地涉及参加人员门票的，甲方应负责相应费用并享有相关收益。

（5）甲方按乙方书面要求及时向乙方提供工作所需要的各项条件并予以配合。

（6）甲方应在活动开始前根据乙方提供的方案向活动举办地有关部门报批本次活动，乙方对其提供的方案负责，如出现不能报批的情况由乙方负责。若出现报批延迟的情况，则乙方应按本合同总金额的______‰ / 日的标准向甲方支付违约金。于本合同签约后日内仍不能获得审批的，甲方有权选择终止合同，并不再支付任何费用，已经支付的乙方应予退回。

（7）乙方负责安保策划及指挥工作，甲方应按照乙方的指挥安排活动期间的安保人员。

（8）甲方应负责协调乙方与有关部门的工作配合（如场地的使用、水电提供、乙方工作人员出入、搭建施工时间、照明及设备出入场馆等事宜）。

（9）若存有因乙方原因导致本次活动中断或后期制作品质不符合甲方要求等情形，则甲方有权根据乙方工作的品质决定中止支付，直至乙方的工作符合甲方相应要求为止。

（10）若乙方在本次活动中出现策划、组织及其他疏漏导致财产损失的，乙方应当赔偿甲方或受害第三方的人身及财产损失；如甲方支付相应款项的，甲方有权向乙方行使追偿权，乙方还应向甲方承担财产损失______%的违约金。乙方在本次活动中出现策划、组织及其他疏漏导致人员伤亡事件的，乙方除向甲方返还所有合同款项外，还应向甲方承担合同总额______%的违约金。

(11) 本合同约定的活动规模、比赛选拔方案、参加人数、后期制作产品等各方面见附件。

3. 甲方应按本合同的约定向乙方支付合同价款。

4. 甲方不得要求乙方在为甲方提供服务时做出违反法律和政策规定的行为，甲方提供的形式及内容合法性的相关批准手续由乙方进行审核；但经乙方审核后的内容仍然被政府机关或第三方叫停或出现侵权后果，由乙方按本合同第 2 条第 2 款第 6 项承担责任。若甲方提出违法的要求，乙方有权提出反对意见并拒绝执行而不构成违约，若甲方执意执行的，则产生的后果均由甲方负责承担，与乙方无关。

5. 甲方可根据需要对双方确认的工作内容提出合理的修改、变更意见或建议，经乙方确认修改意见后，甲乙双方可以书面形式签订《增改项目确认单》，并由乙方按此确认单内容实施。甲方应承担因修改或变更而增加的一切费用。甲方在按照本合同约定向乙方支付款项的同时，应将因修改或变更而增加的费用全额支付给乙方。此《增改项目确认单》与本合同具有相同法律效力。

6. 甲方指定对接人为：______，该对接人做出的意思表示及签字均对甲、乙方产生法律效力。

提示：除对接人外，针对此类专业性较强的服务内容，委托方也可在合同中特别指定受托方的策划人员。

7. 乙方对整体活动的策划负责并提出整体方案和甲方需要完成的工作，并由双方确认甲方应当配合的工作内容。

8. 乙方应按照本合同约定的要求，完成甲方的委托工作。乙方完成工作后，甲方按照签字确认的活动流程进行验收，甲方需当场验收乙方服务，如验收不合格，则甲方有权利要求扣除乙方相应费用。甲、乙方未在活动结束当天及时验收或未向乙方提出书面异议的（乙方拒收书面异议的不在此列），视为甲方验收无误，甲方不得以未验收为由拖延向乙方支付款项。甲方提出书面异议的需说明理由，双方协商解决。甲方提出书面异议乙方无故拒绝接收的，视为乙方已经接收并确认验收不合格。

9. 在活动举行过程中，若某项服务因乙方原因未能实施的，视为乙方违约，则甲方有权______倍扣减该项服务中未能实施部分所对应的费用。

16234

10. 在合同期限内，甲乙双方相互对因履行本合同而从对方获得对方的技术和商业上的保密信息承担保密义务。

11. 甲方享有本次活动的全部知识产权，乙方不享有知识产权。甲方有权以此项活动的任何载体包括但不限于互联网媒体、宣传册、平面媒体、广播电视等各种形式对甲方及其他活动进行宣传。

12. 乙方未经甲方同意不得以任何方式传播本次活动的任何内容，但乙方可以作为案例向其意向客户进行单独展示。

提示：该项约定可避免甲方商业信息泄露或于市场上出现相同或极为相近的活动版本。

13. 乙方应确保本合同服务项目作业安全，本合同服务项目非因甲方原因发生的所有安全责任均由乙方负责，因此给双方或第三人造成的损失或损害由乙方承担并应当支付合同总价款______%的违约金。甲、乙方已经承担损失的，在承担损失后有权向乙方追偿。

14. 甲方应确保本合同服务项目正常实施，本合同服务项目若因甲方原因导致活动无法正常举行、甲方应该承担相应的违约责任，并承担相当于合同总价款______%的违约金。乙方已经产生损失的，有权利向甲方追偿。

第三条　合同的价款及支付

1. 甲方支付乙方的本合同价款总额为人民币______元整（大写：______元整）。

2. 具体其支付费用方式如下：

（1）第一次付款：合同签订后______个工作日内甲方支付总合同款项的______%。

（2）第二次付款：______日，甲方支付总合同款项的______%。

（3）第三次付款：活动结束后验收合格后______个工作日内，甲方支付总合同款项的______%。

3. 甲方每次付款前，乙方均应向甲方开具相应金额的增值税专用发票。否则甲方有权拒绝付款，由此产生的一切责任乙方自负。

4. 甲方将上述应付款项以银行转账的形式付至乙方指定账户。

乙方账户：____;

银行账号：____;

开户行：____。

第四条　违约责任

1. 甲方需依约向乙方支付合同款项，每逾期一日，需向乙方支付应付未付款的______‰ / 日作为滞纳金。因甲方逾期支付款项致使乙方未能履行本合同的，不视为乙方违约，相应后果由甲、乙方承担。因乙方违约或未完成合同约定事项的，甲方有权停止付款且不承担任何违约责任。

2. 甲方因故需要乙方中途停止工作、解除本合同的，应提前书面通知乙方，甲方已付款项乙方不予退还，且乙方为履行本合同已发生的实际费用和损失由甲方承担。若甲方在活动举行前______天内通知乙方的，鉴于乙方为履行本合同的所有委托服务工作已全面展开，甲方应向乙方支付合同的全部价款。

3. 乙方因故需要解除本合同的，应提前书面通知甲方，乙方退还全部合同价款。甲方不对乙方已经付出的劳动或支出承担任何责任，若由此给甲方造成损失的，乙方应承担赔偿责任。

> 就本合同而言，由于在合同解约时，甲方面临的风险和沉没成本更大，故对于乙方违约责任的规定建议采取两项严格措施：（1）所有因乙方原因造成的合同终止，均应由其支付较高的违约金和赔偿金，并返款甲方已付款项。（2）针对乙方于临近活动前期的解约行为，建议附带解约违约金。

4. 乙方服务内容与约定内容不符，致使活动无法举办的，甲方有权取消本次活动，并由乙方向甲方返还甲、乙方已支付的所有款项，同时支付合同总价款的______%作为违约金。甲方亦可视乙方完成服务的质量瑕疵情况与乙方协商确认后适当扣减活动费后双方继续履行合同。

5. 本合同已经约定的违约事由按相应条款履行。

第五条　不可抗力

1. 合同签订后，任何一方由于台风、地震、战争和其他不可预防、不能避免、无法克服的不可抗力的事件而影响本合同履行时，可根据不可抗力的影响程度部分或全部免除该方的责任；但受影响的一方应尽最大可能减少因此给对方造成的损失，同时受不可抗力影响的一方应尽快将所发生的不可抗力事件通知另一方，否则受影响一方应对损失扩大部分承担赔偿责任。

2. 当不可抗力事件停止或消除后，双方应尽快协商合同后续事宜。

3. 因不可抗力事件导致活动无法举行的，则本合同提前终止，双方费用各

16234

自负担，互不承担任何责任。

第六条　争议的解决

本合同之签订、履行、争议均适用中华人民共和国之法律规定。因本合同引起的任何争议，甲乙双方应通过友好协商的方式解决；协商不成，任何一方可将争议提交______所在地人民法院，通过诉讼程序予以解决。

第七条　其他

1. 本合同自甲乙两方盖章之日起生效。

2. 本合同生效后，各方均应严格履行。任何一方不得未经对方同意，擅自改变合同履行内容。

3. 本合同未尽事宜，或任何一方欲变更合同内容的，双方应经协商后另行签订补充协议，本合同的补充协议或其他附件经双方盖章后生效，成为本合同不可分割的部分，并与本合同具有同等的效力。

4. 本合同一式______份，甲乙两方各执______份，签字并加盖公章后生效。

甲方：（盖章）　　　　　　　　　　乙方：（盖章）

法定代表人或授权代表：（签字）　　法定代表人或授权代表：（签字）

日期：　　　　　　　　　　　　　　日期：

四、商业品牌战略宣传合作协议

【使用场景】

本范本属于商业战略合作协议，合作协议通常是建立在共同利益的基础上进行合作已达到品牌宣传等目的，相似情形可参考适用本范本。

【法律要点】

商业品牌战略宣传合作协议的签约要点有哪些?

首先，需根据具体的合作内容对商业合作方的工商资质进行考察，尤其是涉及特殊行业（如餐饮类）时。先行明确合作方的相应资质可避免合作后期因该问题导致合作终止或违约纠纷。

其次，具体合作内容需分工明确。分工明确即意味着权利、义务、责任约定明晰。其不仅对合作事宜起到促进作用，也能够避免双方在产生争议时权责不明。

同时，战略类合作协议需着重设定合作退出机制，即对于合作开始前、合作过程中的解除及终止事宜作出先行约定，并明示在相关情况下的退出是否需承担违约责任。退出机制的设定使得双方就合作及终止原因、程序有明确的依据，并为终止后相关事宜提供妥善的处置方式。

【文本正文】

商业品牌战略宣传合作协议

立协议人：

甲方：（商品供应方）

（名称、统一社会信用代码、住所、法定代表人、职务、委托代理人、身份证号码、通讯地址、邮政编码、联系人、电话、传真、账号、电子信箱）

乙方：（商业管理公司）

（名称、统一社会信用代码、住所、法定代表人、职务、委托代理人、身份证号码、通讯地址、邮政编码、联系人、电话、传真、账号、电子信箱）

16235

甲乙双方本着公平互惠、优势互补的原则，协议双方就共同建设______项目一事，经协商达成一致，乙方在为______购物中心采购展品时，优先考虑甲方所提供展品展项。在此之前，为了营造良好的合作氛围和基础，特签订本协议，以资共同遵守。

第一条　合作内容

1. 甲方于______年______月______日前为乙方提供______产品，并帮助乙方产品曝光和推广品牌形象。

2. 根据甲方（免费）提供的______，乙方选择在______商厦展示场地或空间供甲方展示使用。相关建设费用、安装调试费用乙方方承担。

3. 因甲方提供的______产品质量、安装调试、维修保养等各方面导致的任何损失由甲方负责，因此给乙方或第三方造成的损失由甲方赔偿，甲方还应就由此给乙方商誉或形象造成的负面影响进行相应赔偿。

提示：此处主要考虑商品供应方提供的产品质量问题为商业管理公司信誉带来的不利影响。

4. 乙方有权对产品进行检验，乙方对产品的数量和质量有任何异议可于到货后______日内向甲方提出书面异议，甲方接到书面异议后______日内安排相关事宜。如甲方有异议，双方可协商至产品质量无争议后再发货，但甲方应确保发货时间不得迟于______年______月______日。

5. 甲方提供______年的______展品维保工作，保证______的稳定展示。如不能稳定展示，乙方除终止合同外，有权要求甲方赔偿______建设费用和拆除费用、安装调试费用，并承担合同总额______%的违约金。

6. 展示期间，乙方应妥善保管甲方所提供的全部产品，如在维保期内发生非人为的性能和外观破损等展品故障，由甲方负责维修或更换；如在维保期内由于乙方过错发生遗失、乙方人为损坏等情况的，产生的相关费用由乙方承担。

产品故障问题应当依据产生原因作出责任分配，尤其是对于商业管理公司责任承担的情形应当予以限制，即仅在因其原因造成故障的情况下承担责任。

第二条　合作具体操作事宜

1. 双方签署本协议后，即可立即着手准备相关展品部件。

2. 乙方确定场地及展示条件后，由甲方将展品及操作手册邮寄到乙方指定接收地点。

3. 安装调试完毕后，甲方指派专人到现场进行核实并提供基础的使用及维护指导。

第三条　战略合作方式 / 期限

1. 本协议自______日起生效至______日止。

2. 如合作双方合作愉快，有意续约合作，可在本协议到期前______日，就协议内容等条款进行沟通，达成新的协议。

第四条　保密条款

合作双方有责任就双方的商业机密等重要信息予以保密，不得将相关商业信息、资料、费用等纰漏给第三方，否则将承担因此产生的一切责任及损失。

第五条　违约责任

双方本着互惠互利，资源共享的原则进行战略合作。甲乙双方任何一方违约给对方或第三方造成损失者，由违约方承担全部经济损失，并承担法律责任。

第六条　协议解除

1. 有下列情形之一的，合作一方可以解除协议：

（1）因不可抗力致使不能实现协议目的；

（2）如合作一方认为对方违反本协议，应以书面方式通知对方，并要求其纠正违约行为，被通知一方自收到通知后______日应纠正其违约行为并书面向对方解释，逾期不予解释并纠正的，通知一方有权解除协议。

2. 任何合作一方预变更、终止或解除协议内容，必需提前______天采用书面形式通知对方，经对方书面同意后方可变更、终止或解除，口头通知无效。

3. 如由于协议变更、终止或解除带来的相关结算等事宜，由合作双方在______个工作日内协商解决。

第七条　附则

1. 本协议未尽事宜由合作双方友好协商后，以书面形式加以补充。

2. 若发生争议，双方协商不成，均有权向合同履行地人民法院提起诉讼，合同履行地系______。

3. 本协议经合作双方代表签字并加盖公章生效。

16235

4. 本协议及附件壹式______份，甲乙双方各执______份，每份具有同等法律效力。

甲方：（盖章）　　　　　　　　　　乙方：（盖章）

法定代表人或授权代表：（签字）　　法定代表人或授权代表：（签字）

日期：　　　　　　　　　　　　　　日期：

第六类　广告宣传类合同

一、广告画面设计合同

【使用场景】

本范本为广告画面设计合同。主要适用于商业管理公司特定项目、活动、企划的宣传推广阶段。商业管理公司通过委托广告企业进行广告制作设计从而进行宣传推广，其整体过程包括基本信息的交付、设计质量及要求的确定、稿件的交付及验收等。以上相同情形可参考适用本范本。

【法律要点】

1. 我国法律对于广告企业的分类是如何规定的?

我国关于广告企业的分类，主要规定于《中国广告业企业资质认定办法》中。根据该办法相关规定，广告类企业共分为综合服务、媒体服务、设计制作三类：

（1）综合服务类：指以品牌服务为核心，为广告主提供广告传播全过程、全方位服务的企业。服务内容包括市场调查、品牌传播策略、创意策划、设计制作、公关活动、媒体策划与媒体广告资源购买、广告效果研究等。

（2）媒体服务类：指为媒体提供代理、销售、品牌运营以及为广告主提供媒体策划、媒体广告资源购买等专项服务的企业。

（3）设计制作类：指以广告设计、制作为主要业务内容的专项服务型企业。服务内容包括影视广告、平面广告、互动（网络）广告、霓虹灯广告等创意设计制作；企业与品牌形象识别系统设计等。

2. 设计制作类广告企业的资质如何划分?

设计制作类广告企业资质主要划分为：中国一级广告企业、中国二级广告企业、中国三级广告企业，各项资质具体要求如下：

设计制作类一级广告企业标准：（1）企业成立 3 年以上，采用现代企业制度，近 2 年来资产净值有所增。（2）注册资本 200 万元以上。（3）广告专业设备净值 180 万元以上，有固定的经营场所。（4）广告年营业收入连续两年均不低于 2500 万元（指广告创意与设计制作的营业收入），照章纳税。（5）企业主要经营者

16236

及业务部门负责人，具有大专以上学历及相应的广告经营业绩。注重自主创新和企业品牌建设，培育企业核心竞争力，诚信经营。（6）有职工 20 人以上，其中 80%以上的人员具有大专以上学历或专业技术资格证书。建立广告审查管理制度，有专职广告审查人员。企业每年都有一定的人才培训经费投入。（7）有成功服务 2 年以上的客户 3 个；在过去 2 年内曾为 8 个以上品牌，提供广告创意设计与制作服务；有 2 个品牌为成功案例，有效提升品牌知名度，广告效果明显。（8）近 3 年制作发布过的广告作品，在正省级以上评比中获等级奖 8 件以上。（9）企业为广告行业、社会公益事业作出一定的贡献，在本行业有较高的影响力和公信力。

设计制作类二级广告企业标准：（1）企业成立 3 年以上，采用现代企业制度，近 2 年来资产净值有所增加。（2）注册资本 100 万元以上。（3）广告专业设备净值 80 万元以上，有固定的经营场所。（4）广告年营业收入连续两年均不低于 700 万元（指广告创意与设计制作的营业收入），照章纳税。（5）企业主要经营者及业务部门负责人，具有大专以上学历及相应的广告经营业绩。注重自主创新和企业品牌建设，诚信经营。（6）有职工 10 人以上，其中 70%以上的人员具有大专以上学历或专业技术资格证书。建立广告审查管理制度，有专职广告审查人员。企业每年都有一定的人才培训经费投入。（7）有成功服务 2 年以上的客户 2 个；在过去 2 年内曾为 5 个以上品牌提供广告创意设计与制作服务；有 2 个品牌为成功案例，有效提升品牌知名度，广告效果明显。（8）近 3 年制作发布过的广告作品，在正省级以上评比中获得等级奖 4 件以上。（9）企业为广告行业、社会公益事业做出了一定的贡献，在本行业有影响力和公信力。

设计制作类二级广告企业标准：（1）企业成立 2 年以上，采用现代企业制度，近 2 年来资产净值有所增加。（2）注册资本 50 万元以上。（3）广告专业设备净值 40 万元以上，有固定的经营场所。（4）广告年营业收入连续两年均不低于 300 万元（指广告创意与设计制作的营业收入），照章纳税。（5）企业主要经营者及业务部门负责人，具有大专以上学历及相应的广告经营业绩，诚信经营。（6）有职工 8 人以上，其中 60%以上的人员具有大专以上学历或者专业技术资格证书。建立广告审查管理制度，有专职广告审查人员。企业每年都有一定的人才培训经费投入。（7）有成功服务 2 年以上的客户 1 个；在过去 2 年内曾为 3 个以上品牌提供广告创意设计与制作服务；有 1 个品牌为成功案例，有效提升品牌知名度，广告效果明显。（8）近 3 年制作发布过的广告作品，在正省级以上评比中获得过等级奖。（9）企业为广告行业、社会公益事业作出了一定的贡献，在本行业有一定的影响力和公信力。

3. 广告制作设计类合同的签约要点有哪些？

通常而言，广告制作设计类的合同主要需注意以下要点：（1）合同款项的支付通常以设计稿件的验收及交付进程为节点，且预付款不宜过高。（2）委托方可设定对稿件的修正、建议权，以保障其对于广告内容的掌控。（3）委托方可在合同中约定由其享有广告内容相关知识产权，以便后续利用。（4）鉴于在此类合同中通常会由委托方提供多样的商业信息，故保密原则的约定非常重要，可具体设定出保密违约金加以规制。

【文本正文】

广告画面设计合同

立协议人：

甲方：（委托人）

（名称、统一社会信用代码、住所、法定代表人、职务、委托代理人、身份证号码、通讯地址、邮政编码、联系人、电话、传真、账号、电子信箱）

乙方：（受托人）

（名称、统一社会信用代码、住所、法定代表人、职务、委托代理人、身份证号码、通讯地址、邮政编码、联系人、电话、传真、账号、电子信箱）

根据《中华人民共和国广告法》《中华人民共和国合同法》及国家有关法律、法规的规定，甲、乙双方在平等、自愿等价有偿、公平、诚实信用的基础上，经友好协商，就甲方委托乙方对______项目广告画面进行设计策划代理事宜，达成一致意见，特签订本合同，以资信守。

第一条　代理内容及服务范围

乙方对甲方委托的______项目广告画面进行设计策划代理。

第二条　代理期限

代理期限为______天，自______年______月______日起至______年______月______日止。

第三条　工作方式

双方指定专案人员负责与对方进行工作联络协调，向对方提供本项目的各方面情况及相关资料，传达及反馈对方决策管理层的意见，代表双方签署或批

16236

准双方制定的工作计划，及时将甲方需求传达至乙方。

关注法天使

甲方指定人员：________________；联系方式：__________________________；

乙方指定人员：________________；联系方式：__________________________。

第四条　双方权利与义务

1. 合同期内，甲方的权利和义务

（1）在本合同签订后及时向乙方提供企业概况、项目概况、可利用的外部资源能力等方面的情况。

（2）甲方专案人员负责乙方工作成果的签收、审定及批准乙方的工作计划和工作成果，同时在计划的策划、撰写过程中甲方应指定专人与乙方随时沟通以确保工作的高效率并避免方向性偏差。

（3）甲方在设计成果知识产权未达到转移条件前，不得对外使用，也不得提供给第三方使用或用于其他项目。

（4）设计成果所产生的知识产权归甲方所有。

本合同归类为设计合同，乙方承担设计责任。在此类合同中，较为重要的2个内容为：1. 关于知识产权的归属。因各项设计内容均为甲方定制，且涵盖诸多甲方商业秘密等内容，故通常将知识产权归属于甲方。2. 关于甲方对于整个设计过程的监督及纠正权利。此类合同中，通常会为甲方设定要求修正与返工的权利，并要求在乙方多次无法达到相关标准的情况下行使单方解除权，以便及时更换其他受托方。

2. 合同期内，乙方的权利和义务

（1）乙方负责本项目的视觉设计工作，该工作由乙方独自完成，不得转交第三方完成合同约定工作内容，转交第三方完成视为乙方违约，甲方有权拒付合同约定款项。

（2）及时地完成双方约定的工作内容，如因乙方原因造成时间延误，则按具体情况追讨乙方相应的滞纳金。

（3）保护甲方的知识产权，乙方在履行本合同时可以使用甲方的名称商标、域名、企业标识等，但此等使用不能损害甲方的权利。

（4）在设计方案实施过程中，负责按设计指导相关工作，直至设计完全实施完毕，对设计缺陷、设计失误等与设计相关的损失承担赔偿责任。

第五条　付款方式

1. 合同总金额

本合同价款为人民币______元。广告共______个主画面，每个画面为人民币______元整，共计金额为人民币______元整。另加______%增值税。最后甲方一次性向乙方支付服务费用，合计总金额为人民币______元整（大写：______元整）。

2. 付款方式

自合同签订之日起______个工作日内甲方支付给乙方合同总价款的______%作为预付款，乙方完成制作并经过甲方小样确认后______个工作日内支付______%的合同款。

第六条　结算方式

1. 以上付款，甲方将以转账支票或电汇的方式支付。乙方申请支付相应款项时，乙方必需先向甲方提交正规的发票，如果乙方未提交合格发票的，甲方有权暂不付款且不构成违约。乙方收款账户为：

开户名称：____；

开户账号：____；

开户行：____。

2. 关于发票的特别约定：

（1）乙方必需提供乙方直接从税务机关购买、载明本合同经济业务事项和金额的真实、合法、有效发票。甲方有权要求乙方提供发票领购登记本、完税证明、外出经营税收管理证明或《税务登记证》等资料；如乙方不提供的，甲方有权拒绝付款，且不承担逾期付款的违约责任。

（2）如果乙方提供虚假、违规发票，甲方有权要求乙方提供真实发票并拒绝付款，直至乙方改正之日，同时甲方有权向乙方收取于虚假、违规发票票面金额______%的违约金，并在任何应付合同价款时直接扣减该违约金。

（3）如果甲方因乙方所提供的虚假、违规发票而被税务机关惩处的，如合同价款尚未支付完毕，甲方有权在书面通知乙方后直接扣减乙方与惩处款项相同的款项及违约金；如合同价款已支付完毕，甲方有权无限期向乙方追索因此而给甲方造成的直接损失。

第七条　免责条款

由于不能预见、不能避免和不能克服的自然原因或社会原因，致使本合同不能履行或者不能完全履行时，遭遇上述不可抗力事件的一方，应立即书面通

16236

知合同其他方，并应在不可抗力事件发生后______天内，向合同其他方提供经不可抗力事件发生地区县级以上政府部门出具有效证明文件。由合同各方按事件对履行合同影响的程度协商决定是否解除合同，或者部分、全部免除履行合同的责任，或者延期履行合同。

第八条　法律适用

本合同的订立、效力、解释、履行和争议的解决均适用中华人民共和国法律法规。

第九条　争议的解决

凡因执行本合同所发生的或与本合同有关的一切争议，合同各方应通过友好协商解决；如果协商不能解决，任何一方均可向______人民法院起诉。

第十条　其他

1. 本合同如有未尽事宜，经双方友好协商，可另行签订补充协议。补充协议与本合同具有同等法律效力。

2. 本合同附件是本合同的有效组成部分，与本合同具有同等法律效力。

3. 本合同一式______份，甲方执______份、乙方执______份，每份均具同等法律效力。

4. 经甲乙双方协商一致，可就本合同项下内容进行变更并签订书面补充协议。

5. 本合同的补充协议属本合同不可分割的一部分，具有同等法律效力。

6. 本合同自双方法定代表人或授权代表签字、盖章后生效。

甲方：（盖章）

法定代表人或授权代表：（签字）

日期：

乙方：（盖章）

法定代表人或授权代表：（签字）

日期：

二、宣传手册设计合同

【使用场景】

本范本为宣传手册的设计合同，适用于商业活动相关宣传手册及其他推广材料的设计服务。此类合同需重视知识产权的归属问题，具体内容笔者已在范本中予以标注，读者可选择参考适用。

【法律要点】

设计类合同的签约要点有哪些?

首先，设计类合同需注意付费方式的确定问题。因设计类合同通常会包含设计方案的确定、设计稿件的初步交付、稿件修正、设计终稿的签字确认等流程。因此，为保障设计委托方在整个过程中能够对相对方的整个设计过程严格督促，并使设计方高效、高质量地完成设计内容，通常建议委托方于设计类合同中采取分期付款方式，其预付费用不宜过高，随后根据双方确认的设计过程节点分别确定费用的支付周期。

其次，鉴于设计内容的质量与设计人员有着密切的联系，故委托方可在设计类服务合同中就设计方提供的设计人员数量、资格等提出具体的要求。特别情况下，委托方可在合同中明确指定设计人员。同时，设计类合同中，委托方通常会对设计人员的更换作出一定的限制，无特殊情况不得随意更换设计人员，必需更换时，也应当就更换人员的资格及更换时间作出严格的规定。

最后，委托方需多加注意对于设计方案的纠正及建议权利。为保障设计内容完全符合委托方的设计要求，通常会为委托方设定纠正及建议权，即设计方需要按照委托方提出的要求进行各项修改，且委托方可为此类修改的时间、次数、要求、返稿时间作出相应的约定。特别情况下，委托方会在设计方违约达到一定程度时行使单方解约权，以便寻找新的合作方。

除此之外，知识产权的约定也是设计类合同的重要内容。通常情况下，为避免设计方滥用设计方案或泄露商业秘密，并保障委托方可任意多次使用设计方案，双方均会在设计类合同中约定由委托方对设计完成的作品享有著作权。

16237

关注法天使

【文本正文】

宣传手册设计合同

立协议人：

甲方：

（名称、统一社会信用代码、住所、法定代表人、职务、委托代理人、身份证号码、通讯地址、邮政编码、联系人、电话、传真、账号、电子信箱）

乙方：

（名称、统一社会信用代码、住所、法定代表人、职务、委托代理人、身份证号码、通讯地址、邮政编码、联系人、电话、传真、账号、电子信箱）

依据《中华人民共和国合同法》和有关法规的规定，乙方接受甲方的委托，就______设计事宜签订本合同，以资双方共同遵守。

第一条　委托事项

项目	内容	费用
1	宣传手册设计	
2	PPT 设计	
3	H5 版面设计	
备注	明细详见合同附件报价单	

第二条　设计及制作时间

乙方需在______年______月______日前，提供所有设计方案。

提示：也可针对各项设计内容制定不同的交付期间。

第三条　付款方式

1. 本合同总金额为______元（大写人民币：______元整）。

(1)甲方于本合同签约后______日内支付首期费用______元(大写人民币：______元整)。

(2）甲方签字验收乙方全部设计后的______个工作日内，乙方提供相应金额的合法有效的增值税发票，甲方于收到发票后的______个工作日内支付剩余款项______元（大写：人民币______元整）。但因乙方开具增值税发票有误或具有其他违约情形时，甲方有权延期付款。

2. 乙方收款账号

公司名称：____；

开户账号：____；

开户银行：____。

3. 如在项目进行过程中甲方有额外的要求，需额外增加费用，乙方可另行报价。待甲方签字同意后乙方进行具体操作，费用将和余付款一并支付。

第四条　双方的责任与义务

1. 乙方应按甲方要求按质按量按时完成相关设计工作。

2. 甲方有责任全力配合乙方开展本合同所规定的工作，并根据乙方的需要提供相关资料。由于甲方提供所需资料延误时间造成的后果，由甲方承担。

3. 乙方设计应该满足 / 符合甲方要求，因乙方设计不能满足 / 不符合甲方要求导致乙方延期交付设计的，乙方除应按照甲方的要求改进外还需承担逾期交付设计的违约责任。

> 除委托服务的内容及相应报价外，各项服务内容的具体标准也需具体明确。此项标准建议由专业人员制定并于附件中列明。

4. 甲方有权在设计总量不增加的前提下对单个设计项目做调整，乙方需无条件配合甲方而不另行收取设计费用。

第五条　违约责任

1. 如甲方无正当理由延期支付合同款项，将视为违约，每逾期一日，乙方有权主张合同总金额的千分之______作为违约金。

2. 乙方有按照本合同及甲方设计要求交付设计成果的义务，每逾期交付一日，甲方有权扣除合同总金额的千分之______作为违约金。

3. 乙方逾期交付设计成果______日以上或设计成果不符合甲方要求的，甲方有权解除合同。

第六条　知识产权约定

1. 甲方对设计完成的作品享有著作权。

2. 由于甲方提供商标、肖像、广告词等内容而产生的知识产权侵权纠纷由甲方承担责任。

16237

3. 因乙方设计方案等引起的知识产权侵权纠纷由乙方承担全部责任，导致甲方现行赔付的，甲方有权向乙方追偿全部损失。

第七条　其他约定

1. 本合同如有未尽事宜，由甲乙双方共同讨论补充或修改。补充和修改的内容与本合同具有同等效力。

2. 甲乙双方如因履行本合同发生纠纷，应当友好协商解决，协商不成的，甲乙双方任何一方均可向______人民法院提起诉讼。

3. 本合同自甲乙双方签字盖章之日起生效，本合同一式______份，双方各持______份。

甲方：（盖章）　　　　　　　　　　乙方：（盖章）

法定代表人或授权代表：（签字）　　法定代表人或授权代表：（签字）

日期：　　　　　　　　　　　　　　日期：

三、广告指示牌承揽合同

【使用场景】

本范本为广告指示牌承揽合同，同适用于商业管理公司特定项目、活动、企划的宣传推广期间。但与前述广告画面设计合同所不同，本合同涉及广告指示牌的设计，更包含其实际制作与安装，服务范围更为广泛。以上相同情形可参考适用本范本。

【法律要点】

1. 什么是承揽合同？其特点是什么？

根据《合同法》第 251 条之规定，承揽合同是指承揽人按照定作人的要求完成工作，交付工作成果，定作人给付报酬的合同。承揽合同通常具有以下特点：（1）承揽合同以完成一定的工作并交付工作成果为标的；（2）承揽合同的标的物具有特定性，定作人对工作质量、数量、规格、形状等内容的要求使承揽标的物特定化；（3）承揽人工作具有独立性，承揽人需独立承担完成合同约定的质量、数量、期限等内容；（4）承揽合同具有一定人身性质，其不得擅自将承揽的工作交给第三人完成；（5）承揽合同属于诺成合同、有偿合同、双务合同。

2. 承揽合同的签约要点有哪些？

首先，合同双方需就定作内容作出详细约定，尤其是针对定作物的质量标准。定作人通常要求为其设定检查、纠正的权利，以便在双方对定作内容存有不同意见时，定作人可以随时要求承揽人予以修正。特别情况下，可为定作人设置单方解约权。

其次，交付与验收也是此类合同在实践中容易出现纠纷的环节，合同双方需明确验收标准、流程及期间问题。

同时，保密问题也是承揽合同需要注意的事项。承揽合同通常需要定作人提供技术资料及相关信息，为避免承揽人泄露或不适当利用获知的信息及商业秘密，双方在签署合同时需要订立保密条款。

16238

【文本正文】

广告指示牌承揽合同

立协议人：

甲方：

（名称、统一社会信用代码、住所、法定代表人、职务、委托代理人、身份证号码、通讯地址、邮政编码、联系人、电话、传真、账号、电子信箱）

乙方：

（名称、统一社会信用代码、住所、法定代表人、职务、委托代理人、身份证号码、通讯地址、邮政编码、联系人、电话、传真、账号、电子信箱）

甲、乙双方根据《中华人民共和国广告法》《中华人民共和国合同法》等有关法律、法规和规章规定、签订本合同，并共同遵守。

第一条　服务范围

甲方委托乙方于______年______月______日至______年______月______日期间制作、安装、发布户外指示牌。

第二条　户外广告媒体形式、规格、地点等要求

提示：本条规格要求可以附件形式列明，合同第三条设计样稿内容，则可选择书面确认书形式予以确定。

1. 媒体形式：____；

2. 数量：____；

3. 发布地点：____；

4. 规格尺寸：____。

第三条　服务标准

广告必需采用甲方签字的样稿（附样稿），未经甲方同意，乙方不得改动样稿。乙方有权审查指示牌内容和表现形式。对不符合法律、法规和规章规定的内容和表现形式，乙方应要求甲方作出修改，甲方作出修改前乙方有权拒绝发布。

第四条　广告费用

指示牌单价均为______元/块/年，数量______块，合同总价为人民币______元（包括增值税费、制作费、发布费、设置费、维护保修费），大写：______元，其中增值税为人民币______元（大写：______元）。上述广告费支付至乙方指定账户内。

乙方指定银行账户名称：____;

账号：____;

开户行：____。

第五条　付款方式

1. 甲方在本合同签订后的______个工作日内向乙方支付合同总价款的______%，即人民币______元（大写：______元整），作为预付款。

2. 甲方按制作要求及验收标准对乙方发布的广告进行验收，验收合格后______个工作日内向乙方支付合同总价款的______%，即人民币______元（大写：______元）。

3. 在乙方按约定发布广告______天后，甲方应向乙方支付合同总价款的______%，即人民币______元（大写：______元）。

4. 乙方按约定发布广告，且乙方无违约行为，待合同到期后的______个工作日内，甲方应向乙方支付合同总价款的______%，即人民币______元（大写：______元）。

5. 以上付款，甲方将以转账支票或电汇的方式支付。

6. 甲方向乙方支付每笔款项时，乙方需先提供增值税专用发票后，甲方方可付款，若因为乙方原因未提供符合法律规定的增值税专用发票，致使甲方未及时付款的，甲方有权暂不付款且不构成违约。

第六条　双方责任义务

1. 甲方需按约定时间支付款项，并在政府部门查处指示牌时配合乙方工作。

2. 乙方不得在指示牌安装前擅自将甲方提供的设计样稿内容告知与发布业务无关的第三方（广告监管机关除外）。

3. 乙方对广告内容的合法性承担责任，因内容违反法律、法规和规章规定或侵犯第三方权利的，由乙方承担责任（如因甲方提供的内容有瑕疵的除外）。

4. 乙方保证施工前已经充分调查和调研，乙方保证甲方指示牌按合同约定的日期发布，因为大风雨雪恶劣天气或者政府部门临时检查等不可抗力因素除外，但应保证发布期和合同期限时长一致。

5. 乙方保证按本合同第一条的约定按期完工，完工日期以上刊日期为

16238

准，每延迟一日，乙方按日承担合同总额______%的违约金，超过______日的，甲方有权解除合同，乙方除返还甲方已支付款项外，还应另行承担合同总额______%的违约金。

6. 乙方不得擅自改变指示牌安装的位置、形式及内容，如涉及指示牌位置因特殊情况而必需做出换位处理的，乙方需取得甲方书面同意才可更换位置。

7. 乙方负责广告牌的安装以及合同期满后的拆除工作，且安装、拆除不得加收任何费用。

8. 合同期内指示牌脱落、损坏而致他人权益受到损害的，全部责任由乙方承担，在合同期内，如因此指示牌发布引起城管、市容等政府部门查处的，全部责任由乙方承担，甲方需在第一时间内将城管、市容部门的查处情况告知乙方。

9. 乙方对指示牌的质量承担责任，乙方保证必需符合法定的质量标准，并负责广告牌的养护和维修。一般损坏，乙方应在______小时内修复；较重损毁，双方约定：______个工作日修复。

10. 该广告牌质保期为______年，乙方应承担主体损坏的修理、重做、更换等法律责任和全部费用，并赔偿因此给甲方或任何第三方造成的损失和法律责任。

修复、换货、重新制作是一个递进的过程，此三项内容的相关违约则责任需具体明示。

11. 本合同涉及的指示牌内容、地点必需经双方确认，时间起始日以广告上刊时间为准。

12. 乙方保证遵守法律、法规和规章规定、当地政府部门及甲方要求施工，不得影响甲方或第三方的正常经营活动，如发生影响，甲方有权要求乙方改变其施工模式，乙方必需遵照执行并不因此推迟施工。

13. 乙方与其聘用的施工人员发生劳动关系，施工中产生任何工伤事故，施工维护中出现劳动及工伤纠纷由乙方承担法律责任。

第七条　违约责任

本合同涉及的制作广告指示牌等内容均可归属于定制类服务，而针对定制类的买卖合同或委托合同等，买方（或委托方）面临的最大风险在于相对方不能在有效期限内提供符合定制标准的商品（或服务），因此其应当对制作及修复的时限和措施等作出详尽的规定，必要时设定单方解约权予以保障。而就卖方（受托方）而言，最大的风险是在其已经付出较大成本的情况下，合同被相对方单方解除，而定制服务（出卖标的）又无法二次经营，从而导致前期投入全部丧失，针对该项风险建议卖方（受托方）以书面形式将各项服务及具体履约情况提前确定，并在合同中对相对方的单方解约权予以限制或就其无正当理由的解约行为规定较高的违约金，以此保障应有权利。

1. 乙方遇恶劣气候或其他不可抗拒原因未能在约定时间内对指示牌进行修复的，时间可顺延。

2. 若遇市政建设或行政管理需要，政府有关部门依法要求临时撤除户外指示牌的，甲、乙双方应无条件执行，乙方不负违约责任，合同时间自动向后顺延，若政府有关部门依法要求永久撤除户外指示牌的，乙方退还未到期的指示牌费用。

第八条 其他条款

1. 续约事宜将在合约期满前______个月商讨，乙方在同等条件下拥有优先续约权。

2. 本协议适用中华人民共和国法律。双方在履行本协议过程中出现的争议应协商解决。双方协商不成时，任何一方有权将该争议提交______人民法院。

3. 本合同一式______份，甲方持______份，乙方持______份，具有同等效力，自双方签字、盖章后起生效。

甲方：（盖章）

法定代表人或授权代表：（签字）

日期：

乙方：（盖章）

法定代表人或授权代表：（签字）

日期：

16238

四、海报投递委托合同

【使用场景】

本范本为海报投递委托合同。适用于商业管理公司经营过程中，针对特定项目、活动、企划的实施而进行的宣传推广阶段，主要指通过委托投递方进行海报投递从而达到良好的推广效果。以上相同情形可参考适用本范本。

【法律要点】

海报投递委托合同的签约要点有哪些?

首先，建议合同双方以附件形式列明海报投递事宜的具体情况及要求，如海报开本、投递数量、投递方式、投递日期、投递地点及其他详细的投递计划等。

其次，在海报投递委托合同中，建议委托方设定海报的投递率及其对投递情况的检查权，以便根据具体投递情况确定合同款项支付方式并及时掌握受托方的履约情况。

【文本正文】

海报投递委托合同

立协议人：

甲方：

（名称、统一社会信用代码、住所、法定代表人、职务、委托代理人、身份证号码、通讯地址、邮政编码、联系人、电话、传真、账号、电子信箱）

乙方：

（名称、统一社会信用代码、住所、法定代表人、职务、委托代理人、身份证号码、通讯地址、邮政编码、联系人、电话、传真、账号、电子信箱）

根据《中华人民共和国广告法》《中华人民共和国合同法》及国家有关法律、法规的规定，甲、乙双方在平等、自愿等价有偿、公平、诚实信用的基础上，经友好协商，就甲方委托乙方进行海报投递事宜达成一致意见，特签订本合同，以资信守。

第一条　海报投递基础信息

1. 海报开本：______________________________；

2. 投递数量：______________________________；

3. 投递方式：______________________________；

4. 投递日期：______________________________；

5. 投递地点：______________________________。

第二条　合同总价款及付款方式

1. 本合同广告费用单价（含增值税）为______元 / 人（大写：人民币______元），总人数为______人，合同总价款为人民币______元（大写：人民币______元），其中增值税为人民币______元（大写：人民币______元）。

2. 乙方如约履行合同后，应向甲方出具有效投递证明，甲方按本合同约定进行验收。

> 提示：《投递计划书》以及有效投递证明的具体要求及内容均应由甲方确定。

3. 甲方于验收合格后的______个工作日内向乙方支付合同总价款。

4. 以上付款，甲方将以转账支票或电汇的方式进行支付。

5. 乙方申请支付相应款项时，乙方必需先向甲方提交正规的增值税专用发票，如果乙方未提交合格发票的，甲方有权暂不付款且不构成违约。

6. 关于发票的特别约定

（1）在甲方向乙方支付合同价款前，乙方应向甲方开具增值税专用发票，乙方所提供的增值税专用发票必需为乙方直接从税务机关购买的，根据本合同经营事项所开具的真实、合法、有效增值税专用发票。甲方在支付合同价款前有权验证或认证（包括但不限于到税务机关直接认证、通过税务机关网站网上认证等）增值税专用发票的有效性，如不能通过认证完成甲方抵扣申报的，甲方有权拒绝付款且不承担任何违约责任。

（2）甲方在支付合同价款前有权要求乙方提供税务机关核发的增值税专用发票领购簿、货物委托运输凭证、货物验收记录等业务相关凭证供甲方查验，以证明专用发票的真伪。否则，甲方有权拒绝付款或顺延付款时间且不承担任何违约责任。

（3）乙方向甲方开具的增值税专用发票，乙方必需确保发票及票面信息全部真实、合法，发票所列相关货物或服务的品目、价款等各项发票内容与本合同约定一致。如因乙方开具的增值税专用发票不合规（专用发票各要素漏

16239

项、错项等）、不合法（包括虚开增值税专用发票或涉嫌虚开增值税专用发票等）而导致甲方专用发票不能依法抵扣销项税款或被认定为接受虚开专用发票等税务问题的，甲方有权要求乙方重新开具专用发票。乙方应向甲方承担赔偿责任，赔偿责任范围包括但不限于甲方可抵扣税款、税收滞纳金、罚款、多缴税款的利息及一切相关损失。同时，甲方有权向乙方收取不低于相当于虚假、违规发票票面金额______%的违约金。上述赔偿金和违约金甲方有权在书面通知乙方后从任何应付合同款中直接扣减，如果合同款项已支付完毕，甲方有权无限期向乙方追索赔偿金及违约金。

（4）乙方收取价外费用（在本合同约定的价款之外再另行收取的任何款项），均必需依法开具增值税专用发票，否则，甲方有权拒绝付款。必要时，甲方应协助乙方提供开票所需资料。

若合同履约过程中存在本合同款项之外的价外费用，建议以《确认书》的方式明确该费用支付的项目、具体金额、支付时间等内容，并同时明确标注该笔款项与本合同的关联性。

（5）本合同内容经双方同意变更的，如果变更的内容使到价款等增值税专用发票记载项目发生变化的，则应作废、重开、补开、红字开具增值税专用发票。甲乙双方需履行各自的协助义务。

第三条　验收标准

乙方需出具有效的投递现场照片。同时甲方有权对乙方的实际投递数量和质量进行抽样调查，并以甲方抽样调查确定的正确投递率作为乙方在本合同项下的 DM（Direct Mail，快讯商业广告，以下简称“DM”）/ 单页正确投递率的确认依据。

提示：此处 DM 是英文 Direct mail 的缩写，意为快讯商品广告，即本范本中所指的海报。其通常由 8 开或 16 开广告纸正反面彩色印刷而成，采取邮寄、定点派发、选择性派送到消费者住处等多种方式广为宣传，是超市等商场最重要的促销方式之一。

第四条　双方义务

1. 甲方应在合同约定投递时间前完成海报的印刷。

2. 甲方应按合同约定付款。

3. 乙方应按甲方的要求制作《投递计划书》以明确 DM/ 单页的具体投递区域、投递时间、各投递区域的投递数量等具体情况并应在投递前______天将投递清单交由甲方书面确认。经甲方确认的《投递计划书》投递清单应作为本合同的附件，且乙方应严格按该计划执行。

4. 甲方有权在投递过程中至各投递区域检查 DM/ 单页的投递情况，如甲方发现乙方在投递过程中有任何不符合本合同规定的行为，甲方有权解除本协议。

5. 乙方应按本合同约定投递海报，乙方应确保其在本合同项下的正确投递率最低不得低于______%。

6. 在投递结束后，如仍有未投递完毕的 DM/ 单页，乙方应在投递时间结束后的______天内通知甲方。

7. 乙方在本合同项下的每项工作必需得到甲方的书面确认，乙方在海报投放方面需以甲方的名义进行工作，除本合同约定的工作外，乙方不得以甲方名义进行其他任何工作。如甲方发现乙方以甲方名义做海报投放外的其他工作，甲方有权随时终止合同，剩余合同款项不再支付并有权要求乙方赔偿损失。

8. 未经甲方许可，乙方不得将其在本合同项下的义务委托任何第三方执行。

第五条　违约责任

1. 如乙方未能按期投递完毕全部 DM/ 单页，则：

（1）每逾期一天，乙方应向甲方支付合同总金额______%的违约金；并且应继续履行本合同项下义务。

（2）如乙方逾期______天仍未能投递完毕全部 DM/ 单页，则甲方有权终止本合同，不承担任何付款责任并要求乙方退还已收取的本合同项下的款项。并且甲方有权要求乙方向甲方支付合同总金额______%的违约金，并承担因此对甲方造成的一切相关损失的赔偿责任，并按甲方的要求消除因此对甲方造成的所有不利影响。

2. 如乙方的 DM/ 单页正确投递率未达到本合同约定的 DM/ 单页正确投递率的最低要求，则

（1）每差距______%，乙方应向甲方支付合同总金额的______%违约金并继续履行本合同项下义务。

（2）如乙方的 DM/ 单页正确投递率低于______%，甲方有权终止本合同且不承担任何付款责任并要求乙方退还已经收取的本合同项下的款项；同时甲方有权要求乙方向甲方支付合同总金额______%的违约金，并承担因此对甲方造成的一切相关损失的赔偿责任以及按甲方的要求消除因此对甲方造成的所有不利影响。

16239

3. 若甲方未按合同要求付款，则每逾期一天按______的标准向乙方支付违约金。

4. 乙方应按时、保质的进行甲方海报投递工作，甲方在抽查中若发现诸如海报随意丢弃、未按甲方指定投递方式进行投递等问题，有权解除合同并不支付任何款项；同时甲方有权追究因乙方违约而给甲方造成的损失，乙方应承担合同总额______%的违约金。

5. 若乙方的工作不能满足甲方的要求或乙方不能按合同约定按时完成各项工作，乙方应承担违约责任。自乙方出现违约情形之日起，甲方有权按合同暂定总价款的______‰（每日）向乙方收取违约金，甲方有权直接在应付未付款中扣除，违约金不足以弥补甲方损失的，甲方可继续向乙方追偿。同时甲方有权解除本合同。甲方解除本合同的，按本合同第八条的规定执行。

6. 乙方向甲方提供的现场投递照片等资料如不真实，应向甲方承担本合同总价款______%的违约金。

7. 如乙方违反合同约定出现转移合同项下权利义务等违约情形，导致甲方涉诉或者被追究责任，则甲方因此而遭受的全部损失应当由乙方赔偿。且甲方有权直接从任何对乙方的应付款项中扣除与损失相当的金额，应付款项不足以弥补甲方损失的，甲方可继续向乙方追偿。同时甲方有权解除本合同，并要求乙方退还已收取的本合同项下的款项。

8. 如乙方违反合同约定出现合同项下的工作未经甲方书面确认，导致乙方的工作不能满足甲方之要求；或乙方单方面以甲方名义实施任何相关工作，导致甲方因此涉诉或被追究任何责任，则乙方应承担甲方因此而遭受到的全部损失。且甲方有权直接从任何对乙方的应付款项中扣除与其损失相当的金额，应付款项不足以弥补甲方损失的，甲方可继续向乙方追偿。同时甲方有权解除本合同，并要求乙方退还已收取的本合同项下的款项。

9. 乙方不得在任何未经甲方同意的第三地发布与DM/单页内容、样式相同或相似的海报或广告内容。如乙方违反约定，侵犯甲方的知识产权，则乙方应承担甲方因此而遭受到的全部损失并应当按暂定合同总价款的______%向甲方承担违约责任。

第六条　知识产权

甲方单独享有本合同项下的DM/单页的知识产权。

第七条　转让条款

未经合同其他方书面同意，任何一方不得全部或部分转让其在本合同项下的权利和义务。

第八条　合同终止

1. 因解除而终止

（1）因乙方违约造成本合同不能履行或不能完全履行，若甲方认为本合同已无必要继续履行或乙方在收到甲方要求其纠正违约的通知后仍不纠正的，则甲方有权向乙方发出解除本合同的书面通知，该通知自送达乙方时生效。乙方除承担本合同约定的违约责任外，另须按合同暂定总价款的______%向甲方支付解约违约金，甲方有权直接在其应付未付款中扣除，该违约金不足以弥补甲方损失的，甲方可继续向乙方追偿。

（2）由于甲方违约造成本合同不能履行或不能完全履行，如果甲方在收到乙方要求其纠正违约的通知后仍不纠正其的，则乙方有权向甲方发出解除本合同的书面通知，该通知自送达甲方时生效。甲方应向乙方支付双方确认已完成的工作量，支付对应价款并承担相关违约责任。

> 本合同就甲乙双方均赋予单方解约权。但由于商业活动及广告宣传具有时效性的特点，一旦发生合同解除，甲方（委托方）通常会面临更大的损失与风险。故通常甲方（委托方）的单方解约权约定更为全面，而乙方（受托方）承担的违约责任约定更为严格。

（3）合同一方依本合同约定行使解除权的，合同自解除通知送达对方之日起终止。

2. 有下列情形之一的，合同权利义务终止：

（1）本合同已按约定履行完毕；

（2）本合同经各方协商一致而终止；

（3）本合同因一方出现本条第 1 款的违约情况时（包括一方擅自转让本合同项下权利义务行为），另一方发出解除合同的通知；

（4）法律法规规定终止的其他情形。

第九条　保密条款

1. 在本合同订立前、履行中及终止后，未经合同其他方书面同意，任何一方对本合同和各方相互提供的资料、信息（包括但不限于商业秘密、技术资料、图纸、数据及与业务有关的客户的信息及其他信息等）负保密责任。

2. 一方违反上述约定的，责任方应按合同暂定总价款的______%向合同其他方支付违约金，违约金不足以赔偿合同其他方损失的，应按合同其他方的实际损失进行赔偿。

16239

3. 保密条款具有独立性，不受本合同终止的影响。

第十条　免责条款

由于不能预见、不能避免和不能克服的自然原因或社会原因，致使本合同不能履行或者不能完全履行时，遭受上述不可抗力事件的一方，应立即书面通知合同其他方，并应在不可抗力事件发生后的______天内，向合同其他方提供经不可抗力事件相关有效证明文件。由合同各方按事件对履行合同影响的程度协商决定是否解除合同，或者部分、全部免除履行合同的责任或延期履行合同。

本条款所定义的不可抗力是指不能预见、不能避免并不能克服的客观情况，对于经营状况严重恶化、安排不周及税收政策的调整等情形，无论严重程度如何，均不理解为不可抗力。

第十一条　法律适用

本合同的订立、效力、解释、履行和争议的解决均适用中华人民共和国法律法规。

第十二条　争议的解决

凡因执行本合同所发生的或与本合同有关的一切争议，合同各方应通过友好协商解决；如果协商不能解决，任何一方均可向______人民法院起诉。

第十三条　其他条款

1. 本合同如有未尽事宜，经双方友好协商，可另行签订补充协议。补充协议与本合同具有同等法律效力。

2. 本合同一式______份，甲方执______份、乙方执______份，每份均具同等法律效力。

3. 本合同自双方签字盖章后生效。

甲方：（盖章）	乙方：（盖章）
法定代表人或授权代表：（签字）	法定代表人或授权代表：（签字）
日期：	日期：

五、网络广告宣传合同

【使用场景】

本范本为网络广告宣传合同。适用于商业管理公司经营过程中，针对特定项目、活动、企划的实施而进行的宣传推广阶段；但与其他宣传类型不同的是，本范本主要适用于网络及电子信息等传播方式。以上相同情形可参考适用本范本。

【法律要点】

网络类广告宣传合同的签约要点有哪些?

通常而言，网络类的广告宣传合同在签订时需注意以下内容：

（1）广告公司需严格遵守广告业及互联网相关法律、法规的规定，如《中华人民共和国广告法》《互联网信息服务管理办法》《信息网络传播权保护条例》等。同时，广告公司应当就传播内容负有审核责任，若因其导致相关内容不能通过有关部门或单位的审核进而无法在网络及社会公布，则应当由其承担相关责任。

（2）宣传广告的内容、质量及宣传效果需要提前予以确定，同时，为避免广告公司可能存有的制造虚假宣传数据及效果的行为，商业管理公司应当提前约定相关违约罚则，必要时可设定单方解约权。

以上是根据网络类广告宣传合同特点而强调的签约要点，除此之外，如合同款支付方式、知识产权约定及保密条款等内容亦需作出合理约定。

【文本正文】

网络广告宣传合同

立协议人：

甲方：

（名称、统一社会信用代码、住所、法定代表人、职务、委托代理人、身份证号码、通讯地址、邮政编码、联系人、电话、传真、账号、电子信箱）

乙方：

16240

（名称、统一社会信用代码、住所、法定代表人、职务、委托代理人、身份证号码、通讯地址、邮政编码、联系人、电话、传真、账号、电子信箱）

为树立企业形象，扩大宣传，甲方委托乙方进行网络广告宣传服务。根据《中华人民共和国合同法》及有关规定，双方在平等的基础上，经友好协商，签订此合同，以期双方共同遵守。

第一条　合同项目

甲方委托乙方于______年______月______日至______年______月______日期间进行市场传播服务，服务内容如下。

序号	名称	账号	粉丝数	阅读量	多图文头条（元/篇）	数量（篇）	总价（元）
1							
2							
3							
4							
5							
合计（不含税）							
合计（含税______%）							

媒体发布所用稿件为合同附件，乙方对样稿的编辑及修改完成后需经甲方书面确认，而后方可发布，附件稿件与本合同一并保存。

第二条　合同金额及付款方式

1. 本合同涉及的服务项目，总服务金额为人民币______元（大写：______元整），此费用包含税金。

2. 双方签订合同后______个工作日内，乙方向甲方开具合同服务总金额正式增值税专用发票后，甲方按照上述合同总金额的______%支付首付款，即______元（大写：______元整）支付乙方；全部服务完成后三个工作日内乙方向甲方提交本次发布相关总结资料，甲方审核确认后支付剩余______%尾款，即______元（大写：______元整）。

> 提示：此项首付款比例不宜过高，否则不利于甲方对乙方后续履约行为的规制。

3. 以上全部费用甲方应按所示阶段，以银行转账的方式支付至乙方指定银行账户并保留相关凭证。

4. 乙方指定银行账户：

账户名称：____；

账号：____；

开户行：____。

第三条　项目完成及发布时间

乙方在收到甲方提供的材料后，开始项目工作，并按照双方约定的发布时间进行确认及上传发布。

第四条　验收标准和验收后的修改补充

发布内容制作完成后，乙方要在此次发布后收集相关总结资料（宣传文章的投放数据截图、结案报告等）反馈给甲方，甲方对此进行确认，确认期限为______个工作日。在此期间内，乙方需根据甲方的要求（或有）对内容进行修改，直至达到甲方的要求则该项服务内容视为完成。

第五条　双方的权利和义务

1. 甲方的权利和义务

（1）为保证项目的顺利进行，甲方应及时提供有关企业的材料及图片，并应保证材料完整，图片清晰。

（2）甲方所有制作的内容及开展的业务必需符合国家法律和社会公共利益，特别是《计算机信息网络国际联网安全保护管理办法》，乙方对此负有审核责任，如甲方内容通过乙方审核而不能通过相关部门或单位审核而不能在网络及社会公布，乙方对此承担责任，经乙方审核后，仍然不能通过相关部门审查或不能通过约定形式发布，乙方承担违约责任，任何一项不能发布，乙方退还甲方合同款承担______%的违约金。

（3）甲方对乙方履行义务是否达到约定效果有审核权利，若甲方有证据证实乙方未达到约定宣传效果或存在制造虚假数据等任何违约行为，甲方有权解除本合同，乙方应将所有收取款项退回并承担合同总价款______%的违约金，甲方因取证、诉讼等产生的所有费用由乙方承担。

2. 乙方的权利和义务

（1）乙方向甲方承诺并保证，其是在《中华人民共和国公司法》规定下合法成立并存续的公司，具有从事本合同项下业务的所有相关资质；若因乙方不具备上述相关资质导致本合同无法履行的，甲方有权解除合同，且乙方需向甲

16240

方支付合同总价款的______%作为违约金。

（2）乙方根据与甲方确认后的项目报价按时完成服务项目。

（3）乙方有义务在项目进行过程中给出合理化的建议，甲方可视具体情况给予是否采纳的回复意见。

（4）乙方有权审查稿件内容和表现形式，对不符合法律、法规的广告内容和表现形式，乙方应要求甲方作出修改或代为修改，甲方作出修改前，乙方有权拒绝发布。

> 鉴于本合同中的宣传内容主要由甲方制作完成，故乙方享有的修改权仅限于宣传内容不符合法律、法规规定的情形，且乙方修改意见最终仍需由甲方决定是否适用。本合同将宣传内容的决定权统一归为甲方享有，既可充分保障其利益，也可在双方就宣传内容发生争议时快速解决。

（5）经乙方审核后，仍然不能通过相关部门审查或不能通过约定形式发布，乙方承担违约责任，任何一项不能发布，乙方退还甲方该项目全部费用并承担______%的违约金。

第六条　合同的变更、解除与终止

1. 双方可以协商变更或终止本合同；

2. 项目结束后自然终止；

3. 如因不可抗力（不可抗力是指不能预见、不能避且并不能克服的客观情况，如战争、骚乱、罢工、地震、洪水、恶劣天气等）或其他意外事件，使得本合同不能履行或者不能完全履行时，本合同自动解除。

> 针对不可抗力情形，合同双方既可约定自动终止，也可约定协商解决。通常针对具有时效性的合同（如广告发布合同、商业活动策划合同等），以自动终止为佳。而对于时效性要求不高，且解除合同可能导致双方成本损失较大的合同（如场地租赁合同等）以约定协商解决为佳。

第七条　违约责任

1. 甲方因自身原因导致不能按合同约定日期支付相应费用，每延误一天，应向乙方支付合同总金额的______‰作为违约金，累计延误______天的，乙方有权解除合同并要求赔偿损失；

2. 乙方因自身原因不能在约定时间内完成相应工作任务，导致项目延后，每延误一天，应向甲方支付合同总金额的______‰作为违约金，累计延误______天的，甲方有权利解除合同并要求赔偿损失。

第八条 知识产权与保密条款

1. 未经甲方书面同意，乙方不得在本次设计之外，以任何形式，为任何目的，使用甲方商标、标识、宣传语等任何与甲方企业形象有关的内容。乙方如有上述使用行为并造成甲方损失的，应当承担赔偿责任。

2. 为达到甲方的宣传目的，因履行本合同而形成的任何文件、资料及知识产权等均归甲方所有。未经甲方书面同意，乙方不得以任何形式，在任何场所，为任何目的，使用上述文件、资料，但乙方可以作为案例向其客户进展展示。乙方交付的文件，资料及设计成果不存在任何侵犯他人权利（包括但不限于所有权、知识产权）的情况，否则因此发生的损害赔偿由乙方独自承担，与甲方无涉。

3. 本合同网站及相关作品、程序、文件源码的版权属甲方所有。项目完成后，乙方须将源代码交给甲方，未经甲方许可，乙方不得公布文件源码，不得复制、传播、出售或者许可他人使用。

4. 乙方对在本合同履行过程中知悉的甲方的所有技术信息、本合同工作内容、经营信息以及其他商业秘密、信息等负有保密义务。在本合同履行过程中及本合同权利义务终止后，未经甲方书面同意乙方不得以任何方式将上述信息和资料令第三人知悉，亦不得擅自使用。否则，乙方应承担由此对甲方造成的一切损失。

第九条 争议解决

本合同于其履行过程中如发生争议，双方应本着友好合作的精神协商解决，协商不成，任何一方可将争议提交______人民法院，通过诉讼程序予以解决。

第十条 其他条款

1. 合同附件是本合同的组成部分，与本合同具有同等的法律效力。

2. 本合同未尽事宜，双方应在本合同达成的原则基础上以补充条款的方式明确，补充条款与本合同具有同等的法律效力。

3. 本合同一式______份，甲乙双方各执______份，自双方签字、盖章后起生效。

甲方：（盖章）　　乙方：（盖章）

法定代表人或授权代表：（签字）　　法定代表人或授权代表：（签字）

日期：　　日期：

16240

第七类　采购类合同

一、普通采购合同

【使用场景】

本范本为普通采购合同，其性质是买卖合同。通常而言，所有类别的买卖合同，如一般商品、货物、食品等，均可参考本合同内容进行约定。但针对专业性较强或买卖标的较为特殊的情形，如房屋买卖、股权转让等行为，建议采取相应合同范本，本范本不建议适用。

【法律要点】

我国法律关于买卖合同的相关规定有哪些?

买卖合同是出卖人将标的物的所有权转移于买受人，买受人支付相应价款的合同。买卖合同属于有偿合同、双务合同、诺成合同，且一般为不要式合同。

买卖合同的主要内容包含：产品的名称、规格、质量及数量；产品的包装标准；产品的交货单位、交货方法、运输方式、到发地点、产品的交（提）货期限；产品的价格与货款的结算；验收方法、对产品提出异议的时间和办法；甲乙双方的违约责任；合同解除事项；不可抗力；合同争议的解决方式；合同生效时间；双方签章等内容。

此外，与买卖合同相关的法律法规主要规定于：《中华人民共和国合同法》与《最高人民法院关于审理买卖合同纠纷案件适用法律问题的解释》中。此外，根据买卖标的不同，在其他类法律法规中也有相关规定需遵守，如《中华人民共和国产品质量法》《最高人民法院关于审理商品房买卖合同纠纷案件适用法律若干问题的解释》等。

【文本正文】

普通采购合同

立协议人：

甲方：

（名称、统一社会信用代码、住所、法定代表人、职务、委托代理人、身份证号码、通讯地址、邮政编码、联系人、电话、传真、账号、电子信箱）

乙方：

16241

（名称、统一社会信用代码、住所、法定代表人、职务、委托代理人、身份证号码、通讯地址、邮政编码、联系人、电话、传真、账号、电子信箱）

本合同双方本着真诚合作、平等互利、共同发展的原则，经过友好协商，依据《中华人民共和国合同法》等有关法律、法规的规定，就采购______事宜达成如下一致：

第一条　采购产品名称、数量及价格

1. 依据本合同约定的条件，由甲方向乙方购买产品（详见订单）。

2. 本合同暂定总额为人民币：______元（大写：人民币______元整），最终依据实际订货量进行结算。

> 也可选择在采购类合同（可含设备设施及其他产品）中采用固定单价方式，以避免合同双方后期因市场行情等变化对产品价格产生争议。

3. 本合同货物单价不受材料、生产费用、运输费用、保险、税收、汇率等任何费用的变化而波动。

第二条　付款支付

1. 甲方在收到乙方开具的增值税专用发票后，向乙方支付合同总价______%的预付款。

2. 合同总价的______%由甲方收到乙方货物后______个工作日内支付。

3. 履约保证金：乙方向甲方指定账户缴纳履约保证金______元。在乙方违反合同约定时，甲方可直接从履约保证金中扣除相应违约金或赔偿金，同时甲方有权要求乙方在______日内将保证金补足至______元，否则甲方可直接从货款中扣除。当乙方提供的产品在规定的质量保证期期满且乙方无违约情形时，甲方将在期满后的______日内将保证金退还乙方。

4. 甲方指定账号：账户名称：______；账号：______；开户行：______。

5. 乙方指定账号：账户名称：______；账号：______；开户行：______。

第三条　交货

1. 乙方应当根据订单的要求交货。

2. 乙方负责根据订单要求将产品运输至甲方指定地点，并且将产品交付收货人。产品交付前的任何损失均由乙方负担。产品的运输费用由乙方承担。

第四条　包装

乙方必需对甲方采购之产品妥善包装，并确保其适合长途运输、防潮、防湿、防震、防锈、耐野蛮装卸，以确保货物不受损。包装费由乙方承担。

第五条　货物验收

1. 货到后______日内，甲乙双方各授权专人按装箱单及本合同设备清单对货物进行验收。验货后甲方签发到货确认书给乙方（双方须签字盖章）。如乙方交付的本合同项下的产品与合同约定不符，甲方有权拒收。该验收仅为数量、型号、规格等表面验收，不视为货物质量合格。

2. 甲方验收后负责货物保管，货物风险转移至甲方，但货物质量风险不转移。

第六条　质量保证

1. 乙方保证所提供的货物为全新，所有技术参数和质量满足厂家出厂标准及甲方的订购要求。外包装应当符合国家相关法律法规的规定，用中文标明产品名称、生产厂厂名与厂址、规格等级、采用的产品标准、质量检验合格证明、使用说明、生产日期和安全使用期或者失效期、警示标志及其他说明等。

提示：此处提及的厂家出厂标准亦可以附件形式列于本合同。

2. 乙方保证其所提供商品质量符合本合同约定的质量标准，并须符合国家标准、行业标准。无国家标准、行业标准的，按照通常标准或者符合合同目的的特定标准履行。

3. 乙方保证所提供的产品来源正当合法，不存在侵犯任何第三方利益或是、假货、旧货。

4. 甲方应于收到货物时进行验收，并通知乙方所有货品缺陷。

5. 甲方将按照乙方所提供之样品和合同约定的质量标准作为验收标准。

第七条　售后服务

1. 乙方承诺按招标文件要求向甲方提供售后服务。

2. 甲方人为损坏以及自然磨损不在保修范围之内。

3. 质保期：交货后______年。质保期内，如果发生质量问题，包括：开线、脱色、缩水、防水性严重减弱情况，投标人须承诺在______个工作日内免费更换到位，并承担相关的运输费用。

第八条　违约责任

1. 如乙方逾期交货，每逾期1日，向甲方支付订单金额______%的违约金。乙方在______日内仍不能交货的，向甲方支付订单金额的______%的违约金。如果该违约金不足以赔偿甲方所发生损失的，乙方还应就不足部分进

16241

行赔偿。

赔偿金与违约金是两种不同的类别。赔偿金意在弥补受损方的各项损失，故适用损失填平原则，根据受损方所遭受的实际损失确定最终金额。而违约金的设定意在对于违约方的违约行为进行规制，目的是保障双方依照原合同约定进行履行，故通常于合同签约时确定违约罚则。

2. 如乙方所提供的货品存在质量瑕疵或未达到甲方的要求或与样品不符的，甲方有权拒收该批货物，并要求乙方在______日内重新交付，同时有权要求乙方承担迟延交货的违约责任。若因产品质量存在瑕疵，对甲方造成损失的，乙方还应承担赔偿责任。

3. 保修期内，乙方未能在合同约定的期限内履行保修义务，每迟延 1 日，乙方向甲方支付订单金额______%的违约金并赔偿甲方因此而遭受的经济损失。

4. 如乙方违反本合同第 6 条，则应向甲方支付合同总金额______%的违约金，违约金不足弥补甲方所造成损失的，乙方还应承担由此给甲方造成的损失。

第九条　保密条款

1. 甲、乙双方应对在本合同履行过程中所获悉的有关对方的商业秘密、专有信息特别是与合作项目、产品和服务有关的合同、方案、报价、业务资料等进行严格保密。若因任何原因引起以上信息流失到第三方，双方应当支付相当于本合同价款______%的违约金并承担就此造成的全部损失。

2. 除经对方书面同意或根据有关法律、法规规定必需向第三方披露的信息外，接收保密信息的一方不得向其他任何第三方披露保密信息或其中的任何部分。除为本合同履行之目的外，接收方亦不得使用或间接使用保密信息或其中的任何部分。乙方参与人员之间工作中的信息交流不视作违反保密条款。

第十条　合同终止

1. 双方可通过达成书面协议终止本合同。

2. 在发生以下情况时，一方可向另一方发出书面通知终止本合同：

（1）在履行期限届满之前，一方明确表示或者以自己的行为表明不履行其在本合同下的主要义务；

（2）一方违反其在本合同下的主要义务，且在守约方发出书面违约通知后______天仍未更正其违约行为的；

（3）一方发生破产、资不抵债等情况的。

第十一条　不可抗力

1. 不可抗力是指不能预见、对其发生和后果不能避免且不能克服的客观情况，包括但不限于严重的自然灾害和灾难（如台风、洪水、雷击、地震、火灾和爆炸等）、战争、叛乱、动乱等。

2. 受到不可抗力影响的一方应在不可抗力事件发生后，立即以可能的最为快捷的方式通知对方，并在不可抗力事件发生______天内向对方出具能有效证明该不可抗力事件发生的书面文件，双方另行协商合同履行事宜。

3. 遭受不可抗力影响的一方应采取积极有效的措施以尽量减少因不能或延迟履行合同而给对方造成的损失，一旦不可抗力的影响消除，应立即通知对方。

第十二条　法律适用和争议解决

1. 本合同的有效性、解释、执行及履行和争议解决应适用中华人民共和国的法律和法规。

2. 在发生因履行本合同而引起的或与本合同有关的争议时，双方应首先通过友好协商解决争议。如果争议在一方送交书面要求开始协商的通知后______天内未能解决，双方同意将争议提交______人民法院诉讼解决。

第十三条　其他

1. 如果一方需对另外一方发出通知、请求、认可等，应以书面形式通过专人快递、快递服务、经确认的传真、电子邮件或挂号信专递至本合同约定的地址。

2. 合同自双方签字并盖章后生效，双方权利义务履行完毕后，合同终止。

3. 双方如有未尽事宜，可另行签订本合同的补充合同，该补充合同应视为本合同不可分割的一部分，具有同等法律效力。

4. 本合同一式______份，双方各执______份，签字盖章具有同等法律效力。

甲方：（盖章）
法定代表人或授权代表：（签字）
日期：

乙方：（盖章）
法定代表人或授权代表：（签字）
日期：

16241

二、设备采购合同

【使用场景】

本范本为设备采购合同，合同主要内容及结构等均与普通采购合同相似；但鉴于以设备、设施为买卖标的物的合同通常具有鲜明的特点，如所有权保留原则的适用及验收程序的特定性等，故此处将设备类采购合同单独列为范本，供读者参考适用。

【法律要点】

1. 所有权保留原则是什么?

所有权保留原则是指在移转财产所有权的商品交易中，根据法律的规定或者当事人的约定，财产所有人向对方当事人移转标的物的占有，但仍保留其对该财产的所有权；待对方当事人支付部分或全部价款，或完成特定条件时，该财产的所有权才发生移转。

所有权保留原则使得买受人可以提前使用买卖标的，同时也为出卖人收取货款提供了有力保障。

2. 设备类采购合同的签约要点有哪些?

通常而言，在签署设备采购合同时需注意以下内容：

（1）设备采购合同更加注重质量保证期的约定。由于设备、设施通常无法于短期内确定其质量情况，而是需要经过一定期间使用后才可确定其质量有无瑕疵，故在此类合同中，双方通常会约定明确的质量保证期限及质保金。只有通过质量保证期后设备才可完全确认为无质量问题，而通常出卖方也仅在该期间经过后才可获得全部设备价款。

（2）设备采购合同的验收步骤更为严格、复杂，常可分为初步验收、最终验收；到货验收、质量验收等形式。而上述验收程序也与合同款的支付流程密切相关。

（3）采购设备的技术标准均需明确化，通常以附件形式进行明确。此外，设备相关的规格、说明文件、技术参数等材料的交付，也是出卖人应当履行的合同义务之一，而且在此类合同中通常就该项义务约定出相应的违约责任。

（4）所有权保留原则的广泛适用（如前述内容）。

（5）若买受人购买的是定制类产品，则其该合同的违约及解除条件则需更为严格谨慎。因定制类产品通常很难再进行二次买卖，一旦因定制产品产生纠纷，出卖人通常会提出较高的损失赔偿及违约金，买受人面临风险较大。针对此类情况，建议买受人在签署合同时即将单方解除权约定详尽，并在决定解约时谨慎考量。

【文本正文】

设备采购合同

立协议人：

甲方：

（名称、统一社会信用代码、住所、法定代表人、职务、委托代理人、身份证号码、通讯地址、邮政编码、联系人、电话、传真、账号、电子信箱）

乙方：

（名称、统一社会信用代码、住所、法定代表人、职务、委托代理人、身份证号码、通讯地址、邮政编码、联系人、电话、传真、账号、电子信箱）

甲乙双方在平等自愿的基础上，经过友好协商，并依据《中华人民共和国合同法》等有关法律、法规的规定，就采购______事宜达成如下协议：

第一条　合同标的

1. 本合同所购买设备将用于______项目。

> 在买卖双方存有长期合作的情况下，通常会涉及诸多批次的设备购买行为。此处特别注明了供货设备的所用项目，目的即是将本合同买卖标的设备与其他买卖行为相区别，以免出现混同。

2. 设备采购名称、数量、价格

序号	产品名称	规格型号	数量	单价	总价	备注
1						
2						
3						
4						
	合同总价款：______元（大写：人民币______元）					

16242

3. 凡卖方供应的设备均应是全新的，技术先进的，并且是成熟可靠的。

4. 设备技术指标参数和性能、技术资料见技术规范书中要求。

5. 卖方提供设备的运输及保险。

第二条　供货范围

合同供货范围包括了所有设备、技术资料、技术服务。但在执行合同过程中如发现有任何漏项和短缺，且在发货清单中并未列入而且确定不是卖方供货范围中应该有但属于满足合同附件对合同设备的性能保证值要求所必需的，均应由卖方负责将所短缺的设备、技术、资料、专用工具等补上，且不发生费用问题。

针对设备类产品，通常购买方都会要求随附产品技术、规格资料，且将其作为供货方的重要履约内容之一。

第三条　合同价格

1. 本合同总价为______元（大写：人民币______元整）。

2. 本合同价格为指定位置就位价，包括合同设备、技术资料、技术服务等费用，还包括合同设备的税费、在运输过程中发生的一切费用和保险费等与本合同有关的所有费用。

3. 本合同总价在合同期内为不变价。

第四条　价款支付

1. 本合同使用货币种类为人民币。

2. 付款方式：电汇、银行托收或汇票。

3. 合同设备款的支付

（1）双方在签订本合同，卖方收到买方《交货履行通知》后______日内，买方应向卖方支付本合同项下的设备总价款______%的预付款。

（2）卖方按照双方书面文件约定的交货计划，将合同设备运到交货地点，经双方现场开箱检验合格并签署《交货验收证书》后______日内，买方向卖方支付到货设备合同价款______%的到货款。如因买方原因造成无法完成货物现场验收工作的，按照合同约定设备抵达买方指定地点后______日内，买方应完成该次付款。买方完成该次付款后货物所有权和风险都转移给买方。如因买方未能及时付清该次付款的，货物所有权仍归卖方，卖方有权拒绝提供现场指导安装及设备调试工作。

（3）合同双方在设备调试验收合格并签署《设备最终验收证书》后，由买方向卖方支付合同价款______%的货款。

（4）卖方完成全部合同设备交付并通过设备调试验收合格，根据买方的要求提交设备合同总价款______%的增值税发票。

（5）剩余设备合同总价款的______%作为设备质量保证金，在签署《设备最终验收证书》后的______日内支付。

（6）买方在未完成本合同第4条第3款第2项货款支付义务的情况下，其产品所有权仍归卖方所有，买方在未征得卖方同意的情况下不得卖出、出借、出租、转让、抵押等。

> 所有权保留条款是采购合同通常会设置的部分，在相对方同意的情况下，所有权保留条款会为该方带来付款的保障，以便在合同不能继续履行的条件下减少损失，也在争议解决谈判过程中起到重要的制约作用。

第五条　交货和运输

1. 交货和运输

（1）本合同设备的交货期应满足工程安装进度的要求，并保证部件完整性。

（2）交货时间及地点：按照买方最终技术方案中确定的设备型号、数量及双方书面文件约定的设备交货计划完成合同项下设备的制造并运至交货地点。如买方无法准确提供设备交货计划的，买方采用《交货履行通知》的形式提前______日书面告知卖方，合同设备的交货地点为买方指定地点。

（3）在货物预计启动发货______日前，卖方以传真将货物总清单和装箱总清单及本合同第6条第6款中的各项内容通知买方。

（4）合同设备的交货日前将全部合同设备运到买方交货地点，双方在货物清单上签字为准。

（5）卖方负责合同设备从卖方到现场交货地点的运输。

（6）在每批货物备货______小时内卖方应以______形式将该批货物的如下内容通知买方：

①合同号；

②货物名称及编号；

③货物总毛重量；

④总包装件数；

16242

⑤对于特殊物品（易燃易爆、有毒物品及其他危险品和运输过程中对温度等环境因素和震动有特殊要求的设备或物品）必需特别标明其品名、性质、特殊保护措施、保存方法以及处理意外情况的办法。

2. 卖方应向买方提供满足工程设计、施工、调试、检验、运行和维修所需的技术资料。

3. 技术资料以邮寄方式递交。

4. 技术资料以邮政部门提货通知单时间戳记为技术资料的实际交付日期。

5. 买方可派遣代表到卖方工厂检查包装质量和监督装车情况；如果买方代表不能及时参加检验，则卖方有权发货。上述买方代表的检查与监督不能免除卖方应负的责任。

6. 因买方原因要求卖方推迟设备发货时（设备已制造完毕），由买方负担仓储费及必要的保养费，直至卖方交货为止。

7. 卖方必需负责货物的运输和现场验货。路途一切费用由卖方负担。

第六条　包装与标记

1. 卖方交付的所有货物要符合国家主管机关的规定，具有适合长途运输和装卸的坚固包装。包装应保证在运输、装卸过程中完好无损，并有减振、防冲击及防磨损措施。包装应按设备特点，按需要分别加上防潮、防锈、防腐蚀的保护措施，以保证货物在没有任何损坏和腐蚀的情况下安全运抵设备安装现场。设备装货和包装前，卖方负责对其进行检查和清理，不留异物，并保证零部件齐全。

2. 卖方对包装箱内和捆内的各散装部件在装配图中的部件号、零件号应标记清楚。

3. 卖方应在每件包装箱的两个侧面上，用不褪色的油漆以明显易见的中文字样印刷以下标记：

（1）合同号；

（2）供货、收货单位名称；

（3）设备名称、编号；

（4）箱号 / 件号；

（5）数量；

（6）毛重 / 净重（公斤）；

（7）体积（长 × 宽 × 高；以毫米表示）。

4. 卖方应在包装箱的侧面以运输常用的标记和图案标明重心位置及起吊点，以便于装卸搬运。按照货物的特点，装卸和运输上的不同要求，包装箱上应明显地印刷有“轻放”“勿倒置”和“防雨”等字样。

5. 对裸装货物应在金属标签上注明上述有关内容。并要带有足够的货物支架或包装垫木。

6. 每件包装箱内，应附有包括：名称、数量的详细装箱单、合格证。包装箱内应有产品出厂质量合格证明书、技术说明书各一份。

7. 专用工具（如有）分别包装并按本合同第 6 条第 3 款要求注明相关内容。

8. 各设备的松散零星部件应采用良好包装方式，装入尺寸适当的箱内，随整车发送。

9. 对于需要精确装配的明亮洁净加工面的货物，加工面应采用优良、耐久的保护层（不得用汕漆）以防止在安装前发生锈蚀和损坏。

10. 凡由于卖方包装或保管不善致使货物遇到损坏或丢失时，不论在何时何地发现，一经证实，卖方均应按本合同质保期相关规定负责及时修理、更换。在运输中发现货物损坏和丢失时，卖方应负责与承运部门及保险公司交涉，买方不负责运输过程中发生的一切费用及责任，同时卖方应尽快向买方补供货物。

第七条　技术服务及联络

1. 卖方应及时提供与本合同设备有关的工程设计、检验、土建、安装、调试、运行、检修等相应的技术指导、技术配合、技术培训等全过程的服务。

> 设备买卖合同中，卖方通常会提出由买方提供设备的使用培训、技术服务或设备升级的服务，关于上述服务是否在特定期间内有偿或无偿提供则需双方进行商议。

2. 卖方需派代表到现场进行技术服务，指导买方按卖方的技术资料进行安装、调试和并网，并负责解决合同设备在安装调试、运行中发现的制造质量及性能等有关问题。

3. 卖方有义务在必要时邀请买方参与卖方的技术设计，并向买方解释技术设计。

4. 如遇有重大问题需双方立即协商时，任何一方均可建议召开会议，在一般情况下，另一方应当同意参加。

5. 买方有权将卖方所提供的一切与本合同设备有关的资料分发给予本工程有关的各方，并不由此而构成任何侵权，但不得向任何与本工程无关的第三方提供。

6. 对盖有“密件”印章卖方的资料，双方都有为其保密的义务。

7. 卖方的分包商需要合同设备的部分技术服务或去现场工作，应由卖方统一组织并征得买方同意，费用应由其自行负担。

16242

8. 凡与本合同设备相连接的其他设备装置，卖方有提供接口和技术配合的义务，并不由此而发生合同价格以外的任何费用。

9. 卖方派到现场服务的技术人员应是有实践经验、可胜任此项工作的人员。买方有权提出更换不符合要求的卖方现场服务人员，卖方应根据现场需要，重新选派买方认可的服务人员。

第八条　质量保证与检验

1. 卖方应按______系列标准要求进行质量管理。

（1）卖方应在履行合同的全过程（从开始供货到最终验收），保证并负责所有供货和服务的质量，即要保证所有这些供货和服务的质量符合合同中有关技术、交货、验收和价格所规定的要求。

（2）卖方应建立健全工厂的全面质量保证体系（并取得______认证），认真进行产品的质量检查。

2. 工厂检验

（1）工厂检验是质量控制的一个重要组成部分。卖方须严格进行厂内各生产环节的检验和试验。卖方提供的合同设备须签发质量证明、检测报告，并且作为交货时质量证明文件的组成部分。

（2）检验的范围包括原材料和元器件的进厂，部件的生产加工、组装、试验至出厂检验。

（3）卖方检验的结果要满足提交给买方技术文件内产品技术参数的要求，如有不符之处或未能达到相应标准要求，卖方有权要求采取处理措施直至满足要求。卖方发生重大质量问题时应将情况及时通知买方。

3. 现场开箱检验

（1）货物到达目的地后，卖方应与买方一起根据运单和装箱单对货物的包装、外观及件数进行清点检验，如发现有任何不符之处经双方代表确认，属卖方责任后，由卖方处理解决，属买方原因造成的，由买方处理解决。

（2）当货物抵达买方指定工地现场后，买方应尽快开箱检验，检验货物的数量、规格和质量，且应在开箱检查前______日前书面通知卖方开箱检验日期。卖方派遣检验人员参加现场检验工作时，买方应为卖方检验人员提供工作方便。如检验时，卖方人员未按时赴现场，买方有权自行开箱检验，检验结果和记录对双方同样有效，并作为买方向卖方提出索赔的有效证据。如买方未通知卖方自行开箱或每一批设备到达现场______日仍不开箱，则视为现场检验合格，由此产生的后果由买方承担。

> 在本合同中，因各项设备检验程序与款项支付有密切关联，故卖方在此要求提出验收期限，并约定在卖方擅自开箱或无故不予开箱检验的情况下视为验收合格。

（3）现场检验时，如发现设备由于卖方原因（包括运输）有任何损坏、缺陷、缺少或不符合合同中规定的质量标准和规范时，应做好记录，并由双方代表签字，各执一份，作为买方向卖方提出修理、更换的依据。如果卖方委托买方修理损坏的设备，所有修理设备的费用由卖方承担；如果由于买方原因，造成损坏或缺陷，卖方在接到买方通知后______日内提供或更换相应的部件，但费用由买方承担。

（4）卖方如对上述买方提出修理、更换的要求有异议，应在接到买方书面通知后______日内提出，并书面通知买方，否则上述要求即告成立。如有异议，卖方在接到通知后______日内，自费派代表赴现场同买方代表共同复验。

（5）如双方代表在合同检验中对检验记录不能取得一致意见时，可由双方委托权威的第三方检验机构进行检验。检验结果对双方都有约束力，检验费用由责任方负担。

（6）合同双方如对到货设备检验合格并无异议，双方签署《交货验收证书》一式两份，交付卖方一份作为支付交货款的手续单据。

（7）上述第 8 条第 3 款（1）（2）（3）（4）（5）项所述的各项检验仅是现场的到货检验。

第九条　安装、调试、试运和设备最终验收

1. 本合同设备由买方根据卖方提供的技术资料、图纸及说明书进行安装、调试、运行和维护。整个安装、调试过程须在卖方现场技术服务人员指导下进行。安装、调试过程中，若买方未按卖方的技术资料规定和现场技术人员指导、未经卖方现场技术服务人员签字确认而出现问题，买方自行负责（设备问题除外）；若买方按卖方技术资料规定和现场技术服务人员的指导、卖方现场技术服务人员签字确认而出现问题，则卖方承担责任。

2. 合同设备安装完毕后，卖方应派人参加调试、试运进行指导，并应尽快解决调试中的问题。

3. 设备调试最终验收的时间为全部设备运行稳定，达到连续稳定运行______日。期间若发生与本合同不符的情况时，双方要进行协商解决。

4. 设备调试最终验收结束后，合同内项下的设备达到本合同所规定的各项

16242

性能保证值指标后，买方应在______日内签署由卖方会签的本合同《设备最终验收证书》一式______份，双方各执______份。

5. 买方出具的《设备最终验收证书》只是证明卖方所提供的合同设备性能参数截至出具的设备最终验收证明时可以按合同要求予以接受，但不能视为卖方对合同设备中存在的可能引起合同设备损坏的潜在缺陷所应负的责任的解除。潜在缺陷指设备的隐患在正常情况下不能在制造过程中被发现，卖方对纠正潜在缺陷所应负的责任，当发现这类潜在缺陷时（经双方确认）卖方应进行修理。

> 此处的《设备最终验收证书》仅证明在本合同验收期间设备质量无异议，但买方于后续适用过程中发现的或有质量问题不在此范围内，该项约定与质量保证期相关约定吻合无冲突。

第十条　保证期

1. 保证期是指签发《设备最终验收证书》之日起______月。

2. 卖方保证其供应的本合同设备是全新的，技术水平是先进的、成熟的、质量优良的、设备的选型均符合安全可靠、经济运行和易于维护的要求。卖方需保障达到合同设备的设计、安装、调试、运行和维修的要求。

3. 设备在运行保证期间，如果发生设备故障，卖方应立即无偿维护、修理。如需更换部件，卖方应负担由此产生的现场维护、修理、更换的一切费用。

> 针对维修服务，通常需于合同中明确维修期限、收费方式、维修时限、人员配置、维修标准、返工问题等内容。

4. 由于买方未按卖方所提供的技术资料、图纸说明和卖方现场技术服务人员的指导而造成的设备损坏，由买方负责修理、更换；但卖方有义务尽快提供所需更换的部件。对于买方要求的紧急部件，卖方应安排最快的方式运输，所有费用均由买方负担。

5. 超出保证期限后卖方提供的服务为有偿，由买方承担零部件成本费及卖方服务人员的交通、食宿费用。

6. 卖方专业人员应提供______小时之内的电话、邮件、传真的服务响应。

第十一条　违约责任

1. 不是由于买方原因或买方要求推迟交货而卖方未能按本合同的规定推迟交货时（不可抗力除外），实际交货日期按本合同第 5 条第 4 款规定计算，买方有权按下列比例向卖方收违约金。迟交______周，每周违约金金额为迟交货物金额的______%；迟交______周，每周违约金金额为迟交货物金额的______%；迟交______周以上，每周违约金金额为迟交货物金额的______%；不满一周按一周计算。卖方支付迟交违约金，并不解除卖方按照合同继续交货的义务。迟交违约金总额不超过本合同总金额的______%。

2. 如果由于买方原因，迟付货款，买方须按下列方式支付违约金。迟付______周，每周违约金金额为迟付金额的______%；迟付______周，每周违约金金额为迟付金额的______%；迟付______周以上，每周违约金金额为迟付金额的______%；不满一周按一周计算。

3. 任何理由不得作为延迟付款的原因，迟付款违约金总额不超过本合同总金额的______%。

第十二条　保险与税费

1. 保险卖方需对合同设备，根据陆运运输方式，向保险公司投保发运合同设备的运输一切险，保险区段为____。

2. 根据中华人民共和国有关税务的法律、法规和规定，卖方应该交纳的与本合同有关的税费。

3. 本合同价格为含税价。卖方提供的设备、技术资料、服务（包括运费）、进口设备或部件等所有税费（包括保险费）已全部包含在合同价格内，由卖方承担。

第十三条　分包与外购

1. 卖方未经买方同意不得将本合同范围内的设备或部件进行分包（包括主要部件外购）。

2. 卖方对所有分包设备、部件承担本合同项下的全部责任。

第十四条　合同的变更、修改、中止和终止

1. 本合同所列内容均为双方认可并有效执行的法律文件，合同双方均不得擅自对本合同的内容（包括附件）作任何单方的修改。但任何一方均可以对合同内容以书面形式提出变更、修改、取消或补充的建议。该项建议应以书面形式通知对方并经双方签字确认。如果该项修改改变了合同价格和交货进度，应在收到上述修改通知书后的______个工作日内，提出影响合同价格和交货进度的详细说明。双方同意后经法定代表人或委托代理人（须经法定代表人书面授权委托）签字后方能生效。

2. 在合同执行过程中，若因国家政策调整而引起本合同无法正常执行时，卖方或买方可以向对方提出中止执行合同或修改合同有关条款的建议，与之有

16242

关的事宜双方协商办理。

3. 因买方原因要求中途退货，买方应向卖方偿付违约金，违约金为退货部分设备价格的______%，并在不能完全补偿卖方的直接经济损失时，继续赔偿卖方由此产生的直接经济损失。

> 买方应谨慎考虑中途退货的行为，除承担约定违约金外，应当偿付的卖方直接经济损失亦是高额赔偿，尤其是针对定制类无法进行二次出售的设备，无正当理由的中途退化行为将使买方面临巨大经济损失。

4. 因卖方原因而不能交货，卖方应向买方偿付违约金，违约金为不能交货部分设备价格的______%，并在不能完全补偿买方的直接经济损失时，继续赔偿买方由此产生的直接经济损失。

5. 如果卖方破产、产权变换（被兼并、合并、解体、注销）、无偿还能力或为了债权人的利益在破产管理情形下经营业务，买方有权立即书面通知卖方、破产清算管理人或合同归属人终止合同，或向该破产管理人、清算人或该合同归属人提供选择，视其给出合理忠实履行合同的保证情况，执行经过买方同意的一部分合同。

第十五条　不可抗力

1. 不可抗力是指严重的自然灾害和灾难（如台风、洪水、地震、火灾和爆炸等）、战争、叛乱、动乱等。合同双方中的任何一方，由于不可抗力事件而影响合同义务的履行时，则延迟履行合同义务的期限相当于不可抗力事件影响的时间，但是不能因为不可抗力的延迟而调整合同价格。

2. 受到不可抗力影响的一方应在不可抗力事故发生后，尽快将所发生的不可抗力事件情况以传真或电报通知另一方，并在______日内将有关当局出具的证明文件提交给另一方审阅确认。受影响的一方同时应尽量设法缩小这种影响和由此而引起的延误，一旦不可抗力的影响消除后，应立即将此情况通知对方。

3. 如双方对不可抗力事件的影响估计将延续到______天以上时，双方应通过友好协商解决本合同的执行问题（包括交货、安装、运试行和验收等问题）。

第十六条　合同争议的解决

1. 凡与本合同有关而引起的一切争议，双方首先通过友好协商解决，如经协商后仍不能达成协议时，应向______人民法院提起诉讼。

2. 上述过程发生的费用除法律法规另有规定外，应由败诉方承担。

第十七条　合同生效

本合同生效需满足下列条件：

1. 本合同经双方法定代表人或委托代理人（须经法定代表人书面授权委托）签字，加盖合同专用公章。

2. 本合同有效期：从合同生效之日起到设备保证期结束并货款两清之日止。

3. 如上述条件无法满足致使本合同失效，本合同作为保密文本双方应予以销毁。

第十八条　其他条款

1. 本合同适用法律为中华人民共和国法律。

2. 本合同所包括的附件，是本合同不可分割的一部分，具有同等的法律效力。

3. 合同双方承担的合同义务都不得超过合同的规定，合同任何一方也不得对另一方做出有约束力的声明、陈述、许诺或行动。

4. 本合同列明了双方的责任、义务、补偿和补救条款。任何一方不承担本合同规定以外的责任、义务、补偿和补救。

5. 双方任何一方未取得另一方事先同意前不得将本合同项下的部分或全部权利或义务转让给第三方。

6. 本合同项下双方相互提供的文件、资料，双方除为履行合同的目的外，均不得提供给予“合同设备”和相互工程无关的第三方。

7. 合同双方应指定二名授权代表，分别负责直接处理“本合同设备”的技术和商务问题。双方授权代表的名称和通讯地址在合同生效的同时通知对方。

8. 本合同一式正本______份，双方各执______份；副本______份，双方各执______份。

甲方：（盖章）	乙方：（盖章）
法定代表人或授权代表：（签字）	法定代表人或授权代表：（签字）
日期：	日期：

16242

第八类　服务类合同

一、商业管理系统合同

【使用场景】

本范本为商业管理系统合同。在商业管理公司运营过程中，商业管理公司会在整体商场内使用统一的管理、操作系统。本范本即适用于商业管理公司与电子信息服务类企业之间，约定由该类企业负责商场内整体系统的设计、开发、部署、运行、维护及升级。

【法律要点】

商业管理系统合同的签约要点有哪些?

通常情况下，商业管理公司在签订本类型商业管理系统合同时可参考以下内容：

1. 可考虑扩大商业管理系统的适用范围。通常商业管理公司会要求将该系统同时应用于其旗下的其他购物中心，或要求在其下属的其他购物中心签订软件许可证或售后服务合同时，采取与上述商业管理系统合同相同或更低的报价。

2. 服务计划及相应进度应当明确，同时合同价款的支付也可参照进度节点予以确定。如此便可保障合同相对方依照约定进行履行；否则，商业管理系统延迟上线将影响到商业管理公司的开业及运营。同时，针对进度问题，建议商业管理公司约定出完备的单方解约权，以便在合同推进缓慢时能够及时解除合同另行寻找合作方。

3. 系统的维护及升级条款需特别注意。在合同中通常可约定出免费维护期限以及免费维护期后的有偿售后服务标准等内容。此外，免费及有偿的升级服务、价格、次数等信息也应当约定明确。

4. 信息安全及保密责任也应当作出详尽的约定。除商业管理公司在履约中提供的基本信息外，本合同的性质也决定了合同相对方可能掌握商业管理公司较多的商业信息。因此保密责任的约定建议从严。

5. 不可抗力的范围需严格审查。本类合同中，电子商务方可能将网络故障或黑客攻击等情形列入不可抗力事项并提出免责要求。但该项要求并不合理，以上情况恰好反映出商业管理系统可能存有缺陷，是电子企业方应当负责解决的正常范围，不应当采取免责措施。

16243

以上内容可供参考适用，具体情形需再参考适用企业实际情况进行调整。

【文本正文】

商业管理系统合同

立协议人：

甲方：

（名称、统一社会信用代码、住所、法定代表人、职务、委托代理人、身份证号码、通讯地址、邮政编码、联系人、电话、传真、账号、电子信箱）

乙方：

（名称、统一社会信用代码、住所、法定代表人、职务、委托代理人、身份证号码、通讯地址、邮政编码、联系人、电话、传真、账号、电子信箱）

根据《中华人民共和国合同法》及有关法律的规定，双方遵循平等、自愿、公平和诚实信用的原则，就系统的设计、部署、维护等相关事宜协商一致，订立本合同，以资共同遵守。

第一条　合作内容

1. 乙方为甲方提供______（以下简称“系统”）的设计、部署及维护服务，并完成此工作所必需进行的不可或缺的其他工作。

2. 甲方负责提供系统部署相关的基础网络建设。

3. 上述系统及相关服务在甲方的配合下实施部署，乙方应确保提供的产品满足附件中“标准功能模块列表”“前端 POS 功能需求列表”“定制开发功能需求”（以下统称功能清单）所述的功能。

4. 未来______年内，甲方其他购物中心有需要时，在操作上乙方将根据本合同附件“项目报价书”的价格内容及本合同约定的付款条件，分别与甲方下属各购物中心签订每个购物中心的软件许可证以及相关的实施合同、售后服务合同。该约定为强制性约定，如乙方不按本约定与每个购物中心签约，视为乙方违约。

第二条　合同文件组成及解释先后顺序

1. 本合同正文；

2. 本合同附件；

3. 合同执行期间双方有关系统的洽商、变更等书面合同等文件；

4. 招标文件及补充招标文件。

除非另有约定，在本合同订立和履行过程中，双方签署、签发、签收的与本合同订立或履行有关的合同、信函、纪要、备忘录等亦构成本合同组成部分，其法律解释顺序应视其内容与其他合同文件的相互关系而定；如无法确定，则以时间在后的为准。

第三条　系统建设及安装

1. 系统开发实施地点：______________________________

> 由于此类系统的应用通常为商场或其他场所，与合同签订方的法定注册地址多有不同。故需在合同中明确提出具体的适用地点。

2. 甲方负责系统功能需求的制定、协调组织方案的实施；系统各方面的验收及评测。甲方及时对乙方每次的修改结果以书面形式反馈，并由甲方项目管理人（具体由甲方书面指定）签名认可后通过传真或甲方项目管理人的公司电子邮件发给乙方作为进度控制的备份资料。

3. 乙方充分调研、挖掘甲方需求后，应提供满足甲方需求的系统及相应服务。

4. 乙方负责完成系统在甲方总部及甲方下属______内实施部署，并达到系统稳定运行。

5. 乙方承诺严格遵从项目工作说明书（参见附件）的规定，与甲方积极配合，保证系统开发及实施过程的顺畅，并在甲方指导和协调下，配合相关配套供应商的项目实施。乙方在甲方的密切配合下，需要确保在______年______月______日前系统正式上线，且稳定运行，并通过本合同约定的全部验收。

第四条　实施进度计划及安排

乙方应在甲方配合下，按照本合同附件《施工进度计划表》载明进度计划及安排完成系统的实施、开发、上线，并于系统稳定运行______个月后通过甲方最终验收。从系统通过甲方验收之日起计，乙方提供______年免费维保服务，维保服务承诺书见合同附件。

> 服务类的合同通常会涉及验收问题。而验收通常设定为产品验收、质量验收、最终验收等步骤。合同款项的支付进度通常也与上述验收过程密切关联。

第五条　乙方交付成果

1. 乙方应向甲方交付的系统相关方案及成果，包括但不限于以下各项内容：

16243

（1）项目启动组织报告；

（2）详细需求调研报告；

（3）详细设计方案；

（4）软件详细测试报告；

（5）系统相关操作手册。

2. 该系统在验收合格______年内必需保障甲方的业务总部（购物中心业态总部）以及购物中心运行正常，如因乙方系统不能满足需求或不能正常运行、运行不符合双方约定的标准（以功能清单中约定的功能为准），甲方有权单方终止合同。乙方不仅应返还所有已支付合同款项，赔偿所有损失，还应承担相当于合同总价______%的违约金。

第六条　验收标准及方法

1. 甲、乙双方明确，乙方按照项目工作说明书提供本合同项下各项服务，双方按照工作说明书和功能清单中既定的验收标准执行本合同规定。

2. 系统全部模块开发完成、系统正式上线并稳定运行满______个月，乙方应向甲方提报最终验收申请（含验收报告）。甲乙双方项目管理人应在收到最终验收申请后的______个工作日内在验收报告上签字确认。若逾期未收到甲方的任何反馈，自动视为验收通过。若验收未通过，甲乙方应协商系统修正方案，修正后乙方再次提请项目验收。

> 验收问题通常需考虑委托方逾期验收或故意不予验收的问题，故在该种情况下的解决方式（如应当视为验收合格或不予合格等）则是合同双方在谈判过程中的重要条款。该类条款应当在合同中明确提出，以免后期产生争议难以解决。

3. 乙方需从甲方对系统开发的实际需求出发，设计技术方案需经甲方事先书面确认。方案内容包括：

（1）系统的架构，架构中需详细描述数据流的传输、处理机制，以及业务接入、分发、事务的处理机制；

（2）系统的安全机制；

（3）系统的性能预估，需细化至最终的负载能力；

（4）系统的稳定性，需描述当发生突发事故时的容错机制；

（5）系统中各种数据的收集与传输方案，需明确采用何种架构与何种机制实现高速、准确、安全地将数据收集到该系统；

（6）系统建议的数据报表展现、业务决策支持等的平台选择与设计方案；

（7）系统的开发项目管理方案，需明确开发计划、项目团队、项目经理资历以及项目管理方式；

（8）系统的测试、验收标准；

（9）系统的发布上线方案；

（10）系统的维护方案。

第七条　合同总价及其支付方式

1. 本合同项下甲方应向乙方支付的合同价款总计人民币______元整（小写：______元，本合同中称“合同总价”），其中软件许可及实施开发费用：______元整，硬件和系统软件费用：______元整，详细构成见附件《项目报价书》。

> 此处也可约定为固定价格以保证双方在履约过程中不因合同价格或其他因素产生异议。但若委托方存有取消部分项目的可能性，则不宜作出固定价的约定，反而应当赋予自身调整价格的权利。

2. 乙方对于上线运行并经验收的系统提供______年的免费维护期，免费维护期自系统通过甲方验收之日起计。免费维护期内，乙方提供免费系统维护服务。免费维护期届满后，双方按照既定的售后服务标准、价格以年度为单位另行签署协议履行。

3. 甲、乙双方同意，按如下约定节点支付合同总价：

（1）合同签订之日起______个工作日内甲方向乙方支付本合同软件许可及实施开发总费用的______%，即人民币______元整；甲方向乙方支付硬件和系统软件费用人民币______元整。

（2）合同约定的“硬件和系统软件”到货并经过甲方信息部验收后______个工作日内甲方向乙方支付本合同软件许可及实施开发总费用的______%，即人民币______元整。

（3）当乙方完成全部项目后，乙方应向甲方提交上线报告并经甲方验收合格（乙方向甲方提交验收文件______个工作日内，甲方需组织验收）后______个工作日内，甲方向乙方支付本合同软件许可及实施开发总费用的______%，即人民币______元整。

（4）甲方验收合格后的______个月内，向乙方支付本合同软件许可及实施开发总费用的______%，即人民币______元整。

（5）余款人民币______元整作为质保金。甲方在验收合格后的______个月

16243

内，甲方按合同约定扣除应由乙方支付的各项款项和违约金后向乙方结清。

（6）以上付款，甲方将以转账支票或电汇方式支付，乙方账户信息：

开户单位：____；

账号：____；

开户银行：____；

开户行地址：____。

甲方打入该账户款项视为甲方已经履行了自己的支付义务，乙方更换账户信息须书面通知甲方并经甲方同意。

（7）每次付款前，乙方应提供有效的等值发票，否则，甲方有权顺延付款且不构成违约。

第八条　信息安全及保密责任

1. 乙方不得将甲方所提供的资料及信息，以及本合同所述合作范围内系统升级、软件开发、建设思路及系统分析报告中的任何内容泄露给第三方，不得非为本合同目的进行任何利用。

2. 未经甲方事先书面授权许可，乙方不可访问、存储、传输甲方及其关联公司运营及经营所产生的任何数据。

3. 未经甲方事先书面同意，乙方不得随意更改甲方提交的原始资料或样稿。乙方须对甲方提供的开发系统的资料及信息保密，也不得非为本合同目的进行任何利用。

4. 乙方供货的系统软件产品的知识产权依产品申明的版权归属，乙方确保供货为正版软件产品，任何乙方供货的系统软件产品的侵权后果或其他任何权利瑕疵，由乙方承担。

5. 乙方根据甲方定制开发需求而开发的功能（程序源与编译代码、数据模型，以及其他相关的系统设计和实施性文件）的版权归甲方所有，乙方不得向任何第三方泄露。对于系统许可证部分，甲方享有永久使用权。甲方因管理系统升级需要在维保期后有权选择将该系统委托第三方进行升级和改造。免费维护期或收费维护期内，乙方有义务向甲方提供升级包。

6. 除本章前述约定外，甲乙双方应对本合同的内容和在合作过程中获得的商业秘密、技术秘密、客户资源等信息进行保密。未经各方事先书面同意，任何一方不得将本合同的内容及合作过程中获悉商业秘密、技术秘密、客户资源等信息的披露给第三方；否则，泄密方应按本合同另一方要求立即纠正，并赔偿本合同另一方因此遭受的全部损失，并向本合同另一方支付合同总价______%的违约金。

第九条　甲方的权利和义务

1. 按时提供乙方提供服务所需的场地、配套设施资源、数据资料及人力资源，以确保系统按计划实施。甲方未履行配合义务（如提供需求、数据、场地等）导致乙方无法正常提供服务的，乙方不承担违约责任，相应期限顺延。

2. 有关程序及数据的故障详细情况及时以书面形式告知乙方，并指定专人跟踪处理。

3. 按合同付款计划按期向乙方支付约定的款项，否则乙方有权拒绝或停止履行己方义务，并不承担违约责任。

4. 由乙方组织统一培训的，甲方确定时间和地点，交通费、食宿费等相关费用甲方自理；乙方到甲方现场培训的，甲方应安排相关人员到场参加。由于甲方原因未参加部分或全部培训的，不视为乙方未履行合同义务，乙方不承担违约责任。

5. 在任何时候，甲方系统运行不正常、乙方服务人员的主要工作表现不满意，可立即书面告知乙方。乙方应在甲方书面告知的______日内采取包括但不限于更换人员等一切合理措施予以解决，直至系统运行正常为止。如甲方书面告知乙方三日内仍未能使系统运行正常，甲方有权单方终止合同并要求赔偿损失，乙方同时承担本合同总额______%的违约金。

第十条　乙方的权利和义务

1. 按照双方确认的施工进度计划表组织实施服务。

2. 乙方安装培训后应能保证甲方人员在乙方指导下，按照《系统安装手册》能独立安装、迁移和卸载乙方软件产品。

3. 涉及系统用户名、密码等事项须由甲方输入，由乙方加密的，乙方应在验收后将相应的密码和授权码等相关资料交付甲方。

4. 乙方未经甲方许可，不得保留运行系统的业务数据等资料。

5. 乙方不得在系统中设置恶意 BUG 以及登录权限等后门设置，一旦发现即作为重大违约并追究乙方赔偿责任，同时，甲方享有解除权，甲方据此解除合同的，乙方应返还甲方已付款项，并向甲方支付合同总价______%的违约金。对于正常的系统 BUG 乙方应及时予以修复。甲方不按合同约定履行甲方义务，乙方有权选择收回许可证和 / 或暂停服务。

6. 在未经甲方授权的情况下，乙方不得对系统进行包含但不限于登陆的任何操作。

7. 乙方需向甲方提供盖章的系统自有知识产权的“计算机软件著作权登记证书”复印件并协助甲方在国家版权中心网站查询核实。

16243

8. 乙方有义务对甲方进行相关培训及知识转移，使甲方具有在系统基础上开发报表等能力。（知识转移内容包含但不限于系统数据库内所有表结构的功能及中文名称、触发器信息、所有相关的用户名和密码及主要权限）。

9. 乙方向甲方提供的硬件设备到货时必需有硬件厂家出具的“设备原厂质量保证服务函”。否则，甲方不予验收，甲方有权顺延付款且不构成违约。

10. 乙方向甲方提供的系统软件保证为正版。因系统软件原因引起的任何法律问题的一切后果由乙方全部承担并按本合同第 8 条第 4 款承担违约责任。

第十一条　违约责任

1. 甲、乙双方违反本合同的任一条即构成违约，违约方应赔偿对方由此蒙受的全部损失。

2. 由于系统开发内容、质量等方面出现的问题造成用户或第三方投诉或索赔的，甲、乙双方应立即采取措施解决相关问题。如因甲、乙任何一方原因导致对方蒙受损失的，责任方应负责赔偿。

> 此处指对于第三方的知识产权侵权或隐私泄露、商业秘密泄露等问题。

3. 在合作过程中，甲、乙双方均应诚实守信，如有违约行为，违约方应向对方承担由此违约行为造成的一切损失。

4. 甲方未按本合同约定支付合同价款的，每逾期 1 日，甲方应向乙方支付应付未付款项______%的违约金。逾期达______日的，乙方有权解除本合同，甲方应向乙方支付合同总价______%的违约金，并补偿乙方已发生损失。

> 逾期付款通常可设定两个梯度的违约责任，一是违约金的支付；二是合同的单方解除。

5. 乙方未按本合同约定进度完成系统开发或提供维护服务的，每逾期 1 日，乙方应向甲方支付延迟部分所涉价款______%的违约金；逾期达______日的，甲方有权解除本合同，甲方据此解除合同的，乙方应返还甲方已付款项，并向甲方支付合同总价______%的违约金。

6. 由于一方不履行本合同规定的义务，或严重违反本合同的规定，造成业务合作的目的不能达到，则守约方有权在书面通知违约方后单方解除本合同，并有权向违约方索赔；

如守约方同意继续合作的，则本合同可以继续执行，但违约方应赔偿由此给守约方造成的损失。

第十二条　争议的解决方式

因本合同的签订或履行而引起的争议，双方应友好协商解决争议。如协商不成，任何一方可以向甲方所在地法院提起诉讼。

第十三条　合同效力及其他约定

1. 未经双方书面同意，任何一方不得全部或部分转让其在本合同项下的权利和义务。

2. 自本项目成功验收上线之日起，甲乙双方即达成战略合作伙伴关系，对于新开门店乙方应严格遵从第 1 条第 4 款的约定，且______年内不以市场价格上涨、人员工资上涨及许可证价格上涨等因素为由而上涨价格。如届时同等条件下价格下调，按下调价格执行。

3. 任何与本合同有关的通知均应当以书面形式并以传真或快递服务的方式送达至如下联系方式（甲、乙双方确认该等联系方式均为正确并可以有效送达）。传真以发出之日视为收悉日，快递以送达之日视为收悉日，以多种形式发送的，以较快送达者为收悉日。倘若任何一方变更联系方式时，应及时以书面形式通知对方，并在对方签收确认后方为有效。如前述联系方式不准确或无法有效送达或一方联系方式发生变更未按前述约定有效通知对方的，则由此而引发全部责任和损失均由该方自行全部承担，且对方的所有通知均视为已合法送达。

甲方通讯地址：________________________________

乙方通讯地址：________________________________

4. 本合同未尽事宜由甲、乙双方友好协商。本合同的修改、补充和完善应该以书面形式进行。

5. 本合同如下附件，构成本合同组成部分，与本合同正文具同等法律效力：

> 需注意合同附件应同时加盖双方公章，至少应保障有骑缝章。

附件 1：功能模块列表；

附件 2：定制开发功能需求；

附件 3：项目报价书；

附件 4：项目工作说明书；

附件 5：施工进度计划表；

16243

附件6：维保服务说明书。

6. 本合同一式______份，自甲乙双方盖章后生效，甲、乙双方各执______份，具有同等的法律效力。

甲方：（盖章）

法定代表人或授权代表：（签字）

日期：

乙方：（盖章）

法定代表人或授权代表：（签字）

日期：

二、数字电路接入服务合同

【使用场景】

本范本为数字电路接入服务合同，指在商业管理公司运营过程中，与通信运营商就通信设备安装、通信接入及检修等事项签署的合同，主要用于商户在传输网络上进行的数字信号传送方面。以上相似情形可参考适用本合同。

【法律要点】

数字电路接入服务合同的签约要点有哪些?

首先，关于各项网络设备及配套设施的所有权归属需约定明确，可考虑以该项设备和配套设施的出资情况确定。此外，还可根据谈判情况作出其他约定。

其次，调试及验收程序需约定详细。在技术型服务协议中，通常会涉及多项验收程序，如设备验收、安装验收、调试验收及最终验收等。该类验收程序通常也与付款流程相关联。

再次，具体资费的确定也需考虑国家政策调整等因素，双方通常会在合同中约定资费价格随政策调整而进行浮动。

最后，关于服务的维修及升级也是本类合同签署时的重要注意事项。因网络及通信数据的故障和中断通常会对商场经营带来严重的影响，故商业管理公司可在合同中就服务公司的维修时间及次数作出明确的要求，并考虑就故障多发情形设定单方解除权。而针对升级问题，可由合同双方协议以付费或免费形式进行。

【文本正文】

数字电路接入服务合同

立协议人：

甲方：

（名称、统一社会信用代码、住所、法定代表人、职务、委托代理人、身份证号码、通讯地址、邮政编码、联系人、电话、传真、账号、电子信箱）

乙方：

16244

（名称、统一社会信用代码、住所、法定代表人、职务、委托代理人、身份证号码、通讯地址、邮政编码、联系人、电话、传真、账号、电子信箱）

甲乙双方经友好协商，本着共同发展、优势互补、互惠互利的原则，特签署本合同。具体条款如下：

第一条　合同内容

1. 乙方按照本合同向甲方提供______接入服务。

2. 起始端接入地址：____；

3. 终止端接入地址：____。

第二条　甲方的权利和义务

1. 甲方有义务向乙方提供的真实、有效的客户资料。

2. 甲方保证连接到乙方提供电路上的有关通信设备符合国家主管部门规定的质量标准和技术要求。该技术标准由乙方提前提供书面要求，甲方按乙方要求的质量标准和技术要求购买或调整有关通信设备，调整后如符合乙方书面要求，乙方不得以任何理由认定甲方不符合质量标准和技术要求。甲方不得利用乙方提供的服务从事违法犯罪、妨碍社会治安的活动；甲方保证不对乙方所提供电路及乙方的设备进行转让、抵押、转租给第三方，或采取其他任何行为侵犯乙方电路所有权，若发现违规，乙方有权停止服务，并保留对损害要求赔偿的权利。

3. 在合同签署后，乙方进行网络工程建设时，甲方有义务提供必要的协助，并委派对口人员与乙方的设计、施工人员联系，配合乙方进行电路的调试和开通，在电路开通后的使用期内配合乙方的维护工作。

4. 本合同中由乙方所提供的网络设备和配套设施产权如甲方出资则归甲方所有，乙方出资归乙方所有。甲方有义务对乙方的通信设备监管，保证乙方设备的安全，如人为损坏，设备丢失，应按价赔偿。合同终止后，乙方有权收回投资的所有设备和线路。

5. 在合同期内，如果因甲方原因需要迁移接入地址，甲方应提前______个月以书面形式通知乙方，迁移线路的时间及费用由双方协商决定，迁移期间甲方应照常交纳租金。

第三条　乙方的权利和义务

1. 乙方负责按照合同约定将传输线引入甲方机房，免费提供必要的传输设备，并完成线路调试和开通工作，乙方投入的网络设备和配套设施产权归乙方所有，甲方出资的网络设备和配套设施产权归甲方所有。

2. 乙方负责为甲方提供相关的技术支持，但不直接面向甲方用户。

3. 工程结束后，甲乙双方将联合进行线路调试，在此期间，双方将协调解决遇到的问题。线路调试并经过甲乙双方验收合格之日，为服务正式开始之日。甲方负责甲方路由器模块以下的正常运转，乙方负责路由器以上部分的日常维护，以保证所提供服务的通信质量。

4. 如因乙方扩容、检修、网络升级等原因可能造成的通信中断，乙方应当提前______小时以电话或书面形式通知甲方；若遇特殊情况，则需提前______小时以电话形式通知甲方。乙方并不承担因此产生的责任，通信中段期间的所有租金甲方不予交纳，如因乙方原因造成甲方损失乙方负有赔偿责任。

> 通信中断为本合同中的要点。针对该现象，应当分别设定因通信检修等问题导致中断和乙方通信故障导致中断的两种情况（不可抗力规定于合同其他部分）。若因乙方检修导致通信中断时，甲方可要求停止付费，而若因乙方故障导致通信中断，则其应当在约定时间内完成故障排除并支付相应违约金或赔偿金。但无论处于上述何种情况，乙方均应承担通知义务。

5. 乙方向甲方提供______小时客户服务（客服热线及故障申报电话：______）。受理甲方线路出现通信故障或提出的相关问题，乙方有责任在承诺的时限内解决并回复，长途电路解决时限为≤______小时，本地电路解决时限为≤______小时（此时限不含光缆阻断修复时限），甲方应积极予以协助配合。

6. 乙方应当保障数字电路按时接入和有效运营，如数字电路不能有效运营，不能有效运营期间的费用甲方有权拒交交纳租金。如果造成甲方损失的，乙方应当履行赔偿责任。

第四条 资费标准和付费方式

1. 资费标准：____

2. 计费起始日：____

线路调试成功并经甲方验收合格，签署《中国联通数字电路开通确认起租单》，以“确认起租时间”为服务正式开始、计费开始之日，线路在______日前确认起租的，当月收取全月费用；线路在______日后确认起租的，当月收取半月费用。

3. 付费方式

在服务开通后，甲方以______（□托收 □转账 □现金）方式，按______

> 在合同的履行过程中，均不建议以现金方式进行交易，该方式可能就是否实际履行产生较大纠纷，通常建议以银行转账、支票等方式进行支付。

16244

（□预付费　□月后付费）付费方式向乙方交纳所使用服务费用。如甲方以现金方式交费，可采取由乙方客户经理上门收费或甲方自行到乙方营业网点、业务代办点交费两种方式。

4. 甲方应在每月______日前按期支付所使用服务费用，遵照《中华人民共和国电信条例》第三章第35条规定，每逾期一天应向乙方支付欠费金额的______‰的滞纳金。甲方逾期支付服务费用超过______日，乙方应书面通知甲方。若甲方在收到书面通知______日内，仍未足额支付相关服务费用，则乙方有权终止服务。

5. 收款账号：____；

乙方账户名：____；

开户行：____；

账号：____。

第五条　违约责任

1. 任何一方未履行本合同项下的任何一项条款均被视为违约。在此情形下，甲乙双方可就此问题进行协商，协商未果的，按本合同争议条款解决。

2. 合同任何一方不得擅自解除或终止合同，否则视为违约。对此违约行为，由解除或终止合同的一方向另一方支付违约金，违约金的收取标准为：自相关电路服务关闭之日至协议到期之日期间，按工业和信息化部相关电路标准资费计算月租合计的______%予以补偿。

第六条　权利义务的转让

任何一方未经对方事先书面同意，不得转让本合同项下的任何一项权利和义务。

第七条　保密

甲乙双方对彼此之间提供的信息、资料以及本合同的具体内容负有保密责任。

第八条　免责条款

因不可抗力导致甲乙双方或一方不能履行或不能完全履行本项下的有关义务时，双方相互不承担违约责任。但遇有前述事由的一方或双方应于前述事由发生之日起______周内，以书面形式将情况告知对方，并提供有关部门的证明。在前述事由消除后的合理时间内，一方或双方应当继续履行本合同。不可抗力事件包括严重自然灾害、意外事故等不可抗力的事件。

> 提示：在通信合同或其他电子平台服务合同的格式范本中，通常会提及第三方服务故障及黑客攻击等系统问题，但该类事项并不适宜归入不可抗力的范围内，而是应由服务方予以负责的义务范围。

第九条　争议的解决

因履行本合同所产生的争议，双方协商不成，任何一方均可向甲方所在地法院提起诉讼。

除正在诉讼的争议事项外，双方应继续行使其本合同项下的其余权利，并履行其本合同项下的其他义务。

第十条　通知

由一方向另一方发出的书面信息，应按双方约定的通讯地址以邮件或图文传真等方式发送。任何一方对其联系方式的变更应及时书面通知对方。

第十一条　合同期限

1. 本合同有效期为______年，自双方签字盖章之日起生效。

2. 除非任何一方在本合同履行期届满前______个月内书面通知另一方不再续签本合同，否则本合同将继续顺延，每次续期______年。

第十二条　附则

1. 在本合同期内，若国家有新的资费政策规定颁布，则双方应执行新的资费政策规定。

2. 未经甲乙双方书面确认，任何一方不得自行变更或修改本合同。

3. 本合同一式______份，甲乙双方各执______份。

4. 本合同未尽事宜，按照《中华人民共和国电信条例》及国家有关规定执行，也可写入附加条款或签订补充合同，作为本合同附件，本合同所有附件作为合同不可分割的组成部分，与合同正文具有同等法律效力。

甲方：（盖章）
法定代表人或授权代表：（签字）
日期：

乙方：（盖章）
法定代表人或授权代表：（签字）
日期：

16244

三、建筑垃圾外运及处置承包合同

【适用场景】

本范本为建筑垃圾外运及处置承包合同。通常在商业管理公司完成建设及装修后会产生大量的固体废弃物等建筑垃圾，但此类垃圾的清运并不包含于物业管理项目中，也不同于普通生活垃圾，其需要进行单独清运。故商业管理公司会与专业的建筑垃圾清运公司签署本类范本合同，委托其就上述建筑垃圾进行清运。以上相似情形可适用本范本。

【法律要点】

1. 建筑垃圾的定义是什么？

建筑垃圾是指建设、施工单位或个人对各类建筑物、构筑物、管网等进行建设、铺设或拆除、修缮过程中所产生的渣土、弃土、弃料、余泥及其他废弃物。

现建筑垃圾处理的相关要求主要规定于《城市建筑垃圾管理规定》、《建设部城市建筑垃圾管理规定》以及其他各地方指定的相关法规中。

2. 建筑垃圾清运及处置承包合同的签约要点有哪些？

首先，建筑垃圾清运合同的签署方式通常为工程承包合同，可采取招投标方式进行，且发包方通常亦要求承包人具有建设工程承包资质及安全生产许可证等资格。

其次，关于建筑垃圾的清运质量、清运范围、清洁程度、装载检查情况、工作交接标准及验收及结算等内容均是合同必需列明的项目，否则容易引发纠纷。

最后，就合同权利义务而言，本类合同中承包方的主要义务涉及按约定工期完工、达到清运要求等，最为重要的是清运过程中的安全问题，针对该项内容建议提前约定由承包方自行承担，发包方与此无涉。

【文本正文】

建筑垃圾外运及处置承包合同

立协议人：

甲方：（发包方）

（名称、统一社会信用代码、住所、法定代表人、职务、委托代理人、身份证号码、通讯地址、邮政编码、联系人、电话、传真、账号、电子信箱）

乙方：（承包方）

（名称、统一社会信用代码、住所、法定代表人、职务、委托代理人、身份证号码、通讯地址、邮政编码、联系人、电话、传真、账号、电子信箱）

为确保共同完成工程项目、进一步明确双方权利与义务并通力协作，互相配合，经双方商定平等互利，协商一致特订以下条例，以资共同遵守：

第一条　承包方式及内容

1. 工程名称：______________________________；

2. 施工地址：______________________________；

3. 承包范围：______________________________；

4. 清洁程度：______________________________；

5. 合同总金额：____________________________。

6. 工期：自______年______月______日至______年______月______日。

7. 工期天数：______天。

第二条　工程结算及付款方式

1. 承包项目的计费：每车______元，按实际清运车数结算。

2. 付款方式：根据甲方要求完成工程量和清运质量后，由乙方将完成工程量和清运质量情况上报甲方，经甲方审核后凭任务单按实结算，支付工程价款。

3. 乙方先行提供增值税专用发票后，甲方在收到发票______个工作日内付款。

第三条　甲方权利及义务

1. 负责提供照明设备与相应的保洁措施，配合乙方的工作，根据实际情况甲方为乙方提供用膳，费用乙方自理。

> 本条中的照明与保洁条款是依据建筑垃圾外运及处置承包合同的特点而制定的，具体可参考垃圾清运工程的性质、所在地及现场条件作出更为详细的约定。此外，安全保障条款也是本类合同的重点内容，应当予以明确约定。

2. 甲方负责向渣土、交通管理部门以及环保部门申报相关手续。甲方负责

16245

施工地______米左右距离内道路保洁。

3. 甲方应对施工现场产品保护负责，尤其对场地地面加以保护。

4. 负责安全和文明施工标准化和施工计划安排的工作交接标准。

5. 负责组织工程的竣工验收和结算。

6. 对清运垃圾车辆装载的检查权、确认权。

第四条　乙方权利及义务

1. 听从甲方现场负责人的指挥，遵守甲方有关规定。

2. 根据双方确定的施工方案，精心施工若变更施工方案应得到甲方的认可。

3. 保证卸土点，正常卸土，并申报卸土的正常手续，若因乙方的原因没有将卸土的相关手续申报完毕，影响正常施工进度的，乙方应赔偿甲方的相应损失，甲方可不必按合同约定付款。

4. 确保行车安全，若在行车中发生任何事故，责任均由乙方自行承担，与甲方无涉。

5. 配合现场管理人员的指挥工作，及时向甲方进行结算，若因乙方原因未及时向甲方进行结算，导致甲方逾期付款的，甲方不承担逾期付款的任何责任。

6. 工程结束后及时请甲方验收。若甲方验收不合格，乙方应无偿返工，并赔偿由此带给甲方的一切损失。乙方还应承担合同总额______%的违约金。

第五条　联系方式

为加强联系，甲乙双方均指定负责人，及时解决施工现场有关问题的情况。本合同甲方负责人______同志。乙方负责人______同志为双方驻工地代表，负责履行本合同。

第六条　争议的解决

如双方在施工中产生争议，双方应协商解决，协商调解不成的，由甲方所在地依照有关法律进行处理。

第七条　其他

1. 本合同一式______份，甲、乙双方各执______份，具有同等法律效力。

2. 本合同在双方盖章后生效，工程款付清后即失效。

甲方：（盖章）	乙方：（盖章）
法定代表人或授权代表：（签字）	法定代表人或授权代表：（签字）
日期：	日期：

四、开荒保洁合同

【使用场景】

本范本为开荒保洁合同。开荒保洁与日常保洁有所不同，它是指租赁场所在完成首次装修后的初次保洁。保洁内容主要为房屋装修或粉刷后产生于地面及墙体等部分的建筑垃圾或装修垃圾。开荒保洁通常较日常保洁更为复杂，工作量也较大。以上相似情形可适用本范本。

【法律要点】

开荒保洁合同的签约要点有哪些？

首先，关于合同价款的约定，建议采取固定包干价。若依据保洁服务人数 / 天数等方式计算合同总价款，则较难确定收费标准及实际工作天数，且容易出现误工等问题，继而引发各项纠纷。

其次，服务质量标准需明确约定，建议以附件形式详细列明。同时，针对服务质量问题，委托方可约定出工作抽查、要求返工等权利。

【文本正文】

开荒保洁服务合同

立协议人：

甲方：

（名称、统一社会信用代码、住所、法定代表人、职务、委托代理人、身份证号码、通讯地址、邮政编码、联系人、电话、传真、账号、电子信箱）

乙方：

（名称、统一社会信用代码、住所、法定代表人、职务、委托代理人、身份证号码、通讯地址、邮政编码、联系人、电话、传真、账号、电子信箱）

16246

甲方系______项目（下称“本项目”）的建设单位，乙方为清洁服务专业机构。为做好本项目物业开荒保洁，创造洁净优美环境，树立项目良好形象，甲方委托、乙方受托为本项目约定区域提供开荒保洁服务。经友好协商一致，甲、乙双方达成以下合同条款，以资共同遵守。

第一条　服务期限

本合同项下开荒保洁服务期限自______年______月______日起，至乙方开荒保洁工作完成且经甲方确认合格之日止，且不得晚于______年______月______日。

第二条　乙方服务区域及设施

1. 本项目室外广场，包括但不限于广场地面、各种灯具、各类广告灯箱、服务亭、各种标识、成品座椅、背景音乐喇叭、垃圾桶、绿地、花池、树池、水景观、小品、升旗台及旗杆、窨井盖、雨水井盖、各种配套设施等。

2. 本项目地下停车场及各类设备用房，包括但不限于地面、棚面、日光灯、各种管道、烟感、温感、喷淋、背景音乐喇叭、通信信号加强装置、风口、柱面、墙面、壁灯、手报、消防栓、门、踢脚线 / 板、交通设施设备、消防设施设备、地面、窨井盖、洗手间、各种标识、变电所、库房、风机房、楼梯间、垃圾房、控制室、办公区、收费亭、道闸机、地下车库内候梯厅及消防通道等。

3. 本项目室内步行街，包括但不限于公共区域及办公区地面、棚面、天花板、天花灯、射灯、烟感、温感、喷淋、背景音乐喇叭、通信信号加强装置、设备房、风口、柱面、墙面、壁灯、手报、消防栓、门、玻璃、不锈钢、扶栏隔断、踢脚线 / 板、电梯、自动扶梯、防火楼梯、地面、洗手间、电话亭、室内小品、各种标识等。

4. 天台、采光穹顶（包括内外玻璃、框架、钢结构、风口等）、管道、电缆桥架、排水沟等公共设施。

第三条　开荒保洁服务工作标准

本合同项下开荒保洁服务工作标准按本合同附件执行。

第四条　开荒保洁服务费

1. 本合同项下开荒保洁服务费为服务总价合同，总价为人民币______元。

> 由于按人 / 次计算单价容易出现误工及质量问题，故此处采用总承包价格。

前述总价不因任何原因发生调增，其中已包含乙方人员成本、管理费用、物料费、设备使用及折旧费、税金及保险、乙方利润等，乙方完成本合同项下服务，甲方应向乙方支付的全部费用。除此之外，甲方无需就本合同项下开荒保洁服务向乙方或第三方支付任何其他费用。

2. 开荒保洁服务费支付

乙方完成本合同约定开荒保洁服务，甲方验收合格并签署确认文件，在乙方向甲方足额开具合法发票后______个工作日内付清。

乙方收款账户如下：

开户名称：____；

开户行：____；

账号：____。

3. 开荒保洁日期限定____。

第五条　甲方权利和义务

1. 甲方负责无偿提供开荒保洁服务相关水、电以及乙方人员现场工作休息室（位置、面积由甲方确定）。工作休息室仅应用于存放现场工作必需的设备、设施、工具、耗材和作为乙方调配人员、部署工作的场所，不得作为乙方人员住宿场所。休息室内存放物品由乙方自行负责保管。甲方不为乙方人员提供住宿场所。

2. 甲方指派专人对乙方开荒保洁服务给予必要配合。如乙方要求给予合理协助或提出合理建议，经甲方认可后应给予全力支持。

3. 甲方有权审核乙方开荒保洁服务计划，据实提出修改意见，乙方必需遵守。

4. 甲方有权对乙方开荒保洁服务全过程（包括乙方作业方案及作业指导书、人员组织、服务质量、使用设备、耗材等）进行监督、检查。如发现问题，甲方可直接要求纠正或通知乙方处理，乙方应立即予以处理，该处理不构成对合同期限的延长或服务质量的降低。

5. 甲方有权对乙方开荒保洁服务人员进行检查考评。甲方认为不合格的人员，乙方应限期调换。

6. 甲方应严格要求甲方员工自觉维护本项目的清洁卫生及乙方劳动成果，并应对有损本项目清洁卫生之不当行为予以制止或纠正。

7. 甲方应按约定向乙方支付开荒保洁服务费。

8. 甲方可将本合同项下部分或全部权利义务，委托给本项目的物业服务企业即______代为行使和履行，无需再通知乙方。乙方对此予以接受且无异议。

16246

第六条　乙方权利和义务

1. 乙方保证，其作为专业保洁服务机构，已对本项目开荒服务工作内容及工作量有充分认识，并已就人员、设施设备、物料等做好充足准备。

2. 乙方应按照甲方通知时间，参加甲方组织召开的拓荒工作准备会议，并向甲方汇报工作准备情况。

3. 乙方应在本合同签订后______日内，向甲方提交开荒服务计划书，经甲方确认后严格遵照作业。

乙方应在进场开荒______天前，向甲方提供设备清单及实物图片；在进场开荒______天前，乙方应向甲方提供全部进场作业人员名单。

提示：此处也可要求乙方制作每日工作汇报记录，以便及时掌握清洁工程进度。

4. 乙方保证派驻本项目现场的服务人员数量持续不少于______人（甲方要求减少的除外），并应按照甲方要求及时增加人员。乙方派驻服务人员均经过岗前培训，包括职业道德、技能及工作规范（含安全操作规范）等。

5. 乙方应对其派驻服务人员进行教育、培训和管理，确保派驻服务人员熟悉并严格遵守甲方各项规章制度，维护本项目内环境和秩序，爱护财物，注意言行举止，讲究礼貌礼节。如甲方发现并查实乙方服务人员有违法乱纪行为，乙方应严肃处理，立即更换人员；如造成甲方损失，乙方应在甲方要求时限内予以赔偿。

6. 乙方应选派一名驻场项目经理，全面负责安排、督导本项目每日 / 项开荒综合服务工作，巡检现场开荒情况，及时做好工作记录，并负责日常联系甲方主管负责人和进行工作汇报。

7. 乙方确保合法用工，自行承担乙方派驻项目经理及服务人员的工资、劳保福利、保险等费用，并向甲方提供相关证明文件复印件备案。

8. 乙方应确保现场作业安全规范。如乙方服务人员发生工伤事故，乙方应依法承担全部责任和费用。本合同履行期间，乙方服务人员涉及劳动纠纷，均由乙方自行处理，与甲方无关。乙方处理劳动纠纷等不得影响本合同的正常履行。

9. 乙方应在开荒保洁服务过程中维护本项目设施设备完好。如因乙方原因造成设施设备等物品损坏、丢失或甲方经营损失，乙方应承担赔偿责任。未经甲方授权，乙方或乙方服务人员不得使用本项目内非乙方所有的任何设施、设备。

10. 乙方应确保其服务人员遵守甲方有关库房管理规定。休息室只能作为暂时存放乙方服务作业所必需使用的清洁设备、清洁药剂、清洁工具等用品仓库，不得存放易燃易爆有毒放射性等危险品，不得改作他用。

11. 遇有紧急情况或突发事件，乙方应在最短时间内配合甲方工作，包括提供充足人员与设备，无条件服从甲方现场工作人员调遣等。

12. 乙方应为本项目开荒保洁配备______台高压水枪______牌或甲方认可的同档次品牌，压力达到______帕，具备冷、热水功能，以及______台洗地机。乙方服务期间，该等设备应持续留在本项目现场，未经甲方事先书面认可，不得撤离。

13. 乙方保证乙方及其人员具有承揽本合同项下业务资质 / 资格，自行办理政府审批手续并承担费用，且不得影响本合同的履行。

14. 乙方开荒过程要求员工穿着统一服装或佩戴统一“开荒字样”的袖标。

第七条　违约责任

1. 如乙方未按本合同约定按期完成开荒保洁服务，每逾期 1 日，乙方应向甲方支付相当于开荒保洁服务费暂定总价______%的违约金。

2. 如乙方派驻本项目服务人员单日未达到合同约定或甲方要求人数，但达到甲方要求人数______%（含）不足 100%的或超过约定的，乙方应按不足人数和超过人数人民币______元 / 人 · 日的标准向甲方支付违约金；如乙方服务人员单日不足合同约定或甲方要求人数的______%，乙方应按不足人数和人民币______元 / 人 / 日的标准向甲方支付违约金。

> 此处通常将设定为 80%以上，以 90%左右为佳，可参考使用。

3. 乙方未按约定履行义务，经甲方指出，仍未按甲方要求限期纠正的，每发生一次，乙方应向甲方支付相当于开荒保洁服务费暂定总价______%的违约金。

4. 发生如下情况，视为乙方严重违约，甲方有权立即解除合同：

（1）乙方单日派驻服务人员不足约定或甲方要求人数的______%，或是累计______日不足约定或甲方要求人数的______%。

（2）未经甲方事先书面允许，乙方将本合同项下开荒保洁工作全部或部分转包给第三方。

（3）乙方作业过程中发生重大安全事故。

（4）乙方逾期完成开荒保洁工作超过______日。

5. 本合同因一方违约导致提前终止，违约方除按照相关约定承担违约责任外，应向另一方支付相当于开荒保洁服务费暂定总价______%的违约金。

16246

6. 无论任何原因导致本合同终止，乙方均应按甲方要求限期撤走全部人员和设备，否则每逾期 1 日，乙方应向甲方支付相当于开荒保洁服务费暂定总价的______%的滞留违约金。

7. 本合同项下乙方应承担的违约金或赔偿金，甲方有权从应付乙方的任何一笔款项中直接扣除。

提示：针对该类纠纷事宜，委托方除采用拒付对应款项的方式外，还可考虑于合同中约定履约保证金，以便在受托方存有违约行为之时予以抵扣。

8. 本合同项下违约方的损失赔偿范围包括守约方的直接损失和间接损失，包括但不限于守约方向第三方承担的赔偿责任、诉讼费、仲裁费、律师费、鉴定费等费用支出。

第八条　禁止商业贿赂条款

甲、乙双方应严格遵守《中华人民共和国反不正当竞争法》等相关法律法规关于禁止商业贿赂行为的规定，坚决拒绝商业贿赂、行贿及其他不正当之商业行为。

商业贿赂是指乙方或其工作人员为促成交易或从甲方取得比他人更多的商业利益或更特殊的商业待遇而给予甲方员工个人的回扣、退佣、购物折扣、礼品券、优惠券、置业、礼品、馈赠、游览或旅游、娱乐、招待、报销票据等不正当利益。

若甲方或其工作人员要求乙方或其工作人员给予任何形式的不正当利益，乙方应向甲方相关监察部门提供相关证据，甲方查实后将及时公正处理，并为乙方严格保密。若乙方或其工作人员违反以上规定，甲方有权解除本合同，并终止与乙方正在进行的一切合作（如有）；乙方应按甲方查明的行贿金额的两倍向甲方支付违约金。甲方可依法对乙方采取必要措施，包括冻结所有应付款，向法院诉请赔偿经济及商誉损失等。

第九条　争议解决方式

甲、乙双方在履行本合同中如有争议，协商不成的，应向本项目所在地有管辖权的人民法院提起诉讼解决。

第十条　其他事项

1. 除本合同另有约定外，乙方就本项目开荒保洁服务向甲方提供的全部文件资料，均应视为乙方向甲方做出的单方承诺。如若该等文件资料内容与本合同约定不一致，或旨在减轻或免除乙方合同责任时，应以本合同约定为准。

2. 本合同未尽事宜，由双方协商解决，并另行签署补充合同。

3. 本合同附件《开荒保洁工作标准及检查方法》构成本合同组成部分，与本合同正文具有同等法律效力。

4. 本合同经甲、乙双方盖章生效；一式______份，甲方执______份、乙方执______份，具有同等法律效力。

甲方：（盖章）
法定代表人或授权代表：（签字）
日期：

乙方：（盖章）
法定代表人或授权代表：（签字）
日期：

16246

五、生活（餐厨）垃圾房保洁服务合同

【使用场景】

本范本为生活（餐厨）垃圾房保洁服务合同。特指在商业管理公司经营过程中，日常产生各类生活垃圾（含餐厨垃圾）的清运处理事项，具体合同内容包含垃圾的收集、运输和转运等部分。以上相似情形可适用本范本。

【法律要点】

生活（餐厨）垃圾房保洁服务合同的签约要点有哪些？

通常而言，签署生活（餐厨）垃圾房保洁服务合同需注意以下事项：（1）垃圾的清运处理需先行考虑季节性变动等因素，而后确定生活垃圾及餐厨垃圾处理数量及合同价格事宜。（2）本类合同的签约周期通常较短，商业管理公司可考虑在合同中约定后续签约事项并就相应合同价款作出提前约定，特别情况可约定续约后的合同价款不再上浮或作出固定百分比的削减。（3）关于委托方（甲方）未能及时支付合同款项的行为，双方可提前约定采取停运或代为清运的方式处理，但若采取代为清运方式，则该项费用通常仍由委托方负责承担。（4）鉴于本范本适用主体通常为商业管理公司一方，故在合同中需就清运工作时间作出约定，一般要求在商场非营业时间进行工作，以免影响商业活动及整体形象。

【文本正文】

生活（餐厨）垃圾房保洁服务合同

立协议人：

甲方：

（名称、统一社会信用代码、住所、法定代表人、职务、委托代理人、身份证号码、通讯地址、邮政编码、联系人、电话、传真、账号、电子信箱）

乙方：

（名称、统一社会信用代码、住所、法定代表人、职务、委托代理人、身份证号码、

通讯地址、邮政编码、联系人、电话、传真、账号、电子信箱）

为加强对生活垃圾、餐厨垃圾的管理，保障人体健康，保护和改善环境，根据______市环境卫生管理的有关规定，甲乙双方经平等协商，就____________项目的生活（餐厨）垃圾房保洁管理事项订立如下协议：

第一条　履行期限

双方商定服务期限为：______年______月______日至______年______月______日止。

第二条　服务内容

1. 甲方内各商铺生活（餐厨）垃圾收集及收费管理（见附件）。

> 提示：此部分具体涉及内容通常有清洁程度、清洁设备安排、装载检查状况、人员安排、清洁工作时间、清洁工作次数等。尤其针对清洁工作时间及次数，建议明确不与甲方对外经营时间相冲突。

2. 垃圾房的保洁管理。

第三条　合同总额

甲方现缴纳合同总金额为：人民币______元/年（大写：______元整/年）。

第四条　付款方式

1. 乙方根据甲方要求完成工作量和清运质量后，由乙方将完成工作量和清运质量情况上报甲方，经甲方检查审核后支付价款。

2. 乙方需先提供增值税专用发票，甲方在收到发票后按（季度、半年度、年度）的第一个月______天内付款。全年分______次结算，由甲方用委托银行支付方式支付。

第五条　双方权利及义务

（一）甲方权利及义务：

1. 甲方应当设置符合市容环境卫生要求和标准的______升生活（餐厨）垃圾收集容器。乙方负责派专人保养，如有缺损应及时修复或补缺。

2. 甲方生活（餐厨）垃圾的清运和动线必需事先与乙方沟通落实，如需变动，需提前告知。

3. 甲方享有对清运垃圾车辆的检查权、确认权。

4. 甲方享有对清理状况的取证权和调查权，双方确认甲方对环境的取证包

16247

括监控和录像取证乙方予以认可。

5. 针对乙方的服务，甲方所在餐厅可提出自己的意见，甲方有权作出书面调查，乙方以甲方餐厅和甲方提出的意见对服务进行整改，一个季度投诉超过______次的，甲方有权选择终止合同，已付承包费全额返还。

（二）乙方权利及义务：

1. 乙方应按照______市生活（餐厨）垃圾处理管理办法有关要求作业，监督各商铺内配合做好分类工作。

2. 乙方定期或不定期向甲方征询服务意见并及时整改有责问题。

3. 甲方不按期缴纳生活垃圾处理费，乙方对甲方的生活垃圾实施代为清运处理，代为清运处理所发生的费用由甲方承担。

> 甲乙双方可约定先行代为清运或停运，但由于暂停运送将影响甲方日常经营活动，且本合同总价款金额通常不会过高，故要求乙方先行代运对于合同双方均更为有利。

第六条 违约责任

乙方故意拖延或无故拒绝作业，致使各商铺生活（餐厨）垃圾未做到每日及时清理，对各商铺的正常经营所造成的一切后果由乙方承担，与甲方无关。由此所造成的违反市环境卫生管理的有关规定的责任，也由乙方全部承担。乙方还应赔偿由此给甲方造成的一切经济损失，并赔偿甲方承包费总额的______%作为违约金。

第七条　争议解决

甲乙双方就生活（餐厨）垃圾清运处理及处理费事宜发生争执，双方应协商解决；协商调解不成的，甲方可向市、区绿化和市容环境卫生管理部门或作业单位投诉，或双方可向______人民法院提起诉讼。

第八条　其他

1. 本合同一式______份，甲乙双方各执______份，具有同等法律效力。

2. 本合同在双方盖章后生效，合同期满即失效。

甲方：（盖章）	乙方：（盖章）
法定代表人或授权代表：（签字）	法定代表人或授权代表：（签字）
日期：	日期：

六、安全管理、日常保洁服务合同

【使用场景】

本范本为安全管理（以下简称“安管”）、日常保洁服务合同。相较前述各类保洁服务合同，本范本中增加了安全管理部分，即针对服务场所同时提供安全保障及人员设施等配备。适用本范本时，需注意签约主体及服务范围是否完全对应，相似情形方可适用本范本。

【法律要点】

除日常保洁外，安全管理项服务相关内容通常包含哪些？

安全管理服务范围可能包含门卫服务、巡逻服务、守护服务、车辆指挥管理、消防例检、装修管理、临时性任务等。针对合同中涉及安管部分的内容，建议就安防人数及要求、通信及消防设备、巡逻服务、抽检情况进行约定。

【文本正文】

安管、日常保洁服务合同

立协议人：

甲方：

（名称、统一社会信用代码、住所、法定代表人、职务、委托代理人、身份证号码、通讯地址、邮政编码、联系人、电话、传真、账号、电子信箱）

乙方：

（名称、统一社会信用代码、住所、法定代表人、职务、委托代理人、身份证号码、通讯地址、邮政编码、联系人、电话、传真、账号、电子信箱）

甲乙双方本着平等互利的原则，根据《中华人民共和国合同法》和其他相关法律、法规，通过友好协商，就______购物中心秩序维护服务及保洁服务事宜，达成以下合同，以资共同遵守。

16248

关注法天使

第一条　服务期限

本合同项下服务期限为______个月，暂定自______年______月______日起至______年______月______日止。服务起始日最终以甲方“进场通知书”为准。

服务起始日起______天为考察期。考察期内，如甲方认为乙方安管、保洁管理服务不符合本合同约定，由甲方向乙方出具不符合本合同约定的书面材料，并且限定一月内进行整改，整改不合格的，甲方有权终止本合同，并且甲方不向乙方支付考察期及整改期间内任何服务费用。

> 鉴于我国《合同法》等相关法律法规就实际履行问题予以认可，故此处虽约定为考察期，但实际上仍是正式合同的履行，只是在此情况下赋予甲方以单方解除权。

第二条　乙方服务范围及内容

（一）服务范围

服务范围包括______的公共区域及办公区域。

（二）服务内容

1. 安全管理服务内容包括：

（1）制定安全巡视方案；

（2）安全、消防防护设施的管理与维护；

（3）交通与车辆停放秩序的管理；

（4）甲方安排乙方处理的与本项目治安维护、车辆管理有关的其他事务；

（5）积极配合甲方的突发事件处理。

2. 日常保洁服务内容包括：

（1）______的公共区域、出入通道（含出入口）、室内公共设施，所有卫生间（男、女）、客货梯内外、门前雨棚、逃生楼梯、楼顶屋面、甲方办公区等的日常清洁、保洁；

（2）电梯的日常清洁、电梯表面养护；

（3）地下停车场卫生清洁，停车位、挡车杆、标识标牌、坡道、岗亭等日常清洁；

（4）积极配合甲方处理突发事件。

第三条　服务标准与考核

1. 乙方应依据本和同附件一《安全服务标准》、附件二《保洁作业服务标准》、提供安管、保洁服务服务。如有附件未明确事项，应按不低于通常保洁要求的标准执行。

2. 甲方依据附件一、附件二服务标准以及附件三《______广场保洁定量考核办法》对乙方服务进行考核。

第四条　安管、日常保洁服务费及支付方式

1. 本合同项下安管、日常保洁服务费标准为人民币共计______元整 / 年（大写：人民币______/ 年）。

> 由于本合同包含了安保及清洁两部分，涉及服务范围、服务人员及相关设备设施较多，故建议将合同价格设定为总包干价，同时可将相关费用情况一并列明。

2. 前述安管服务费固定包干，不因任何原因（包括物价上涨、最低工资标准或社保交费基数上调等）调增，其中已包含管理费、服装费、安管设备采购与使用费、人员工资、保险、食宿、服装、加班、奖金、福利、利润、税费等乙方履行本合同项下安管服务及其他约定义务，甲方应向乙方支付的全部费用。除此之外，甲方无需就本合同项下安管服务向乙方或第三方支付任何其他费用。

3. 前述保洁服务费固定包干，不因任何原因（包括约定作业面积误差、物价上涨、最低工资标准或社保交费基数上调）调增，其中已包含管理费、保洁材料费等低值易耗品费、保洁设备使用及折旧费、人员成本、服装费、税金、利润等乙方履行本合同项下保洁服务及其他约定义务，甲方应向乙方支付的全部费用。除此之外，甲方无需就本合同项下保洁服务向乙方或第三方支付任何其他费用。

第五条　安管、保洁服务费支付

1. 安管、保洁服务费按季结算支付。乙方完成每月安管、保洁服务，经甲方确认后个工作日内，甲方向乙方付清上一季的安管、保洁服务费。

2. 乙方收款账户如下：

开户名称：______________________________；

开户行：______________________________；

账号：______________________________。

3. 甲方向以上账户付款，即完成本合同项下对乙方付款义务。

4. 乙方应在甲方付款前向甲方开具足额合法发票，否则甲方有权顺延付款，且不承担违约责任。

16248

5. 本合同签订后三日内，乙方需向甲方交纳______元作为履约保证金，乙方出现本合同约定的违约情形或乙方需向甲方赔偿时，甲方可直接从履约保证金中扣除，乙方须在______日内补足。

第六条　甲方的权利与义务

1. 甲方负责为派驻本项目的安管、保洁服务人员提供保安值勤所需的器械、装备。

2. 甲方有权对乙方安管、保洁服务人员进行考核，对不符合甲方要求的安管、保洁服务人员有权要求乙方限期调换。

3. 甲方有权采取各种手段，包括要求乙方安管、保洁服务人员进行指纹打卡、随时查阅打卡记录、点名、岗上检查等，检查乙方安管、保洁服务人员的上岗情况，并就检查出的乙方违反本合同约定的情况，要求乙方承担违约责任。

4. 甲方有权根据实际岗位情况，提前______天通知乙方减少或增加安管、保洁服务人员数量，安管、保洁服务费按照本合同约定标准相应调整。

5. 甲方应按约定向乙方支付安管、保洁服务费。

6. 甲方为乙方免费提供保洁服务涉及水、电接驳点和水电供应。

7. 甲方为乙方提供必要的物料库房。该库房面积及位置由甲方视情况决定。该库房只能作为暂时存放乙方服务作业所必需使用的清洁设备、清洁药剂、清洁工具等用品仓库，不得作为乙方人员住宿场所，不得存放易燃易爆有毒及放射性等危险品，不得改作他用。

8. 甲方指派专人对乙方保洁服务给予必要配合。如乙方要求给予合理协助，或提出合理建议，甲方认可后应给予全力支持。

9. 甲方有权审核乙方每月保洁服务计划并提出合理修改意见，乙方应执行甲方修改意见。

10. 甲方有权随时检查乙方驻场人员签到簿，核查乙方安管、保洁人员数量。

11. 甲方有权对乙方保洁服务人员进行检查考评。甲方认为不合格的人员，乙方应按甲方要求限期予以调换。

12. 甲方应要求甲方员工自觉维护本项目的清洁卫生及乙方劳动成果，并应对有损本项目清洁卫生之不当行为予以制止或纠正。

13. 甲方不因签署、执行本合同及对乙方人员实施现场监管而与乙方人员建立劳动或劳务关系，也不因此代乙方对其人员承担任何责任。

第七条　乙方的权利与义务

1. 乙方应为本项目派驻安管、保洁服务人员人数合计不少于______人。

（1）乙方应为本项目派驻安管人员人数不少于______人；每天24小时各班轮流上岗值勤______人；每天12小时各班上岗值勤______人。

（2）乙方应为本项目派驻保洁服务人员人数不少于______人；每天24小时各班轮流上岗值勤______人；每天12小时各班上岗值勤______人。

2. 乙方保证安管服务人员满足以下标准要求。

男：年龄在______岁至______岁之间；初中以上学历；身体健康；五官端正；净身高______米以上，其中______米以上的安管服务人员占总数不低于______%；______%以上安管服务人员具有______年以上的安保工作经验；无不良行为习惯或嗜好，无刑事犯罪或社会治安处罚记录。

乙方派驻本项目的保洁人员年龄应在______岁以下，五官端正，体型适中，接受过正规的保洁技能以及礼仪礼貌培训；男、女比例应合理，且不应超过______，基层工作人员必需达到______%以上至少有______年商场工作经验。

3. 乙方应向本项目派驻现场负责人。

现场负责人年龄应在______岁以上，具备大专及以上学历，______年以上大型物业安管、日常保洁管理经验。现场负责人经甲方面试审查认可后上岗；未经甲方事先书面允许，乙方不得更换。

4. 乙方安管、保洁服务人员须经甲方审核通过后方可上岗。乙方如需调整上岗人员，须提前至少______小时通知甲方，并获甲方许可。如未经甲方许可使用不符合本合同约定标准的人员，无论多少，甲方均有权扣除当月安管、保洁服务费。

5. 乙方须向甲方提交安管、保洁服务人员花名册、身份证复印件、保安人员由乙方自行向派出所备案并留存，保洁人员一般健康证明原件由乙方自行留存。

6. 乙方不得雇佣不符合法律法规规定的人员，如未成年人、患有严重传染性疾病人员等，否则由此产生一切责任由乙方承担。如造成甲方损失，乙方应全额赔偿。

7. 乙方保证自己具备提供本合同约定服务的合法资格，并负责办理安管、保洁服务人员上岗涉及全部审批手续，否则因此遭致政府部门处罚，乙方承担全部责任。服务期限内，乙方应确保上述经营资格的持续有效性，否则甲方有权立即解除本合同。

8. 乙方确保安管、保洁服务人员上岗__________个月内流失率不高于______%。

9. 乙方安管、保洁服务人员应以班为单位，参加甲方为其举办的业务知识培训（参加培训不计费）。如有特殊原因无法参加培训，需向甲方请假。

16248

10. 乙方安管、保洁服务人员发生安全事故导致受伤或死亡，乙方承担全部责任；如造成甲方损失，乙方应全额赔偿。

11. 乙方安管、保洁服务人员应遵守甲方的各项劳动纪律和管理规定，服从甲方的岗位安排、管理和调动，按照甲方为其制定的排班表上岗值勤，和甲方人员一起参加班前班后会并点名。

12. 乙方应按甲方要求，对安管、保洁服务人员在工作时间统一着装；安管、保洁服务人员应佩戴工牌上岗，相关费用由乙方承担。乙方应确保安管、保洁服务人员服装整齐、干净、无破损。乙方也应保证安管、保洁服务人员不得在非工作时间穿着印有甲方或公司标志的保安制服或者以甲方安管、保洁服务人员的名义对外行事。

13. 乙方项目经理全面督导服务区域内每日的安管、保洁服务工作，巡检（分自检和参与甲方检查）现场工作情况，及时做好工作记录，及时处理有关投诉，并做好与甲方主管负责人的日常工作联系。

14. 乙方应配合甲方的各项检查并及时对检查出的问题进行整改。服务期限内，如发生乙方人员失职、失当或违法行为导致甲方或第三方的人身、财产损害的，乙方应承担全额赔偿责任。

15. 乙方应自行购买符合行业要求的保险，并在进场作业______日前将保险单复印件交甲方备案：

（1）安管、保洁服务人员的人身意外伤害保险。

（2）安管区域、保洁作业区域的公众责任险（乙方自愿购买）。

因乙方未购买以上险种，乙方人员出现任何事故责任均由乙方自行承担。

16. 乙方安管、保洁服务人员不得使用私人电器设施（如电炉、电饭锅等）。但经甲方事先同意后，乙方安管、保洁服务人员可在休息室内使用微波炉等安全电器。

17. 乙方安管、保洁服务人员在交接班时，应严格依照甲方提供的《设备设施及物品清单》进行清点、交接。如乙方安管、保洁服务人员发现物品、设备等损坏、丢失，应立即报告乙方上级领导及甲方主管人员。对于搬运出服务区域的物品，乙方必需严格按照甲方制定的《物品搬运管理规定》操作。

18. 乙方每月至少______次派出一名高层管理人员或质检员到本项目检查服务情况，征询、落实甲方意见，每月向甲方提交一份正式的服务区域工作情况报告。

19. 遇有紧急情况或突发事件时，乙方有责任在最短的时间内配合甲方提供充足的人员，并应无条件听从甲方现场工作人员调遣。

20. 乙方对甲方扣除款项存有异议的，可以向甲方提出异议申请，甲方书面答复意见为最终意见。

21. 乙方安管人员在执行保安事务时，应当遵守甲方的各项规章制度要求，按照法律法规规定以及本项目的保安管理制度行事。

22. 乙方派驻本项目的安管、保洁人员和现场负责人应专职于本项目服务，工作时间内未经甲方批准，不得擅自离岗。

23. 乙方应确保合法用工，自行承担乙方的工资等费用，甲方不承担任何乙方与其员工劳动合同项下责任，乙方处理与其人员劳动纠纷不得影响本合同正常履行。

24. 乙方应为安管、保洁人员提供安全防护设备、工具，并进行安全培训，确保其作业过程中人身安全。如安管、保洁人员在作业中发生安全事故导致受伤或死亡，乙方承担全部责任；如造成甲方损失，乙方应全额赔偿。

25. 乙方应在本合同签署______日内向甲方提交各保洁项目作业规程。该等作业规程经甲方确认后作为本合同组成部分。乙方应按经甲方确认的作业规程进行保洁作业。

26. 乙方现场负责人应参加甲方组织的管理例会，汇报安管、保洁情况，提出存在问题及解决方法。

27. 乙方应定期对安管、保洁人员进行培训，培训内容包括但不限于安管、保洁业务、报修流程、紧急事件处理、安全操作等。

28. 乙方应在安管、保洁服务中维护本项目设施设备完好。如因乙方或其人员原因造成本项目设施设备等物品损坏、丢失或经营损失，乙方应承担赔偿责任。未经甲方同意，乙方或安管、保洁人员不得使用本项目内非乙方所有的任何设施、设备。

29. 乙方保洁工作所需的设施、物料等均由乙方自行购买并承担费用。甲方应为本项目配备设备（见本合同附件五）。乙方不得擅自挪用甲方物品。

30. 乙方使用的保洁设施、物料必需是正规厂家生产的合格安全产品且适合于本项目内各项设施设备、建筑装修材料。乙方应在选择或调换物料前，将保洁设施、物料的品牌、合格证、无危害性证明及样品提供给甲方，经甲方确认后方可使用。甲方确认不减免乙方责任，甲方也不因此而承担责任。因乙方使用保洁物料不合格等原因造成甲方或第三方人身财产损害的，乙方应承担全部责任。

31. 如乙方保洁服务涉及高空作业或其他危险性作业，乙方应在作业前向甲方提交作业方案，经甲方确认后方可实施。甲方确认不减免乙方责任，甲方也不因此而承担责任。

16248

32. 乙方作业应注意防火，并采取有效措施避免漏水、漏电等发生。如发现本项目存在任何设备故障、消防隐患，乙方应及时通知甲方，并协助甲方及时排除。

33. 乙方应安排人员对本项目门前雨棚及楼间玻璃屋顶、屋面采光棚及商业中心出入口进行定期保洁，持续维持该等区域清洁形象；如遇雨雪天气，乙方应及时安排人员对棚顶和出入口地面进行清理。

34. 本合同项下乙方安管、保洁服务时间，涵盖服务期限内全部周末及法定节假日。乙方应保证其派驻人员服从甲方对保洁服务工作的各项时间安排。如发生台风、暴雨、大雪等恶劣天气，乙方应安排人员______小时值班。如发生水管爆裂等突发事件，乙方应以最快速度安排应急人员对积水、污物等及时进行清理。

35. 乙方保证其保洁作业不影响甲方及本项目内商户正常经营。

36. 本合同因任何原因终止，乙方应在终止后______日内，与甲方或甲方指定接管单位办理本项目物业保洁管理档案等交接，并与接管单位签署交接确认文件。交接确认文件应交甲方 1 份备案。

第八条　违约责任

1. 如乙方全面、适当履行本合同，甲方无正当理由逾期支付安管、保洁服务费，经乙方书面催告仍未支付的，甲方自逾期付款之日起，每日向乙方支付应付未付款项的______‰作为迟延付款违约金。

关于此项违约金的比率应符合法律规定，不应过高。

2. 如乙方安管、保洁服务服务存在瑕疵，不符合附件一、附件二所要求标准，甲方有权要求乙方限期整改，若限期未能整改，则甲方有权做出相应扣款，乙方无权提出异议。

3. 发生如下情况之一，视为乙方严重违约，甲方有权立即解除合同，造成甲方损失的，乙方应承担全部赔偿责任：

（1）甲方______个月内收到针对乙方安管、保洁服务的属实投诉超过______次（含）；

（2）乙方未按甲方要求更换不合格人员超过______日；

（3）乙方派驻本项目现场的安管、保洁服务人员严重不足本合同约定，或未按甲方要求安排安管、保洁服务人员上岗连续超过______日，或累计超过______日；

（4）乙方服务过程中发生重大安全事故；

（5）乙方违反本合同其他约定，且在甲方书面指出后未予限期改正。

4. 本合同因一方违约导致提前终止（包括守约方行使合同解除权的情况），违约方除按照相关约定承担违约责任外，还应自合同解除______日内向另一方支付相当于______个月安管、保洁服务费的违约金；

5. 在乙方违约的情况下，如果乙方支付的违约金不足以补偿甲方因乙方违约行为而遭受的损失，则甲方有权要求乙方就差额部分予以补偿并使甲方免受损失；

6. 无论任何原因导致本合同终止，乙方均应按甲方要求限期撤走全部人员和设备，否则每逾期 1 日，应向甲方支付相当于月度安管、保洁服务服务费______%的滞留违约金；

7. 本合同项下乙方应承担的违约金或赔偿金，甲方有权从应付乙方的任何一笔款项或履约保证金中直接扣除；

8. 本合同项下违约方的损失赔偿范围包括守约方的直接损失和间接损失，包括但不限于守约方向第三方承担的赔偿责任、诉讼费、仲裁费、律师费、鉴定费等费用支出。

第九条　禁止商业贿赂条款

1. 甲乙双方均应严格遵守《中华人民共和国反不正当竞争法》《关于禁止商业贿赂行为的暂行规定》《中华人民共和国刑法》《关于办理商业贿赂刑事案件适用法律若干问题的意见》等关于禁止商业贿赂行为的规定，坚决拒绝商业贿赂、行贿及其他不正当之商业行为。

2. 双方确认商业贿赂是指乙方或其工作人员为促成交易或从甲方取得比他人更多的商业利益或更特殊的商业待遇而给予甲方人员不正当利益的行为，包括但不限于提供：

（1）促销费、宣传费、赞助费、科研费、劳务费、咨询费、佣金或报销各种费用、含有金额的会员卡、代币卡（券）、旅游、考察、房屋装修等。

（2）借款、融资担保、商品赊销、回扣、购物折扣、置业、礼品（如纪念品、节日礼品等）、馈赠、娱乐、招待等。

3. 甲方及就甲方人员接受乙方提供的上述不正当利益行为不承担还款或担保等任何法律责任，乙方也不得以此为由主张减免或抵扣履约保证金等任何应付费用或拒绝履行其他合同义务。

4. 若甲方人员要求乙方或其工作人员给予其上述任何形式的不正当利益，乙方应向甲方相关监察部门提供相关证据，甲方查实后将及时公正处理，并为乙方严格保密。

5. 若发现乙方或其工作人员违反本条规定，甲方有权解除合同，乙方除需按甲方查明的贿赂金额的两倍向甲方支付违约金外，还需按本合同其他约定承

16248

担导致合同终止的违约责任。同时甲方可依法对乙方采取必要措施（包括暂停支付所有应付账款，或通过司法途径向乙方追偿由此造成的甲方一切经济及商誉损失）。

第十条　争议解决方式

甲、乙双方在履行本合同中如有争议，协商不成的，应向______人民法院提起诉讼解决。

第十一条　通知

本合同正文首页已确认双方有效联系方式。任何一方如改变其联系方式，应当及时书面通知另一方。否则，另一方按照本合同载明联系方式通知一方，视为该通知已有效送达。

第十二条　其他

1. 双方确认，本合同履行期间，甲方有权随时终止本合同，并按照乙方实际工作情况，据实结算安管、保洁服务费，不承担其他责任。

2. 除本合同另有约定外，乙方就本项目安管、保洁服务向甲方提供的全部文件资料，均应视为乙方向甲方做出的单方承诺。如若该等文件资料内容与本合同约定不一致，或旨在减轻或免除乙方合同责任时，应以本合同约定为准。

3. 本合同未尽事宜，由双方协商解决，并另行签署补充合同。

4. 本合同如下附件构成合同组成部分，与合同主文具有同等效力：

（1）附件一：《安全服务标准》；

（2）附件二：《保洁作业服务标准》；

（3）附件三：《保洁定量考核办法》；

（4）附件四：《人员配置》；

（5）附件五：《设备及物料配置清单》；

（6）附件六：《日常环境巡检表》；

（7）附件七：《环境管理整改通知单》；

（8）附件八：《安防服务表单》。

5. 本合同经甲、乙双方盖章后正式生效；一式______份，甲方执______份、乙方执______份，具有同等法律效力。

甲方：（盖章）	乙方：（盖章）
法定代表人或授权代表：（签字）	法定代表人或授权代表：（签字）
日期：	日期：

七、代收代缴燃气费用协议

【适用场景】

本范本为代收代缴燃气费用协议。在商业管理公司中，部分商户（如餐饮类等）于租赁商铺后涉及燃气使用事宜，而该项费用通常由商业管理公司统一代收并向燃气管理部门代为缴纳。本范本即将代收代缴过程的相关事宜进行约定，相似情形可适用本范本。

【法律要点】

代收代缴燃气费用协议的签约要点有哪些?

鉴于商业管理公司在燃气缴纳过程中仅属代收代缴方，燃气实际使用方与缴费人系承租商户。故在本类协议中首先应当明确约定最终缴费责任人，以便在承租商户无故拖欠燃气费用时，商业管理公司有权向其追偿。

与此同时，商业管理公司还可通过约定履约保证金、燃气使用过程的监督管理权及承租商户在无故拖欠燃气费用时的中止供气权利等作为保障，以此防控风险。

【文本正文】

代收代缴燃气费用协议

立协议人：

甲方：（商业管理公司）

（名称、统一社会信用代码、住所、法定代表人、职务、委托代理人、身份证号码、通讯地址、邮政编码、联系人、电话、传真、账号、电子信箱）

乙方：（承租商户）

（名称、统一社会信用代码、住所、法定代表人、职务、委托代理人、身份证号码、通讯地址、邮政编码、联系人、电话、传真、账号、电子信箱）

乙方因经营需要，租赁______商铺，使用由甲方管理供应之气能，为明确供、用双方在燃气供应与使用中的权利和义务，安全、经济、合理、有序地供气和

16249

关注法天使

用气，根据燃气供应与使用的相关规定，经甲、乙双方协商一致，签订本协议，共同信守，严格履行。

第一条　基本情况

乙方用气地址位于______；用气类别为商业用气；每 1m³/h 用气量费用为万元。

第二条　用气计量

按国家计量法规的规定，乙方计量装置应一律强制性周期检定，乙方不能以任何理由拒绝，且乙方应当支付检定费用。

> 甲方作为商业管理公司，需就承租商户使用的燃气费用进行代收并代缴至相关部门。此外，本类协议中还同时涉及国家强制定检、燃气市场价格调整等因素，针对上述事宜通常不宜为承租商户设定抗辩权利，以免因其原因导致商业管理公司面临行政罚款等不利后果。

第三条　燃气费收取

1. 乙方每月使用气量在______m³/h（含）以内的，燃气费由购物中心内所有使用燃气的用户均摊，每月使用气量超出______m³/h 的，由乙方按用气计量装置的记录及燃气局相关通知向甲方缴纳当期燃气费，并定期向甲方结算燃气费。若在本协议有效期内发生燃气价格调整，按燃气局实行价格缴纳。

2. 甲方每月______日抄表，当月______日到次月______日向用户收取燃气费。乙方不得以任何方式，任何理由拒付燃气费。乙方对用气计量、燃气费有异议时，应先交清燃气费，然后凭借燃气费收据到甲方或供气部门进行查询，如确属有误，则按多退少补原则进行办理。

第四条　约定事项及违约责任

1. 甲方可不定期对用气方的用气情况进行检查，乙方应予配合。

2. 乙方的用气计量装置管理权属甲方，乙方不能私自迁移、拆装、锁封。乙方若对计量装置的计量有质疑时，可到法定计量单位检定校验。

3. 签订本协议时，依据燃气处与甲方签订的“燃气费费结算协议书”相关条款，甲方向乙方收取燃气费预缴金______元，该款项在本协议终止、乙方与甲方结清所有燃气费后，退还乙方。

> 商业管理公司于本类协议中面临的最大风险在于代缴费用无法及时收回。针对此类风险可考虑以下三种方式予以规避：1. 在协议中约定由承租商户预交部分燃气费用，并就延期支付行为设定较高违约金。2. 鉴于承租商户与商业管理公司已先行签订《场地租赁合同》，而通常在该合同中会要求承租商户缴纳部分履约保证金，并约定其在欠付款项时商业管理公司有权从履约保证金中自行划扣，若承租商户存有欠付费行为则将同时违背《场地租赁合同》，商业管理公司有权采取对应措施。（注：若《场地租赁合同》中未有代付能源费用等相关约定，则不宜适用本方式）3. 商业管理公司可在本协议中先行约定有权中止燃气供应，以此避免承租商户拖欠费用。

4. 乙方应在甲方规定的期限内全额缴清燃气费。如乙方不能按期结清燃气费，甲方在约定乙方缴费期的最后______日向乙方发出书面催费通知。至最后期限仍未缴费的，甲方有权在催缴通知规定的日期中止向乙方供气，且无须另行通知，由此造成的一切法律责任和损失与甲方无关。本协议中的乙方为最终缴费责任人。

5. 乙方不能按期足额向甲方缴清燃气费的，应承担燃气费滞纳金，燃气费违约金按每日______%计算。乙方若无正当理由而拒缴燃气费及燃气费违约金，甲方有权中止供气并按法律程序追收燃气费、燃气费滞纳金；恢复供气前，乙方须结清相关费用。

6. 严禁窃气和违章用气。乙方若有窃气及违章用气行为时，甲方有权按有关规定进行处理，直至中止供气。

第五条　协议有效期

本协议有效期自本协议签订之日起，至______止。

第六条　其他

1. 本协议未尽事宜，双方协商处理，协商不成的，双方均可向商铺所在地人民法院提起诉讼。

2. 本协议一式______份，甲、乙双方各执______份，经各方代表签字后生效。

甲方：（盖章）　　　　　　　　　乙方：（盖章）

法定代表人或授权代表：（签字）　法定代表人或授权代表：（签字）

日期：　　　　　　　　　　　　　日期：

16249

八、卫生虫害防除服务合同

【适用场景】

本范本为卫生虫害防除服务合同。商业管理公司为保障商业管理公司运营过程中的清洁卫生环境，通常会于固定周期内进行虫害防除作业，服务主体通常为专业虫害防治公司。本范本内将具体防除时间、人员配置及作业标准等进行详细约定，相似情形可适用本范本。

【法律要点】

卫生虫害防除服务合同的签约要点有哪些?

卫生虫害防除类合同属服务类合同范畴，基本签约要点如款项支付方式、服务具体标准及期间等均可参考其他服务合同进行制定。

但鉴于本类合同涉及虫害专业用具及杀虫剂的使用，故在合同签约时需首先明确上述相关物品的提供方及费用归属，以免在履约过程中就相应价款产生争议。其次，因涉及杀虫剂等特殊作业，具有产生人身伤害等纠纷的可能性，故建议商业管理公司于签约时就该类纠纷予以约定，确认由虫害防治公司自行负责，以免承担不必要的责任。

【文本正文】

卫生虫害防除服务合同

立协议人：

甲方：

（名称、统一社会信用代码、住所、法定代表人、职务、委托代理人、身份证号码、通讯地址、邮政编码、联系人、电话、传真、账号、电子信箱）

乙方：

（名称、统一社会信用代码、住所、法定代表人、职务、委托代理人、身份证号码、通讯地址、邮政编码、联系人、电话、传真、账号、电子信箱）

双方经友好协商，在平等互利的原则下，就乙方为甲方公司提供虫害控制服务事宜，达成一致意见，兹订立本合同条款，以资共同遵守。

第一条　服务地点

本合同服务地点：______________________________________

第二条　服务方式

乙方以工料全包方式承接甲方所委托的虫害作业，乙方进行作业所用的专业机械，工具及各种杀虫剂等物种均自行负责。甲方如有特殊要求，可另行商议。

第三条　服务内容

1. 原则上每月安排______次全面的虫害控制。具体安排根据各季度做适当调整。

> 提示：为保障服务质量，此处也可对清洁人员作出最低数额限制。同时建议服务公司于商业管理公司非经营时间内进行工作。

2. 对甲方______公共部位及停车库的卫生虫害（蟑螂，老鼠，蚊蝇等）消杀与控制；不含商户虫控。

3. 若乙方在工作范围内因工作需要增添人员，均属乙方安排。

第四条　合同期限

1. 本合同自______起生效直至______止满约。

2. 本合约期满要续约的应在合同期满前______个月通知对方作续约磋商，如双方无异议，双方重新签订书面合同。

第五条　工程价款及结算方式

1. 合同总金额共计______元（大写：人民币______元整）（含税）。

2. 支付方式：甲方每年按季分______次支付，每季度支付给乙方______元（大写：人民币______元整）（含税）。于以甲方收到乙方发票后______日内以转账形式进行支付。

3. 支付时间：在每季起始日的前______日。

4. 账户信息：

户名：____；

账号：____________________________________；

开户银行：______________________________。

第六条　甲方的权利和义务

1. 甲方在必要时，有权利要求乙方撤换员工。通常此员工是已被甲方证实

16250

行为不检或不适应继续执行工作。乙方必需根据甲方指示马上安排替换及填补空缺。

2. 甲方有权对乙方的服务行使检查权，检查不符合双方约定，可用微信或短信方式通知乙方。乙方须于______小时内清理完毕，未完成甲方要求的任务，甲方有权扣取乙方当月费用，直至乙方完成甲方提出的任务要求。甲方通过监控取得的证据，微信、短信证据乙方予以认可。

3. 乙方一个季度内______次经甲方通知未达到相关要求的，甲方有权解除合同，合同剩余款项不予支付，乙方按本合同第 8 条第 4 款承担违约责任。

4. 所有员工皆为乙方直接聘用，所有劳动关系和保险等社会福利均由乙方负责，甲方无须为其承担任何责任。

5. 对于因乙方之疏忽而引起的财物毁损，甲方有权选择以下方式之一的要求乙方赔偿：（1）由甲方自行修理，然后再向乙方收取该项维修费用；（2）由乙方依照甲方的要求自行修理。若无法修复的，则由乙方赔偿甲方的实际损失。

6. 甲方需协调作业现场其他部门，以切实保证乙方作业顺利进行。

7. 在灭杀害虫的过程中，添加必要的固定设施费用，由甲方承担 。

第七条　乙方的权利和义务

1. 在任何情况下，乙方必需依照合约条款及附件约定的工作计划和标准为甲方提供服务。

2. 乙方必需依照合同要求，与甲方管理部门保持密切关系。

3. 乙方派驻的员工要符合以下的条件：

（1）员工必需仪容整洁，执行工作期间必需佩戴工作证；

（2）员工应严格遵守甲方规定和制度。

4. 如因乙方员工的原因造成甲方财产损失，概由乙方承担经济责任。

5. 乙方员工因乙方及自身原因造成的人员伤亡与甲方无涉。

> 为避免因采取消除卫生虫害行为导致乙方人员或第三人人身损害纠纷，此处建议提前约定责任分担。

6. 乙方使用的杀虫剂等药品为______认可的适合于食品行业使用的无毒无害的药品。

7. 乙方的施工标准参照______。

此处建议制定高于行业标准及国家标准的履约要求。

第八条　违约责任

1. 任何一方不履行合同义务或履行合同义务不符合约定的，应当承担继续履行、采取补救措施，如造成对方经济损失，应当赔偿损失。

2. 在合同期间乙方必需______个月后将虫害密度控制在______规定要求的范围内。

3. 双方因不可抗力不能履行合同，双方互不承担任何责任。

4. 任何一方无故不履行合同的将承担违约责任，违约方将本合同总金额的______%作为违约金支付给对方。

第九条　其他

1. 本协议未尽事宜，双方协商处理，协商不成的，双方均可向甲方所在地人民法院提起诉讼。

2. 本合同一式______份，甲乙双方各执______份。具有同等法律效力。

甲方：（盖章）	乙方：（盖章）
法定代表人或授权代表：（签字）	法定代表人或授权代表：（签字）
日期：	日期：

16250

图书在版编目(CIP)数据

中国合同库. 商业地产 / 王冠舜主编. -- 北京 : 法律出版社, 2019
ISBN 978-7-5197-4128-0

Ⅰ. ①中… Ⅱ. ①王… Ⅲ. ①合同法-中国②城市商业-房地产开发-合同法-中国 Ⅳ. ①D923.6

中国版本图书馆CIP数据核字(2019)第270809号

中国合同库:商业地产
ZHONGGUO HETONGKU:SHANGYE DICHAN

王冠舜 主编

策划编辑 朱海波 蒋 橙
责任编辑 朱海波 谢瑞忠
营销编辑 徐 印
装帧设计 宇宙尘埃工作室 鲍龙卉

出版 法律出版社
总发行 中国法律图书有限公司
经销 新华书店
印刷 三河市兴达印务有限公司
责任校对 马 丽
责任印制 吕亚莉

编辑统筹 法律应用出版分社
开本 787毫米×1092毫米 1/16
印张 26.75
字数 480千
版本 2020年1月第1版
印次 2020年1月第1次印刷

法律出版社/北京市丰台区莲花池西里7号(100073)
网址/www.lawpress.com.cn
投稿邮箱/info@lawpress.com.cn
举报维权邮箱/jbwq@lawpress.com.cn
销售热线/400-660-8393
咨询电话/010-63939796

中国法律图书有限公司/北京市丰台区莲花池西里7号(100073)
全国各地中法图分、子公司销售电话:
统一销售客服/400-660-8393/6393
第一法律书店/010-83938432/8433
西安分公司/029-85330678
重庆分公司/023-67453036
上海分公司/021-62071639/1636
深圳分公司/0755-83072995

书号:ISBN 978-7-5197-4128-0
定价:85.00元